# ALLGEMEINE UND SPEZIELLE
# WIRTSCHAFTSGEOGRAPHIE

VON

DR. ERNST FRIEDRICH
A. O. PROFESSOR AN DER UNIVERSITÄT LEIPZIG

DRITTE
VOLLSTÄNDIG NEUBEARBEITETE AUFLAGE

ERSTER BAND

ALLGEMEINE
WIRTSCHAFTSGEOGRAPHIE

MIT DREI KARTEN

BERLIN UND LEIPZIG
WALTER DE GRUYTER & CO.
VORMALS G. J. GÖSCHEN'SCHE VERLAGSHANDLUNG - J. GUTTENTAG, VERLAGS-BUCHHANDLUNG - GEORG REIMER - KARL J. TRÜBNER - VEIT & COMP.
1926

# Vorwort zur dritten Auflage.

Mein Buch war seit Jahren vergriffen, aber die Zerrüttung der Weltwirtschaft durch den Krieg ließ es nicht ratsam erscheinen, eine neue Auflage herauszubringen, solange nicht eine gewisse Beständigkeit der wirtschaftlichen Verhältnisse eingetreten wäre. Ob dieselbe jetzt festzustellen ist, darüber kann man wohl verschiedener Meinung sein. Ich habe das Buch nach meinen langjährigen Erfahrungen an der Handelshochschule zu Leipzig neuzugestalten versucht als ein handliches Lern- und Nachschlagebuch für die Bedürfnisse von Studierenden, zumal der Handelshochschule, und für Lehrer, Kaufleute, Industrielle, Landwirte, Arbeiter usw.

Die alten Richtlinien habe ich festhalten wollen. Ich stelle auch heute noch prinzipiell des Menschen Tätigkeit, die erst Werte schafft, in den Vordergrund.[1]) Seine wirtschaftliche Leistung ursächlich zu messen, scheinen mir auch heute noch meine Wirtschaftsstufen[2]) geeignet zu sein. Ich habe jedoch in dieser Auflage den Abschnitt über die natürlichen Faktoren der Wirtschaft vorangestellt, weil die Natur das Material für die Wirtschaft liefert.[3])

Wie schon in der ersten Auflage, sehe ich das Klima als den weitaus stärksten natürlichen Wirtschaftsfaktor an und habe darum für die Betrachtungen des allgemeinen wie des speziellen Teiles Köppens neue treffliche Klimakarte zugrunde gelegt.[4])

Ein starker Faktor in der Wirtschaftsgeographie ist mir und uns allen neuestens wieder bewußt geworden, den wir vielleicht bereits infolge der höheren Kulturentwicklung als überwunden ansahen, nämlich der Einfluß dessen, was A. Hettner mit zahmem Ausdruck als „Machtpolitik" bezeichnet, auf die Gestaltung der wirtschaftlichen Verhältnisse der Erde. Wer der Überzeugung lebte, daß Fleiß, Gewissen- und Ehrenhaftigkeit, wirtschaftliche Leistung der Völker bei dem unvermeidlichen weltwirtschaftlichen Wettbewerb entscheiden, ist inzwischen durch die „Völker der Vollkultur" eines Schlechteren belehrt worden.

In dem speziellen Teile meines Buches, den ich fast völlig neu geformt habe, bin ich andere Wege gegangen als bisher, wie ich hoffe, zum Vorteil der Betrachtung. Die Sammelwirtschaft geht unter den Händen der überall eingreifenden Europäer so sehr fast allgemein in „eigentliche" Wirtschaft (Anpflanzung von bislang „gesammelten" Nutzgewächsen, bzw. Zucht von

[1]) „An seinen Werken sollt Ihr ihn erkennen."

[2]) Ich habe den Abschnitt über die Wirtschaftsstufen, da der hier gegebene Raum doch nicht zu einer vielseitigen Beleuchtung der einschlägigen Dinge ausreicht, sehr stark gekürzt und fast nichts übriggelassen als das kurze Schema und die Karte, die es mir ersparen sollen, bei jedem Volke wieder einzeln eingehend seine Stufenstellung zu betrachten. Die in dieser Auflage erfolgte Einstellung auf die moderne Wirtschaft unter weitgehender Ausschaltung der primitiven Wirtschaft erwies sich als nötig, wenn ich die heutige Weltwirtschaft nur einigermaßen genügend berücksichtigen wollte.

[3]) Ihre Bedeutung für die Wirtschaft hängt jedoch von der Entwicklungsstufe des sie ausnutzenden Menschen ab, und so habe ich anschließend an jede Naturerscheinung des Menschen Stellung zu ihr kurz würdigen zu müssen geglaubt.

[4]) Vgl. Karte Nr. 3.

bisher gejagten oder gefangenen Nutztieren) über, daß eine vorausstellende Abtrennung der Sammelprodukte aus der Pflanzen- und Tierwelt vor der Behandlung der eigentlichen Wirtschaft mir nicht mehr als zweckmäßig erschien.[1]) Ich habe die Sammelwirtschaft in der speziellen wirtschaftsgeographischen Betrachtung aufgehen lassen, dagegen viel schärfer als in den zwei ersten Auflagen des Buches durch Wahl größerer oder kleinerer Typen die wirtschaftliche Bedeutung der behandelten Dinge (Produkte, Verkehrseinrichtungen usw.) unterschieden. Ich hoffe, daß dieses Verfahren das Buch, besonders für die Studierenden, übersichtlicher macht. Fast alle Zahlen habe ich, den Arithmophoben zuliebe, in die Anmerkungen verwiesen; dort stören sie niemand.

Sodann konnte ich mich der Wahrnehmung nicht entziehen, daß eine Gliederung der Produktion (und Konsumtion) nach den menschlichen Bedürfnissen, nach den Verwendungszwecken der Produkte (unter Beibehaltung der Scheidung in Pflanzen-, Tier- und Mineralienwirtschaft) mancherlei Vorteile bietet. Dabei habe ich die drei materiellen Hauptbedürfnisse des Menschen: Ernährung, Bekleidung und Behausung in den Vordergrund stellen zu müssen geglaubt.[2]) Eine vierte große Gruppe von Bedürfnissen in der Produktion fasse ich zusammen unter dem Titel: Tierische und mechanische Helfer und Werkzeugmaterial. Hierhin gehört alles, was bestimmt ist, die schwache Kraft des Menschen zu verstärken: die Haltung von tierischen Arbeitsgehilfen, Kohle, Petroleum, Wasserkräfte und alle Rohstoffe (Eisenerz usw.), die zur Herstellung von Werkzeugen (im weitesten Sinne) bestimmt sind.

Die Volksdichte, die sowohl Quelle als Resultat der Wirtschaft ist, habe ich in dieser Auflage in den ganz kurz über die geographischen Grundlagen orientierenden Anfangsabschnitt versetzt, die wichtigen Siedelungen in den Verkehrsabschnitt, der — in Ergänzung vorhergehender Tatsachen — wohl am besten ihre Existenz und Größe aufklären kann.

Der Handel steht vor dem Verkehr, weil er doch in unserer Zeit als das Primäre anzusehen ist, dem der Verkehr dient.

Jedem Abschnitt habe ich einige kurze Literaturangaben beigefügt.

Bei dem Korrekturlesen und bei Abfassung des Registers hat mich Herr cand. phil. William Bockisch in dankenswerter Weise unterstützt.

---

[1]) Ist ja doch auch der Bergbau Sammelwirtschaft.

[2]) Ohne zu verkennen, daß dabei gewisse Zuteilungen anfechtbar sind, da ja die meisten Stoffe mehreren Zwecken dienen, wie z. B. das Salz der Ernährung und technischen Gebrauchszwecken. Z. B. habe ich zu den Nahrungs- und Genußmitteln auch die Arzneistoffe, alle Öle, die ja zum Teil auch technischen Zwecken dienen und die ätherischen (Parfüm-) Öle u. dgl. gerechnet, ferner die Düngemittel, die das Wachstum der Pflanzen erhöhen; den Kleidungsstoffen habe ich allgemein die Fasern angeschlossen, auch wenn sie anderen Zwecken (der Herstellung von Bindegarn usw.) mit dienen; ferner behandle ich hier Häute, Felle, Leder und Lederwaren, die der Fußbekleidung dienen, und Schmuck (Gold, Silber, Diamanten usw.); dem Hause habe ich nicht nur die Baumaterialien (Holz, Lehm, Ton, Steine usw.) sondern auch den Hausrat und Zugehöriges (Möbel, Uhren, Töpfer-, Porzellan-, Glas-, Spielwaren, Papier, Bücher usw.) zugerechnet, nicht dagegen Heizungs- und Beleuchtungsmaterial, soweit es zugleich als Kraftstoff zu betrachten ist. Ich hoffe, daß die Nachteile dieser Gruppierung durch die Vorteile mehr als aufgehoben werden.

Leipzig, August 1925.

**Ernst Friedrich.**

# Literaturverzeichnis.

## Allgemeine literarische Hilfsmittel, Zeitschriften und Handbücher.


Diplomatisches Jahrbuch. Gotha, Justus Perthes, jährlich.

Otto Hübners Geographisch-statistische Tabellen. Herausgegeben von Eug. Würzburger und Walt. Grävell. Wien, L. W. Seidel u. Sohn; jährlich.

Statistisches Jahrbuch für das Deutsche Reich. Berlin, Verlag für Politik und Wirtschaft, jährlich.

The Statesman's Year-Book. London, Macmillan and Co. Herausgegeben von J. Scott Keltie u. M. Epstein.

Wirtschaftsdienst (Weltwirtschaftliche Nachrichten), Hamburg, wöchentlich. Herausgegeben vom Hamburgischen Weltwirtschaftsarchiv an der Universität Hamburg in Verbindung mit dem Institut für Weltwirtschaft und Seeverkehr an der Universität Kiel.

Wirtschaft und Statistik. Herausgegeben vom Statistischen Reichsamt. Berlin, R. Hobbing, halbmonatlich.

Weltwirtschaftliches Archiv (Zeitschrift für allgemeine und spezielle Weltwirtschaftslehre, herausgegeben von B. Harms, Jena, G. Fischer, vierteljährlich ein Doppelband).

Weltwirtschaft (Monatsschrift für Weltwirtschaft und Weltverkehr, herausgegeben von der Deutschen Weltwirtschaftlichen Gesellschaft durch R. Hennig). Berlin, R. Hobbing, monatlich.

Tijdschrift voor Economische Geographie. Herausgegeben von H. Blink, J. G. Blink u. A. Heringa. Den Haag, monatlich.

Economic Geography. Herausgegeben von Wall. W. Atwood und W. Elmer Ekblad, Worcester, Massachusetts, Clark-Univers. (I. Jahrg. 1925, vierteljährlich).

Zuckermanns Graphischer Wirtschaftsdienst, Berlin.

Der Tropenpflanzer. Zeitschrift für Tropische Landwirtschaft (seit dem 1. 1. 1926: Z. f. d. Gesamtgebiet der Landwirtschaft warmer Länder), herausgegeben von O. Warburg und W. Busse (seit 1. 1. 1926 von W. Busse), Berlin, zweimonatlich, ehedem monatlich, jetzt wieder häufiger.

Mitteilungen des Deutschen Seefischerei-Vereins, herausgegeben von Henking. Berlin, zweimonatlich, ehedem monatlich.

Zeitschrift für praktische Geologie mit „Bergwirtschaftlichen Mitteilungen", herausgegeben von F. Beyschlag und O. Krusch. Halle a. S., W. Knapp, monatlich.

Internationale Bergwirtschaft. Herausgegeben von E. Krenkel u. M. Härting, Leipzig, C. L. Hirschfeld (I. Jahrg. 1926, vierteljährlich).

Archiv für Eisenbahnwesen, herausgegeben in der Hauptverwaltung der Deutschen Reichsbahngesellschaft. Berlin, Jul. Springer, monatlich.

Zeitung des Vereins Deutscher Eisenbahnverwaltungen, herausgegeben von Wulff. Berlin, Jul. Springer, wöchentlich.

Zeitschrift für Binnenschiffahrt, Berlin-Halensee, M. Schröder, monatlich.

P. Langhans, Handelsschul-Atlas, 3. Aufl. Gotha 1904, Perthes.

A. Scobel, Handelsatlas zur Verkehrs- und Wirtschaftsgeographie. Bielefeld u. Leipzig 1902.

Bartholomew, Atlas of the World's Commerce. London 1907.

Kartographische Beiträge zur Wirtschaftsgeographie. 4 Lieferungen. Bern 1913 u. 1914.

Ad. Liebers, Westermanns Weltatlas. Braunschweig 1921.

Hickmann's Geographisch-statistischer Universalatlas. Bearbeitet von Al. Fischer. Wien 1925, Freytag u. Berndt.

The Chambers of Commerce Atlas, herausgegeben von G. Philip u. T. Swinborne Sheldrake. London 1925, G. Philip and Son.

Minerva-Atlas, Handatlas für das deutsche Volk unter besonderer Berücksichtigung von Wirtschaft, Verkehr und Handel, herausgegeben von E. Friedrich. Berlin-Lichterf. 1926, Columbusverlag.

Th. H. Engelbrecht, Die Landbauzonen der außertropischen Länder. Berlin 1899. 2 Bände und Atlas.

F. Lange, Landwirtschaftlich-statistischer Atlas. Berlin 1917.

V. C. Finch u. O. E. Baker, Geography of the World's Agriculture. Washington 1917.

Arbeiten des „Internationalen Landwirtschaftsinstituts" in Rom. Rom, vierteljährlich.

World Atlas of Commercial Geology. Part. I. Distribution of mineral production. Wash. 1921; part II. Water power of the world. Wash. 1921, Department of the Interior.
M. Baratta u. L. Visintin, Atlante della Produzione e dei Commerci. Novara 1922, Agostini.
B. Harms, Volkswirtschaft und Weltwirtschaft. Jena 1922, G. Fischer (Probleme der Weltwirtschaft 6).
M. Eckert, Grundzüge der Handelsgeographie. 2 Bände. Leipzig 1902, W. Göschen.
A. Oppel, Natur und Arbeit. 2 Bände. Leipzig 1904, Bibliogr. Institut.
R. Hotz, Die Erde und ihr Wirtschaftsleben. München 1913, E. Reinhardt.
K. Dove, Methodische Einführung in die allgemeine Wirtschaftsgeographie. Jena 1914, G. Fischer.
A. Oppel, Allgemeine Wirtschaftskunde. Leipzig u. Wien 1915, Bibliogr. Institut.
K. Andree, Geographie des Welthandels, herausgegeben von F. Heiderich u. R. Sieger. 4 Bände. (Frankfurt a. M.) Wien 1910—1921, Seidel u. Sohn.
K. Dove, Allgemeine Wirtschaftsgeographie. Berlin 1921, W. de Gruyter & Co. (Sammlung Göschen).
J. Russell Smith, Industrial and Commercial Geography, 2. Aufl. New York 1921, Holt u. Co.
H. Wagner, Lehrbuch der Geographie. 1. Bd. Allgemeine Erdkunde. 3. Biologische Geographie — Anthropogeographie, 10. Aufl. Hannover 1923, Hahn.
R. Reinhard, Weltwirtschaftliche und politische Erdkunde, 4. Aufl. Breslau 1925, Hirt.
K. Sapper, Allgemeine Wirtschafts- und Verkehrsgeographie. Leipzig 1925, Teubner.
W. Schmidt, Geographie der Welthandelsgüter, Bd. I u. II. Breslau 1925, Hirt („Jedermanns Bücherei").
L. Reinhardt, Kulturgeschichte der Nutzpflanzen. 2 Bände. München 1911, E. Reinhardt.
H. Semler, Die tropische Agrikultur. 4 Bände in 2. (3.) Aufl. von R. Hindorf. Wismar seit 1897.
Ed. Hahn, Die Haustiere und ihre Beziehungen zur Wirtschaft des Menschen. Leipzig 1896.
R. Müller, Die geographische Verbreitung der Wirtschaftstiere. Leipzig 1903.
L. Reinhardt, Kulturgeschichte der Nutztiere. München 1912, E. Reinhardt.
L. de Launay, La conquête minérale. Paris 1908.
R. Freudenberg, Die Industrie-Mineralien. Halle a. S. 1913.
F. v. Richthofen, Vorlesungen über allgemeine Siedlungs- und Verkehrsgeographie, herausgegeben von O. Schlüter. Berlin 1908, D. Reimer.
E. Friedrich, Geographie des Welthandels und Weltverkehrs. Jena 1911, G. Fischer.
K. Hassert, Allgemeine Verkehrsgeographie. Berlin u. Leipzig 1913, W. Göschen.
R. Hennig, Die Hauptwege des Weltverkehrs. Jena 1913, G. Fischer.
G. G. Chisholm, Handbook of Commercial Geography. London 1920.
R. Hennig, Der neue Weltverkehr. Berlin 1920.
K. Dove, Allgemeine Verkehrsgeographie. (Sammlung Göschen.) Berlin 1921, W. de Gruyter & Co.
O. Blum, Der Weltverkehr und seine Technik im 20. Jahrhundert. 2 Bände. Stuttgart 1921.
J. Wütschke, Der Kampf um den Erdball. München u. Berlin 1922, R. Oldenbourg.
Fr. Ratzel, Anthropogeographie oder Grundzüge der Anwendung der Erdkunde auf die Geschichte. I. Teil. 2. Aufl. Stuttgart 1899. II. Teil. 2. Aufl Stuttgart 1911.
S. Passarge, Die natürlichen Grundlagen der gesetzmäßigen Charakterentwicklung der Völker auf religiöser und naturwissenschaftlicher Grundlage und in Abhängigkeit von der Landschaft. Berlin 1925, Gebr. Borntraeger.
P. H. Schmidt, Wirtschaftsforschung und Geographie. Jena 1925, G. Fischer.
E. Banse, Lexikon der Geographie. 2 Bände. Braunschweig 1923, Westermann.
A. Supan, Grundzüge der physischen Erdkunde. 7. Aufl. Leipzig 1921.
A. Philippson, Grundzüge der allgemeinen Erdkunde. Leipzig 1921ff.
S. Passarge, Die Grundlagen der Landschaftskunde. 3 Bände. Hamburg 1919 u. 1920, Friederichsen.
H. H. Kritzinger u. C. W. Schmidt, Weltraum und Erde. (Bd. I von Natur und Mensch.) Berlin 1926, W. de Gruyter & Co.
Geographisches Jahrbuch (seit 1866), herausgegeben von H. Wagner. Gotha, Perthes.
H. Wagner, Lehrbuch (s. oben), Teil 1 u. 2.
Petermanns Geographische Mitteilungen, Gotha, Perthes, zweimonatlich, ehedem monatlich.
Geographische Zeitschrift, herausgegeben von A. Hettner, Leipzig, Teubner.
Die Erde, herausgegeben von R. Woltereck. Braunschweig, Vieweg u. Sohn, monatlich.
La Geographie, Paris. Annales de Géographie, Paris. The Geographical Journal, London. The Scottish Magazine, Edinburg. The Geographical Review, New York.
Zeitschrift für Geopolitik, Berlin, Vowinkel (seit 1924).
Fr. Huttenlocher, Die deutsche geographische Literatur nach dem Kriege (1919—1924). Stuttgart 1925, Fleischhauer u. Spohn.
Wöchentliches Verzeichnis der Neuigkeiten des deutschen Buchhandels, Leipzig.
Wer sich für die Wirtschaft der Naturvölker interessiert, sei auf die Abhandlung K. Büchers (1898), die in vielen Auflagen erschienenen Kosmosbändchen K. Weules und auf W. Schmidt und W. Koppers, Gesellschaft und Wirtschaft der Völker, Regensburg 1925 (Der „Mensch aller Zeiten", Bd. III: Völker und Kulturen, 1. Teil), auch G. Buschan und Fr. Krause hingewiesen.

## Abkürzungen.

W. = Weltproduktion bzw. Weltziffer (bei Zahlen der Haustiere u. dgl.). M. (Mill.) = Million. Mk. = Mark. (27) bei Städten = 27000 Einw..

# I. Wichtigste Münzen (Werteinheiten).[1])

| | Mark |
|---|---|
| Abessinien: 1 Menelik (Talari) . . . | = 4,22 |
| 1 Maria-Theresien-Taler . . . . . | = 4,21 |
| Ägypten: 1 £ E. (äg. Pfund Sterling) | = 20,75 |
| Afghanistan: 1 Kabul-Rupie . . . . | = 1,36(?) |
| Argentinien: 1 Argentino (Gold). . . | = 20,25 |
| 1 Peso (Gold) zu 100 Centavos . . | = 4,05 |
| 1 Peso (Papier) . . . . . . . . . | = 1,78 |
| Belgien: 1 Franc zu 100 Centimes . | = 0,81 |
| Bolivia: 1 Boliviano zu 100 Centavos | = 4,086 |
| 1 Boliviano (Papier) . . . . . . | = 1,63 |
| Brasilien: 1 Conto de Reis = 1000 Milreis zu je 1000 Reis; 1 Milreis (Gold) | = 2,105 |
| Bulgarien: 1 Leva zu 100 Stotinki . . | = 0,81 |
| Canada, s. Kanada. | |
| Ceylon, s. Indien. | |
| Chile: 1 Peso (Gold) zu 100 Centavos | = 1,53 |
| China: 1 Haikwan Tael (Silber) . . | = 0,41(?) |
| Colombia: 1 Peso (Gold) zu 100 Centav. | = 4,08 |
| Costarica: 1 Colon (Gold) zu 8 Reales | = 1,95 |
| Cuba: 1 Peso (Gold) zu 100 Centavos | = 4,198 |
| Dänemark: 1 Krone zu 100 Öre . . | = 1,125 |
| Danzig: 1 Gulden zu 100 Pfennigen | = 0,81 |
| Deutschland: 1 Reichsmark zu 100 Pfg. | = 1,— |
| Ecuador: 1 Sucre zu 100 Centavos . | = 2,04 |
| Estland: 1 Estimark zu 100 Estipfenn. | = 0,81 |
| Finnland: 1 Markka (Fmk.) zu 100 Penniä . . . . . . . . . . . | = 0,81 |
| Frankreich: 1 Franc zu 100 Centimes | = 0,81 |
| Griechenland: 1 Drachme zu 100 Lepta | = 0,81 |
| Großbritannien: 1 £ (Pfd. Sterling) zu 20 Shilling zu je 12 Pence . . . . | = 20,43 |
| Haiti: 1 Gourde zu 100 Cents . . . | = 1,05 |
| Honduras: 1 Peso (Dollar, $) zu 100 Centavos . . . . . . . . . . . . | = 4,198 |
| Indien: 1 Rupie (Silber) zu 16 Annas 100000 R. = 1 Lakh; 100 Lakh = 1 Croce. | = 1,36 |
| Italien: 1 Lira zu 100 Centesimi . . | = 0,81 |
| Japan: 1 Goldyen zu 100 Sen . . . | = 2,09 |
| Jugoslawien: 1 Dinar zu 100 Paras . | = 0,81 |

| | Mark |
|---|---|
| Kanada: 1 Dollar ($) zu 100 Cents . | = 4,198 |
| Lettland: 1 Goldlat zu 100 Santim . | = 0,81 |
| Litauen: 1 Litas zu 100 Centas . . . | = 0,4108 |
| Mexico: 1 Goldpeso (Doll.) zu 100 Centavos . . . . . . . . . . . . . . | = 2,09 |
| Nicaragua: 1 Cordoba (Peso) zu 100 Cents | = 4,05 |
| Niederlande: 1 Gulden zu 100 Cents . | = 1,687 |
| Norwegen: 1 Krone zu 100 Öre . . . | = 1,125 |
| Österreich: 1 Shilling . . . . . . . | = 1,02(?) |
| Panamá: 1 Balboa zu 2 Pesos zu je 100 Centesimos . . . . . . . . . | = 8,396 |
| Paraguay: 1 Escudo zu 4 Pesos zu je 100 Centavos . . . . . . . . . . | = 16,40 |
| Persien: 1 Toman zu 10 Kran zu je 20 Shâhîs . . . . . . . . . . . | = 8,10 |
| Perú: 1 £ P. (Libra) zu 10 Solos zu je 100 Centavos . . . . . . . . . . | = 20,43 |
| Philippinen: 1 Silberpeso ($) zu 100 Centavos . . . . . . . . . . | = 2,10 |
| Polen: 1 Zloty zu 100 Cents . . . | = 0,81 |
| Portugal: 1 Escudo zu 100 Centavos zu je 1000 Reis (1000 Escudos = 1 Conto) | = 4,536 |
| Rumänien: 1 Leu zu 100 Bani . . . | = 0,81 |
| Salvador: 1 Colon (Peso) zu 100 Centavos . . . . . . . . . . . . . . | = 2,099 |
| Schweden: 1 Krone zu 100 Öre . . . | = 1,125 |
| Schweiz: 1 Franc zu 100 Centimes . . | = 0,81 |
| Siam: 1 Tikal zu 100 Satang . . . | = 2,45 |
| Spanien: 1 Peseta zu 100 Centesimos | = 0,81 |
| Tschechoslowakei: 1 Krone . . . . | = 0,856 |
| Türkei: 1 Medschidie zu 100 Piaster zu je 40 Paras . . . . . . . . . . | = 18,46 |
| Ungarn: 1 Krone . . . . . . . . . | = 0,856 |
| Uruguay: 1 Dublon zu 10 Pesos zu je 100 Centesimos . . . . . . . . . | = 43,40 |
| Venezuela: 1 Venezolano zu 5 Bolivares zu je 100 Centavos . . . . . . . | = 4,05 |
| Verein. Staaten v. A.: 1 Eagle zu 10 Dollar ($) zu je 100 Cents . . | = 41,98 |

[1]) Vgl. Herm. Bohnert, Tabellenübersicht der gebräuchlichsten Währungs- und Maßeinheiten aller Länder. 3 Aufl. Hamburg 1923. Wegen der „Inflation" sind zurzeit viele Werteinheiten illusorisch und nicht stabil.

## II. Hauptsächliche Längenmaße.

Argentinien: 1 Legua (Meile) = 5196 m; Dänemark: 1 Meile = 7532,5 m; Deutschland: 1 km = 10 hm = 100 dm = 1000 m zu je 100 cm zu je 10 mm. 1 geograph. Meile = 7420,44 m, 1 deutsche Seemeile = 1852 m, 1 Faden = 1,833 m; Frankreich: 1 Lieue (Meile) = 4451,9 m; Griechenland: 1 Stadion zu 100 Stremma zu je 10 Pick = 1000 m; Großbritannien: 1 englische Meile (Statute Mile) = 1609,3 m, 1 englische Seemeile = 1854,96 m, 1 Fathom = 1,829 m, 1 Yard zu 3 Fuß (Feet) zu je 4 Inches = 0,9144 m, 1 Fuß = 0,3048 m; Japan: 1 Ri = 3935 m; Mexico: 1 Legua (Meile) = 4190 m; Norwegen: 1 Meile = 11295 m; Rußland: 1 Werst zu 500 Saschen zu je 3 Arschin = 1066,78 m, 1 km = 0,9374 Werst, 1 m = 1,4061 Arschin; Schweden: 1 Meile = 10689 m; Spanien: 1 Legua = 6687,2 m; Uruguay: 1 Legua = 5154 m.

## III. Flächenmaße.

Deutschland: 1 qkm ($km^2$) = 100 Hektar (ha) zu je 100 Ar (a) zu je 100 qm zu je 100 qdm zu je 100 qcm zu je 100 qmm. 1 deutsche Quadratmeile = 55,0628 qkm. — Großbritannien: 1 square mile (640 acres) = 258,9942 ha, 1 acre = 40,4676 ar, 1 ar = 0,02471 acre, 1 qm = 1,1960 square yard. — Niederld.-Ostindien: 1 bouw = 1 $^3/_4$ acres = 0,71 ha. — Rußland: 1 qwerst = 1,1381 qkm, 1 Dessjatine = 1,0925 ha, 1 ha = 0,9153 Dessjatinen, 1 qm = 1,9771 qarschin.

## IV. Gewichte.

| | | Kilogramm |
|---|---|---|
| Abessinien: 1 Rottel zu 12 Wakih . | = | 0,31 |
| Ägypten: 1 Kantár = 36 Oka = 100 Rottel . . . . . . . . . . | = | 44,5 |
| Afghanistan: 1 Mahn zu 4 Oka . . | = | 4,48 |
| Argentinien: 1 Quintal zu 100 Libras | = | 45,94 |
| Belgien: 1 Quintal zu 100 Livres . | = | 46,77 |
| Bolivia: 1 Quintal zu 4 Arrobas . . | = | 46,— |
| 1 Carga zu 6 Arrobas . . . . . | = | 69,— |
| Brasilien: 1 Quintal zu 4 Arrobas | = | 58,76 |
| China: 1 Pikul zu 100 Kättis . . . | = | 60,453 |
| 1 Kin . . . . . . . . . . . . | = | 0,6 |
| Dänemark: 1 Zentner zu 100 Pfd. . | = | 50,— |
| Deutschland: 1 Tonne = 10 dz . . | = | 1000,— |
| 1 kg = 1000 g, 1 hg = 100 g | | |
| 1 Zentner = 100 Pfund . . . . . | = | 50,— |
| Domin. Rep.: 1 Quintal zu 4 Arrobas | = | 46,50 |
| Frankreich: 1 Quintal zu 100 Livres | = | 48,95 |
| Griechenland: 1 Kantal zu 44 Oka (1,28 kg) . . . . . . . . . . . | = | 56,32 |
| Großbritannien: 1 engl. Tonne (Longton) zu 20 Zentnern (Cwts) zu je 50,80 kg . . . . . . . . . . . | = | 1016,05 |
| 1 engl. Pfund (lb) = 0,4536 kg. | | |
| 1 Quarter = 12,7 kg. 1 ounce (oz) Troy = 31,1035 g. | | |
| Indien: 1 Maund zu 40 Seers . . | = | 40,— |
| Japan: 1 Pikul zu 100 Kättis . . | = | 60,— |
| 1 Kwan . . . . . . . . . . | = | 3,75 |
| Java: 1 Pikul . . . . . . . . . | = | 61,76 |

| | | Kilogramm |
|---|---|---|
| Jugoslawien: 1 Tovar zu 100 Oken | = | 127,80 |
| Mexico: 1 Tonne zu 20 Quintal zu je 4 Arrobas . . . . . . . . . | = | 920,8 |
| Niederlande: 1 Zentner zu 100 Pfd. | = | 49,41 |
| 1 Tonne Heringe . . . . . . . | = | 150,— |
| Norwegen: 1 Zentner zu 100 Pfd. | = | 49,84 |
| Österreich: 1 Zentner zu 100 Pfd. | = | 56,— |
| Palästina: 1 Okka . . . . . . . . | = | 1,248 |
| Paraguay: 1 Quintal zu 4 Arrobas (je 25 Libras) . . . . . . . . | = | 45,94 |
| Perú: 1 Carga zu 6 Arrobas . . . | = | 75,— |
| Portugal: 1 Quintal zu 4 Arrobas . | = | 58,75 |
| Rußland: 1 Tonne zu 12 Berkowetz | = | 1965,6 |
| 1 Pud zu 40 Pfd. . . . . . . . . | = | 16,38 |
| Schweden: 1 Zentner zu 100 Schalpfd. | = | 42,51 |
| Schweiz: 1 Zentner zu 100 Pfd. . | = | 50,— |
| Siam: 1 Pikul zu 50 Katti . . . | = | ca. 60,— |
| Spanien: 1 Quintal zu 4 Arrobas . . | = | 46,01 |
| Strais Settlements: 1 Pikul. . . . | = | 64,70 |
| Türkei: 1 Kantar zu 44 Oka . . | = | 56,36 |
| Verein. Staaten: 1 Shortton (2000 lbs) | = | 907,18 |
| 1 (engl.) Longton (2240 lbs) . . | = | 1016,05 |
| 1 Barrel Petroleum = 158,98 Lit. | = | ca. 130,9 |
| 1 Bushel Weizen . . . . . . . | = | 27,2 |
| 1 Bushel Mais, Roggen . . . . | = | 25,41 |
| 1 Bushel Gerste . . . . . . . | = | 21,8 |
| 1 Bushel Hafer . . . . . . . . | = | 15,4 |
| Holz, Reis, Wasser, s. V. | | |

## V. Hohlmaße usw.

Deutschland: 1 cbm ($m^3$) = 1000 cbdm zu je 1000 ccm zu je 1000 cmm. 1 Liter (Wasser bei 4° C) = 1 kg. 1 hl (Hektoliter) = 100 Liter. 1 cbm Holz etwa (durchschnittlich) 0,7 T. Gewicht (bei Kiefer; bei Eiche und Buche mehr, bei Fichte und Pappel weniger). — Großbritannien: 1 Register-Tonne (Reg.-T. Raummaß für Schiffe) = 2,8315 cbm. 1 Barrel = 163,5 Liter. 1 Imperial Gallon = 4,543 Liter. 1 engl. cbf. = 0,028 cbm. 1 cbm = 35,32 cbf. — Japan: 1 Koku = 180,4 Liter (Reis = etwa $^1/_6$ Metertonne). Verein. Staaten: 1 Barrel (Petroleum), s. IV.

# Allgemeine Wirtschaftsgeographie.[1]

## A. Die Aufgabe der Wirtschaftsgeographie.[2]

Die Wirtschaft umfaßt die Veranstaltungen des Menschen zur (dauernden) Beschaffung (Verwendung und Erhaltung) der materiellen Befriedigungsmittel menschlicher Bedürfnisse. Diesem Zwecke dient zunächst die Produktion. Dieselbe kann nur mit Hilfe von Naturstoffen und -kräften stattfinden in der Weise, daß der Mensch zweckmäßig auf sie einwirkt und sie nach Bedarf umwandelt. Insofern können wir Produktion und Einwirkung auf die Natur (zu wirtschaftlichen Zwecken) gleichsetzen. Naturstoffe und -kräfte sind Raumerscheinungen, die ihrerseits auf die menschliche Wirtschaft als „geographische Grundlagen" Einfluß haben. „Wirtschaftsgeographie ist also die Lehre von den Wechselwirkungen zwischen dem Erdraum mit seiner Erfüllung und dem wirtschaftenden Menschen, und damit der Verbreitung und Erklärung der Erscheinungen und Folgen dieser Wechselwirkungen" (R. Lütgens).

Die Aufgabe der Wirtschaftsgeographie ist somit folgende: Sie hat die geographische Verbreitung der wirtschaftlichen Tatsachen als räumlicher, natürlich und menschlich bedingter Erscheinungen an der Erdoberfläche zu beschreiben (nach der zeitlichen Entwicklung[3]), nach gegenwärtigem Ort, nach Menge und Qualität), im Zusammenhang mit den anderen Erscheinungen und Gegenständen des Raumbildes zu erklären und das Resultat (und zugleich die Quelle) der Wirtschaft, die Bevölkerung, nach Dichte und Siedelungen aus der Wirtschaft abzuleiten, bzw. in ihren wirtschaftsgeographischen Funktionen zu begreifen.

---

[1]) Vgl. Karl Sapper, Allgemeine Wirtschafts- und Verkehrsgeographie. Leipzig, Berlin 1925. — K. Andrees Geographie des Welthandels. Bd. I u. IV. Frankfurt a. M. 1910f.

[2]) Vgl. dazu K. Muhs, Materielle und psychische Wirtschaftsauffassung. Jena 1921. — K. Hassert, Wesen und Bildungswert der Wirtschaftsgeographie (Geogr. Abende 8). Berlin 1919. — R. Lütgens, Spezielle Wirtschaftsgeographie auf landschaftskundlicher Grundlage (S.-A. Mitt. Geogr. Ges. Hamburg 1921). — O. Haußleiter, Wirtschaft und Staat als Forschungsgegenstand der Anthropogeographie und der Sozialwissenschaften (Weltwirtsch. Arch. XX, 1924, H. 3).

[3]) Diese Aufgabe kann wegen Mangels an geeigneten Vorarbeiten, an Raum und mit Rücksicht auf die praktischen Zwecke des Buches nur für die neueste Zeit verfolgt werden.

Die Wirtschaftsgeographie ist ein Teilgebiet der Anthropogeographie[1]), welche im allgemeinen die Aufgabe hat, die Verbreitung des Menschen und seiner „Zustände“ zu beschreiben und aus der Wechselwirkung mit den geographischen Grundlagen verknüpfend zu erklären.

Die Wirtschaftsgeographie ist auch ein Zweig der Kulturgeographie, und zwar mit der wichtigste, der den materiellen Teil der Kultur (die Zivilisation) behandelt.

Die Wirtschaftskunde befaßt sich allein mit der Sammlung von Nachrichten über den Stand der Wirtschaft in den einzelnen Erdräumen, ohne die Verknüpfung der Tatsachen mit der Natur und dem Menschen zum Gegenstand zu nehmen.

Von den nahestehenden Disziplinen der Wirtschaftswissenschaften, zumal Nationalökonomie und Statistik, trennt die Wirtschaftsgeographie ihr Wesen als räumlich die Wechselbeziehungen zwischen Natur und Mensch in der Wirtschaft betrachtender (und erklärender) Wissenschaft.[2])

Der Inhalt der Wirtschaftsgeographie ist aber nicht die Verbreitung der Produktion allein. Der letzteren fällt die leitende Stelle in der Wirtschaft zu, und sie kann auch für sich schon die Ziele der Wirtschaft, die Bedürfnisbefriedigung mit Sachgütern, verwirklichen. Aber die Voraussetzung einer vervollkommneten Produktionsgestaltung sind der Handel, welcher den Güteraustausch zwischen Produzenten und Konsumenten vermittelt, und der Verkehr, welcher die Güter (Personen und Nachrichten) vom Orte der Produktion nach dem der Konsumtion überträgt. Die Konsumtion oder der Verbrauch von Gütern (Personen und Nachrichten) in den verschiedenen Ländern kann ebenso einer vergleichenden Betrachtung und Beurteilung nach ihren geographischen Grundlagen unterworfen werden wie die Produktion.

Die Wirtschaftsgeographie kann somit in eine „Produktionsgeographie“ und in eine „Handels- und Verkehrsgeographie“, mit der auch die Konsumtionsgeographie wohl am besten zu behandeln ist, zerlegt werden.

Die allgemeine Wirtschaftsgeographie hat die Aufgabe, die wirtschaftlichen Erscheinungen allgemein und über die Erde hin zu betrachten im Gegensatz zur speziellen, welche die einzelnen Wirtschaftsräume der Erde nacheinander behandelt.

Die allgemeine Wirtschaftsgeographie läßt sich gliedern in eine dynamische Wirtschaftsgeographie, welche die Faktoren der Wirtschaft feststellt und mißt, und in eine statische Wirtschaftsgeographie, welche die örtliche Verteilung der Faktoren und wirtschaftlichen Tatsachen über die ganze Erde hin verfolgt, doch durchdringen beide einander und sind darum im folgenden Abschnitt gemeinsam behandelt.

---

[1]) Vgl. R. Lütgens, a. a. O., S. 139 f.
[2]) Vgl. R. Lütgens, a. a. O., S. 141 ff.

# B. Dynamische und statische Wirtschaftsgeographie oder die Lehre von den Faktoren der Wirtschaft und ihrer geographischen Verbreitung.

Das Verhältnis von Natur und Mensch, aus dem die Anthropogeographie die Verbreitung des Menschen (und der Menschenzustände) über die Erde zu erklären unternimmt, stellt sich als ein Wechselverhältnis heraus: die Natur wirkt auf den Menschen bzw. seine Handlungen ein, bzw. widersteht seiner Einwirkung, und der Mensch reagiert gegen die Einwirkung der Natur, bzw. wirkt auf sie ein. Die Wirtschaftsgeographie aber ist derjenige Zweig der Anthropogeographie, der das Wechselverhältnis zwischen Natur und Mensch[1]) wesentlich von der Seite des Menschen zu betrachten gezwungen ist; die Produktion ist ja überhaupt Einwirkung des Menschen auf die äußere Natur (zur Gewinnung von Sachgütern), und für sie und auch für den Verkehr erscheint die Natur gegenüber der Arbeit des Menschen als Material, das mehr oder weniger Widerstand leistet oder ihr auch fertig daliegt, jedenfalls passiv ist gegenüber dem aktiven Menschen, der durch seine Tätigkeit erst die wirtschaftlichen Erscheinungen zustande bringt. Darum ist in der dynamischen Wirtschaftsgeographie der Mensch als Faktor der Wirtschaft an vorderster Stelle zu bewerten. Doch sollen die Naturverhältnisse[2]) vorausgeschickt werden als das Material der menschlichen wirtschaftlichen Betätigung, und voran stelle ich dabei das Klima, weil es von beherrschendem Einfluß auf das Wirtschaftsleben und den Menschen ist und ihre Verbreitung in erster Linie bedingt.

## I. Die Naturverhältnisse.

### 1. Die Breitenlage und das Klima.

Schon in der ersten Auflage dieses Buches habe ich W. Köppens klimatische Einteilung der Erde zugrunde gelegt. Sie ist seitdem verbessert und in der Nomenklatur geographisch praktischer geworden, so daß sie meines Erachtens heute als die weitaus brauchbarste für eine wirtschaftsgeographische Betrachtung der Erde anzusehen ist.

Die grundlegenden Veröffentlichungen W. Köppens sind

1. die schöne farbige Karte „Klimate der Erde“ in 1:60 Mill., die in Petermanns Geographischen Mitteilungen 1918 als Tafel 10 mit kurzem Text erschienen ist, und

---

[1]) Da es sich um ein Wechselverhältnis handelt, ist bei der Betrachtung der Naturverhältnisse ebensosehr das weniger oder mehr aktive Verhalten der Menschen zu ihnen zu bewerten als in der Betrachtung des Menschen als des wirtschaftenden Subjekts die Rolle, die für ihn die Naturverhältnisse spielen, zu bemessen. Daher ist die Vorwegnahme einiger Begriffe (Wirtschaftsstufen), die erst später ausführlich behandelt werden, unvermeidlich.

[2]) Ich halte es nicht für meine Aufgabe, die Naturverhältnisse der Erde im einzelnen hier zu schildern, sondern gehe nur kurz auf die „geographischen Bedingungen der menschlichen Wirtschaft“ ein und verweise auf die unter diesem Titel angestellten ausführlicheren Betrachtungen Alfred Hettners im „Grundriß der Sozialökonomik“, bearb. von S. Altmann u. a., II. 1. 2. Aufl. Tübingen 1922.

2. das Werk „Die Klimate der Erde". Berlin und Leipzig 1923, Walter de Gruyter u. Co., 369 S., mit 8 Tafeln und 19 Textfiguren.

Beide Veröffentlichungen sollten in der Hand jedes Wirtschaftsgeographen sein.

W. Köppen teilt die Erde folgendermaßen ein:

**A. Zone der tropischen Regenklimate**[1]) (nach H. Wagner: 19,94% der Landfläche).

A 1. Gebiete des heißfeuchten Urwaldklimas (nach H. Wagner: 9,4% der Landfläche). Diese Gebiete haben das ganze Jahr hindurch hohe Wärmegrade, also ganz geringe Temperaturschwankungen im Laufe des Jahres, und sind immerfeucht. Die Vegetation, die diesen klimatischen Verhältnissen entspricht, ist der regenfeuchte tropische Urwald.

A 2. Gebiete periodisch-trockenen Savannenklimas (10,5%). Auch diese Gebiete haben das ganze Jahr hindurch hohe Wärmegrade, zeitweise sogar höhere als die Gebiete des heißfeuchten Urwaldklimas, aber die jahreszeitlichen Temperaturschwankungen sind größer als in A 1, und vor allem trennt sich (im allgemeinen) eine Regenzeit im Sommer, wenn die Sonne mittags im Zenit oder ihm nahe steht, von einer winterlichen Trockenzeit, wenn die Mittagsonne niedrig über dem Horizont steht. Die Niederschläge sind an Menge geringer als in A 1. Infolge dieser klimatischen Verhältnisse sind für diese Gebiete Baum- und Grassavannen charakteristisch.

**B. Zone der trockenen Klimate (Trockenzone,** 26,26%).

Der (unvollständige) Trockengürtel legt sich zwischen die Zone der tropischen Regenklimate und die Zone der warm gemäßigten Regenklimate, die jedoch an den Ostseiten der Kontinente im allgemeinen durch feuchte Gebiete miteinander in Verbindung stehen bzw. ineinander übergehen. Die Zone der trockenen Klimate ist darum nur an den Westseiten und im Innern der Kontinente ausgebildet und erreicht nur an einer Erdstelle (in Patagonien) den Ostrand eines Erdteils.

B 3. Gebiete des Steppenklimas (14,24%). Die jahreszeitlichen Temperaturschwankungen[2]) sind hier wesentlich größer als in A 2, und die Niederschläge reichen nur noch zur Hervorbringung von Grassteppen oder Gestrüppsteppen aus. Sie umgeben im allgemeinen ringförmig die fast ganz regenlosen

B 4, Gebiete des Wüstenklimas (12,02%), wo Pflanzenwachstum nur noch in spärlichen „Oasen" etwas reichlich auftritt. Die tages- und jahreszeitlichen Temperaturschwankungen sind hier meist recht ansehnlich.

---

[1]) In den Betrachtungen der speziellen Wirtschaftsgeographie werde ich bei den einzelnen Landschaften bzw. Ländern in den Abschnitten: „Naturverhältnisse" charakteristische Daten über Temperaturen und Niederschläge mitteilen. Über die Zahl der Regentage, Bewölkung, Feuchtigkeitsgehalt der Luft usw. Angaben zu machen, hielt ich nicht für zweckmäßig. Die Beziehungen dieser Naturverhältnisse zu der Wirtschaft sind noch viel zu wenig aufgeklärt, als daß eine fruchtbare Verwertung dieser Daten in der Wirtschaftsgeographie möglich erschien. Gelegentlich wird auf Folgen des Feuchtigkeitsgehaltes der Luft usw. hingewiesen. — Die W. Köppensche Karte (s. Karte Nr. 3) wurde etwas vereinfacht, um sie übersichtlicher und verständlicher zu gestalten.

[2]) W. Köppen unterscheidet hier B 3 k und B 4 k (winterkalt, Jahrestemperatur weniger als 18°, wärmster Monat mehr als 18° C), B 4 k' (winterkalt, Jahrestemperatur weniger als 18° C, wärmster Monat weniger als 18° C) und B 3 h bzw. B 4 h (heiß, Jahrestemperatur mehr als 18° C). Für die Wirtschaft sind in erster Linie die Sommertemperaturen bedeutsam.

**C. Zone der warm-gemäßigten Regenklimate** (15,52%).

Sie umfaßt Gebiete mit erheblichen jahres- und tageszeitlichen Temperaturschwankungen und mäßigen bis reichlichen Niederschlägen, doch ohne regelmäßige Schneedecke, also mit relativ gemäßigten Wintern.

C 5. Gebiete des warmen wintertrockenen Klimas („Gebiete von Chinatypus"; 7,59%). Sommerregen, für das Pflanzenwachstum günstig, sind charakteristisch. Immergrüne Gebüsche wie der ostasiatische Teestrauch kennzeichnen die Vegetation. Diese Gebiete liegen meist gegen die Ostseiten der Erdteile hin, oft meeresnah, und schließen sich eng an A 2 und manchmal A 1 an.

C 6. Gebiete des warmen sommertrockenen Klimas (Gebiete von mediterranem Klimatypus; Etesienklima; 1,68%). Hier fallen Winterregen, und das Pflanzenwachstum ist weniger begünstigt, zwischen Kälteruhe im Winter und Trockenruhe im Sommer eingeengt. Immergrünes Gebüsch ist charakteristisch. Diese Gebiete liegen polwärts von B 3 und B 4 an den Westrändern der Kontinente, meist am Meere oder meeresnah. Sie sind von vergleichsweise geringer Ausdehnung. Doch unterscheidet W. Köppen auch hier eine sommerkühlere (C 6 b) von einer sommerheißen (C 6 a) Ausprägung.

C 7. Gebiete des feuchttemperierten Klimas (6,25%). Diese meist am Meere gelegenen Gebiete, überwiegend ozeanischen Klimas, haben Regen zu allen Jahreszeiten, sind ständig, also im Winter und Sommer, feucht und bei verhältnismäßig geringen jahreszeitlichen Temperaturschwankungen dem Pflanzenwachstum günstig. Hochstämmiger Wald bedeckt sie von Natur. Aber man muß wohl unterscheiden zwischen C 7 a (Temperatur des wärmsten Monats mehr als 22°) und C 7 b (Temperatur des wärmsten Monats weniger als 22°; mehr als 4 Monate über 10° C).

**D. Zone des borealen (subarktischen) Klimas** (21,35%).

Diese auf der Südhalbkugel nahezu fehlende Zone ist durch ausgeprägte Gegensätze von (Schnee-) Winter und Sommer, also starke jahreszeitliche (und tageszeitliche) Temperaturschwankungen charakterisiert. Niederschläge fallen zu allen Jahreszeiten. Waldgürtel entsprechen diesem Klima.

D 8. Gebiete eines feuchtwinterkalten Klimas (16,45%).

D 9. Gebiete eines wintertrockenkalten Klimas (4,9%). Hier fallen vorwiegend Sommerregen.

Die zwei borealen Klimagebiete, von denen D 9 nur in der Alten Welt vertreten ist, nehmen das Innere und den Osten der nördlichen großen Kontinentalmassen ein und bezeichnen, an deren Ostseiten weit südwärts reichend, die große klimatische Benachteiligung der kühlgemäßigten Ostfronten (in Asien und Nordamerika) gegenüber den warmgemäßigten Westfronten (in Europa und Nordamerika). Beide Klimate teilt Köppen wiederum in je 3 Unterabteilungen, die polwärts aufeinander folgen: D 8 a bzw. D 9 a; D 8 b bzw. D 9 b; D 8 c bzw. D 9 c, wobei das **a** (wie bei C 7 a) bedeutet, daß die Temperatur des wärmsten Monats (Sommer!) höher als 22° C ist, das **b**, daß die Temperatur des wärmsten Monats unter 22° C bleibt, aber wenigstens mehr als 4 Monate über 10° C Durchschnittstemperatur haben; das **c**, daß nur 1—4 Monate (kurze Sommer!) mehr als 10° C haben (vgl. Karte 3).

**E. F. Zone des Schneeklimas (polare Zone,** 16,99 %).

Sie nimmt die Landmassen der kalten und relativ wenig niederschlagsreichen Polkappen jenseits der Baumgrenze ein.

E 10. Gebiete des Tundrenklimas (6,92 %). Sie sind baumlos, nur noch von Flechten, Moosen u. dgl. belebt. Sie sind hauptsächlich auf der Nordhalbkugel vertreten.

F 11. Gebiete des Klimas ewigen Frostes (10,07 %). Sie sind pflanzenlos und bedecken, außer kleinen Gebirgsflächen, Grönland und den Südpolarkontinent.

---

Auf die Produktion wirkt das Klima direkt ein, indem es dem wirtschaftenden Menschen seine Tätigkeit erleichtert oder erschwert, verlängert oder kürzt, indirekt, indem es Boden, Pflanzen und Tiere beeinflußt.

Der Mensch kann es polwärts und höhenwärts als einzelner zwar in jeder Kälte aushalten, wie er auch die höchsten Hitzegrade des Klimas verträgt. Aber gewisse ungünstige Einwirkungen der Extreme und gewisse günstige Einflüsse eines thermischen Optimums auf die Körperkonstitution und die geistige Leistung[1]) werden sich doch kaum ableugnen lassen. Das gleichmäßig heißfeuchte Urwaldklima A 1, fast ohne Temperaturschwankungen, erschlafft den Körper und beeinträchtigt damit auch die geistige Tätigkeit; das boreale (D 8 und D 9[2]) und auch noch das warmgemäßigte und gemäßigt feuchte Klima mit öfteren Temperaturwechseln (C) erhält den Körper frisch und spannkräftig und regt damit auch die geistige Tätigkeit an; das übermäßig kalte Klima (D 8 c, D 9 c, E 10, F 11) behindert die körperliche Regsamkeit und mag in derselben Weise auch auf die Geistestätigkeit wirken.

Allerdings haben sich die Menschen bis zu einem gewissen Grade rein tierisch, körperlich, physiologisch den verschiedenen Klimaten angepaßt, so daß man hauptsächlich nach den dadurch erzielten Körperzuständen Rassen unterscheidet. Wenn aber der einem bestimmten klimatischen Zustand angepaßte Mensch in ein sehr konträres Klima sich versetzt, dann treten die Mißverhältnisse zwischen der körperlichen Anpassung und dem neuen Milieu hervor, und zwar am schärfsten, wie es scheint, bei den Vertretern der höchsten Wirtschaftsstufe[3]); von Zeit zu Zeit müssen die in dem Tropenklima (A) kolonisierenden „Weißen" in gemäßigten Breiten oder in hochgelegenen tropischen Sanatorien (C 5 oder C 7) die Spannkraft des Körpers und Geistes aufzufrischen oder wiederzuerlangen suchen. Je stärker die klimatischen Gegensätze der alten und der neuen Heimat ausgeprägt sind, desto schwieriger ist die Angleichung an die neuen Verhältnisse. Nordeuropäer können sich weit schwerer dem tropischen Klima A, und namentlich dem heißfeuchten Urwaldklima A 1, akklimatisieren als Südeuropäer oder Ostasiaten (Chinesen, Japaner). Eine eigentliche Einwurzelung der Angehörigen anderer Klimazonen zum vollen körperlichen und geistigen Wirken und Schaffen scheint großen Schwierigkeiten zu begegnen, wenn nicht unmöglich zu sein. Mischung mit dem bodenwüchsigen Volk oder

---

[1]) Vgl. W. Hellpach, Die geopsychischen Erscheinungen. 3. Aufl. Leipzig 1923.

[2]) Mindestens in D 8 a und D 8 b und in D 9 a und D 9 b.

[3]) Deren tierische, körperliche Anpassungsfähigkeit infolge der außerkörperlichen zurückgegangen ist.

Herrenstellung über ihm scheinen die beiden Wege der Kolonisation in anderen Zonen zu bezeichnen.

Auch mit klimatischen Krankheiten (hierher rechne ich auch die durch an gewisse Klimate gebundene Parasiten hervorgebrachten) sind die verschiedenen Erdgegenden sehr verschieden ausgestattet, und ihr Auftreten steht den Wirtschaftszwecken des Menschen nicht nur insofern entgegen, als öfters dadurch kleinere oder größere Menschengruppen dahingerafft werden, sondern auch insofern, als Krankheiten Schwächung und Unterbrechung der menschlichen wirtschaftlichen Tätigkeit bedeuten, und schon die Furcht vor ihnen auf Tätigkeit, Handel und Wandel der Menschen einen deprimierenden Einfluß ausübt. Die tiefstehenden Völker verharren fast hoffnungslos und passiv unter dieser Geißel, die Völker der höchsten Wirtschaftsstufe befreien sich immer mehr von diesem auf ihrer Bedürfnisbefriedigung lastenden „Naturzwang“; sie nehmen den Krankheiten allmählich ihre Gefährlichkeit, so daß in unseren Landen wenigstens epidemische Krankheiten, die einst fast jede Generation dezimierten, schon nahezu unbekannt sind. Und wie unsere Wirtschaftsstufe den Kampf gegen diese Krankheiten aufnahm, so sucht sie andererseits die Heilmittel, die in gewissen Klimaten liegen, den Menschen nutzbar zu machen. Der Verkehr ermöglicht den Binnenbewohnern eines Landes, die Vorzüge des Seeklimas, dem Niederungsbewohner die des Höhenklimas, und umgekehrt, zu genießen; er entführt den gesundheitlich gefährdeten oder kranken Weißen aus dem feindlichen Tropenklima (A) in die gemäßigten Zonen (C oder D) oder in Höhensanatorien, den Lungenkranken der gemäßigten Breiten in die heilenden milden sonnigen Gebiete von mediterranem Typus (C 6) oder in Trockenklimate (B 4, auch B 3) oder in die sonnigen polaren Regionen (D 8 c oder E 10) oder auf sonnige Gebirgsstationen (D 8 c oder E 10).

Das Klima ist ferner wirtschaftlich wichtig, indem es gewisse Tätigkeiten des Menschen verlangen oder überflüssig machen kann. Das Nahrungsbedürfnis ist in kälteren Klimaten ein zwingenderes und erfordert reichlichere wärmeerzeugende Nahrung als in heißen oder warmen Klimaten. Ein tropisch-warmes Klima (A) erspart den Menschen nahezu die Sorge um Kleidung, Behausung, Heizung, Beleuchtung, während ein sehr kaltes, zu langen Zeiten lichtloses ihm die drückende Last auferlegt, eine feste, wärmekonservierende Wohnung, große Mengen von Heiz- und Beleuchtungsmaterial und wirksame Kleidung zu schaffen. Zwischen den Extremen aber liegen allmähliche Übergänge.

Direkten Einfluß auf die Produktion haben noch die Temperaturverhältnisse der Erde insofern, als sie Pflanzenwachstum ausschließen oder mangelhaft zulassen oder begünstigen oder sich besonders schätzbaren Nutzpflanzen gegenüber ablehnend oder begünstigend verhalten oder das Gedeihen unserer Haustiere erschweren oder fördern, als sie Bergbau oder Industrie oder Verkehr begünstigen, als warmgemäßigte Temperatur die Arbeiten im Freien zu jeder Tages- und Jahreszeit gestattet, als dagegen sehr große und etwa mit Feuchtigkeit verbundene Hitze[1]) und ebenso sehr große Kälte oder Schnee und Eis (D, E, F) gewisse tägliche oder jahreszeitliche Unterbrechungen der Arbeiten, im Freien oder überhaupt, nötig machen können. Im speziellen Teil des Buches werden uns fast auf Schritt und Tritt diese klimatischen

[1]) Z. B. kann Platin im Chocógebiet Colombias (A 1) nur während vier Monaten gefördert werden.

Einflüsse begegnen und zugleich oft die Maßregeln des Menschen, ihrer Herr zu werden.

Im einzelnen sind die Einflüsse der Wärme (meist in Verbindung mit den Feuchtigkeitsverhältnissen) auf das Wirtschaftsleben unzählige. Nur eine kleine Auswahl kann gegeben werden.

Die Wirkungen verschiedener Temperaturen sind besonders ausgeprägt verschieden bei allen Pelz- und Wolletieren[1]), die ihre Kleidung (wie wir) nach den durchschnittlichen Wärmeverhältnissen ihrer Wohngebiete einrichten und bei kalten Wintern (in D und E und F) nach der Jahreszeit wechseln.[2]) So hat z. B. die Spielart des Luchses in Südeuropa nach Emil Brass viel kürzeres (und härteres) Haar als die Nordeuropas und Nordasiens; die spanischen Wölfe sind dünner behaart als die nördlichen; die borealen Tigerfelle sind im ostasiatischen Handel am teuersten, die südlichsten am billigsten; das chinesische Wiesel hat in den Nordprovinzen Chinas ein wertvolleres Fell als das des Jang-tse-kiang-Gebietes, die sibirischen Felle des Nerz (in D 8 c bzw. D 9 c) sind besser als die europäischen (in D 8 b) und haben mehr Unterwolle usw. usw. Dieses Spiegelbild der horizontalen Wärmeverteilung ist natürlich auch bei der vertikalen zu beobachten. Der Alpenschneehase hat eine längere und dichtere Behaarung als die anderen Hasen. Das Sommerfell der großen Zibetkatze (Viverra ashtoni) in China ist natürlich viel kürzer behaart als das Winterfell und bei der kleineren Viverricula pallida entbehrt das Sommerfell der Unterwolle („Unterkleidung"). Die geographische Verbreitung der Wolleproduktion (s. S. 147) zeigt deutlich zonale Züge; bei derselben ist freilich der (mittelbare) Einfluß der Niederschlagsunterschiede noch größer als der der Temperaturunterschiede. Aber im Norden, sagt J. Heyne[3]), trägt das Schaf ein sehr dichtes Vließ, in wärmeren Ländern ist die Wolle schlichter und dünner. Das keinen Fabrikationswert besitzende „Stichelhaar", d. h. glattes, kurzes, straffes, markhaltiges Haar, finden wir als ausschließliche Körperbedeckung an den in den Tropen (A) heimischen Schafrassen. Bei den Zackelhaarrassen entsteht unter dem dem Körper Schutz gewährenden Oberhaar, das Wasser schnell herabrinnen und den Pelz rasch wieder austrocknen läßt, also für ein gemäßigtes Klima mit Niederschlägen zu allen Jahreszeiten (C 7 oder D 8) passend ist, in der kälteren Jahreszeit ein Flaum, der eine dichte, leicht verfilzende Bedeckung des Körpers bildet. In den sehr kalten Wintern der Mongolei (B 3 k) und Mandschurei (D 9 a) entwickelt das Kamel einen außerordentlich langhaarigen und dichten Pelz. Das Gebirgsschwein trägt in Rumänien (D 8 b) nach Protopopescu im Winter eine doppelte Behaarung und braucht, so geschützt, keinen Stall. In den südlichen Provinzen Chinas (C 5) häutet sich die Seidenraupe viermal und gibt viel Seide, in den nördlichen Provinzen (D 9 a) dreimal und gibt weniger Seide.[4]) Wahrscheinlich ist, daß auch die Stärke der Häute und Felle (nach Kaul) nicht nur von den Einflüssen: Freileben oder Stalleben — schließlich ja auch eine Art von

[1]) Eine Fundgrube für Feststellungen über diese ist das Buch von Emil Brass, Aus dem Reiche der Pelze. Berlin 1911. Vgl. auch E. Friedrich, Klima und Produktqualitäten (Pet. Mitt. 70, 1924, S. 112 ff. und 159 ff.).

[2]) Es gibt sogar Tiere, die ihre Körperform nach der Temperatur innerhalb des Tages wechseln. Vgl. Kosmos 1922, S. 122 f.

[3]) Die Schafzucht. 4. Aufl. Berlin 1921, S. 1.

[4]) Vgl. P. Klautke, Nutzpflanzen und Nutztiere Chinas. Hannover 1922, S. 124.

Wärmeunterschieden —, sondern auch von den horizontalen klimatischen Wärmeunterschieden abhängig ist.[1])

Zahlreich sind die Beispiele aus dem Pflanzenreich für den Einfluß der Wärme. Hier seien nur einige besonders lehrreiche angeführt. In dem kurzen Sommer Chinas[2]) können nur 3—4 Teeblattpflücken gemacht werden, in Assam[2]) in der weit längeren Wachstumszeit 16, auf Ceylon kann die Pflücke alle acht bis zehn Tage fast das ganze Jahr hindurch vor sich gehen. Dieser klimatische Faktor ist vielleicht noch mehr als die Rückständigkeit der Chinesen[3]) daran schuld, daß der chinesische Tee im Wettbewerb mit den billigeren Assam- und Ceylontees zurückgeblieben ist. Das Längenwachstum der Pflanzen ist in der heißen Tropenzone (A) viel stärker als in der gemäßigten.[4]) Eine Kiefer soll nach O. Keßler, um auf 7 m Höhe im Durchschnitt 20 cm Durchmesser zu erreichen, in Südfinnland (D 8 b) etwa 82, in Mittelfinnland (D 8 c) 105, in Nordfinnland (D 8 c) 131 Jahre wachsen müssen. Der Färbeknöterich (Polygonum tinctorium) enthält in der „gemäßigten Zone“ (C 7 b ?, D 8 b ?) nach Fesca nur wenig oder überhaupt keinen Farbstoff, aber in China (C 5) und Japan (C 7 a ?) ist er eine wichtige, Indigoblau liefernde Pflanze. Das Aufbewahren der Zitronen ist im Küstengebiet Kaliforniens (C 6 b) leichter als mehr landeinwärts, wo die Temperaturen häufig zu hoch werden. In der feuchtheißen Tropenzone (A 1) würden Fleisch, Eier usw. bei dem Transport nach Europa verderben, wenn sie nicht, z. B. von Neuseeland bzw. China, gefroren versendet würden. Über den Bergbau s. S. 153f. Auch die Industrie hat in vielen Beziehungen mit den Wärmeunterschieden zu rechnen, selbst wenn ich hier von den besonders hervorstechenden Einflüssen der Wärme auf Kleidung, Wohnung usw., die anderwärts (s. S. 108—110) besprochen werden, absehe. Z. B. ist unser Bleichpulver im heißen Klima unwirksam. Daß St. Louis in den Vereinigten Staaten der Mittelpunkt der vereinsstaatlichen Ofenindustrie geworden ist, hat offenbar seine natürlichen Ursachen in den kalten Wintern des kontinentalen Klimas der Nachbargebiete (D 8 a und D 8 b). In den tropischen Ländern (A) verbietet die Hitze den Gebrauch von Holzfässern für den Transport von Petroleum, darum werden dort Blechkannen und -kisten verwendet. In dem weniger heißfeuchten Klima Nordchinas (D 9 a), speziell Tientsins, glaubt man der Baumwollindustrie eine bessere Zukunft als in Schanghai (C 7 a) prophezeien zu können, weil dort am Tage länger und ergiebiger gearbeitet werden könne als im Süden.[5]) In nordischen, winterkalten Ländern (D 8 b und D 8 c) frieren die Wasserleitungsröhren ein, so daß ein mit Hilfe des elektrischen Stromes leicht auftauender Apparat auf dem Markt begrüßt wurde. Geleimte oder fournierte Kästen kommen in den Tropen (A) meist losgeleimt und mit schadhafter Fournierung an, man muß die Behältnisse für die Tropen schrauben und ganz aus festem Holz, am

[1]) Doch habe ich bisher noch keine greifbare Bestätigung für diese Annahme gefunden.

[2]) Beide Gebiete sind freilich auf W. Köppens Karte zu C 5 gerechnet; erst ein Vergleich von Klimastationen dort und hier (s. Bd. II) kann uns die Unterschiede erklären.

[3]) Bezüglich maschineller Aufbereitung.

[4]) Nach F. F. Matenaers zeigte im Staate New York (C 7 a ?) unter besonders günstigen Verhältnissen der Mais ein Stengelwachstum von 12,7 cm an einem einzigen Tage, aber P. Klautke beobachtete in Ostasien (China ?, C 5 ?), daß der Halm des Bambus während der Zeit des lebhaften Wachstums sich in 24 Stunden um 75 cm verlängerte. Ähnlich kräftiges Wachstum wird in der Tropenzone A (bei genügenden Niederschlägen), unbeschadet der Unterschiede verschiedener Pflanzenarten, allgemein festzustellen sein.

[5]) Man hofft den gegenwärtigen Vorsprung Schanghais einholen zu können. — Vgl. E. S. Gregg, Trading with the tropics (Econom. Geogr. I, 1925, S. 396 ff.).

besten Teakholz, herstellen. Auch für den Verkehr lassen sich Beispiele beibringen. Das Klima der Tropen verlangt z. B. bei den Kraftwagen eine besonders wirksame Kühlung.

Auch die Verteilung des Lichtes auf der Erde ist in dieser Beziehung für die menschliche Tätigkeit wichtig. Gewisse Gegenden der Erde (die polaren Klimate E 10, F 11) sind durch langes Ausbleiben des Lichtes zu langwährender Arbeitseinstellung gewissermaßen von Natur prädestiniert; erst das elektrische Licht ermöglichte es, in Kirunavaara (s. Bd. II) auch im Winter Erze zu fördern. Andererseits bewirkt der lange Polartag das kurzfristige Reifen der Gerste in Norwegen noch unter dem 70. Parallelkreis und das Reifen des Weizens in den Prärien Kanadas.

Die niedrigsten Wirtschaftsstufen machen nur die ersten Schritte, ihr Leben und ihre Wirtschaft mit Hilfe des Feuers von dem Naturzwang niedriger Temperaturen zu befreien; auf der höchsten Wirtschaftsstufe reagiert der Mensch gegen die Einflüsse zu niedriger oder zu hoher Temperaturen auf sein Befinden und seine Wirtschaft in weitgehendem Maße durch geeignete Bauten, künstliche Wärme- bzw. Kälte- und Lichterzeugung, so daß ebenso bei großer Kälte als Wärme als Dunkelheit die Arbeit nicht unterbrochen zu werden braucht, im Verkehr durch geeignete Transportmittel, Eisbrecher, Kühlkammern usw.

Der Wind, die bewegte Luft, wird schon auf der Wirtschaftsstufe der traditionellen Wirtschaft Kraftlieferant zum Treiben von Mühlen, Turbinen, Schiffen usw. Aber seiner Unzuverlässigkeit wegen wird er (außerhalb der Gebiete mit regelmäßigeren Winden) von der Wirtschaftsstufe der wissenschaftlich-technischen Wirtschaft möglichst ausgeschaltet, oder doch seine Kraft elektrisch aufgespeichert. Für die Luftschiffahrt wird die bewegte Luft zugleich Fahrstraße und zum Teil Bewegungsmotor. Bisweilen richten übermäßig starke Winde (Orkane) Schaden an, wenn man nicht die Bauten genügend ihrer Kraft angepaßt hat; die Ernten werden oft durch sie vernichtet oder beeinträchtigt, Verkehr und Verkehrsanlagen unterbrochen. Der Mensch findet jedoch mit Hilfe von Wissenschaft und Technik immer erfolgreichere Mittel und Wege, die Windschäden auszuschalten und den Wind in nutzbringenden Dienst zu zwingen.

Die Niederschläge sind im ganzen die Bildner und Befruchter des landwirtschaftlich nutzbaren Bodens[1]), unentbehrlich für die Pflanzenwirtschaft, die Spender des Trinkwassers, die Nährer des fließenden Wassers, somit auch der Binnenschiffahrt und der Wasserkraftwirtschaft. Wolkenbrüche, gelegentlich auch starke Schneefälle und Hagel, richten in der Wirtschaft des Menschen Schaden an. Die langjährigen Versuche, die den Pflanzen gefährlichen Hagelfälle mittels des Hagelschießens abzuwehren, sind als nicht gelungen anzusehen. Dagegen glaubt man in einem Apparat „Parahail"[2]) eine Hilfe gegen Hagelfälle gefunden zu haben (s. S. 19). Die Hochgebirgseisenbahnen schützt man vielfach durch Schneedächer; Schneepflüge schaffen den Eisenbahnzügen die Bahn. Mangel an Niederschlägen ist der Wirtschaft oft noch verderblicher als Überfluß. Künstliche Bewässerung, Dry Farming, Brache und künstliche „Beregnung" sind Reaktionen dagegen. Man hofft, die tropischen Regengüsse elektrisch nutzbar machen zu können.

---

[1]) Freilich sind aride Böden meist reicher an Nährstoffen als durch reichliche Niederschläge ausgeschwemmte Böden und insofern, wenn Wasser zugeführt werden kann, fruchtbarer.

[2]) Ein um 50 m hohes Gestell, das mittels kupferner Erdleitung die positive Elektrizität der Wolken erniedrigt.

Die Elektrizität kann möglicherweise für den Pflanzenbau von größter Bedeutung werden und in die Sphäre des Klimas uns kräftig einzugreifen erlauben, wenn es sich als zweifellos bestätigen und als rentabel erweisen sollte, eine Erhöhung der Ernteerträge und eine Wachstumsbeschleunigung der Kulturpflanzen, also gewissermaßen Sonnenersatz, durch Elektrizität in die Wege zu leiten. Eine ungeheure Bedeutung hat heute schon die Elektrizitätskraft, die elektrische Energie, die in unzähligen Fällen die Produktion zu fördern eingespannt ist. Ihr Hauptwert ist vielleicht der, daß sie unsere Bedürfnisbefriedigung vom örtlichen Zwange, von der natürlichen Verteilung der mechanischen Naturkräfte löst, insofern, als sie sich mit geringen Verlusten durch den Draht auf große Entfernungen übertragen läßt und daher Naturkräfte, z. B. Wasserkräfte, auszunutzen verstattet, deren Verwertung früher wegen ihrer abseitigen Lage nicht rentabel war. Man überträgt die elektrische Kraft bereits auf Entfernungen von 500 km (Kalifornien) und mehr, meist aber nur auf 40—80 km, und hält es für möglich, die Kraft der Iguassúfälle (wenn auch mit großen Kraftverlusten) auf 1200 km Entfernung nach Buenos Aires zu leiten. Elektrische Straßenbahnen sind uns heute vertraut, elektrische Eisenbahnen verbreiten sich immer mehr. Der Telegraph, das Telephon, drahtlose Telegraphie und Telephonie, elektrisches Licht usw. sind Ergebnisse der anfangenden Beherrschung der Elektrizität.

**Rassen.** Die Weißen sind in der Zone der warmgemäßigten Regenklimate Europas (C 7 b) zu regsamster Tätigkeit des Körpers und Geistes, zu Beherrschern der Erde herangereift, auch die wärmeren Striche der Zone des borealen Klimas (D 8 a, D 8 b, D 9 a, D 9 b) haben sie sich erobert und können hier ihre volle Aktivität bewahren, während sie in den kälteren Strichen dieser Zone (D 8 c, D 9 c) wie in der Zone des Schneeklimas (E 10) leicht Beeinträchtigungen ihrer Fähigkeiten ausgesetzt sind. In der Zone der trockenen Klimate (B) können sie ohne Schaden für Körper und Geist sich behaupten, sofern nicht ungünstige wirtschaftliche Verhältnisse sie herabdrücken. Ihre Akklimatisation in der Zone der tropischen Regenklimate (A) ist bisher nicht gelungen und schließt die Anlegung von Siedelungskolonien daselbst aus. Nur als Kultivations- und Handelskolonien können daher die Besitzungen tropischen Klimas von ihnen ausgenutzt werden.

Die medizinischen Fachleute erhoffen freilich eine Überwindung der tropischen Krankheiten, und Wirtschaftstheoretiker eine Veränderung der allgemeinen klimatischen Verhältnisse der Tropen unter intensiver Kultur, aber die Kolonialpraktiker stimmen diesen Ansichten nicht zu.

Die Gelben sind im wesentlichen in Asien von der Tundrenzone (E 10) durch die boreale (D) und warm gemäßigte Zone (C) bis in die tropische Zone (A) und durch alle Zonen Amerikas angesessen. Sie entwickelten ihre Fähigkeiten zu einem geringeren Grade als die Weißen; sind in Amerika zum großen Teile von den Weißen verdrängt, aber z. T. jetzt, besonders in Ostasien, im Aufstieg begriffen. Die Schwarzen sind für die Zone des tropischen Regenklimas (A) in der Alten Welt (Afrika, Melanesien) besonders charakteristisch, doch auch in dem warm gemäßigten (C 5) und trockenen (B 3) Afrika und durch ganz

Australien anzutreffen bzw. anzutreffen gewesen. Sie sind teilweise auf einem sehr tiefen Geistesniveau geblieben. In Nordamerika sitzen sie außer in A auch in C 7 a und machen hier geistig bemerkenswerte Fortschritte.

Es ist augenscheinlich, daß die Verbreitung der drei Hauptrassen mit der der drei Wirtschaftsstufen der wissenschaftlich-technischen, der traditionellen und der instinktiven Wirtschaft weitgehend übereinstimmt. Damit soll nicht gesagt sein, daß nach meiner Ansicht die Kultur- oder (in der engeren Beziehung) Wirtschaftsstufe eine Folgeerscheinung der Rasse ist, vielmehr wird letzteres Phänomen als eine „Korrelation" der Kultur aufgefaßt.

---

Die Zusammenhänge von Klima und Volksdichte erörtert in interessanter Weise A. Penck.[1]) Wir entnehmen seiner Abhandlung folgende Tabelle:

| Klimagebiete (Penck) | nival | seminival | humid (temperiert) | humid (tropisch) | semihumid | semiarid | arid |
|---|---|---|---|---|---|---|---|
| „ (Köppen) | (11) | (10. 9. 8) | (7) | (1) | (6. 5. 2) | (3) | (4) |
| Potent. Volksdichte . | 0 | 23 | 100 | 200 | 98 | 5 | 1 |
| Anteil der Menschheit | 0 | 12,4% | 12,2% | 36,3% | 37,5% | 1,4% | 0,2% |

Eine zweite Tabelle ist nicht minder lehrreich, sie zeigt, welche zukünftigen Verschiebungen in der Bevölkerung der einzelnen Erdteile denkbar sind:

| | Erde | Eurasien | Afrika | Australien | Nord-amerika | Süd-amerika |
|---|---|---|---|---|---|---|
| Fakt. Bevölker. 1920 | 1,8 Milliarden | 80% | 7% | 0,5% | 9% | 3,5% |
| Potent. „ | 8 „ | 26% | 29% | 6% | 14% | 25 % |

---

Nur die verderblichsten **Krankheiten** seien hier kurz aufgezählt.

Die „Pandemie", der „Schwarze Tod", d. i. die Pest, raffte im 14. Jahrhundert n. Chr. in Europa nach Schätzung 25 Millionen Menschen, gleich ein Viertel der damaligen Bevölkerung, hin; der südöstliche Teil Europas wurde bis ins 19. Jahrhundert heimgesucht. Das lag ebensosehr wie an seiner Lage an seiner niedrigen Wirtschaftsstufe. Wir Europäer glauben heute dieser Krankheit wie vieler anderen Herr zu sein, insofern, als wir sie aufs engste lokalisieren können. In Asien nennt man als Pestherde:

---

[1]) Das Hauptproblem der physischen Anthropogeographie (Sitzungsbericht der Preußischen Akademie der Wissenschaften, 1924, XXII, S. 242—257). „Dabei leitet uns die Erwägung, daß das Klima sichtlich einen ganz maßgebenden Einfluß auf die Produktion menschlicher Nahrung ausübt und damit die Volksmenge bestimmt." Unter potentieller Bevölkerung (bzw. potentieller Volksdichte) versteht P. die bei Höchstkultur des Bodens erreichte größtmögliche Zahl der Menschen (bzw. Volksdichte) auf der Erde, die er zu 8—9 Milliarden (50—60 auf 1 qkm) bestimmt. — Freilich sind dabei denkbare, wenn auch zurzeit unerwartete Möglichkeiten der Steigerung der Bodenkultur oder gar ihre Ausschaltung durch die organische Chemie nicht in Rechnung bezogen. Es ist zu hoffen, daß auf den Alarmruf A. Pencks von der „physischen Anthropogeographie" nun endlich die vielen Aufgaben (wie Bonitierung der Erdoberfläche usw. [vgl. S. 75]), die ihrer harren, in Angriff genommen werden. Die Wirtschaftsgeographie wird die davon zu erwartende Unterstützung, die bisher fehlte, mit Freuden begrüßen.

Das südliche Tibet, am Nordabhang des Himalaja; von hier aus wird Indien bedroht; die Gebirgstäler der chinesischen Provinz Jün-nan (Stadt Möng-tse); von hier aus wird das südliche China heimgesucht. Das Tal Sö-len-ko, 150 km von Lama-Miao bei Kalgan, soll im nördlichen China ein Herd der Beulenpest sein; Mesopotamien; von hier aus wird auch Persien, besonders die Provinz Aserbeidschan, heimgesucht; Asir, an der Westküste von Arabien, hat geringere Bedeutung; vielleicht gibt es auch einen Herd in Transbaikalien (Ostsibirien); in Afrika liegt in Uganda ein Pestherd, von dem aus Ägypten, Tripolis usw. heimgesucht sind.

Das Gelbfieber ist eine Krankheit der tropischen Länder und den dort kolonisierenden Europäern sehr, den Eingeborenen wenig gefährlich. Es war endemisch auf den westindischen Inseln (namentlich Cuba), an Punkten der mexikanischen Golfküste (Vera Cruz, Alvarado, Laguna, Campeche usw.), in Brasilien (z. B. Rio de Janeiro), an der Küste von Guinea (besonders Sierra Leone), ist neuerdings aber durch Sanitätsmaßregeln fast ganz aus der Welt geschafft worden. In der Form von eingeschleppten Epidemien findet es sich fast überall in Afrikas und Amerikas tropischen und subtropisch-feuchten Ebenen, besonders in den Küstenstrichen. In Asien und Australien ist dagegen das Gelbfieber noch nicht beobachtet worden. Die Neger sind vor ihm fast sicher, die Mongolen haben eine gewisse Immunität; Hindus und Indianer aber sind gefährdet. Unter den Europäern, die ihm in den Fiebergegenden zu 20—80% zu erliegen pflegten, sind die Südeuropäer weniger bedroht als die Nordeuropäer.

Das Verbreitungsgebiet der Malaria reicht von dem Äquatorialgebiet, wo sie am gefährlichsten ist, bis in die gemäßigte Zone, wo sie z. B. in den Ebenen Deutschlands usw. an Küsten, Seeufern, Flüssen, Sümpfen, in leichterer Form auftritt. Wasserlose Wüsten sind malariafrei. Auch manche tropische Inseln bleiben verschont. Sonst aber sind alle tropischen Gegenden in oder nahe der Meereshöhe heimgesucht. Mit der Höhe des Bodens nimmt Extensität und Intensität der Malaria ab. Verschiedene Rassen und Nationalitäten sind sehr verschieden der Krankheit ausgesetzt. Als bestes Mittel gegen Malaria verwendet man Chinin. Neuerdings hat man erkannt, daß eine besondere Art von Moskitos, die Anophelen, Träger des Malariaerzeugers sind und durch ihren Stich die Krankheit übertragen; man hat ihr durch Austrocknung des Bodens stellenweise die Lebensbedingungen entziehen können.

Die Beriberikrankheit tritt vorzugsweise an der Meeresküste und in den Uferebenen großer Flüsse auf, weil sie von dem einseitigen Genusse geschälten Reises stammt, hauptsächlich im Austral-asiatischen Archipel (Sumatra, Bintang, Banka, Billiton, Borneo, Java, besonders Batavia, Celebes-Makassar, Molukken), aber auch in Vorderindien (nördlich Circars'), Hinterindien, China, Japan, Afrika, Australien, Amerika, zumal Brasilien. Europäer sind ziemlich immun.

Ähnlich wird die Pellagra in Südeuropa (Italien, Spanien, Rumänien, Frankreich), auch in Ägypten, Algerien und Mexiko auf fortgesetzten Genuß von verdorbenem Mais zurückgeführt.

Neuerdings hat die Schlafkrankheit im tropischen Afrika große Verheerungen angerichtet. Vgl. Germanin, Bd. II.

Eine Krankheit, die Arbeit und Verkehr in hohen Gebirgen, z. B. den Anden Südamerikas, erschwert, ist die Bergkrankheit.

Alle Krankheiten verlieren an Schrecken, sobald man ihre Natur erkannt hat.

Über kurz oder lang ist es uns Weißen danach möglich gewesen, rettende Mittel dagegen ausfindig zu machen.

---

Die Küsten Großbritanniens, Belgiens, der Niederlande, Frankreichs, Deutschlands, der Vereinigten Staaten (C, D) haben sich in neuerer Zeit mit „Seebädern" bedeckt, wie die Mittel- und Hochgebirge Europas und Nordamerikas mit Sommerfrischen, Kurorten, Höhensanatorien, und die Küsten Italiens, Spaniens, Algeriens, die Kanarischen Inseln, Madeira (C 6), mit Winterkurorten, die Wüstenstationen (B 4) Ägyptens und Algeriens mit Lungensanatorien, und Norwegens und Schwedens staub- und bazillenarme Polarbreiten (D 8 c), ja sogar Spitzbergen (E 10) suchen die müden Europäer auf, Körper und Geister zu neuer Wirtschaft zu stärken. Bei den niederen Wirtschaftsstufen kommen ähnliche Funktionen einzelner Gegenden noch kaum in Betracht.

Die polare Zone (E 10, F 11), ja auch schon die gemäßigte Zone, namentlich die Zone des borealen Klimas (D), zwingt die Bewohner zu starker **Bekleidung.**

In der Polarzone (E 10), in D 8 c und D 8 b, D 9 d, c, b und a, ja zeitweise (winters) und stückweise (Pelzkragen usw.) auch in D 8 a und C 7 a und b, greift man vor allem zum Tierpelz, der auch sonst in Gebirgen und Gegenden niederer Kultur seine Rolle behauptet. In den Ländern jahreszeitlicher Temperaturgegensätze (B 3 und 4, C 5—7, D 8 und 9) und höherer Wirtschaftsstufe ist meist für den Winter die wollene, für den Sommer die baumwollene, zum Teil mehrschichtige Kleidung zur Herrschaft gekommen; in großindustriellen Betrieben hergestellt, können diese Kleidungsstücke verhältnismäßig am wohlfeilsten und besten das Bedürfnis befriedigen. Indianer und Neger der Zone der tropischen Regenklimate (A) gehen zum großen Teil heute noch halbnackt oder nackt.

Der **Hausbau** der Zone des Schneeklimas (E 10) bedient sich des Schnees, der Erde, Häute als Hauptmaterialien. In den Wäldern des borealen Klimas (D 8, D 9) werden außer Erde Holz und Baumrinde die Hauptbestandteile der Wohnung. In der Zone der warm gemäßigten Regenklimate (C) dienen Holz, Ziegel und Stein, je nach den örtlichen Verhältnissen, in den Trockengebieten B im wesentlichen Erde und Gräser oder Häute und Felle oder Filz und Tierhaardecken als hauptsächliche Baumaterialien, in den Oasen jedoch Holz, Lehm und Stein. Die Savannen (A 2) liefern Gräser, Blätter und Holz außer Erde, der Urwald (A 1) holziges Material und Blätter zu den leichten Hütten, die das Klima hier erlaubt. In der Tundrenzone (E 10) bis in die Zone des borealen Klimas (D) hinein und in der Zone der trockenen Klimate (B) erzwingen Nahrungsschwierigkeiten das Nomadisieren der Bevölkerung und ihrer Haustiere, dem die Behausungen (Zelte) angepaßt sein müssen. In den Gebieten der winterkalten oder -kühlen Klimate der gemäßigten Zone (D und C) werden, auch der heftigen Winde wegen, die Gebäude am festesten und dauerhaftesten begründet.

Die **Heizung** ist in der polaren Zone (E 10) sehr erschwert durch den Mangel an brauchbaren Heizstoffen und erfolgt teils gewissermaßen in dem Körper durch starke Tranzuführung, teils durch Treibholz und Tranfeuer. Die Kulturvölker haben in dem der gemäßigten Zone (C und D) reichlich eigenen Holz und in der Kohle ein vorzügliches Heizmaterial, zu dem noch die Elektrizitätswärme gewonnen wird. In der Zone der trockenen Klimate (B) halten Decken und Teppiche die Stuben- und Körperwärme; als Heizmaterial ist charakteristisch der getrocknete Mist der Haustiere. In der Zone der tropischen Regenklimate (A) findet sich Heizung der Wohnung nur noch selten angewandt.

Als **Beleuchtungsstoffe** dienen den Kulturvölkern Petroleum, Kohlengas, elektrisches Licht usw., und die Technik der Heizung und Beleuchtung ist so weit fortgeschritten, daß man kleinere Räume tropisch erwärmen und die Nacht zum Tag machen kann. In der polaren Zone (E 10) wird hauptsächlich Tran gebrannt, in der gemäßigten Zone (C und D) ist Petroleum wohl am allgemeinsten verwertet, doch verdrängen in den Ländern der höchsten Wirtschaftsstufe fortschreitend Gas und elektrisches Licht das Petroleum. Letzteres drang neuerdings in den Ländern der traditionellen Wirtschaftsstufe schnell vor und verdrängte die altgewohnten Pflanzenöle, die in der tropischen Zone (A) wie in der Zone der warmgemäßigten Regenklimate (C) zum Teil bis in neuere und neueste Zeit das gegebene Brennmaterial waren. Hier wird außerhalb der von Weißen besiedelten Gebiete erst sehr vereinzelt Gas und Elektrizität benutzt.

Die Erzeugung von **Kälte** wird auf der Erde besonders in den heißen Sommern der warmgemäßigten (C) und borealen (D), der trockenen Klimate (B) und allgemein das ganze Jahr hindurch in der Tropenzone (A) zum Bedürfnis. In den Kulturländern Europas und Amerikas wird natürlich in umfangreichem Maße von natürlichem und künstlichem Eis zur Kühlung Gebrauch gemacht. Natürliches Eis wird winters, vor allem aus den Gebirgen (Riesengebirge, Anden usw.) und aus nordischen Ländern (Norwegen, norddeutsche Seen, Feuerland usw.), in D, gewonnen; künstliches Eis wird mit Maschinen erzeugt. Neuerdings drangen die Eisfabriken in die warmgemäßigten Klimate (C) und vereinzelt auch in die Tropen (A) vor, wo sie eine große Zukunft haben. Je höher die Kultur hier steigt, desto mehr verbreiten sie sich: in Chinas Küstenstädten, auf Java, in Mexiko, in Ägypten usw. trifft man sie nicht mehr selten an.

**Sonnenmotore,** durch die Sonne getriebene Kraftmotore, haben naturgemäß in der Zone der trockenen Klimate (B) Verbreitung gefunden, wo ein sonniger, oft wolkenloser Himmel ihre Tätigkeit begünstigt und andere Krafterzeuger: Kohle und fließendes Wasser spärlich sind. Im Westen der Vereinigten Staaten sollen sie nicht selten sein; auch in Deutsch-Südwestafrika konnte man sie finden.

Der **Wind** als Motor hat besondere Benutzung gefunden in den ebenen Gebieten der gemäßigten (C, D) und der trockenen Zone (B); die Windmühle gehört noch heute zum Charakter der holländischen, norddeutschen und russischen Ebenen. Zum Antrieb des Bootes oder Schiffes benutzen ihn selbst auf den tiefen Wirtschaftsstufen stehende Völker. Namentlich die Regionen der regelmäßigen Winde, der Passate, und die Monsunwinde wurden und werden von der Segelschiffahrt benutzt. Mit Hilfe der regelmäßigen Winde unternahmen die Polynesier ihre weiten Fahrten ebenso wie die Malaien im Austral-asiatischen Archipel, die Araber und Indier im westlichen Indischen Ozean oder die Europäer zwischen Europa und Amerika und auf der Südhalbkugel im Gebiet der regelmäßigen Westwinde. Die heutigen Segelkurse[1]) der Kulturvölker sind aufs rationellste durch die Wissenschaft festgelegt worden. Befreite die Dampfmaschine und der Heizölmotor auch die Schiffahrt von dem lästigen und zeitkostenden Zwang, auf die Bahnen der Winde Rücksicht zu nehmen, so wird doch heute noch mindestens die Schnelligkeit und Behaglichkeit der Fahrt oder aber der Kraftaufwand (Kosten!) auch der Ozeandampfer vom Winde beeinflußt.

Daß die vorherrschenden Westwinde der gemäßigten Zonen (C, D) und die Passate bei der Luftschiffahrt auf der Erde eine Rolle spielen werden, ist vorauszusehen.

An den Meeresküsten unserer Breiten treten nicht selten Stürme, auf den Meeresflächen gestärkt, mit verheerender Kraft auf. Aber besonders gefährlich sind gewisse tropische Wirbelwinde (Tornados), die bis in die warmgemäßigten Gebiete (C) wandern. Die eigentliche Äquatorialgegend ist frei davon. Aus 6—10° n. Breite ziehen sie eine geradlinige Strecke durchs Tropengebiet, um dann an seiner Grenze rechtwinklig umzubiegen. Das Antillenmeer mit der amerikanischen Golfküste, der Bengalische Meerbusen, die ostasiatischen Gewässer, z. B. an Chinas Küste („Taifune"), die Gegend von Mauritius sind berüchtigte Schauplätze solcher Wirbelwinde, die bisweilen großen Schaden anrichten. So wurde 1900 Galveston von einem solchen Tornado zerstört, 1906 im Hafen von Hongkong schwere Schiffshavarie angerichtet; 1864 kamen infolge Aufstauung des Hugli (Gangesmündung) durch einen Zyklon 48000 Menschen und 100000 Stück Vieh um.

---

Die **Niederschläge** sind mit den Wärmeverhältnissen für die Produktion des Menschen am wichtigsten; ja, eine Karte der Niederschläge erklärt in vorderster Linie die Fülle und die Arten der Nutzpflanzen und -tiere, die Verbreitung gewisser Bergbauprodukte, der Industrie, des Verkehrs und der Volksdichte.[2])

Reich an Niederschlägen für den größten Teil des Jahres sind die Gebiete des heißfeuchten Urwaldklimas (A 1) zu beiden Seiten des Äquators. Diese Gebiete sind für das pflanzliche Leben sehr günstig, für die in gemäßigterem Klima herangezüchteten Haustiere und für große Tierformen überhaupt wegen vorkommender Schädlinge (Tsetse usw.) recht ungünstig. Salz fehlt oberflächlich, Trinkwasser ist sehr reichlich, aber in mangelhafter Qualität vorhanden. Der Bergbau ist erschwert. Kohlen müssen durch die oft reichlich vorhandenen Wasserkräfte ersetzt werden; Industrie begegnet dem Übelstande, daß bei der hohen Luftfeuchtigkeit alles schnell fault, schimmelt und rostet. Der Landverkehr hat meist mit schlimmen versumpften Urwaldpfaden zu rechnen. Binnenschiffahrt tritt vielfach an seine Stelle. Die Volksdichte ist meist (bei Ausnahmen z. B. Java) gering.

In den Gebieten periodisch-trockenen Savannenklimas (A 2) sind die Verhältnisse für die Pflanzen bei reichlichen Sommerregen noch ziemlich günstig,

---

[1]) Der Anteil der Segelschiffe (s. S. 216) an der Großschiffahrt ging dauernd zurück. Ob Flettners Rotorschiff dem Winde als Antriebskraft auf See wieder mehr Gewicht geben wird, ist noch nicht abzusehen.

[2]) Nur eine kurze wirtschaftsgeographische Charakteristik der einzelnen Klimagebiete kann hier hinsichtlich der Niederschläge gegeben werden, der spezielle Teil des Buches führt sie näher aus. Zur faktischen und potentiellen Volksdichte vgl. A. Penck, a. a. O. und S. 12.

je weiter weg vom Äquator aber desto ungünstiger; doch ist gerade diese „Savannenzone“ die Heimat wichtiger tropischer Nutzpflanzen; für die Haustiere wächst in derselben Richtung im allgemeinen die Gunst. Der Salzmangel ist weniger fühlbar, Trinkwasser kann zeitweise fehlen oder spärlich sein. Bergbau, Industrie und Landverkehr ist die Trockenzeit günstig. Die zur Verfügung stehenden Arbeiter sind arbeitswilliger als die Urwaldbewohner. Binnenschiffahrt muß während der Trockenzeit oft stocken. Die Volksdichte erreicht im allgemeinen höhere Werte als in der vorigen Zone.

In der Zone der trockenen Klimate (B) wachsen die Schwierigkeiten für Landbau und Tierzucht mit zunehmender Trockenheit. In den Wüstengebieten (B 4) ist jener auf die Oasen beschränkt, in die Steppen (B 3) dringt er mit Hilfe der Wasserbeschaffung (s. S. 18 f.) und Entsalzung, wo es not tut (da die Böden an sich sehr nährstoffreich sind) immer mehr ein, ja, er ringt sogar der Wüste Böden ab. Die Tierzucht ist außerhalb der oft ungesunden Oasen begünstigt, mindestens in gewissen Zweigen, am meisten in den Steppen in Verbindung mit dem Landbau. In Wüsten schrumpfen auch ihre Möglichkeiten sehr zusammen. Die Auffindung von Bergbauschätzen ist durch feinpulverige oder sandige Bodendecken oft erschwert, durch den Mangel an Existenzmitteln, Menschen und Transportgelegenheiten beschränkt. Salz ist überschüssig zu finden, Trinkwasser oft weithin knapp oder nicht vorhanden. Auch fehlt das im Bergbau nötige Betriebswasser. Guano, Salpeter, Phosphate und dgl. sind oft durch die Trockenheit der Abtragung entgangen; Torf, Kohlen und Wasserkräfte fehlen meist. Der Landverkehr kann in den (meist) ebenen Steppen sehr begünstigt sein, in Wüsten ist er erschwert. Wasserverkehr scheidet meist aus, es sei denn, daß ein starker Fluß von außen her die Trockengebiete durchdringt. Die Volksdichte ist gering, größere Orte sind in den Wüsten nur in den Oasen zu finden, die dem Verkehr und Handel die Wege durch die Wüste bestimmen.

Die Zone der warmgemäßigten Regenklimate (C) hat mit genügenden Temperaturen und Niederschlägen bei der Energie der dort sitzenden Völker bei weitem die größten Erfolge in Landbau und Viehzucht auf der Erde aufzuweisen. Auch der Bergbau ist hier am meisten entwickelt. Der Bergbau hat vielfach mit Wasserandrang zu kämpfen. Salz fehlt in den niederschlagsreicheren Gebieten oberflächlich und muß in der Tiefe gesucht werden. Trinkwasser ist meist genügend zur Stelle. Kohlen (wie Torf) und Wasserkräfte sind vielfach reichlich vorhanden und begünstigen die Entwicklung der Fabrikindustrie, die hier und in benachbarten Teilen der borealen Zone (D) ihre Hauptsitze hat. Der Landverkehr, von Natur in den feuchten Jahreszeiten durchaus nicht begünstigt, ist doch durch die hohe Wirtschaftsstufe der Bevölkerung aufs vollkommenste ausgebildet; die Binnenschiffahrt, in der feuchten Jahreszeit begünstigt, ebenfalls. Hier ist die Volksdichte fast überall ansehnlich, zum Teil bedeutend, hier haben sich die großen **Aktionszentren** (s. S. 20) herausgebildet, die Welthandel und Weltverkehr in Gang brachten und politisch wie wirtschaftlich der Erde ihren Willen aufzwingen.

Die borealen Klimate (D), zum größten Teil genügend mit Niederschlägen (zu allen Jahreszeiten) ausgestattet, sind, in den wärmeren Südhälften D 8 a und b bzw. D 9 a und b (mehr als 4 Monate über 10° C) wenigstens, landwirtschaftlich noch sehr brauchbar, zumal in jenen Landschaften, die, wie das obere Mississippibecken und die Mandschurei, mit genügenden Sommerregen hohe Hitzegrade vereinigen (D 8 a und D 9 a). In der kalten Jahreszeit empfangen sie die Niederschläge als Schnee, der jedoch selbst in den winterfeuchtkalten Gebieten (D 8) oft kaum ausreicht, den Winterkulturen (Winterroggen usw.) genügenden Schutz zu geben, in jedem Falle mit der harten Winterkälte die landwirtschaftlichen Arbeiten auf dem Felde unterbricht, zu Fürsorge und höchster Arbeitsenergie für die kalte und lichtarme Zeit spornt, die Weidetiere in Ställe verbannt, die Fischerei auf Lochfischerei beschränkt. Der Bergbau wird oft durch Kälte und Schnee winters unmöglich gemacht oder erschwert. Um so stärker drängen Schnee- und Eisbedeckung des Bodens den Menschen in die Wohnungen, zu bescheidenster Lebensweise und zur hausindustriellen Betätigung, die zu gegebener Zeit der Fabrikindustrie sitzgewohnte, billige und geübte Arbeiter herangebildet hat. So ist bei den sonstigen Gegebenheiten die Fabrikindustrie in diesen Klimaten (D) mit gewissen Vorteilen anzusiedeln. Der Schlittenverkehr, im kleinen: Schneeschuh- und Schlittschuhverkehr u. dgl., vermag in den langen Wintern eine Rolle zu spielen, den modernen Verkehrsmitteln aber ist der Schnee, im Übermaß gefallen oder angeweht, nicht selten unwillkommenes Hindernis. Durch den aufgekommenen Wintersport gewinnt der Schnee volkswirtschaftliche Bedeutung. Das fließende Wasser wird in den harten und langen Wintern durch Monate in Eisbann gelegt, und Wasserkraft wie Binnenschiffahrt müssen ruhen. Aus der Not eine Tugend machend, treibt der Mensch dann wohl Transporte auf der glitzernden Eisbahn. Die Volksdichte kann noch ansehnlich werden, ja, bei starker Industrietätigkeit höchste Grade erreichen.

In der polaren Zone der Schneeklimate (E, F) ist bei niedriger Temperatur und geringen Niederschlägen das Pflanzenleben sehr dürftig gestellt, fast nutzlos, Pflanzenbau ausgeschlossen, während tierisches Leben in gewissen Formen noch ganz gut fortkommt. Bergbauliche wie industrielle Betätigung, selbst der Verkehr, sobald Schnee und Eisdecke fehlen, begegnet Schwierigkeiten. Die Volksdichte ist gering.

Die Oberflächenformen des festen Landes bringen nun mancherlei Abweichungen von dem entworfenen schematischen Bilde der Niederschlagsverhältnisse und ihrer wirtschaftlichen Auswirkungen zustande, aber ich muß hierfür auf die Niederschlagskarte und auf Köppens Karte verweisen.

Die höheren Wirtschaftsstufen versuchten den Mangel an Niederschlägen zu beheben. Alle in der Trockenzone (B) wohnenden alten Ackerbauvölker, die Ägypter, Babylonier usw., waren zur **künstlichen Bewässerung** fortgeschritten, und auch die Chinesen, Japaner und Koreaner in den warmgemäßigten wintertrockenen Gebieten (C 5 und C 7) versuchten die Reisernten durch künstliche Bewässerung zu sichern und zu vermehren. Auch in Indien, auf Ceylon, in Vorderasien, im Cordillerenland Amerikas hatte man vielfach Bewässerungsanlagen hergestellt. Heute hat die künstliche Bewässerung moderner Art in großem Umfang in allen dürren Ländern Platz gegriffen, zum Teil auch in den Ländern niedriger Wirtschaftsstufen mit Hilfe der europäischen Technik. Im Westen der Vereinigten Staaten sind in früheren Wüsten (B 4) mit künstlich herbeigeschafftem Wasser Felder und Gärten hervorgezaubert worden; auch in Perús Küstenwüste (B 3 und B 4) sind Bewässerungsanlagen geschaffen. Im dürren Kapland sind sie stark verbreitet, und auch (Deutsch-) Südwestafrikas Bewohner schritten immer mehr zu Bewässerungsarbeiten. In Australiens Steppen hat man ebenfalls schon viel Wasser, besonders durch artesische Brunnen, erschlossen. Erst neuerdings rührte man sich in Spanien zu erheblicher Ausbreitung der künstlichen Bewässerung, mit deren Hilfe man auch in Italien und Französisch-Nordafrika, vor allem aber in Ägypten den Landbau mächtig förderte. Schon in Südfrankreich (vgl. Bd. II) finden sich zahlreiche Bewässerungsanlagen, während sie in der feuchtgemäßigten Zone Westeuropas (C 7) relativ spärlicher werden und meist der Wiesenpflege dienen. In Vorderasien findet man die künstliche Bewässerung häufig angewandt, und man bestrebt sich mancherorts, die primitiven Verfahren durch bessere moderne zu ersetzen; für Babylonien ist das Bewässerungswerk in Ausführung begriffen. Großen Umfang hat das Bewässerungsareal in Turkestan und in Ostturkestan; auch in der Kirgisensteppe ist man zur künstlichen Wasserbeschaffung geschritten. In Vorderindien haben sich die Engländer große Verdienste um die Verbesserung und Ausbreitung der Bewässerung, besonders im trockenen, aber durch Gebirgsflüsse begünstigten Indusgebiet, erworben. Trockenfarmen wird besonders im halbariden Westen der Vereinigten Staaten viel verwendet. Künstliche Beregnung hat noch kaum irgendwo größeren Umfang.

Auf diesem Felde sind noch große Fortschritte zu machen, die namentlich den trockenen Steppengebieten zugute kommen dürften.

---

Die Reaktionen des Menschen gegenüber dem **Wetter,** dessen unvorhergesehener Gang nicht selten der Wirtschaft, der Produktion und dem Verkehr, schweren Schaden bringt, sind bisher nur in den Ländern der höchsten Wirtschaftsstufe bis zu einigen Aussichten auf Erfolg gediehen. Über das instinktive Gefühl des Naturmenschen und die Wetterregeln der traditionellen Wirtschaftsstufe hinaus belehrt uns die wissenschaftliche Wetterbeobachtung über den Zustand des Wetters und seinen voraussichtlichen Gang. Neuerdings erweitern die Kulturländer das lokale Beobachtungssystem zu einem internationalen. Doch sind in den Ländern der tieferen Wirtschaftsstufen die Beobachtungen erst spärlich und kurzzeitig. West- und Mitteleuropa und die Vereinigten Staaten stehen in der Intensität der Wetterbeobachtung voran, aber auch die südeuropäischen Länder und Rußland, Japan, Australien, Südafrika und Argentinien sind neuerdings regsam tätig.

Die Wettervorhersagen (Sturmwarnungen) haben an den Küsten für die Schiffahrt schon eine hervorragende Bedeutung und versprechen, auch der Landwirtschaft der Kulturländer in Zukunft gute Dienste zu leisten. Besonders in der drahtlosen Telegraphie ist ihnen ein ausgezeichneter Gehilfe erstanden.

Das Wetterschießen, Hagelschießen in Italien (1900: 15000 Stationen), Österreich, Ungarn, Frankreich usw. hat noch nicht zu unanfechtbaren Resultaten geführt, dagegen sollen die Parahails (s. S. 10) mit gutem Erfolge in Frankreich und in der Südafrikanischen Union verwendet werden.

Die **Elektrizität** ist gegenwärtig in der Hauptsache nur in den Ländern der höchsten Wirtschaftsstufe in Dienst genommen; ihre Anwendung auf die Pflanzen steckt noch im Versuchsstadium. (Vgl. auch S. 69 f. u. 171 f. über Wasserkräfte.)

## 2. Land und Wasser.

Der Mensch ist ein Landwesen; er kann allein auf dem Erdboden dauernd leben und schaffen, und die Verteilung von Land und Wasser ist darum die wichtigste Tatsache in der natürlichen Ausstattung der Erde;

denn damit ist für jede Gegend der Erdkugel die Lage, Größe und Art des Wirtschaftsbodens bestimmt. Hier begegnen wir der ersten und einer der schwerwiegendsten Naturgegebenheiten für das Wirtschaftsleben des Menschen, an der er nahezu gar nicht zu rütteln vermag.

**a) Das Land.** Die Lage der Landteile im Erdganzen ist wirtschaftlich bedeutungsvoll durch die Lage zur Sonne, die Breitenlage, welche das Klima und die Zugehörigkeit zu Klimazonen und -gebieten wesentlich bestimmt. Danach kann ein großer Landraum, wie der Grönlands (E 10, F 11), nahezu ganz ohne wirtschaftlichen Wert sein durch seine polare Lage, welche der Wirtschaft die ihr nötigen Objekte versagt, insbesondere die Pflanzen; andererseits kann ein kleiner Landraum in günstiger Breitenlage, welche die Produktion begünstigt, wie z. B. die Insel Mauritius (A 1), einen hohen wirtschaftlichen Wert haben. Im tiefsten Grunde sind wir hier abhängig von den Grenzen, welche der Anpassung der Pflanzen und Tiere gesteckt sind, die auch im großen und ganzen für unsere heutige, von ihnen fast ganz abhängige Wirtschaft die Grenzen sind; könnten wir unsere Bedürfnisbefriedigung direkt aus dem Boden entnehmen — was ein letztes Ziel für ihre Befreiung vom Naturzwang ist —, so wären die Beschränkungen durch die Breitenlage sehr viel weniger empfindlich.[1])

Durch die **Breitenlage** sind unter den Landflächen der Erde nach dem heutigen Werturteil[2]) der höchsten Wirtschaftsstufe am meisten begünstigt diejenigen, die in die subarktischen (borealen) und warmgemäßigten Klimate (D und C) fallen. In diesen allein können Weiße (s. S. 11) als Völker siedeln und mit Erfolg produzieren. Alle großen und kleinen wirtschaftlichen **Aktionszentren (Aktionsfelder)** liegen in diesen Klimaten: 1. das **atlantisch-europäische**; 2. das **atlantisch-nordamerikanische**; 3. das pazifisch-nordamerikanische; 4. das chilenische; 5. das argentinisch-südbrasilische[3]); 6. das südafrikanische; 7. das australische; 8. das neuseeländische; 9. das (entstehende) südostasiatische (mit Teilfeldern: Japan, Java, Vorderindien, das werdende China). Andere sind in der Ausbildung begriffen, wie das russische und vielleicht das westsibirische.[4])

---

[1]) Der natürliche Indigo, der nur in den feuchten Tropen gedeiht, wird bereits durch den künstlichen, der überall, wie jetzt in Deutschland und anderen Ländern, hergestellt werden kann, zurückgedrängt. So haben wir auch bereits künstliche Parfüms an Stelle der Blumenparfüms, die in gewissem Grade örtlich gebunden sind (s. S. 131); künstlichen Moschus an Stelle des seltenen natürlichen; auch Surrogate für Kautschuk usw. hat man hergestellt, wenn sie auch noch nicht sehr befriedigen. Künstlichen Kampfer versteht man an die Stelle von natürlichem zu setzen. In der Union soll es gelungen sein, Zucker (nicht Saccharin) im Laboratorium zu erzeugen. Künstliche Seide tut der natürlichen immer mehr Abbruch. Die Produktion von künstlichem Graphit und Luftsalpeter nimmt zu, die von Quecksilber aus Blei und von Gold aus Quecksilber (s. S. 151) soll gefunden sein. Alle diese Errungenschaften bedeuten einen immensen Gewinn für die Befreiung der Bedürfnisbefriedigung vom Naturzwang, der in der natürlichen örtlichen (zeitlichen, quantitativen und evtl. qualitativen) Beschränktheit des Vorkommens von Indigo, Parfümeriepflanzen, Moschus, Kautschuk, Kampfer, Zucker, Seide, Graphit, Natronsalpeter, Quecksilber, Gold vor uns steht.

[2]) Ein solches Urteil kann sich in den Zeiten mit der Verpflanzung der europäischen Zivilisation ändern. Die kühlgemäßigte Zone (D) wurde im griechisch-römischen Altertum als ungünstig bewertet, und es ist vorauszusehen, daß wir von der tropischen Urwaldzone noch einmal eine ganz andere Wertauffassung haben werden als heute.

[3]) Dem auch Uruguay angehört. Man kann es auch das atlantisch-südamerikanische nennen.

[4]) Auch ein vorderasiatisch-ägyptisches, nordwestafrikanisches, mexikanisches, cubanisches mögen wohl bald entstehen.

Die Polarzone (Köppens Schneeklimate E 10 und F 11) ist nicht mehr für eine umfangreiche Produktion geeignet und wird daher gering bewertet. Die tropischen Regenklimate (A) sind der Siedelung der Europäer und selbst ihrer Betätigung feindlich, sie besitzen aber einen großen Wert für sie in ihrer Fähigkeit, massenhaft Pflanzenstoffe hervorzubringen, die als Rohstoffe für unsere Industrie, als Genuß- oder auch als Nahrungsmittel hohe Schätzung genießen. Immerhin stehen die tropischen Klimate in unserer Wertung tief unter den gemäßigten, und namentlich den warmgemäßigten (C), sie verrichten uns zurzeit meist nur Handlangerdienste, wenn sie auch immer mehr Wert durch Aufnahme unserer Industrieprodukte gewinnen. Am wenigsten Wert haben die Gebiete mit Wüstenklima (B 4), während manche Gebiete mit Steppenklima (B 3), besonders wenn sie feinpulverige fruchtbare Böden haben und dem Trockenfarmen und der künstlichen Bewässerung zugänglich sind, sich zunehmender Schätzung erfreuen.

Auf der östlichen Halbkugel liegt Europa zwischen 72° und 36° n. Br. und hat nach Köppens Karte hauptsächlich an dem warmgemäßigten (Südwesten) und borealen Klima (Nordosten), also C und D, Anteil. Asien umfaßt mit seiner Breitenlage zwischen dem 78. bis 1.° n. Br. (mit den Inseln bis 11.° s. Br.) große Flächen des polaren (E 10), subarktischen (D), warmgemäßigten (C) und tropischen Klimas (A), vor allem ferner im Südwesten und Innern Gebiete des Steppen- und Wüstenklimas (B 3 und B 4). Afrika dagegen, zwischen 37° n. Br. und 35° s. Br., ist hauptsächlich tropischen Klimas (A) und hat nach Köppen außer großen Flächen von Steppen- und Wüstenklima (B 3 und B 4) im Norden nur kleine, in Ostafrika und Südafrika größere Gebiete warmgemäßigten Klimas (C 6, C 7, C 5). Australien, zwischen 10° und 40° s. Br., gehört der tropischen Savannen- (A 2) und besonders der subtropischen Trockenzone (B 3 und 4) an und reicht mit geringeren Flächen in das warmgemäßigte Klima (C 5, 6, 7) hinein. Amerika (Nordamerika mit Mittelamerika zwischen 83° und 8° n. Br., Südamerika zwischen etwa 12° n. Br. und 56° s. Br.) aber, die westliche Kontinentalmasse, reicht von der nördlichen polaren Zone (E 10 und F 11) durch alle Klimazonen hindurch bis in die südliche polare Zone (E 10). Diese Lageverhältnisse bedingen zum guten Teil die Leistungsfähigkeit der einzelnen Erdteile.

Die relativ volkreichsten, gewerbtätigsten, wohlhabendsten und mächtigsten **Staatswesen der Erde**[1]) gehören ganz oder ihrem Kerne nach der gemäßigten Zone (Köppens subarktischen oder borealen [D] und feuchttemperierten Klimaten C 7) an; auf der östlichen Halbkugel Großbritannien, das Deutsche Reich, Frankreich, Italien, Österreich-Ungarns Nachfolgestaaten, Rußland mit Sibirien. Auch Dänemark, die Niederlande, Belgien und die Schweiz fallen in die gemäßigte Zone. Von der gemäßigten (C 7, D 8 b durch D 8 c) in die polare Zone E 10 hinein reichen die skandinavischen Staaten: Schweden, Norwegen und Finnland. Rußland hat sogar starken Anteil an der polaren Zone (E 10), besonders in Russisch-Asien.

Die Staaten Portugal, Spanien, Italien, die Balkanstaaten, Südrußland und die vorderasiatischen Staatengebilde haben mehr oder weniger starken Anteil an Köppens warmen sommertrockenem Klima (C 6) neben feuchttemperiertem (C 7), subarktischem (D 8), ja Steppenklima (B 3); an letzteren besonders Südrußland und Vorderasien.

[1]) Einzelheiten bringt erst der spezielle Teil des Buches (Bd. II).

Zu den warmgemäßigten wintertrockenen (C 5), d. h. sommerfeuchten, und feuchttemperierten Klimaten (C 7) rechnet Köppen die Südhälften Chinas, Koreas, Japans und die Nordhälften Hinter- und Vorderindiens. Die Nordhälfte Ostasiens gehört dem subarktischen Klima (D 9) an; China mit Hainan und Japan mit Formosa (?) erreichen sogar tropische Klimate (A 2). Siam, das selbständige Reich Hinterindiens, fällt im ganzen in die tropische Zone (A 2 und A 1), der einzige selbständige Staat Afrikas, Abessinien, in der Hauptsache in ein warmgemäßigtes Klima (C 5). Zentralasien wird wie Vorderasien hauptsächlich von Wüsten- und Steppenklima (B 4 und B 3) eingenommen, Tibet aber sogar von Tundrenklima (E 10). Auf der südlichen Halbkugel gehören der australische Bundesstaat und die Südafrikanische Union, britischer Kolonialbesitz, zu den größten Teilen der subtropischen Zone mit Wüsten- und Steppenklima (B 4 und B 3) an; nur schmale Südostflächen haben warmgemäßigtes Klima (C 7, C 6 und C 5). Das bedingt die Schwierigkeiten dichterer und ausgedehnter Besiedelung. Das britische Neuseeland fällt zum größten Teil in das warmgemäßigte, feuchttemperierte Klima (C 7).

Auf der westlichen Halbkugel gehört das britische Kanada fast nur dem polaren (Tundren-) Klima (E 10) und dem kühlgemäßigten, subarktischen Klima (D 8) an, nur ein schmaler Streifen am Großen Ozean ist feuchttemperierten (C 7), ein beschränktes Gebiet im Innern Steppen-Klimas (B 3). Eine außerordentlich günstige Vereinigung von Landflächen kühlgemäßigten (subarktischen, D) und warmgemäßigten Klimas (C) mit fruchtbaren Steppen (B 3) haben die Vereinigten Staaten aufzuweisen, die sogar die tropische Zone (A 1) erreichen und nahezu alle Produktionsmöglichkeiten ihr eigen nennen. Unwirtliche Steppen und Wüsten (B 4) sind nicht gar so ausgedehnt. Mexiko hat viel Steppen- und sogar Wüstenland (B 3 und B 4), aber auch erhebliche warmgemäßigte (C 5 und C 7) und tropische Flächen (A 2 und A 1), die ihm vielseitige Wirtschaft sichern. Ähnlich beschenkt die Mannigfaltigkeit der Höhenverhältnisse den Boden der zentralamerikanischen Republiken mit vielseitigen Produktionsbedingungen, in Westindien wiegen aber die tropischen Klimate (A) völlig vor. Die Republiken des nördlichen und westlichen Südamerika: Venezuela, Colombia, Ecuador, Perú und Bolivia vereinigen infolge ihrer Anteilnahme an den Anden und an der östlichen Niederung ein warmgemäßigtes Höhenklima (C 7) mit ausgedehnten tropischen Niederungsflächen (A 2 und A 1). In Perú und Bolivia nehmen jedoch Wüsten (B 4), Steppen (B 3) und Tundren (C 10) beträchtlichen Anteil. Brasilien liegt bis auf den südlichen warmgemäßigten Teil (C 5 und C 7) im Tropenklima (A 1 und A 2). Paraguay fällt in der Hauptsache ins warmgemäßigte Klima (C 5 und C 7) und Uruguay ebenso (C 7). Argentinien hat bedeutende Vorteile darin, mit großen Flächen dem warmgemäßigten feuchttemperierten und warmen wintertrockenen Klima (C 7 und C 5) anzugehören. Im Innern der Nordhälfte und in Patagonien sind freilich Steppen (B 3) und Wüsten (B 4) weit verbreitet. Chile erstreckt sich von den Wüsten und Steppen des Nordens (B 4 und B 3) durch warmgemäßigte Gebiete (C 6 und C 7) bis zum Schneeklima (E 10) des äußersten Südens.

Diese klimatischen Lageverhältnisse entscheiden hauptsächlich, welche Grundlagen die Pflanzen- und Tierwirtschaft antrifft, ja, sie sind auch höchst wichtig für die Mineralienwirtschaft, für Industrie, Handel und Verkehr, bedingen letzten Endes den Gang der Zivilisation und die Verbreitung der Wirtschaftsstufen.

---

Die europäischen Großmächte sind durch ihre Klimalage in ihren Produktionsmöglichkeiten recht beschränkt, und in dem Wunsche, diese zu erweitern, liegt wohl der Hauptantrieb für die **Kolonisation**[1]) in anderen Klimagebieten. Mutterland und Kolonien sind dabei naturgemäß getrennt, und darin liegt ein Nachteil für Länder wie Großbritannien, Belgien, Niederlande, Deutschland, Frankreich, Italien gegenüber denjenigen Staaten, die, wie die Union, Rußland (mit Sibirien), China, Japan, Argentinien, Chile, Australien, Britisch-Südafrika Landflächen von zwei, drei oder gar vier und mehr Klimaten im geschlossenen Zuge vereinigen. Die letzteren Länder sind wirtschaftlich begünstigt und können einer gewissen Autarkie nachstreben, während klimatisch einseitig begabte Staaten von Zufuhr fehlender Produkte sehr abhängig sind; das kann sich besonders auch bei kriegerischen Verwicklungen, wie im Falle Deutschlands, in fataler Weise fühlbar machen.

Großbritannien, das am frühesten zur Wirtschaftsstufe der wissenschaftlich-technischen Wirtschaft aufstieg, ist es gelungen, sich außer den schon genannten Kolonialländern noch große warmgemäßigte und tropische neben kleineren Steppen- und Wüstengebieten zu sichern. Das Deutsche Reich hatte mit seinen (ihm vorenthaltenen) Kolonien Anteil bekommen an ausgedehnten tropischen Gebieten (A 1, A 2 und C 5) neben kleinen Steppen (B 3) und Wüsten (B 4). Frankreich besitzt in Nordafrika wertvolle Gebiete sommertrockenen Klimas (C 6), freilich auch sehr ausgedehnte Wüsten (B 4) und Steppen (B 3); sonst vor allem tropische Kolonien (A 1, A 2, C 5). Das alte Österreich-Ungarn reichte bis in das warmgemäßigte sommertrockene Klima am Mittelmeer (C 6) hinein, hatte aber keinen Kolonialbesitz erworben. Die Niederlande haben wertvollen tropischen Kolonialbesitz (A 1, A 2, C 7) in Südostasien, Belgien in Zentralafrika (A 1, A 2, C 5), Italien im trockenen Ostafrika (B 3, C 5) und auf der nordafrikanischen Wüstentafel (B 4, B 3, C 6). Portugal hat sich aus alten Zeiten noch eine Reihe tropischer Kolonien (A 2, C 5, doch auch B 3) und in den Azoren (C 7) und Madeira (C 6) ziemlich wertvolle subtropische Kolonien erhalten. Spanien dagegen verlor seine meisten und wertvollsten Kolonien und hat jetzt nur noch einige Stücke geringen Wertes auf dem Festland Afrikas (B 4 und B 3), die tropische Insel Fernando Póo (A 1) und die subtropische (sommertrockene) Inselgruppe der Kanarischen Inseln (C 6, B 3). Dafür sind die immer mehr erstarkenden Vereinigten Staaten unter die Kolonialmächte gegangen und haben namentlich ihre tropischen Produktionsmöglichkeiten (in A 1, A 2) erweitert.

---

Nicht die Breitenlage allein ist wirtschaftlich wichtig. Die **Naturlage** eines Landstücks im Erdganzen ist nicht minder bedeutungsvoll.[2])

[1]) Vgl. S. 89—92.

[2]) Die natürliche Lagerung der Landräume zueinander in dem Erdmeer, das den größten Teil der Erdoberfläche bedeckt, wird allerdings erst besonders wirksam als Nachbarlage, welche die Bewohntheit voraussetzt, und dabei in ihrer Wirksamkeit durch die Wirtschaftshöhe mannigfach modifiziert.

Jedes Landstück empfängt nach seiner Lage zu anderen Landräumen und zu Meeren (s. besonders bei Wasser S. 51 f.) eine Summe von Eigenschaften, die, günstig oder ungünstig für Produktion oder Verkehr, unablösbar fest mit der Naturlage verbunden sind: Vulkanismus, Erdbeben und Niveauveränderungen (Vergrößerung oder Verkleinerung des Bodens), Art und Formen des Landes, Winde und nachbarliche Meeresströmungen, Temperatur (ganz abgesehen von dem Einfluß der Breitenlage) und Niederschläge, Pflanzen und Tiere sind jedem Landstück durch die Naturlage als „natürliche Ausstattung" gegeben, und nur in bescheidenem Maße, am meisten bei Pflanzen und Tieren, vermag des Menschen Einwirkung auf die Natur diesen in der Lage liegenden Naturzwang zugunsten der Bedürfnisbefriedigung zu mildern.

Die Landmassen der Erde gruppieren sich eng um den Nordpol und machen die Erdhalbkugel, deren Mitte etwa London ist, zur „Landhalbkugel"; dort liegen die meisten und größten Produktionsgebiete und die Gebiete ausgedehnten Landverkehrs. Auf die Wasserhalbkugel fallen nur geringere Landstücke, darunter der kleinste Erdteil, Australien. Hier wird verhältnismäßig wenig produziert, und hier sind gewaltige Entfernungen im Wasserverkehr zurückzulegen. Die Landmassen sind durch das Weltmeer vielfach zerteilt. Als Binnenmeer liegt in den Landflächen der Landhalbkugel das Nördliche Eismeer, und seine Landumrandung wird nach Süden nur an zwei Stellen durchbrochen: in der Beringstraße (111 km breit), dem Ausläufer des schmalen nördlichen Großen Ozeans und durch den Atlantischen Ozean, dessen Golf eigentlich das Nördliche Eismeer ist, zwischen 40° und 70° nördl. Breite. Der Große Ozean verbreitert sich gegen Süden zu der größten Wasserfläche der Erde (fast $^1/_3$ der Gesamtoberfläche) und trennt mit dem zickzackförmig verlaufenden Atlantischen Ozean die Ostfeste („Alte Welt"), bestehend aus den zwei Kontinenten: Eurasien mit Afrika und Australien bzw. den Erdteilen Europa, Asien, Afrika, Australien, und die Westfeste („Neue Welt") oder die Kontinentalmasse der östlichen und die Kontinentalmasse der westlichen Halbkugel (Erdteile Nord- und Südamerika). Eine große Bruchzone, welche durch die drei Mittelmeere (amerikanisches, europäisches, austral-asiatisches) bezeichnet wird, trennt wiederum Nord- und Süderdteile.

In der Alten Welt nimmt das Festland Eurasien (Europa und Asien) breit den ganzen Norden ein. Getrennt von diesem nördlichen Doppelerdteil durch europäisches Mittelmeer, Suezkanal und Rotes Meer, hängt an der Südwestecke der östlichen Kontinentalmasse der Süderdteil Afrika, an der Südostecke, durch das austral-asiatische Mittelmeer von Eurasien getrennt, der Süderdteil Australien. Beide Süderdteile verjüngen sich gegen Süden, in die Wasserhalbkugel hineinragend. Zwischen ihnen und dem Südrande Asiens dehnt sich breit der Indische Ozean.

In der Westfeste ist das breite Nordamerika durch das schmale Zentralamerika und die Inseln Westindiens mit dem gegen Süden sich sehr verjüngenden Erdteil Südamerika verbunden.

Am meisten wird nach unserer heutigen Wertauffassung die Naturlage am Ozean geschätzt; die Lage an Nebenmeeren ist schon weniger günstig, die an Binnenmeeren am wenigsten wert. Nicht nur sind am Ozean die

Produktionsmöglichkeiten meist günstiger, sondern vor allem ist durch die Naturlage an ihm oder besser noch in ihm (Insellage) die direkte Teilnahme an Weltverkehr und Welthandel gegeben, während die Anwohner an Neben- oder gar Binnenmeeren schwer die „Hochstraße des Welthandels" erreichen und infolgedessen schwer im internationalen Warenaustausch mit den begünstigteren Konkurrenten wetteifern können.

Die Naturlage inmitten eines Kontinents ist nicht nur insofern ungünstig, als die Produktionsmöglichkeiten meist beschränkt sind, sondern mehr noch infolge der Erschwerung, an den Ozean und zum Welthandel heranzukommen.

Die Britischen Inseln haben eine günstige Insellage im Atlantischen Ozean; ähnlich günstig ist die Lage der Japanischen Inseln. Die Vereinigten Staaten, Kanada und Mexiko haben zwei Ozeanfronten, was sehr günstig ist. Unter den heute wichtigen Staatswesen haben noch Australien und Neuseeland eine recht vorteilhafte Ozeanlage und auch die Britisch-Südafrikas ist ähnlich. Argentiniens und Chiles Naturlage zum Ozean ist einseitig. Frankreich hat eine recht günstige Lage mit der einen Front nach dem Atlantischen Ozean, mit der anderen zum Mittelmeer. Auch Spaniens und Portugals Ozeanlage ist günstig. Weniger gut ist die Lage der Niederlande, Belgiens, Deutschlands, Dänemarks, Schwedens und Norwegens zum Ozean, und Italien ist den Ozeanen noch ferner, allerdings dafür seit Schaffung des Suezkanals in einer Zwischenlage zwischen dem Atlantischen und Indischen Ozean, die ihm manche Vorteile verschafft. Am ungünstigsten ist die Naturlage Rußlands, Oesterreichs, der Schweiz, Tschechoslowakei usw. In bezug auf den Landverkehr hingegen ist die Naturlage der Britischen Inseln und aller Inseln überhaupt ungünstig. Um an dem Landverkehr und Landhandel teilzunehmen, müssen sie immer erst Personen und Güter über das Wasser schaffen also das Transportmittel wiederholt wechseln.

Die Verbesserung der Verkehrsverhältnisse ist das hauptsächlichste Reaktionsmittel der Staaten gegenüber den Unbilden der Naturlage. So verändern namentlich die großen „internationalen" Kanäle, wie der Suez- und Panamákanal, die Naturlage vieler Staaten zu den Ozeanen; aber auch der Nordostseekanal hat die Naturlage der Ostseeländer zum Atlantischen Ozean verändern können.

Andererseits würde ein Tunnel zwischen den Britischen Inseln und Frankreich unter dem Kanal weg die Naturlage Großbritanniens für den europäischen Landverkehr in hervorragender Weise verändern.[1])

Aber auch Eisenbahnen ändern schon die Naturlage. Durch die Pazifikbahnen rückten die östlichen Vereinigten Staaten dem Großen Ozean näher. Die transkontinentalen Eisenbahnen haben in dieser Beziehung besonders den Erfolg, den Zwang der Naturlage zu den Meeren zu mildern.

Die **Nachbarlage** setzt die Bewohntheit der Länder voraus und wird für ein Land bewertet nach der Zahl und Art der Nachbarländer. (Vgl. S. 87f. u. 204f.)

---

Durch die Verteilung von Land und Wasser ist die **Größe** der Landindividuen bestimmt. Soweit nicht ungünstige Breitenlage den Wert schmälert oder aufhebt (s. S. 20) und unvorteilhafte Natur- und Nachbarlage ihn beeinträchtigen, ist die Größe der Landräume wirtschaftlich (bezüglich der

[1]) Vgl. S. 201.

Produktion) von ungeheurer positiver Bedeutung, die zudem mit der Wirtschaftsentwicklung beständig wächst, da nun auch scheinbar wertlose Räume, wie Steppen (B 3) oder Waldflächen (in D 8 oder D 9 oder A 1), immer mehr nutzbar gemacht werden. Die Größe der Landräume entscheidet ferner neben Breitenlage und Lage zu Meeren bzw. anderen Landindividuen über das Klima, also auch über die Produktionskraft.

Ein großer Raum bedeutet die Möglichkeit ausgedehnter Wirtschaft und also der Anhäufung großer Menschenmassen, politischer Macht usw. Zugleich ermöglicht ein großer Raum mit der Mannigfaltigkeit der Bodenarten und -formen, der Vielartigkeit und Größe der fließenden und stehenden Gewässer, der Mannigfaltigkeit der klimatischen Verhältnisse, der Pflanzen und Tiere, wie sie großen Erdräumen meist eigen ist, große Mannigfaltigkeit der Wirtschaft. Die Kleinheit des Raumes beschränkt dagegen die Wirtschaft nach Ausdehnung und Mannigfaltigkeit und erhält ein Volk klein, politisch ohnmächtig und leicht isoliert.

Für den Verkehr bedeutet die Größe des Bodenraumes nach dem Obigen große Aufgaben: die Möglichkeit größerer örtlicher Arbeitsteilung, daher lebhaften, wohlgenährten, mannigfaltigen, auf weite Strecken durch ein und dasselbe Verkehrsmittel (z. B. Eisenbahnen) gleichbleibenden Austausches; alles das freilich nur für eine fortgeschrittene Wirtschaftsstufe, während eine niedrige Wirtschaftsstufe des großen Raumes nicht Herr wird.

An der Größe des Landraumes, so wie sie von Natur für die Produktion gegeben ist, vermag der Mensch nur wenig zu ändern. Durch Küstenschutz und Festlegung der Dünen verhindert nur die höchste Wirtschaftsstufe den von Natur fortschreitenden Verlust von Land; durch Austrocknung von Sümpfen und Seen, durch Anlegung von Poldern am Meere, durch Eindeichung von austretenden Flüssen gegen die Nachbargefilde gewinnt sie trockenes Land zu dem bestehenden hinzu, aber doch nur in vergleichsweise kleinen Flächen. Dagegen kann die höchste Wirtschaftsstufe den Raum in immer ausgedehnterem Maße zur Nutzleistung heranziehen und durch Intensivierung der Wirtschaft oft von kleinem Raum viel mehr erzielen als die niedrige Wirtschaftsstufe von dem zehnmal größeren Raum.[1]) Ferner vermag die höchste Wirtschaftsstufe mit immer besserem Erfolg die Raumgröße durch vervollkommnete Verkehrsmittel relativ zu verkleinern, in gewissem Sinne unwirksam zu machen und so die Nachbar- und Naturlage (s. S. 23—25) zu beeinflussen.

Alles Land auf der Erde macht insgesamt, soweit wir es heute mit H. Wagner (1921) berechnen können, 148,9 Mill. qkm von 510 Mill. qkm der ganzen Erdoberfläche aus. Das ist der Landraum, der der Menschheit zur Verfügung steht. Unter den Erdteilen ist in bezug auf die Größe Asien am meisten begünstigt mit 42 Mill. qkm (29,7% der Landfläche), danach folgt Amerika mit 42 Mill. qkm (Nordamerika 24,2 Mill. qkm, Südamerika 17,8 Mill. qkm), dann Afrika mit 29,8 Mill. qkm, Europa mit fast 9,97 Mill. qkm (6,7%), Australien mit 8,93 Mill. qkm (6%); den Polargebieten schreibt man den Rest zu.

Unter den Staatswesen der Erde ist Großbritannien mit seinen Kolonien, Besitzungen und „Mandaten“ das landreichste; es besitzt rund 34,8 Mill. qkm

---

[1]) Mit fortschreitender Verallgemeinerung der Wirtschaftshöhe auf der Erde würde allerdings die genannte Möglichkeit fortfallen.

= über 23,4% alles Landes. Der nächst landreiche Staat ist **Rußland**, das über 21,2 Mill. qkm verfügt = 14—15% alles Landes. Dann folgen **Frankreich**, mit Nebenländern und Besitzungen 12,2 (gegen 8%), **China**, mit Nebenländern 11,1 (über 7%), dann die **Vereinigten Staaten** mit 9,7 (6,5%), dann **Brasilien** mit 8,5 (gegen 6%), dann die **Argentinische Republik** 2,89 (2%), dann **Belgien** mit dem Kongogebiet 2,44 ($1^2/_3$%), **Portugal**, mit Besitzungen 2,18 (gegen 1,5%), **Niederlande**, mit Besitzungen 2,08 (1,4%), dann **Mexico** 1,99 ($1^1/_3$%), dann **Italien**, mit Besitzungen 1,76%, **Persien** 1,6 (1,1%), **Perú** 1,43 (1%), dann **Bolivia** 1,33 (0,9%), **Colombia** 1,15 (0,8%), **Venezuela** 1,02 (0,7%), **Ägypten** 0,9, **Abessinien** 0,8 Mill. qkm (über 0,5%); **Spanien** 818000, **Chile** 752000, **Japan** 682000, **Afghanistan** 558000, **Siam** 505000 qkm; das vergewaltigte **Deutsche Reich**[1]) 472000, **Paraguay** 445000, **Hedschas** 440000, **Schweden** 410000, **Polen** 386000, **Finnland** 333000, **Rumänien** 316000, **Norwegen** 310000, **Ecuador** 307000, **Jugoslawien** (Südslawien) 249000 qkm.

Die durch die Verteilung von Land und Wasser gegebene **Gestalt** des Landes ist einmal als horizontale und das andere Mal als vertikale wirtschaftlich wichtig.

Direkt ist die **horizontale Gestalt** eines Landes für die Produktion nicht wesentlich. Erwähnen kann man, daß der Reichtum einer Küste an Buchten und vorgelagerten Inseln die Fischereimöglichkeit erweitert, da die Fische (und Seehunde usw.) seichte Buchten und Inseln zum Laichen aufsuchen.

Für den Seeverkehr, der schützende Häfen braucht und wassertiefen Einlaß ins Land, sind die Küstenumrisse von großer Wichtigkeit. Eine gegliederte Küste ist meist hafenreich; es gibt Häfen hinter Inseln und Bänken, Häfen in Buchten und Häfen in Flußmündungen. Neben ausgedehnten hafenreichen Küsten liegen hafenarme, da Buchten, Mündungen u. dgl. gewöhnlich gesellig auftreten.

**Längsküsten**, bei denen dem Meere Erhebungen parallel ziehen, sind meist arm an Häfen und, vom Binnenland abgeschnitten, Absperrungsküsten, da auch größere Flüsse zu fehlen pflegen. So sind selbst die vielgegliederten **Fjordküsten** von geringem Wert, da das Hinterland schwer erreichbar ist, und zudem die hohen Breiten, in denen sie sich allein finden, produktionsarm sind; ferner sind die Fjorde gewöhnlich zu tief und ihr inneres Ende, wo Platz für Siedelungen und Zugang ins Landesinnere ist, liegt meist dem Meere fern. Nur wenn ein Meereseinschnitt in eine Längsküste das ganze Küstengebirge durchsetzt, sind die natürlichen Verhältnisse für die Entwicklung eines Hafenplatzes günstig; hinter den meisten „**Einbruchshäfen**" erhebt sich aber ein Hochland oder Gebirge.

**Querküsten**, bei denen die Gebirgszüge quer zur Küste auslaufen, sind Aufschließungsküsten. Sie sind reich an Inseln, Halbinseln und tiefen Buchten, in welche öfters längere schiffbare Flüsse fließen. Zu dieser Küstenart gehören die **Riasküsten**, die bisweilen gute Häfen bieten, aber von Zuschüttung durch die Flüsse bedroht sind.

---

[1]) Wenn die „Kulturstaaten" der Entente ihre Heuchelei und Raubgier überwunden haben werden, muß die Rückgabe der „Mandate" an **Deutschland**, das mit seinen Kolonien vor dem Kriege 3,49 Mill. qkm umfaßte, jetzt 3,42 Mill. qkm besitzen würde, erfolgen.

Beckenrandküsten, durch Einstürze in vulkanischen Erdgebieten gebildet, mit halbkreisförmigen Buchten, haben für die Schiffahrt einen gewissen mittleren Wert. Einzelne Vulkaninseln, in deren Krater das Meer getreten ist, sind für den Seeverkehr vortreffliche Häfen geworden.

Die neutrale Hoch- oder Schollenküste der Tafelländer ist wenig gegliedert und bietet meist schweren Zugang zum Land, ist also für den Verkehr im allgemeinen ungünstig; nur gewisse Binnenmeere alter Glazialgebiete haben eine reichere Gliederung (Schärenküste). Doch sind die Förden (Föhrden) und einzelne Bodden, die Flußhäfen der Limanküste (allerdings von Zuschwemmung bedroht) und der von den Gezeiten geöffneten Küstenbuchten oder Flußästuarien zum Teil vortreffliche Zufluchts- und Ausgangsstätten für den Seeverkehr.

Die neutrale Flachküste der Schwemmland-Tiefländer ist für den Verkehr (s. S. 207) ungünstig und nur durch Flußmündungen erschlossen, deren Häfen meist beträchtliche Kunstbauten verlangen; namentlich die Flußmündungshäfen an Deltas, deren hohe Produktionsfähigkeit bei hoher Wirtschaftsstufe gebieterisch bequeme Ab- und Zufuhr zur See erfordert, sind der Verschlammung ausgesetzt und stellen der fortgeschrittenen Technik hohe Aufgaben. Öfters liegen die Deltahäfen etwas seitwärts (Alexandria, Karatschi). Auch die Lagunenhäfen zeigen ähnliche Nachteile, sind aber begünstigt dadurch, daß Lagunen meist gesellig auftreten und auf ihnen geschützter Binnenverkehr längs der Küste zum Hafen hin stattfinden kann.

Koralleninseln bieten in den Lagunen bisweilen brauchbare Häfen, namentlich die Atolle. Wenn Korallenriffe die Küsten begleiten, können geschützte Meeresteile hinter ihnen liegen; umsäumen sie die Ufer unmittelbar, so sind die Schiffahrtsverhältnisse ungünstig, und nur die Flüsse unterbrechen den unzugänglichen Küstensaum.

Die niedrigen Wirtschaftsstufen geben sich mit den natürlichen Verhältnissen der Küsten zufrieden; selbst die Wirtschaftsstufe der traditionellen Wirtschaft gelangt höchstens zu bescheidenen Eingriffen in sie. Für die Wirtschaftsstufe der wissenschaftlich-technischen Wirtschaft ist aber der in der natürlichen Verteilung der Häfen liegende, das Verkehrsbedürfnis beengende Naturzwang bis zu einem hohen Grade aufgehoben. Wenn an einer Küste, für die ein lebhaftes Verkehrsbedürfnis vorliegt, Häfen fehlen, so werden sie künstlich geschaffen; wenn sie unvollkommen sind, so werden sie künstlich verbessert. Es wird heute vielleicht keinen bedeutenderen Hafen mehr geben, an dem nicht des Menschen Kunst bessernd eingegriffen hat.

**Die horizontale Gliederung der Erdteile. Europa** ist an der West- und Südküste durch Nebenmeere des Atlantischen Ozeans, Meeresstraßen und Buchten sehr stark gegliedert, so daß die Halbinseln: Skandinavien, die Pyrenäen-, Apennin- und Balkanhalbinsel, und Inseln: Britische Inseln, Sardinien usw., $^1/_3$ seiner Fläche ausmachen. Durch diese Gliederung wird das Klima ozeanisch, der Ausdehnungsbereich des Erdteils im Verhältnis zu seiner Flächengröße sehr erweitert, die Annäherung an andere Erdteile bewirkt; die Küstenlänge wird sehr bedeutend (Fischerei!), und ein großer Teil der Bevölkerung in der westlichen Hälfte mit dem Meere in Berührung gebracht (Seeleute!) und damit frühestens einer günstigen Nachbarlage (s. S. 204) teilhaftig. Im Norden, Westen und Süden spielt sich darum ein großer Teil des

Verkehrs auf See ab. Der Osten Europas zeigt im Gegensatz zur Westhälfte Massenausbreitung mit ihren Folgeerscheinungen: Kontinentalität des Klimas, Vorherrschen des Landverkehrs, teilweises Fehlen der belebenden Einflüsse des Seeverkehrs. Doch mildern immerhin große Binnenmeere und -seen und die weitverästelten mächtigen Flüsse (s. S. 66 ff.) ein wenig die ungünstigen Folgen für den Verkehr. Auch im kleinen ist die Gliederung eine reiche. Skandinavien an der Westseite, Schottland, Irland im Nordwesten haben Fjordküsten (Kristiania [Osló], Trondhjem, Bergen), Jütland an der Ostseite Förden (Kiel, Eckernförde, Flensburg), die Südseite der westlichen Ostsee Boddenhäfen (Lübeck), die Bretagne, Südwest-Irland, der Nordwesten der Pyrenäenhalbinsel, der Westen Corsicas, Dalmatien Riasbuchten (Brest, Santander, Ferrol, Coruña, Ajaccio, Cattaro); die Küsten der nördlichen Ostsee weisen Schärenhäfen (Stockholm, Helsingfors, Petersburg), die mittelmeerischen Einsturzhäfen (Neapel, Piräus, Pola), die Nordseeküsten Flußmündungshäfen (Hamburg, Bremen, London, Amsterdam), das Schwarze Meer Limanhäfen (Nikolajew, Cherson), Ostsee und Mittelmeer Lagunenhäfen (Venedig, Memel) auf — eine Vielgestaltigkeit verschiedenster Hafentypen, wie sie wohl kein anderer Erdteil aufzuweisen hat.

Gegen Osten geht die breiter gewordene Gestalt Europas in die massige ungegliederte Form Asiens über. **Asiens** Inseln und Halbinseln (im Süden und Osten) enthalten nur $^1/_4$ der Gesamtfläche: Kleinasien, Arabien, Vorderindien, Hinterindien, Korea, Kamtschatka, Japanische Inseln und Kurilen, und sind zum Teil selbst ungefüger Form. Der plumpe Rumpf dominiert völlig. Kleinasiens Westküste (Smyrna) und ein Teil der chinesischen Küste ist durch Riasbuchten (Amoy, Fu-tschou) ausgezeichnet, denen ähnlich auch größere Teile der koreanischen (Fu-san) und japanischen Küste (z. B. am Binnenmeer) gestaltet sind. Aden ist ein Kraterhafen (eingestürzter Krater). Victoria (Hongkong) und Bombay liegen auf Innenseiten von Inseln vor dem Festlande. In Vorder- und Hinterindien (Calcutta, Saigon usw.) und in China (Kanton, Schang-hai, Wusung, Tien-tsin) gibt es gute Flußmündungshäfen. Batavia, Madras, Colombo sind erst künstlich gesichert.

Im Südosten schließt sich an Asien die austral-asiatische oder malaiische Inselflur: Große und Kleine Sundainseln, Philippinen, Molukken usw., die zu dem sehr wenig gegliederten **Australien** hinüberführt; nur wenige tiefe Meeresbuchten, wie Port Philipp, Port Jackson (Riasbucht) kommen als Häfen in Betracht. Auckland auf Neuseeland ist ein Einbruchshafen, Lyttelton und Port Chalmers Kraterhafen. An der Westküste der Südinsel treten fjordähnliche Buchten auf. **Ozeanien** s. auch S. 30.

**Afrika** ist ein außerordentlich massiger, ungegliederter Erdteil; nur die Guineabucht dringt etwas tief in den Rumpf ein. Natürliche Häfen sind sehr selten. Die Beckenrandküste Algeriens bietet nur mäßig gute Hafenbuchten, meist im Schutze eines westlich vorgelegenen Kaps (Algier, Bône) oder hinter Inselbrocken (Oran); Tunis ist ein Hafen an riasähnlicher Bucht, Sansibar, wie ursprünglich auch Alexandria, ein Hafen im Schutze einer Insel; die ganze Südhälfte Afrikas, eine Schollenküste, ist der Hafenbildung sehr ungünstig; Kapstadt liegt an einer Bucht, Lagos ist ein Lagunenhafen.

Die Häfen bedürfen meist stark der künstlichen Verbesserung oder müssen überhaupt erst geschaffen werden (Swakopmund).

Die starke horizontale Gliederung des Nordens von **Nordamerika** bringt wenig Gewinn wegen des polaren Klimas, das dort herrscht; der Erdteil verbreitert sich dann stark, aber unter 35⁰ n. Br. schwindet er plötzlich zusammen auf die schmale zentralamerikanische Landbrücke, an deren Ostseite das amerikanische Mittelmeer liegt.

Die Fjorde Labradors und der Westküste Nordamerikas, nördlich der Vancouver-Insel, haben wegen der nördlichen Lage und der geringen Produktivität des Hinterlandes ihren Beruf, natürliche Häfen zu sein, zum Teil verfehlt. Neufundland und Neuschottland mit einschnittreichen Küsten, und die Buchten weiter südlich (Portlandbai, Massachusettsbai-Boston), vor allem auch die Mündungsbuchten des St. Lorenzstromes (Montreal, Quebec), des Hudson (New York), des Delaware (Philadelphia), die Chesapeakebai (Baltimore), im Süden die Mississippimündung (New Orleans) bieten mehr oder weniger günstige Naturhäfen. Im Westen sind vor allem die Bai von San Francisco (Einbruchshafen) und der Puget Sound (Fjord) als Hafenbuchten von der Natur gegeben.

In Mexico mußten an der Ostküste Molenhäfen geschaffen werden, an der Westküste besitzt der Golf von Kalifornien einige gute Naturbuchten (Guaymas, Topolobampo). **Mittelamerika** (Zentralamerika und Westindien). An der Kliffküste Zentralamerikas gibt es einige gute Naturbuchten wie den Golf von Nicoya und die Fonseca-Bai. Die niedrige Ostküste ist weniger gut ausgestattet. Kunstbauten müssen hier (wie bei Colon) in weitem Umfange bessernd eingreifen. Die Inseln Westindiens haben einige prächtige Naturhäfen, wie auf Cuba den von Habana, Santiago de Cuba, Guantánamo, aber auch hier muß Technik überall nachhelfen.

**Südamerika** ist ähnlich ungegliedert wie Afrika, hat aber die schlanke Gestalt seiner Südhälfte vor jenem voraus. Südamerika ist zum Teil arm an Naturhäfen. An der Nordküste sind Puerto Cabello, an der Ostküste der Flußhafen Pará, der durch eine Insel geschützte Hafen Maranhão, das hinter einem Riff (Recife) liegende Pernambuco, der Baihafen Bahia, der Einbruchshafen Rio de Janeiro, der Halbinselhafen Montevideo, der Mündungshafen Buenos Aires (und Puerto Plata), der Buchthafen Bahia Blanca zu erwähnen; die patagonische Küste, einer plumpen Riasküste ähnlich, und die Küste Guayanas, aus dem Meere auftauchend, gehören zu den verkehrsgeographisch ungünstigsten Küsten. Die Westküste Südamerikas, eine typische Längsküste, ist sehr arm an guten Häfen. Die Fjorde Südchiles kommen vorläufig nicht in Betracht; Puerto Montt ist ein guter Hafen, Valparaiso ist gegen Nordwinde wenig geschützt, Guayaquil dagegen ist ein vortrefflicher (Mündungs-) Hafen, Panamá hatte eine offene Reede, die aber, weil Stürme nicht auftreten, als sicher galt. Heute sind schon viele dieser Häfen künstlich sehr verbessert.

Die **Ozeaninseln** sind vielfach mit guten Häfen ausgestattet. Im Nördlichen Eismeer sind die Fjorde an Grönlands Westseite, auch die Häfen Islands wegen der Eisverhältnisse, und der Breitenlage überhaupt, nicht viel wert. Im Atlantischen Ozean haben die Kanarischen Inseln, die Azoren, Madeira,

St. Helena vulkanische Einbruchshäfen, im Indischen Ozean Mauritius und Réunion desgleichen, der Hafen der Kraterinsel St. Paul verliert durch die Lage seinen natürlichen Wert. Im Großen Ozean sind Honolulu (Hawaii-Inseln), durch Korallenring geschützt, und der Hafen von Tahiti Einbruchshäfen, Apia (Samoa-Inseln) und Jaluit Koralleninsel-Häfen.

**Die Formen der Erdoberfläche.** Die Gestalt des Landes ist als vertikale von größter wirtschaftlicher Wichtigkeit, sowohl für die Produktion, als für den Verkehr.

Unmittelbar beeinflussen die Oberflächenformen die Produktion in vergleichsweise geringem Grade. Ebene Flächen können leichter ausgenutzt werden als geneigte oder gar abschüssige, wegen dünner Bodenkrume und Erschwerung oder Unmöglichkeit der Bearbeitung, namentlich für den Pflug; Hänge, die über 30° hinausgehen, sind wohl dem Ackerbau ganz entzogen. Sie kann der Mensch nur noch als Grasländereien durch Tierzucht ausnutzen oder muß sie dem Waldboden überlassen. Höchstens der Bergbau, dem die vorwiegend in den Gebirgen zutage tretenden alten Gesteinsschichten gute Ausbeute versprechen (s. S. 174), bricht dann in den Pflanzenmantel Lücken. Auf höheren Wirtschaftsstufen werden unter besonderen Umständen auch steile Hänge dadurch nutzbar gemacht, daß ihnen durch Terrassen die Steilheit genommen, und des Fruchtbodens Wegspülung verhindert wird. Wo aber ohne diese Vorkehrung steile Hänge entholzt werden, da werden sie oft für immer durch die Abspülung der lockeren Erde der Nutzung, selbst auf Holz, entzogen und nicht selten Ausgangszonen für verheerende Überschwemmungen.

Viel bedeutender ist die wirtschaftliche Wichtigkeit der Bodenformen für die Produktion durch die Vermittlung des Klimas, das mit dem Wechsel der Bodenhöhe Unterschiede zeigt. Die Wärme nimmt mit der Höhe (auf 170 m etwa 1° C) ab, die Niederschläge allerdings nehmen bis zu einem gewissen Grade mit der Höhe zu. Die Organismen, Pflanzen, Tiere und Menschen, bedürfen des Lichtes, der Wärme und der Feuchtigkeit, wenn auch in sehr verschiedenen Graden, und diese Bedürfnisse sind in verschiedenen Höhen sehr verschieden erfüllt.

Am günstigsten sind die Bedingungen für das Leben im allgemeinen in den Tiefländern; in ihnen konzentriert sich in der Regel das reichste natürliche Pflanzen- und Tierleben, und Pflanzenbau und Tierzucht finden in ihnen die günstigsten Bedingungen. Das stempelt auch den Menschen, der in seiner Bedürfnisbefriedigung ja in erster Linie von Pflanzen und Tieren abhängig ist, zum Tieflandbewohner. Am meisten trifft das zu in den polaren Gegenden (E 10, F 11), wo die Höhen von Eis und Schnee starren, und in der gemäßigten Zone (D und C), wo die von Flüssen durchflossenen Tiefebenen die Produktionszentren sind, die Gebirge (D, E 10, F 11) aber zu einem Teil als Eis-, Schnee- und Felswüsten auch dem höchststehenden Menschen wirtschaftlich verschlossen sind. Die tieferen Ebenen werden hier meist zuerst bewirtschaftet, in die Gebirge dringt im allgemeinen die Wirtschaft (und auch jeder wirtschaftliche Fortschritt) später und langsamer ein. Doch haben die Gebirge in allen Zonen, namentlich aber in der Trockenzone (B 3, B 4), als Konzentrierer der Feuchtigkeit und Entsender der Bewässerungsadern für die Produktion Wichtigkeit.

Freilich sind dem Menschen niedriger Wirtschaftsstufe auch die mit dichtem Wald bestandenen Tiefebenen der gemäßigten Zone (D 8 oder D 9) wirtschaftlich ungünstig. Das lehren uns die bis in neueste Zeit ungelichteten Wälder Nordamerikas, Nordeuropas, Sibiriens, Südchiles (C 7), das lehren uns die Urwälder Altgermaniens. Erst eine höhere Wirtschaftsstufe wird dieser Vegetationsformation Herr. Heute sind in den Ländern der Wirtschaftsstufe der wissenschaftlich-technischen Wirtschaft die fruchtbaren Tiefebenen vom Wald gesäubert und der Produktivität zugeführt; aber in den Mittelgebirgen ist der Wald, selbst in Deutschland, erst neuerdings verdrängt oder rationell nutzbar gemacht worden.

Am frühesten erblühte die Produktion in der Trockenzone[1]) (B 3 und B 4), in denjenigen Tiefländern, die von Natur wenig oder gar keinen Wald trugen. Hier reichten die technischen Mittel, die Werkzeuge, auch einer niedrigeren Wirtschaftsstufe aus, den Boden mit dem, was er von Natur trug, zu bezwingen. Darum wohl erstanden hier in Zonen geringeren Widerstandes der Natur gegen die menschliche Einwirkung die Produktions- und Aktionszentren des „Altertums". Auch in der gemäßigten Zone (C 7, D 8 b), in dem weiten Sumpf- und Waldland, das Deutschland vor der Völkerwanderung war, wurden der wirtschaftsfeindliche Sumpf und das dichtere Waldgebiet gemieden, und die besiedelten Flächen lagen nachweislich[2]) „mehr an den Abhängen der Berge, welche die Gewässer begleiten, als in deren unmittelbaren Nähe, wenigstens dort, wo letztere sumpfig oder Überschwemmungen ausgesetzt war"; an den Hängen war zwischen Sumpf und Urwald eine Zone schwächeren Baumwuchses. Die besiedelten Flächen „treten aber auch in den Hoch- und Tiefebenen auf, besonders dort, wo diese infolge ihrer Bodenbeschaffenheit waldfrei waren und steppenartiges Aussehen darboten, wie z. B. die Jurahöhen". Nur solcher Flächen wurde die damalige Wirtschaftsstufe Herr, ähnlich wie heute noch in Sibirien der Ackerbauer von der Steppe aus nur langsam gegen das nördlich vorgelagerte Sumpf- und Waldland Raum gewinnt. So ließen sich die Kelten und Germanen am Rande des Schwarz- und Odenwaldes und nicht in der Mitte der Rheinebene nieder und die Slawen auf dem waldfreien Lößboden um Bautzen zwischen den Waldwüsten nördlich und südlich davon, deren sie schwer Herr wurden. Auch hier werden die durch Waldarmut oder -mangel gegebenen Flächen geringeren Naturwiderstandes zuerst unterworfen, zuletzt die mit der produktionsfeindlichen Rauheit der Gebirge verbündeten, besonders feindseligen Nadelholzwälder der Höhen.

In den Tropen (A) verläuft der Besiedelungsprozeß, Tiefländer und Bodenerhebungen betreffend, ganz anders. Die Tiefländer und zu einem großen Teil auch noch die untersten Stufen der Hochländer sind mit üppigstem Urwald (A 1) bedeckt, der der menschlichen Wirtschaft sehr feindselig ist.

Nicht nur hegt er die Malaria und andere Krankheiten, nicht nur lauern in ihm gefährliche Tiere und oft feindselige Menschen, nicht nur ist er meist arm an pflanzlichen Nährstoffen und Wild, sondern er widerstrebt auch der Einwirkung des Menschen, namentlich des auf niedriger Wirtschaftsstufe stehenden, insofern, als er jedes Durchschreiten aufs äußerste behindert, erst recht die vollkommeneren Verkehrsmittel:

---

[1]) Vgl. A. Hettner, Der Gang der Kultur über die Erde Leipzig 1923.

[2]) Knüll, B., Historische Geographie Deutschlands im Mittelalter. Breslau 1903. S. 55.

Reittiere, Wagen[1]), Eisenbahnen, Telegraphen schwer zu verwenden verstattet, als er alle Werkzeugstoffe schnell zerstört, als er Baumzucht, Pflanzenbau und Tierzucht stark beschränkt, als er infolge des üppigen Wucherns der Vegetation jede Lichtung, die ihm abgerungen wurde, schnell wieder schließt, also die Werkfortsetzung erschwert: der Wald ist hier der Herrscher, der Mensch niedriger Wirtschaftsstufe steht mit seinen schwachen Werkzeugen fast ohnmächtig und hoffnungslos ihm gegenüber; das bedingt wiederum die niedrige Wirtschaftsstufe: ein verhängnisvolles Wechselverhältnis (vgl. S. 85).

Anders die Hochländer (C 5, C 7, B 3); hier fehlt der kulturdrückende Urwald, hier war die Einwirkung auf die schwächere Natur leichter und führte zu Ergebnissen, hier entfaltete sich ein höheres Wirtschaftsleben unter Bedingungen, wie sie sich in steppenhaften Ländern finden.

Als Regel können wir somit aufstellen: in der polaren (E 10), gemäßigten (C, D) und Trockenzone (B), nicht in den Tropen (A) steht der Mensch der Tiefebenen im allgemeinen auf höherem wirtschaftlichen Niveau als der der Gebirge, und fast durchweg sind von Natur die tiefer gelegenen Gegenden günstiger mit Pflanzen und Tieren ausgestattet oder für den Pflanzenbau und die Tierzucht geeigneter als die höheren. Für den Bergbau allerdings kommt das Gebirge ebensosehr, wenn nicht mehr in Betracht, als die Tiefebene (s. S. 151).

Wie die Höhenunterschiede des Bodens (durch das Mittel des Klimas meist) wirtschaftlich einschneidende Bedeutung haben, sei noch durch einige Beispiele erläutert. In der Cilicischen Ebene (in Kleinasien) ist der Weizen rot, hart und schwer, die Gerste von gelber Farbe; das höhere Karamanien dagegen liefert einen weißen und weichen Weizen und die Hänge der Taurusvorberge eine weiße harte Gerstevarietät. In Burgund wächst der beste Wein des Côte d'Or nur zwischen 230 und 280 m Höhe. Die niederen Lagen am Fuße des Himalaja geben einen bedeutend größeren Ertrag an Teeblättern pro Hektar als die höheren Lagen, in denen der Teestrauch noch gedeiht, aber die Qualität des Tees ist unten ganz bedeutend geringer als oben. Die in der Ebene des Menderes Tschai in Kleinasien reifende Feige ist größer und hat einen reicheren Zuckergehalt als die in den höher gelegenen Gegenden gewonnene. Die Kautschuk liefernden Heveabäume sind Pflanzen der tropischen Tiefebene (A 1). Sie steigen zwar in den bolivianischen Anden bis 600 m auf, doch ist ihr Wachstum bereits langsamer und das Ergebnis an Milchsaft geringer. Castilloa elastica, die ebenfalls Kautschuk liefert, gedeiht wiederum (in Mittelamerika bis nach Südamerika hinein) nur in etwa 400 m Meereshöhe, dagegen nicht in den meeresnah oder höher als 400 m gelegenen Regionen. Die Kaffeepflanzungen S. Paulos (C 5) liegen in 600 bis 800 m Höhe, an der Grenze von Minas Geraes sogar noch bis 1000 m hoch: hier pflanzt man die Bäume aber auf den Hügeln und Bergen, nie in den Tälern, in denen im Falle von Frost sich die kalte schwere Luft auf dem Grunde sammelt und großen Schaden droht. Nur Saibling und Forelle steigen bis in die alpinen Regionen Mitteleuropas auf, aber sie bleiben klein, haben weniger Fleisch und schmecken schlecht. Die gebirgigen Länder, wie die Schweiz, Albanien usw., blieben, als in den sechziger Jahren des vorigen Jahrhunderts die Seidenraupenseuche wütete, ganz oder fast

[1]) Haustiere für Verkehrszwecke fehlen den tropischen Tiefländern oft ganz (s. S. 149f).

ganz von der Krankheit verschont. Die mittleren Höhen der Gebirge der gemäßigten Zone (D) sind durch die vorzüglichsten Rinderrassen ausgezeichnet und überhaupt Zentren der Rinderzucht. Hinzuzufügen wäre noch die Abhängigkeit der menschenfressenden Krankheiten von der Bodenhöhe. Die Gebirge der gemäßigten Zone sind erwiesenermaßen frei von einer Anzahl von Krankheitskeimen, welche in der Luft der Niederungen günstige Bedingungen finden, ja, sie sind geradezu bei gewissen Krankheiten als Heilstätten (s. S. 14) aufgesucht. Ebenso ist in den Tropen (A) die Niederung der Sitz der gefährlichen Krankheiten, der Malaria, des gelben Fiebers usw., während die höheren Bergregionen frei davon sind; dafür tritt aber hier wiederum Diphtherie auf. Auch die gefährlichen Schädlinge unserer Haustiere, wie die Tsetse (s. S. 145), gehen über eine gewisse Bodenhöhe nicht nach oben. Für die Heuschrecken (s. S. 50 u. 75) sind der Roteturmpaß der Transsilvanischen Alpen, dann die Lücke von Weißkirchen (Mährische Pforte zwischen Karpathen und Sudeten) der Einfallsweg nach dem östlichen Deutschland bzw. das Donautal nach Süddeutschland.[1]) So ließen sich leicht Hunderte von Beispielen aus dem Wirtschaftsleben der Welt zusammenstellen, die beweisen, daß die Bodenhöhe für die Erfolge der menschlichen Wirtschaft von größter Bedeutung ist, und daß bis zu einem gewissen Grade die Bodenhöhe die Art unserer Kulturen, Haustiere und unser Wohlbefinden bestimmt.

Für den **Verkehr** ist die Ebene (und selbst ein Tafel- oder Plateauland) günstiger als das Gebirgsland; das letztere setzt dem in Bewegung befindlichen Menschen einen Widerstand entgegen, der nur durch Kraftaufwand zu überwinden ist. Die Abnahme der Wärme, der Luftdichte, des Sauerstoffs, der Produktion und der Menschen kommt hinzu, die Erhebungen zu Hindernissen des Verkehrs zu machen. Oft erschwert auch ihre Bedeckung mit Schnee und Eis, mit Felsgetrümmer oder auch mit dichtem Nadelwald die Überwindung. Auch eine Reihe von Gefahren, wie reißende Gewässer, Lawinen und Felsstürze, läßt die Gebirge feindselig erscheinen. In jedem Falle erhöhen sie die Kosten des Straßen- und Eisenbahnbaues beträchtlich, weil sie schwierige Kunstbauten: Dämme, Einschnitte, Brücken, Tunnel usw. nötig machen. Auch ist der Kohlenverbrauch im Gebirge höher als in der Ebene.

Der Verkehr der niedrigen Wirtschaftsstufen meidet die Gebirge, umgeht sie selbst oder sucht in ihnen die Täler und Pässe.

Gegenüber der Tiefebene wirkt in Rücksicht des Verkehrs das Gebirge ähnlich wie die Meeresküste. Die Ebenheit des Tieflandes gestattet den Verkehr gleich leicht nach jeder Richtung wie das Meer. Am Gebirge aber hört die Freiheit der Bewegung ähnlich auf wie für den Seeverkehr an der Küste. Der Landverkehr wird am Gebirgsrand in bestimmte enge Buchten und Bahnen geleitet, „ähnlich wie der Seeverkehr sich an der Küste in Häfen und Flußstraßen drängt, während er auf See sich nach allen Richtungen der Windrose tummelte" (Stübler). Darum spricht man von Tieflandsbuchten am Gebirgsrande.

Am schwersten sind noch heute zu überwinden die sehr hohen Gebirge, auf denen die Abnahme der Luftdichte und des Sauerstoffes zur „Bergkrankheit" (Anden) führt, und die mit scharfen Kämmen und hohen Pässen (Pyrenäen), ferner die in vielen

[1]) Vgl. K. Floericke, Heuschrecken und Libellen. Stuttgart 1922. S. 8.

Falten sich vorlegenden Gebirge (Schweizer Jura), namentlich von dem tiefer liegenden Fuß aus, der bei bogenförmigen Gebirgen in der Regel an der konkaven Seite gelegen ist, und endlich wüste, breite Hochländer (Tibet). Von den Pässen sind die niedrigen Talwasserscheiden am günstigsten, wenn sie aus — zu muldenförmigen Tälern hinüberführen. Schluchtartige und cañonähnliche Täler dagegen sind ungünstig für den Verkehr, selbst wenn sie als Durchbruchstäler durch das ganze Gebirge hindurchführen. Sie lassen dem Verkehr keinen oder ungenügenden Platz; erst die Technik der wissenschaftlich-technischen Wirtschaftsstufe kann ihren Wert als der direktesten und tiefsten Verkehrsstraßen auslösen.

Für die höchste Wirtschaftsstufe besteht der für den Verkehr in den Bodenformen liegende Naturzwang eben nur noch in geringem Grade. Schon die Wirtschaftsstufe der herkömmlich-traditionellen Wirtschaft bringt es zu vereinzelten Tunnels (China). Heute durchtunneln wir die höchsten Gebirgskämme, und zahlreiche kleine Tunnel beschleunigen, verkürzen, erleichtern, sichern oder verbilligen den Aufstieg, Brücken überwinden die furchtbarsten Abgründe und reißendsten und wasserreichsten Flüsse der Gebirge, Sprengmittel öffnen in steilwandigen, unwegsamen Tälern künstliche Wege. Der Luftverkehr vollends geht über die höchsten Gebirge hinweg. Umgekehrt hat man in der Erbauung von Palisadenzügen, Wällen und Mauern quer über Landniederungen hin einen Versuch der herkömmlich-traditionellen Wirtschaftsstufe zu sehen, zu Schutzzwecken an Stelle von natürlichen, durch Bodenformen gegebenen Schranken des Verkehrs künstliche Scheiden zu setzen. Unsere Festungen haben ja auch noch eine entsprechende Bedeutung.

Von den Plateauländern Skandinavien und Spanien abgesehen, ist fast ganz **Europa** durch einen außerordentlichen Reichtum von allerdings meist kleinen Tiefländern ausgezeichnet, die ebensoviele Produktionszentren werden mußten. Meist durch flachere Gebirge voneinander geschieden, aber durch Senken miteinander in Verbindung, können diese Produktionszentren lebhaften Verkehr miteinander ins Werk setzen, der auch durch die Alpen, da tiefeinschneidende und weiteingreifende Täler und niedrige Talwasserscheiden und Pässe vorhanden sind, nicht sehr behemmt wird; der Straßen- und Eisenbahnbau ist im allgemeinen durch die Bodengestalt begünstigt. Wirksamer scheiden die Pyrenäen, auch die Karpathen und der Balkan, wirksamer auch die Längsketten im Westen der Balkanhalbinsel. Heute macht sich immer mehr die Engräumigkeit der Tiefebenen, namentlich in der Westhälfte, durch welche die Bodenproduktion auf ein enges Maß beschränkt wird, bemerkbar und droht Europa gegenüber begünstigteren Erdteilen, nachdem sie die gleiche Wirtschaftsstufe erstiegen, in Nachteil zu setzen. Große Tiefebenen finden sich in Osteuropa.

Im geräumigen Osten Europas sind die **Ströme** mächtig (Wolga, Don, Dnjepr und Dnjestr, Weichsel, Dwina) und meist gut schiffbar; aber sie fließen in Binnen- oder Nebenmeere (Kaspisches Meer, Schwarzes Meer und Ostsee) und sind dem Schiffsverkehr größere Teile des Jahres durch eine Eisdecke verschlossen. Im Westen sind die Flüsse, bis auf die Donau, kürzer; aber sie führen von allen Seiten als gute Wasserstraßen tief in den Kontinent hinein (Oder, Elbe, Rhein, Seine nach Norden, Loire, Garonne nach Westen, Rhône nach Süden), wobei gemäß der allgemeinen Bodengestaltung Westeuropa nördlich der Alpen am besten ausgestattet ist. Auch die Britischen Inseln haben ziemlich gut schiffbare, wenn auch kleine Flüsse. Hier namentlich, aber auch im übrigen Europa nördlich der Pyrenäen, Alpen und Karpathen ist der Bau von Kanälen durch die Bodenbildung und die Flußlagen sehr begünstigt. Im gebirgigen Südeuropa gibt es sehr wenige brauchbare Flüsse (Po).

**Asiens** vertikale Gestalt ist weder der Produktion, noch dem Verkehr besonders günstig. Ausgedehnte Tiefebenen finden sich nur im klimatisch ungünstigen Norden; im übrigen sind wenig Tiefebenen (Cilicische Ebene von Adana, Mesopotamien, Indus- und Gangesniederung in Vorderindien, die kleinen Deltaebenen des Irawadi, Menam, Mekhong, Songkoi in Hinterindien, das untere Jang-tse-kiangtal, das große chinesische Tiefland, die Liau-ho- und die Nonni-Sungariebene) vorhanden, und sie liegen isoliert, durch Hochländer oder Gebirge voneinander getrennt. Die Mitte des Erdteils nehmen ausgedehnte Hochländer ein, durch Gebirgszüge zerteilt und von zum Teil sehr hohen Gebirgen eingeschlossen, also abflußlos; gegen Westen zieht sich die Hochlandzone bis zum Mittelmeer, den Norden und den Süden Westasiens wirksam trennend, und ebenso erfüllen im Osten die Ausläufer der Hochlandzone Hinterindien und einen großen Teil Chinas, des letzteren Süden vom Norden ebenfalls scheidend; Japan und die meisten an Südostasien sich anschließenden Inseln sind stark gebirgig. Besonders verstärkt wird die in der Bodengestaltung an sich liegende Ungunst aber zum Teil noch durch die Ausdehnungs- und Höhenverhältnisse der trennenden Gebirgsbarrieren, welche die Überwindung durch den Verkehr besonders erschweren.

Große Ströme (Ob, Jenissei, Lena), weithin schiffbar, durchfließen die Nordabdachung Hochasiens (Nordwest- und Nordostasien), aber sie münden in ein durch Eis totes Meer und sind selbst einen großen Teil des Jahres durch eine Eisdecke geschlossen. Gen Süden sind nur die peripherischen Ströme: Schatt-el-Arab (Euphrat und Tigris), Indus, Ganges, die hinterindischen Flüsse und der Hsi-kiang, Jang-tse-kiang, Hwang-ho und Liau-ho wasserreich und zum Teil wenigstens wichtige Verkehrsstraßen ins Innere. Ein sehr großer Teil Asiens ist abflußlos.

**Afrikas** Bodengestalt ist ungünstig wie sein horizontaler Umriß: es ist eine Hochfläche, die durch flachere Mulden, Einbruchsgräben und flache Rücken ein wenig gegliedert und vielfach von Randgebirgen umgeben ist. Letztere sind zum Teil ziemlich hoch und fallen steil zum Meere ab. Am höchsten ist der Wall des Atlas im Norden. Abessinien bildet eine Massenerhebung im Nordosten; hoch sind auch die Randgebirge des Südens. Tiefebenen sind wenig vorhanden, und die größten (Kongobecken, Tsadbecken, Nigerbecken) liegen im Landesinnern, wenige, meist kleinere, an der Küste (Nildelta, atlantische Ebene in Marokko, Nigerdelta, Sambesidelta). Nur wenige große Flüsse (Nil, Niger, Kongo, Sambesi) führen aus dem Innern zur Küste und zeigen in ihrem Laufe, und meist noch unmittelbar in der Nähe des Meeres, Wasserfälle und Schnellen, die sie für den Verkehr mit größeren Fahrzeugen ungeeignet machen. Große Gebiete sind abflußlos.

**Australien** ist der Oberflächengestaltung nach Afrika ähnlich: eine Hochfläche mit Gebirgsrändern im Osten und Westen und sehr wenigen Tiefebenen; die Steilheit des Ostabfalles des östlichen Küstengebirges erschwert den Verkehr nach dem meist abflußlosen Innern. Nur ein größeres Flußsystem, das des Murray, führt zur Küste, ist aber auch nur zeitweise der Schiffahrt zugänglich. Die Inseln **Ozeaniens** sind teils hohe Inseln, auf denen nur sehr spärlich tiefes und ebenes Land vertreten ist, teils niedrige koralline Inseln. Nur auf ersteren finden sich (kurze) Flüsse, die jedoch fast immer stürmischen Charakter haben.

**Amerika.** Die vertikale Gestaltung ist sehr einfach: an der ganzen Westküste entlang, von der Beringstraße an, ziehen die Kordilleren nach Süden, erleiden in Zentralamerika mehrere tiefe Einsenkungen und ziehen als Anden durch Südamerika bis ins Feuerland. Meist sind es mehrere hohe Gebirgsketten, zwischen denen breite oder schmale Hochflächen oder auch seltener Täler liegen. Tiefebenen sind im Westen sehr selten (Ebene des San Joaquin- und Sacramentoflusses in Kalifornien und die zentrale Ebene in Chile); auch die Küstenebenen sind, wenn überhaupt vorhanden, schmal, da die Gebirgs- und Randketten dicht ans Meer treten. Der Absturz zum Meere ist meist sehr hoch und steil, so daß der Verkehr zwischen Westen und Osten große Schwierigkeiten zu überwinden hat. Die Flüsse sind meist stark von Wasserfällen und Stromschnellen durchsetzt. Den Osten Amerikas erfüllen in Nord- wie in Südamerika niedrigere Gebirge: Appalachen im Norden, Guayanisches und Brasilianisches Gebirgsland im Süden. Die Appalachen haben eine sanfte Abdachung zur atlantischen Küste und sind in tiefen Senken ziemlich leicht zu überschreiten; in Südamerika ist der Steilhang der Serra do Mar in den südbrasilianischen Provinzen und im ganzen die Breite der Plateaus dem Verkehr etwas hinderlich. Die Flüsse haben meist geringen Verkehrswert. Zwischen den Erhebungsmassen im Westen und Osten Amerikas liegen sehr ausgedehnte Ebenen mit riesigen schiffbaren Strömen: die des Mississippi in Nordamerika, die des Orinoco, Amazonas und Paraguay in Südamerika, und stellen außerordentlich große, wohlbewässerte Tiefländer der Produktion zur Verfügung; diese Ströme gehören zu dem Verkehrsbereich des Atlantischen Ozeans. Der Binnenverkehr ist darum in Amerika von Norden nach Süden von Natur leichter als von Westen nach Osten oder umgekehrt und in den größeren flacheren östlichen Hälften (östliches Gebirge und zentrales Tal) viel leichter als in den schmalen, aber hohen westlichen.

Sehr wichtig ist für die Wirtschaft die **Art des Bodens.** Der Boden ist die Basis der menschlichen Wirtschaft; wo eine Erdstelle öfters von vulkanischen Ausbrüchen oder Erdbeben betroffen wird, da wankt die menschliche Wirtschaft auf ihr, schwere Katastrophen betreffen immer wieder den materiellen Besitz[1]) und wohl gar die Menschen selbst, und das Gefühl der Unsicherheit und Mutlosigkeit, das die Menschen dort packt, wo sie die Früchte ihrer Arbeit ständig bedroht sehen, gibt leicht der ganzen Wirtschaft

[1]) Der Ausbruch des Mont Pelée auf Martinique vernichtete die Hafenstadt St. Pierre. Die Schädigungen der menschlichen Wirtschaft an Gütern und Menschen, die durch Erdbeben angerichtet werden, sind noch weit größer als die durch vulkanische Ausbrüche. Auf den Japanischen Inseln werden nicht selten Brücken durch sie zerstört. Große Katastrophen wie die von San Francisco, Valparaiso, Kingston, Messina, Jokohama, um nur einige neuere zu nennen, bringen ungeheuren Schaden.

Unstetigkeit. Die Wirtschaftsstufe der Wissenschaft arbeitet daran, die Natur dieser Erscheinungen zu erkennen, um sie vielleicht voraussagen zu können.

Die bedeutende Fruchtbarkeit vulkanischer, genügend zersetzter Böden (z. B. auf Java oder in Zentralamerika, in den Landschaften von Florenz und Neapel), die z. B. im Malaiischen Archipel zu beobachtende Veredelung von Braunkohle, die Heraufbeförderung von Metallerzen durch Eruptivmassen oder ihre Konzentrierung im Nebengestein durch Kontaktwirkung, Schwefelvorkommen[1]), der Reichtum an heilkräftigen Thermen und Mineralwässern, welche vulkanische und überhaupt an Schichtenstörungen leidende Gegenden zeigen, Kraftquellen, die sich in ihnen gewinnen lassen[2]), vulkanische Heizung von Obst- und Weinlagen (am Vesuv, Ätna usw.), vielleicht auch Einflüsse untermeerischer vulkanischer Tiefseeheizung auf die Fischfauna, ja, auf Witterung und Klima[3]) bieten einen gewissen Ausgleich gegenüber den erwähnten Schäden.

**Vulkanismus:** Europa hat nur im äußersten Süden (Mittelmeer) tätige Vulkane: Ätna, Vesuv, Stromboli, Vulcano, Pantelleria, Santorin.

Asien. Auf dem Armenischen Hochland sind Ararat und Tandurek, im Kaukasus der Degneh, am Kaspischen See der Demawend als noch nicht erloschen zu betrachten. Ganz Nordasien ist vulkanfrei und Innerasien mindestens arm daran (am Kwenlun die Vulkane Rubruk und Reclus [ ?], im Tien-schan, bei Mergen). Der pazifische Rand Asiens ist außerordentlich vulkanreich: Kamtschatka, die Kurilen, die Japanischen Inseln, Formosa, Philippinen, Marianen, die Kleinen Sundainseln, Java, Sumatra usw.[4]) In der Umrandung und im Innern des Großen Ozeans stehen 336 tätige Vulkane von 430 der Erde.

Australien und Tasmanien sind vulkanfrei; aber Neuseeland, der Bismarckarchipel, die Salomonen, Neuen Hebriden, Hawaii und ein großer Teil der anderen ozeanischen Inseln sind vulkanisch.

Amerika weist den längsten Vulkangürtel auf. Der ganze westliche Gebirgszug vom Feuerland hinauf bis zur Halbinsel Alaska im Norden, die zu den an Vulkanen reichen Aleuten hinüberführt, sind mit tätigen Vulkanen besetzt, die sich am meisten in Südamerika, Zentralamerika und Westindien häufen; in den Umgebungen der Landenge von Panamá findet sich aber eine Lücke der vulkanischen Tätigkeit.

In Afrika stehen tätige Vulkane in der Nähe der Einsturzgräben im Osten, im Roten Meere und auf den Inseln Komoren, Réunion, Madagaskar. Im Westen sind das Kamerungebirge, Lanzarote und Tenerife (Kanarische Inseln), Fogo (Kapverden) usw. zu nennen.

Im Norden des Atlantischen Ozeans ist besonders Island Sitz vulkanischer Tätigkeit.

Die pazifische Welt, von jungen Faltengebirgen eingerahmt, ist der Hauptsitz der vulkanischen Tätigkeit, während der Atlantische und Indische Ozean, meist von tafelförmigen Schollenländern umgeben, mit Ausnahme der drei Mittelmeere, welche eine große Bruchzone der Erde bezeichnen, geringe Tätigkeit zeigen.

**Erdbeben.** Die Hauptgebiete der seismischen Tätigkeit sind die Gegenden,

---

[1]) Z. B. an den Vulkanen der Japanischen Inseln (s. S. 185).

[2]) Vgl. S. 173.

[3]) Vgl. Wilh. Krebs in Mitt. Deutsch. Seef.-Verein, XXVIII, 1912, S. 258 ff.

[4]) Vgl. K. Sapper, Katalog der geschichtlichen Vulkanausbrüche. Straßburg 1917. (Schrift. wiss. Ges. Straßburg. H. 27).

in welchen jüngst und noch jetzt tektonische Bewegungen der Erdrinde vorkamen. Wohl sind auch die Vulkane an diese Gebiete vorzugsweise gebunden, aber die Erdbebenzonen umfassen viel größere Flächen.

In Europa liegen die Haupterschütterungsgebiete in der alpinen Zone: Alpen, Karpathen (Innenseite), Griechenland, Italien (Calabrien, Umgebung des Vesuv und Ätna, mittlerer Apennin), Pyrenäen, Sa. Nevada, Lissabon. In Asien knüpfen sich die Erderschütterungen an den Hochlandsgürtel vom Ägäischen Meer (Kleinasien) und Kaukasus bis zum Himalaja und an die Gegend des syrischen Grabens, in Afrika an das Atlasgebirge und den zentralafrikanischen Graben (Tanganjika). Aber das Hauptgebiet der seismischen Erschütterungen wie des Vulkanismus sind die pazifischen Randländer, namentlich Japan, Zentralamerika und das pazifische Südamerika. Das Festland Australien und Tasmanien sind erdbebenfrei.

Die Thermen, an Bruchlinien der Erdrinde gebunden, sind in Europa häufig; besonders der Westen Deutschlands, Nordböhmen, die Pyrenäen, Ungarn sind reich daran, auch Island, Kleinasien, Transbaikalien, die Nordinsel Neuseelands, die Vereinigten Staaten sind wohl damit ausgestattet.

Auch **Hebungen und Senkungen** können tief in das Wirtschaftsleben eingreifen. Die Häfen Finnlands werden z. B. durch die Hebung des Landes seichter, die Senkung[1]) der atlantischen Küste der Union bedroht New York, schuf aber auch durch „Versenkung" von Strommündungen die treffliche Hafenbucht dieses Hafens und die Delaware-, Chesapeakebai usw.

Als **Untergrund** wirkt der Boden auf die Wahl des Wohnplatzes ein. Höhlenreiche Landschaften, wie Kalkgegenden, bieten einer niedrigeren Wirtschaftsstufe öfters natürliche Wohnungen. Für künstliche Behausungen möchte der Baugrund trocken, fest und eben sein, auch gegen tierische und menschliche Feinde Schutz bieten. Feste Erhebungen in sumpfigen Gegenden, größere Inseln oder Halbinseln oder vorspringende Felsen an Flußläufen, natürliche Lichtungen im Wald sind diejenigen Stellen, welche der Mensch als geeignet für die Ansiedelung erkennt. Wo solche Plätze fehlen, gelangt man schon frühzeitig, auch auf niedriger Wirtschaftsstufe, dazu, zum Teil die von Natur fehlenden Bedingungen künstlich zu schaffen: in Überschwemmungsgegenden schüttet der Mensch Wurten; seine Wohnung stellt er auf Pfahlbauten, über dem Wasser oder auch über sumpfigem Lande. Eine fortgeschrittenere Wirtschaftsstufe festigt den Boden künstlich durch Steinpackungen, Zement u. dgl.[2]) oder entwässert das Land und schützt es gegen Überschwemmung, ebnet es nach Bedürfnis und schafft, wenn nötig, künstliche Inseln und Halbinseln, z. B. für Leuchttürme, künstliche, felsenfeste Vorsprünge oder Ufer an Flußläufen, usw. Kurz, die Wirtschaftsstufe der wissenschaftlich-technischen Wirtschaft wird in der Wahl der Wohnstätte nicht mehr örtlich und qualitativ beschränkt durch die Naturverhältnisse, sondern korrigiert letztere in weitgehendem Maße und kann darum auf die wirtschaftlichen Bedingungen der Lage mehr Rücksicht nehmen.

Der Boden bietet für Wohnungszwecke Kalkhöhlen namentlich in den subtropischen Mittelmeergebieten, z. B. in den Atlasländern, Kleinasien usw. In der

---

[1]) Die freilich als heute bestehend von manchen Gelehrten bestritten wird.

[2]) Bei großen und schweren Bauten wird der Boden geologisch genau untersucht. Der Bau der Wolkenkratzer in New York wurde besonders dadurch erleichtert, daß man mit ihren Fundamenten auf festen Felsboden niedergehen konnte.

Trockenzone (B 4 und B 3) ist der Sand ein schlechter Baugrund; aber für die flüchtigen Zelte der Nomaden genügt er wohl. Man sucht jedoch nach Möglichkeit Zelt oder Haus auf den Fels zu bauen. Die feuchten tropischen (A) und gemäßigten Gebiete (C, D) neigen zur Sumpfbildung; dort finden wir die Pfahlbauten, Bevorzugung fester Erhebungen und künstlicher Hügel, hier Entsumpfung und künstliche Festigung des Untergrundes (Fundament).

Die Nähe von **Trinkwasser** im Boden muß der Mensch bei der Wahl des Wohnungsplatzes berücksichtigen.[1])

Für die niedrigeren Wirtschaftsstufen sind neben Quellen- oder Seewasser die fließenden Gewässer trotz der schlechten Qualität, die ihr Wasser bisweilen in volkreichen Gegenden durch Abfälle der Wirtschaft usw. erhält, die gegebenen Trinkwasserlieferanten, so daß sie — hier abgesehen von anderen Gründen — die Siedelungen zu sich heranzwingen. Die Wirtschaftsstufe der wissenschaftlich-technischen Wirtschaft befreit die Siedelungsfrage von diesem Naturzwang immer mehr. Wenn nicht andere Gründe einen Ort an den Fluß zögen, oder die ältere Lage an demselben natürlich festgehalten würde, die Trinkwasserfrage bindet in den Ländern der höchsten Wirtschaftsstufe die größeren Orte schon längst nicht mehr an den Fluß. Auch die öffentlichen Schöpfbrunnen, deren sanitäre Verhältnisse zuzeiten recht bedenklich waren, sind nur noch in kleinen Landstädtchen und Dörfern erhalten. Wasserleitungen, oft von weither, schaffen jetzt reines oder künstlich geklärtes Wasser herbei; fehlt es an Hochquellen, um das Wasser durch natürliches Gefälle heranzuführen, so staut man Gebirgsbäche oder Flußoberläufe, wo sie noch rein sind von schädlichen Beimengungen, durch Talsperren zur Wasserlieferung (diese Technik kannten auch schon die alten Ägypter, Inder und Römer), oder pumpt das Wasser aus den Tälern gereinigt auf die Höhen. Besonders die Qualität des Wassers, und damit der Gesundheitszustand der Menschen, hat durch die Wasserleitungen bedeutend gewonnen; aber auch die Möglichkeit, eine Stelle für eine Siedelung — gegen die natürlichen Trinkwasserverhältnisse — nun lediglich nach wirtschaftlichen Rücksichten auszusuchen.

Trinkwasser ist besonders in der Trockenzone (B 3 und B 4), aber jahreszeitlich auch in C 6 (warmes sommertrockenes Klima) ein rares Ding. Jede Quelle zieht hier die Siedelungen an. Durch Zisternen, welche das Regenwasser sammeln, hilft man sich. Doch sind stellenweise auch schon artesische Brunnen geschaffen, und Wasserleitungen breiten sich aus. In den Tropen mit feuchtheißem Urwaldklima (A 1) ist kein Mangel an Trinkwasser, aber es ist oft sehr schlecht und gibt zur Entstehung und Ausbreitung von bösen Krankheiten (Dysenterie, Cholera) Anlaß. In den Gebieten des periodisch trockenen Savannenklimas (A 2) kann bei großer Dauer der Trockenzeit die anhaltende Beschaffung von Wasser Schwierigkeiten bereiten. Neuestens fängt man auch hier an, mit europäischer Hilfe, zunächst vereinzelt, auf Wasser zu bohren und Leitungen anzulegen. In der gemäßigten Zone (C und D) sind Wasserleitungen und sorgfältige Reinigung des Trinkwassers meist verbreitet. In der polaren Zone (E 10) kommen Schnee und Eis für Wasserbereitung in Betracht.

Der Boden liefert zum Teil das **Material zum Wohnungsbau.**

Wo Holz, Bambus und ähnliche Stoffe aus dem Pflanzenreich fehlen, oder Zelte

[1]) Vgl. A. Haberlandt, Die Trinkwasserversorgung primitiver Völker mit besonderer Berücksichtigung der Trockengebiete der Erde. Gotha 1912 (Erg.-H. 174 zu „Petermanns Mitteilungen“).

aus Tierstoffen nicht am nächsten liegen, wird der Boden zum Hausbau verwendet; das Schneehaus findet sich stellenweise in der polaren Zone (E 10). Der Lehm- oder Ziegelbau wird in den periodisch-feuchten Gebieten (A 2, C 5, C 6) der Erde, wo das Gestein, manchmal tief ins Innere hinein, zersetzt wird, verwendet, auch in Gegenden glazialer oder alluvialer Aufschüttung, also am meisten in Niederungen. Steinmaterial findet sich besonders in Gebirgen. In der gemäßigten Zone (C und D) verdrängt allmählich der Lehmziegelbau, der Steinbau, die Eisenbeton- und Eisenkonstruktion das Holzhaus, das ursprünglich in den waldreichen Zonen verbreitet war und es zum Teil noch ist. Der Lehmbau herrscht auch in den baumärmeren Gebieten überhaupt vor. In den Trockengebieten wird das Haus des Ansässigen aus Lehm, wo solcher vorhanden ist, oder aus Steinen gebaut. Wo Lehmboden zur Ziegelfabrikation oder Quadern und Steine fehlen, schafft sie der Verkehr herbei, und auch die künstliche Herstellung von Steinen, z. B. auch von Sandsteinquadern, bewirkt immer mehr, daß die Wirtschaftsstufe der wissenschaftlich-technischen Wirtschaft auch nicht annähernd in dem Maße von der natürlichen örtlichen Verteilung und der Menge und Beschaffenheit des jederorts vorliegenden Boden-Baumaterials abhängig ist wie die niedrigeren Wirtschaftsstufen.

Für den **Verkehr** wird der Untergrund dadurch wichtig, daß die verschiedenen Bodenarten in verschiedenem Maße gangbar sind.

Eisböden (F 11, E 10) sind im allgemeinen dem Verkehr verschlossen, namentlich wenn das Eis in Schollen übereinandergeschoben ist; auf ruhigen Seen und Flüssen kann es zuzeiten eine geeignete Verkehrsstraße abgeben. In manchen Gebieten, z. B. in der moorigen Tundra (E 10), wird der Boden nur durch Gefrieren gangbar. Schneefelder geben zeitweise gute Fahrstraßen für den Schlitten, den schon niedrigere Wirtschaftsstufen erdachten. Flugsandstrecken, Wüsten mit Dünenbildung (B 4) sind auch schwer gangbar, wenn sie ausgedehnt sind, für den Fußgänger unüberwindlich; erst die Heranziehung des der Wüste angepaßten Kamels in seinen Dienst ermöglichte dem Menschen die Überwindung der Sandwüsten. Auch Steinwüsten (Geröll- und Blockwüsten) können ernstliche Schwierigkeiten bereiten; sonst ist Felsgestein an sich ganz gut gangbar. Tonige Gesteine, auch Kalk- und Sandsteine werden, stark durchweicht, ganz oder fast ganz ungangbar; Rutschungen sind bei Tonböden zu befürchten. Sümpfe sind ein schwer überwindliches Hemmnis des Verkehrs, das aber die höhere Wirtschaftsstufe durch Austrocknung oder Dammschüttung beseitigt. Überhaupt gelingt es dem Menschen, seinen Verkehr zu Lande von dem Naturzwang, welcher in der Ungangbarkeit der Böden (sei sie auch nur zeitweise vorhanden) liegt, zu befreien, dadurch, daß er gewisse Teile des Landes: Straßen, künstlich festigt. Alluviale, auch äolische Aufschüttungsgebiete, wie Deltas, Flußebenen, Lößgebiete, bis zu einem gewissen Grade auch glaziale Aufschüttungsgebiete, die nur Geschiebe und Blöcke liefern, sind arm an Gesteinsmaterial, Gebirge reich; dort ist der Bau von Steinchausseen erschwert und teuer und wird manchmal durch gebrannte Ziegel, Adobe oder Holzbohlen (in Waldgebieten) ersetzt, hier liegt er nahe und ist billig. Doch gelangt hierzu erst die Wirtschaftsstufe der herkömmlich-traditionellen, und noch vollkommener die der wissenschaftlich-technischen Wirtschaft. Wenn der Mensch mit seinen Verkehrsbauten (Untergrundbahnen, Eisenbahntunneln usw.) in tiefere Bodenschichten eindringt, ist genaue geologische

Untersuchung dringendes Erfordernis, das nur mit Hilfe von Wissenschaft und Technik genügend erfüllt werden kann.

Die Gangbarkeit des Bodens für den Verkehr ist in den feuchten Zonen: der tropischen Urwaldzone (A 1) stets, in den Gebieten der periodisch trockenen Savannenklimate (A 2) und in der gemäßigten Zone (C und D) zu und nach Regenzeiten[1]) sehr schlecht, da dann der Boden oft tief durchweicht ist. In Rußland (D 8) oder in China (C 5) und der Mandschurei (D 9) stockt zuzeiten der Landverkehr weithin. Im mittleren Nilgebiet am Bahr-el-Ghazal, im Schari—Logonebecken, in der Gegend des Bangweolosees (A 2), im Amazonasbecken (A 1) sind zur Regenzeit gewaltige Flächen ungangbar. Hier sind die Trockenzeiten und in den kühlgemäßigten und Tundrengebieten die Schnee- und Frostzeiten die gegebenen Verkehrsperioden. Sümpfe und Moore sind klimatisch bedingt und zonal angeordnet. In der kühlgemäßigten Zone finden sie sich, wo reichliche Niederschläge fallen, auf lehmigem schlecht durchlässigen Boden. In der westsibirischen Tiefebene ist eine Fläche von der Größe des Deutschen Reiches versumpft; in Sibirien sind die Sümpfe überhaupt häufig, auch in der Nordhälfte Rußlands, in Skandinavien und Finnland, in Norddeutschland und auf der schwäbisch-bayrischen Hochebene, im kühlgemäßigten Nordamerika, in Südchile, auf Neuseeland; ferner sommers in den Tundren. In der tropischen Zone (A) tut die niedrige Wirtschaftsstufe nichts gegen diesen Naturzwang. In den anderen Zonen wird stellenweise zur Befestigung gewisser Straßenzüge geschritten. In Deutschland wurden seit alters Moorbrücken gebaut. Etwa seit 1700, vor allem seit 1800 wurden in der gemäßigten Zone (C 7) Europas, später auch in den anderen Erdteilen Kunststraßen[2]) (Chausseen) hergestellt und Eisenbahnen stark verbreitet. In der Trockenzone (B) ist die Sandwüste (B 4) schwer gangbar. Aber nicht nur das Kamel durchschreitet sie heute; auch Raupen-Automobile (s. Bd. II) und Eisenbahnen sind mit Erfolg (transkaspische Bahn, südwestafrikanische Bahn Lüderitzbucht-Keetmanshoop) dort eingedrungen. Auch Steinwüsten, nacktes Felsgestein, ferner Lößboden, der zur Trockenzeit zu Staub zerfällt, zur Regenzeit unergründlichen Schmutz bildet, kommen in dieser Zone vor. Schneefelder, Eisböden und Tundren sind für die polare Zone (F 11, E 10) charakteristisch. Wo die Wirtschaftsstufe der wissenschaftlich-technischen Wirtschaft die Wegeschaffung in die Hand nahm, sind in allen Zonen die Schwierigkeiten überwunden; Eisenbahnen und Autostraßen dringen selbst, wenn auch mühsam, in die eigentlich tropischen Länder (A) ein.

---

Eine Aufwärtsentwicklung ist auch in der Ausnutzung des Werkzeug- (im weitesten Sinne) Materials, das der Mensch im **Bergbau**[3]) dem Boden entnimmt, zu bemerken.

Der primitive Wilde hebt auf, was ihm vom Bodengestein zweckdienlich erscheint, Feuerstein, Jaspis, Obsidian, Serpentin; meist aber machte er sich auch schon vom

[1]) Auch nach Schneeschmelze.

[2]) Schon die Phönizier, Griechen, Perser, vor allem die Römer bauten sie.

[3]) Der Bergbau ist eigentlich Raubwirtschaft (s. S. 150). Nicht zu verwechseln mit dem Raubbau im Bergbau, einem technischen Ausdruck für einen unwirtschaftlichen Abbau eines Lagers, der nur die leichtest zugänglichen oder höchstwertigen Erze usw. fördert.

örtlichen Zwang unabhängig durch ziemlich weitgehenden Austausch dieser Rohstoffe, die, wie er instinktiv empfand, die Hauptangriffswaffen gegen die Natur abgaben.

Nach äußeren Merkmalen erkannten die Singhalesen auf Ceylon den edelsteinhaltigen Grund; solche herkömmlichen Kenntnisse vermögen wohl in vielen Fällen richtig zu leiten, wenn es sich um oberflächennahe Lager handelt. Die „Wünschelrute" scheint weiter zu führen, und für tiefliegende Minerallager wendet die Wissenschaft neuerdings mit Erfolg geophysikalische Verfahren zur Aufsuchung und Größenbestimmung unterirdischer Bodenschätze an, Verfahren, die sich auf Unterschiede in den magnetischen Eigenschaften (Eisenerze!), auf Unterschiede im spezifischen Gewicht usw. gründen.[1])

Der Bereich der Rohstoffe, die der Bergbau dem Boden entnimmt, erweitert sich mit dem wirtschaftlichen Aufschwung, und für die verschiedenen Zwecke wurden immer geeignetere Stoffe gefunden; so folgte als Werkzeugstoff dem Stein: Bronze (Legierung von Kupfer und Zinn) und dieser Eisen und Stahl. Ebenso dringt erst die wissenschaftlich-technische Wirtschaftsstufe tief, bis 1500 m und mehr, mit Gruben und Schächten in den Boden ein, während noch die Wirtschaftsstufe der herkömmlich-traditionellen Wirtschaft wegen des Grundwasserandrangs in geringer Tiefe haltmachen mußte, die Chinesen ebenso wie die Diamantengräber auf Java oder die antiken Goldgräber in Rhodesia.

Die Mineralien kommen namentlich in den älteren Erdschichten vor. Da nun die Ebenen meist aus lockerem Material jung aufgeschüttet sind, so enthalten sie wenig Bodenschätze; die Gebirge dagegen, in denen die tieferen Schichten der Erde, alte Eruptiv- und Sedimentgesteine, und mit ihnen die mineralischen Einschlüsse zutage treten, sind reich an Bodenschätzen, und zwar sind auch hier die älteren Schichten im allgemeinen reicher, vor allem mit Metallerzen, ausgestattet als die jüngeren, obwohl auch an jüngere Eruptivgesteine, die ebenfalls hauptsächlich in den Gebirgen verbreitet sind, bedeutende Erzvorkommen gebunden sind. Auch die Zerstörungsprodukte der Gebirge, die sich meist in ihrer Nähe finden, sind reiche Fundstätten mancher Mineralien. Der Bergbau hat viele Beziehungen zum Klima (s. S. 152—154).

Ausgedehnte eruptive und alte Gesteinsschichten, und damit Metallerze, treten namentlich in Südeuropa, Island, Skandinavien und Finnland, in Rußland (mit Ural), in Sibirien zwischen dem unteren Jenissei, der Lena und den nördlichen Randgebirgen Hochasiens, also in Nordostasien, in Ostasien (Amurgebiet, Mandschurei, Korea und Japan, im eigentlichen China), in Tibet, in Dekhan, in Armenien und dem Kaukasusland, in Australien, Neuseeland und Neukaledonien, in fast ganz Afrika (Abessinien, Sudan, Südafrika), in Nordamerika um die Hudsonbai herum bis zu den Großen Seen und in Grönland, im Kordillerenland Nordamerikas bis nach Alaska hinein, in der zentralamerikanischen Kordillere und in den alten Gebirgsteilen Westindiens, in den Anden Südamerikas, auch im guayanisch-brasilianischen Plateauland auf.

---

[1]) Vgl. Zeitschr. f. prakt. Geologie 1922, Heft 3, S. 33ff. Hanns Günther, Radiotechnik. Stuttgart 1921, S. 68ff. Vgl. auch H. Philipp, Die Bedeutung der Geologie für Handel, Industrie und Technik, Landwirtschaft und Hygiene. Greifswald 1921.

In seiner **Fruchtbarkeit**[1]), mit seinen Nährstoffen ernährt der Boden, d. i. „die oberste Verwitterungsschicht der Erdfeste“ (E. Ramann), die Nährer des Menschen: direkt die Pflanzen, indirekt durch die Pflanzen die Tiere, oder stößt durch Unfruchtbarkeit sie und damit die Menschen ab.

Immer mehr haben die Geologen[2]) bzw. Bodenkundigen festgestellt, daß die Verbreitung der Bodenfruchtbarkeit, zum großen Teil schon die der Bodenarten, ein Resultat der klimatischen Verhältnisse ist und darum im großen und ganzen die Klimazonen und Klimagebiete auf der Erde widerspiegelt. Daneben tritt der ursprüngliche Zustand, also der geologische Aufbau, und die chemisch-mineralogische Zusammensetzung des Bodens, eine so große örtliche Wichtigkeit sie für die Ertragsfähigkeit desselben haben[3]), bei einer erdweiten Betrachtung immerhin zurück, denn sie erweist den dominierenden Einfluß der von klimatischen Agentien abhängigen Verwitterungs-[4]) und Abtragungs- bzw. Akkumulationsvorgänge.

Die polaren **Schneeklimate** Köppens **(F 11)** sind gekennzeichnet in den Gebieten ewigen Frostes durch den aus Eis[5]) bestehenden Boden, der natürlich keine „Fruchtbarkeit“ besitzt, und in den Gebieten der Tundrenklimate (E 10) durch Geröllböden mit geringem Gehalt an verfügbaren Pflanzennährstoffen (Grauerden[6]), die infolgedessen nur eine minimale Vegetation ernähren, obwohl große Humusmassen als arktischer Trockentorf und Torf der Moos- und Flechten-Tundra angehäuft werden.[7])

In der **gemäßigten Zone (C** und **D)** bestehen bedeutende Charakter- und Fruchtbarkeitsunterschiede der Böden. In ihren genügend humiden, verdunstungsarmen und winterkalten **subarktischen** oder **borealen Klimaten** herrschen in der bei Köppen mit D 8 c bezeichneten nördlichen Abteilung in Europa südlich der Waldgrenze zuerst die nordische Form des Podsols (Gemisch von Humus und Sand), dann der echte Podsol[8]), überwiegend stark ausgewaschener unfruchtbarer Sandboden mit vielen Hochmooren und Nadelwaldungen, dann die Waldbleicherden mit vorwiegend gemischten Laubwäldern.

Soweit die großen Eiszeiten in Nordeuropa (Nordschweden, Norwegen, Finnland) und Kanada (bis zu den Großen Seen südwärts) abtragend (abräumend) wirkten,

---

[1]) Die Geophagie, das Erdessen niedrigstehender Stämme, scheint keine nachteiligen Folgen zu haben, aber auch andererseits dem Körper keine nutzbaren Stoffe zuzuführen.

[2]) E. Ramann, Bodenbildung und Bodeneinteilung (System der Böden). Berlin 1918.

[3]) E. Ramann, a. a. O., S. IV. — H. Philipp, a. a. O., S. 13 ff.

[4]) E. Ramann, a. a. O., S. IV: „Die Verwitterung ist abhängig vom Klima, welches den Verwitterungsprodukten wechselnde, in Gebieten gleichen Klimas aber ähnliche Eigenschaften aufprägt. Auch die Einwirkungen des Tier- und Pflanzenreiches auf die Böden beruhen wie das ganze organisierte Leben auf klimatischer Grundlage.“

[5]) Nutzung s. S. 157. Dieser Eisboden ist nicht zu verwechseln mit dem „Eisboden“ der Tundren- und subarktischen Kontinentalgebiete (z. B. Sibiriens; nach Friedr. Pohle, Sibirien, S. 17 f., ist übrigens des letzteren Einfluß auf den Ackerbau und auf die Nordgrenze des Getreides nicht erheblich).

[6]) Unsere im wesentlichen auf die Farben der Böden gegründeten Einteilungen der Bodenarten sind noch recht äußerlich und unterscheiden sich wohl in ihrem Werte bisher nicht sehr von den Einteilungen der Bodenarten bei den Chinesen, die Lindemann charakterisiert.

[7]) P. Vageler, Bodenkunde. (Göschen), Berlin 1921 S. 57 ff.; E. Ramann, a. a. O., S. 21. Vgl. auch K. Glinka, Typen der Bodenbildung. Berlin 1914; Chr. Ohly, Die klimatischen Bodenzonen und ihre charakteristischen Bodenbildungen (Internat. Mitt. f. Bodenkunde, Berlin 1913. 45 S.).

[8]) E. Ramann, S. 60 ff.

liegen heute hier meist nackte Felsböden mit nur stellenweiser und dünner Erdkrume, in der Zone der glazialen Aufschüttung, die sich südlich daranschließt (Norddeutschland, Nordwestrußland, Nordfuß [weniger Südfuß] der Alpen und Pyrenäen, Südostkanada und Nordostunion), sind durch die klimatisch bedingte Verwitterung in großem Umfang aus dem Geschiebelehm die genannten Bodenarten entstanden und bilden nun mit den Sanden (Sandebenen) und Endmoränen oft wenig fruchtbare Böden.

Die bei mäßiger Verdunstung und mittelhoher Temperatur entstehenden **Braunerden**[1]) sind wohl die charakteristische Verwitterungs-Bodenart der **warmgemäßigten Regenklimate (C)** Köppens, d. h. der feuchttemperierten Klimate (C 7) und der warmen wintertrockenen (bzw. sommerfeuchten) C 5. Die Auswaschung überwiegt wohl meist, Kalkarmut beeinträchtigt die Fruchtbarkeit, der Humusgehalt ist gering bis mittel, selten hoch. Dagegen sind Tonsubstanzen dem Boden eigentümlich, und der Boden bedarf daher regelmäßiger Bearbeitung und der Zufuhr organischer Dünger, um die lockere Lagerung (des Bodens) zu sichern.[2])

In keiner anderen Bodenformation übt das Grundgestein einen ähnlichen Einfluß auf die Bodeneigenschaften aus wie im Braunerdegebiet; infolge dieses Umstandes und infolge orographisch starker Gliederung bewirken in manchen Landschaften, wie im nordwesteuropäischen Schollenland und in China, die „Ortsböden" (Auelehm, Gerölle usw.) einen außerordentlichen Wechsel der Bodenarten und Bodenfruchtbarkeiten, der in vielfachem Wechsel der Anbaupflanzen und -erträge usw., sein Abbild findet.[3])

Im Süden Europas, und wohl entsprechend in den anderen Klimagebieten von mediterranem Typus auf der Erde (warmen sommertrockenen Klimaten Köppens C 6), herrschen humusarme, durch Eisenoxyd gefärbte **Gelb-** und **Roterden** vor. Gelberden treten in Europa schon in Südfrankreich[4]) auf. Die „subtropischen Schwarzerden" Ramanns[5]), zu denen besonders die Schwarzerde Marokkos und der Regur Indiens gerechnet werden und wahrscheinlich auch die „Prärieböden der Gulfgruppe" (Nordamerikas) gehören, sind doch wohl **Steppenschwarzerden,** feinerdige, äußerst fruchtbare humusreiche Böden, wie sie auch in dem südlichsten steppenhaften Abschnitt von Köppens subarktischen winterfeuchtkalten Klimagebieten (D 8 b, D 8 a; auch D 9 a) verbreitet sind, von der Mandschurei im Osten, durch Sibirien, Südrußland südlich der Waldbleicherden, in Rumänien, in Ungarn größere, in Mähren und Böhmen bis nach Mitteldeutschland kleine Flächen (Magdeburger Börde, Hildesheimer Gebiet) einnehmen und denen wohl auch die meisten Prärieböden Nordamerikas entsprechen. Die fruchtbaren kalkreichen Lößböden derselben Gebiete, auch der argentinischen Pampas, der Steppen-

---

[1]) E. Ramann, S. 79 ff.

[2]) E. Ramann, S. 80, 82. Diese Umstände dürften für die Ertüchtigung der Bevölkerung durch Arbeitszwang und für die Lockerung des Bewußtseins aus dem Instinktiven heraus zu bewußter Erfahrungssammlung vielleicht von nicht minderem Einfluß gewesen sein als der jahreszeitliche Wechsel der klimatischen Elemente mit seinem Zwang zu entsprechend wechselnder Einstellung des Lebens.

[3]) E. Ramann, S. 97 ff.

[4]) Auch in Japan (?) nach E. Ramann, S. 97. Die auf Kalkböden entstandenen Karstroterden trennt E. Ramann (S. 85) von den subtropischen Roterden ab.

[5]) Vgl. a. a. O. S. 98 f.

hochländer Südafrikas, der Steppen Australiens und Nordchinas sieht man als Staubbildungen am Rande niederschlagsarmer, aber windreicher Trockengebiete (B 3) an; sie sind wie die Schwarzerdegebiete bevorzugte Getreideflächen und besonders Stätten der Hartweizenerzeugung (s. S. 117).

In Europa und Asien liegen südlich, in Nordamerika wohl westlich des Schwarzerdegürtels kastanienbraune Böden mit geringem Humus-, aber ziemlichem Kalkgehalt, Böden, die einem trockeneren Steppenklima (B 3) entsprechen.

Die humusärmsten Steppenböden sind die braungefärbten des inneren Mittelasiens. Steppengrau- oder -bleicherden, Böden mit höherem Sodagehalt usw., sind weitere Formen von Steppenböden; sie kommen z. B. in Mittelspanien, Turkestan, Transkaukasien (Osten!), im ariden Westen Nordamerikas vor und umschließen oft Salzböden, die verdunstungsreiche Gebiete bedecken, so in Nordamerika westlich des 99. Längengrades. Ungünstige wirtschaftliche Schädigungen bereiten in manchen Bewässerungsgebieten durch Hebung des Grundwasserniveaus hervorgerufene Salzausblühungen („Reh" in Indien, in Ägypten, in Nordamerika).

In Zonen größter Trockenheit, wo die mechanische Verwitterung ganz oder fast ganz die Bodenkrume schafft, entstehen die **Wüstengebiete (B 4)**, in denen neben den vom Winde nacktgefegten Felsplatten Schutt-, Kies-, Sandflächen, alle gleich unfruchtbar (ohne Wasser) verbreitet sind. Dabei sind aber die feinsandigen Böden der ariden Gebiete, weil wenig ausgewaschen, so reich an Pflanzennährstoffen, daß sie die Böden der humiden Gebiete weit übertreffen, sobald genügend Wasser zugeführt ist. Es ist daher erklärlich, daß sich die Verbreitung der künstlichen Bewässerung mit der Verbreitung der ariden und semiariden Gebiete (B 3, B 4) bzw. Bodenarten deckt (vgl. S. 18f.).

Für die **heißfeuchten Urwaldklimate (A 1)** der **Tropenzone** scheinen, infolge des raschen Abbaus der organischen Reste durch die hohe Temperatur, humusarme Bleicherden charakteristisch zu sein, für die **periodisch trockenen Savannenklimate** Köppens **(A 2)** dagegen die Laterite[1]), ein meist rötlicher, wasserdurchlässiger, erdiger, stark ausgewaschener Boden von meist beträchtlicher Mächtigkeit, der freilich im einzelnen in recht verschiedenen Formen auftreten kann.

Wie in allen Bodenzonen bedingen die verschiedenen Höhenlagen in den Tropen, durch die die Niederungsklimate sehr abgewandelt werden, höhenregionale, klimatisch bedingte Bodenverschiedenheiten, die im ganzen den entsprechenden horizontalen ähnlich sein dürften.

Wirtschaftlich wichtige Ortsböden sind die vulkanischen Aufschüttungsböden, die sehr fruchtbar sind[2]) und, wenn genügend verwittert, reiche Getreide-

---

[1]) Der Name (later = Ziegelstein) stammt von Buchanan, der ihn einer eisenreichen indischen Bodenform gab, die, in Stücken herausgestochen und an der Sonne getrocknet, den Eingeborenen als Baumaterial diente; später auf alle an Eisenoxydhydrat und Tonerde reichen tropischen Böden übertragen. Vgl. R. Lang, Verwitterung und Bodenbildung als Einführung in die Bodenkunde. Stuttgart 1920. — O. Mann, Die Bodenarten der Tropen und ihr Nutzwert. Hamburg 1914 (Deutsche Tropenbibliothek Bd. 12), S. 18ff.

[2]) Vgl. z. B. Alph. Hauger, Zur römischen Landwirtschaft und Haustierzucht. Hannover 1921, S. 4f.

oder Baumkulturen (Kaffee z. B., s. S. 49) tragen können, ferner die Anschwemmungsböden (Alluvionen) von Seen und Flüssen, besonders die Deltas (Bd. II).

Die Fruchtbarkeit des Bodens wirkt auf niederer Wirtschaftsstufe absolut, auf höherer immer noch kräftig auf die Verteilungsmöglichkeit des Menschen ein. Schon die Sammelwirtschaft der niedrigsten Wirtschaftsstufe ist an die fruchtbaren Böden streng gebunden; denn auf ihnen hauptsächlich sind die wilden Früchte, Wurzeln usw. zu finden, die Nahrung bieten.

Auch der Ackerbau (sowohl der „Hackbau" als auch der „Pflugbau" Ed. Hahns), der das bei weitem wichtigste Bedürfnis des Menschen, das Nahrungsbedürfnis, in vorderster Linie befriedigt, ist von der natürlichen Verteilung der fruchtbaren Böden mehr oder weniger abhängig. Wo fruchtbarer Boden in großer Ausdehnung vorhanden ist, können viele Menschen bei Pflanzenbau noch in behaglicher Seßhaftigkeit dicht nebeneinander wohnen; wo fruchtbarer Boden fehlt, ist vielleicht nur noch Tierzucht möglich, die den Menschen auf niederen Wirtschaftsstufen zum Nomadisieren und zu lockerster Besiedelung des Bodens zwingt. Insofern nun, als nur eine seßhafte, dichtgedrängte, materieller Tagessorge ledige Bevölkerung ihre Kräfte zur Emportreibung der Kultur benutzen kann und benutzt, während eine dünngesäte, vereinzelte oder gar nomadisierende Bevölkerung schwer zur Selbstbesinnung und Zusammenfassung kulturfördernder Kräfte kommen kann, bedingt die Verteilung der Bodenfruchtbarkeit mit die Verteilung der Kultur. Die frühesten Kulturen entwickelten sich wohl in fruchtbaren Flußebenen: Babylonien, Ägypten, Indus-Gangesebene (Hindustan), große chinesische Tiefebene. Dort haben wir die Stätten frühester hoher Volksdichte zu suchen, die Stätten, an denen die ersten kräftigen Fortschritte in der Zivilisation erzielt wurden.[1])

Das Eis bedeckt etwa 2% (?) der Festlandsoberfläche[2]), besonders ausgedehnte Flächen in Grönland, Spitzbergen, Franz-Joseph-Land, im Südpolarkontinent, ist rein klimatisch bedingt und daher auf die Polarkappen (F 11) und hohen Gebirge beschränkt.

---

[1]) Vgl. A. Hettner, Der Gang der Kultur über die Erde. Leipzig 1923.

[2]) Bodenanteile in Prozent der Gesamtfläche der Erdteile, nach v. Tillo:

| | Europa | Asien | Afrika | Australien | N.-Amerika | S.-Amerika |
|---|---|---|---|---|---|---|
| **I. Eisboden** | nicht berücksichtigt | | | | | |
| **II. Felsboden** | 9% | 7% | 14% | 2% | 27% | 1% |
| 1. Durch glaziale Denudation | 9 | — | — | — | 25 | 1 |
| 2. Durch äolische Denudation | — | 7 | 14 | 2 | 2 | — |
| **III. Wechselboden** | 8 | 3 | 3 | — | 4 | 9 |
| **IV. Lockerböden** | | | | | | |
| 1. Eluvialböden | 22 | 54 | 50 | 31 | 26 | 45 |
| a) Lehm | 22 | 37 | 1 | 15 | 17 | 2 |
| b) Laterit | — | 16 | 49 | 16 | 9 | 43 |
| c) Gebirgsschutt | — | 1 | — | — | — | — |
| 2. Aufschüttungsböden | 61 | 36 | 33 | 67 | 43 | 45 |
| a) Marine A. (inkl. Korallen) | — | — | — | 5 | — | — |
| b) Gletscherschutt | 36 | 1 | — | — | 23 | 4 |
| c) Alluvionen | 5 | 3 | 2 | — | 1 | 27 |
| d) Äolische Aufschüttung | | | | | | |
| α) Flugsand | — | 8 | 13 | 10 | — | 1 |
| β) Feinerd. Ablagerung | 13 | 20 | 18 | 41 | 13 | 1 |
| γ) Löß | 7 | 3 | — | — | 5 | 10 |
| δ) Vulkan. Aufschüttung | — | 1 | — | 2 | 1 | 2 |
| | 100% | 100% | 100% | 100% | 100% | 100% |

Der **Felsboden** bedeckt 11% des Festlandes; der glaziale tritt in den Gletscherregionen der Hochgebirge aller Zonen auf, ausgedehnte Flächen nimmt er in diluvialen Binneneislandschaften der polaren Zone (E 10) ein: in der Umgebung der Hudsonbai (1/5 des nordamerikanischen Festlandes) und in Finnland und Skandinavien (D 8 c). Wie der glaziale Aufschüttungsboden ist auch er als glazialer Abräumungsboden klimatisch (Klima der Vorzeit) bedingt und zeigt zonale Anordnung. Der äolische Felsboden ist außerordentlich ausgedehnt in Zentralasien, in der Sahara und in anderen Gebieten der Trockenzone (B 3 und B 4).

Die „**Wechselböden**" sind verbreitet in den südamerikanischen Anden, in den Alpen und anderen Gebirgen und gewissermaßen auch klimatisch bedingt.

Für die Wüsten- und Steppengürtel (B 3 und B 4) charakteristisch, also ebenfalls durch klimatische Einflüsse hervorgerufen (vgl. oben), sind außer dem erwähnten äolischen Felsboden die folgenden Bodenarten:

**Felsschutt**, in der Sahara stark vertreten, bedeckt auch große Flächen in Zentralasien; in Persien hüllt er die Gebirge in einen Schuttmantel ein. **Sandwüsten** (B 4) und **feinerdige Ablagerungen** (**Schwarzerde**; Produkte des in Trockengebieten dominierenden Windes) sind in der Alten Welt von der Sahara bis nach Zentralasien, Schwarzerde besonders in Südrußland (B 3, D 8 b), häufig; ferner in Australien, in der Neuen Welt am Ostfuß der Rocky Mountains (Steppenböden) usw. Der **Löß** hat besonders in Amerika eine große Ausdehnung: das westliche Mississippigebiet, die Pampas Argentiniens; in Nordchina hat der Löß eine weite Verbreitung; in Europa findet er sich besonders in Rumänien, Ungarn, im oberen Rhône- und Loiregebiet, am Nordabhang der deutschen Mittelgebirge, im Donautal.

Das größte Verbreitungsgebiet des **Lehmes** liegt in Sibirien; im südlichen China, dem ostaustralischen Gebirge, den Vereinigten Staaten östlich vom Mississippi spielt er eine Rolle; er gehört im allgemeinen den gemäßigten Breiten (C, D) an.

**Gletscherschuttland** ist besonders im nördlichen Deutschland und Rußland, auch in Dänemark, Südschweden, den Niederlanden und in Nordamerika verbreitet.

Der **Lateritboden** ist in allen tropischen Ländern (A) häufig: in Mexiko und Mittelamerika, in Südamerika (Osten), im äquatorialen Afrika und auf Madagaskar, und in Südostasien (vgl. oben!).

**Vulkanische Böden** finden sich in Gebieten heutiger oder einstiger vulkanischer Tätigkeit. Besonders in tropischen Ländern haben sie die zur Lösung der Fruchtbarkeit nötige Zersetzung durch die Atmosphärilien genügend erfahren. Java, Philippinen, Mittelamerika bieten Beispiele fruchtbarsten vulkanischen Bodens; aber auch Campanien (am Vesuv) und die griechischen Inseln zeichnen sich aus. (Vgl. Bd. II.)

---

Örtlich wechseln die **physikalischen und chemischen Eigenschaften der Bodenarten** auf sehr kurze Entfernungen, und das Zusammenwirken dieser beiden Momente mit den Bodenformen und -höhen bringt lokal sehr verschiedene Bedingungen für den Pflanzenbau allgemein und erst recht für den Anbau bestimmter Pflanzen zustande. Diese natürlichen Bedingungen werden sich auch in Menge und Qualität der Produkte Ausdruck verschaffen, aber die Wirtschaftsstufe der wissenschaftlich-technischen Wirtschaft wird sich dadurch einen großen Einfluß auf den Ertrag des Bodens sichern, daß sie die natürlichen Verhältnisse genau wissenschaftlich erforscht (und kartiert; agronomische Karten), um dann, wählend aus genauer wissenschaftlicher Kenntnis der Lebensbedingungen der einzelnen Pflanzen heraus, die geeignetsten Kulturen einzupflanzen. Bei der Wirtschaftsstufe der herkömmlich-traditionellen Wirtschaft ist die Auswahl der lokal für den Boden geeigneten Pflanzen auf die mangelhaftere Empirie, bei der der instinktiven Wirtschaft auf das unsichere, persönliche Erfahrungsgefäß des Instinktes und mehr wohl auf den Zufall begründet.

Viele Kulturpflanzen beanspruchen im Boden z. B. gewisse Stoffe, die also ihr Standboden, wenn der Anbau erfolgreich sein soll, haben muß. Der Kakaobaum und der Kaffeebaum verlangen z. B. Kalkgehalt. Ebenso auch die meisten Obstarten, deren Früchte durch einen starken Kalkgehalt an Aroma und Süße gewinnen; so werden Orangen auf Kalkboden viel süßer und dünnschaliger als auf anderem Boden. Auf Kalkboden gibt der Olivenbaum die größten Oliven und das vorzüglichste Öl, auf Schwemmboden ist es geringerwertig. Bedeutender Kalkgehalt ist der Qualität der Feigen günstig; schwerer, bündiger Boden macht die Haut dick und dunkel. Das Zuckerrohr liefert auf stark kalkhaltigem Boden den süßesten Saft. Die Fichtenrinden haben auf warmen Kalk- oder Dolomitböden von 600—900 m Höhe in sonniger Lage bis 14% Gerbstoffgehalt, auf Urgebirgsböden (z. B. Granit) und in den Höhenlagen von 1300—1500 m oft nur 6—8%. Bei den Gerberakazien (z. B. Acacia decurrens var. mollissima) allerdings will man beobachtet haben, daß kalkreicher Boden den Gerbsäuregehalt der Rinde vermindert; in einem Falle wurde ein Unterschied von 13% im Gerbsäuregehalt nachgewiesen zwischen einer Rinde die auf sandigem Boden (42% Gerbsäure), und einer anderen, die in nächster Nähe auf kalkhaltigem Boden (29% Gerbsäure) gewachsen war. Auch auf sumpfigem Boden ist der Gehalt an Gerbsäure gering. Geringe Schwankungen in der chemischen Zusammensetzung des Bodens wirken schon stark auf den Geschmack und die Blume des Weines ein.

Auf dem sandigen Boden des Quadersandsteines in Sachsen stehen oft nur ärmliche Fichten- und Kiefernbestände, Basalt- und Phonolithkuppen dagegen sind mit dem schönsten Buchen- oder Tannenhochwald bedeckt.

Ein hoher Eisengehalt des Bodens ist für den Kakaobaum sehr vorteilhaft, weil er den Bohnen die geschätzte rote Farbe gibt; derselbe Baum braucht Phosphorsäure. Der Kaffeebaum gibt auf verwitterter Lava, mit Humus gemischt, die besten Qualitäten (Java, Costarica, Fidschiinseln).

In Dekhan diktiert die Art des Bodens dem Landmann die Wahl des Getreides. Der leichtere gelbe Boden ist nur für Getreidearten brauchbar, die schon im Juni bzw. Juli gesät werden müssen, um zur Reife zu gelangen, während die schwereren, reicheren, schwarzen Böden erst im Oktober besät werden können.

Die Erdnüsse nehmen bis zu einem gewissen Grade die Farbe des Bodens an, auf dem sie reifen. Auf trockenem, sandigem Lehmboden erzeugte Erdnüsse werden die hellsten und sind als solche am besten bezahlt, auf feuchtem, humusreichem Boden stehende werden dunkel; auf schwarzem, rotem oder schokoladefarbigem Boden stehende ergeben dunkle Flecke.

Wenn die Hickorybäume auf sehr feuchtem Boden gewachsen sind, vergeht das Holz rasch, wenn es abwechselnd der Feuchtigkeit und Wärme ausgesetzt wird. Das auf trockenem Boden gewachsene Holz ist hart, elastisch und geradezu unübertrefflich für Wagen, Ackerbaugeräte usw.

Die als Faserpflanzen (z. B. „Istle“-Faser) nicht unwichtigen Bromelia- (Ananas-) Arten bringen auf felsigem und sonnigem Standort eine grobe, steife und harte Faser hervor, während aus der auf schattigem, humusreichem Boden entwickelten Pflanze eine feine, elastische und glänzende Faser abgeschieden werden kann.

Im Tambotal Perús kann das Zuckerrohr, wo der Boden tiefgründig ist, 3—4—5mal, da aber, wo er flach ist, wie im ganzen oberen Teile des Tales, nur zweimal geschnitten werden.

Der Kakaobaum, welcher eine Pfahlwurzel in den Boden treibt, stirbt in seichtem Boden schon im fünfzehnten Jahre ab (und ist erst vom zehnten oder zwölften Jahre an tragfähig); ein langes Leben hat er nur auf tiefgründigem Boden.

Große Bodennässe ist dem Pflanzenleben ebenso feindlich wie große Trockenheit des Bodens. Sümpfe und überhaupt Böden, bei welchen das stehende Grund- oder Überschwemmungswasser an die Pflanzenwurzeln kommt, scheiden für den Anbau aus.

Ausnahmen sind wohl sehr selten; die den geschätztesten Kautschuk liefernden Heveabäume allerdings gedeihen besonders gut auf Überschwemmungsboden am Amazonas, und die Ausbeute an Kautschuk soll an trockenen Stellen geringer sein; ebenso wächst die Sagopalme nur auf sumpfigem Boden und der Reis muß bis zur Blütezeit unter Wasser stehen. Aber das sind eben Ausnahmen. Die meisten anderen Pflanzen, die anderen Kautschuk liefernden Pflanzen z. B., wie Castilloa elastica, die Ficusarten, auch die Guttaperchalieferanten usw. usw., sind gegen Grundwasser empfindlich.

Auch durch Vermittelung der Tierwelt ist die Bodenart von großer wirtschaftlicher Wichtigkeit. Auf Dünensand z. B. richten manche Schädlinge der Kulturpflanzen bei weitem nicht denselben Schaden an wie auf humosem Boden. Heuschrecken legen ihre Eier vorwiegend in nicht zu trockenen und nicht zu feuchten Boden, am liebsten in besonnten Steppenboden. Das Kamel kann sich nur auf Sand- und Kiesboden sicher bewegen, auf schlüpfrigem Boden gleitet es leicht aus; der Büffel wiederum fühlt sich in nassem Schlammboden am wohlsten.

Die natürliche Fruchtbarkeit des Bodens, sein Zustand für den Pflanzenbau wird aber mit dem Fortschritt in der Wirtschaft immer mehr vom Menschen beeinflußt durch Bodenbearbeitung und Düngung, Entwässerung und Bewässerung, die den Boden in einen physikalisch und chemisch geeigneteren Zustand überführen[1]) (s. S. 45). Im ganzen steht der Einfluß der Bodenarten auf das Wirtschaftsleben, zumal die Landwirtschaft, von Lokalerscheinungen abgesehen, weit hinter den klimatischen Einflüssen zurück, die ja übrigens, wie wir sahen, tief in die Entstehung der Bodenarten zu verfolgen sind.

---

**b) Das Wasser,** wo es die Erde, den Lebensboden, zudeckt, ist ursprünglich ein dem Menschen zumeist feindliches Element. Nur als Trinkwasser (s. S. 156—157) ist ihm wie seinen Tieren das süße Wasser unentbehrlich und als

[1]) Vgl. O. Mann, a. a. O., S. 5: „Nicht der Boden spielt die Hauptrolle bei der Frage nach der Kulturfähigkeit eines Gebietes, sondern die Tätigkeit der Menschen gibt bei nicht allzu ungünstigen Verhältnissen den Ausschlag.“

Befeuchter seiner Pflanzen. Sonst liegen die Wasser als nicht dauernd bewohnbare[1]), fast unproduktive Flächen, „Wasserwüsten", da. Und auch als Verkehrshindernisse legen sich die Gewässer, seien es Meere, Seen oder Flüsse, zwischen die Länder, die sie anfangs absolut, mit fortschreitender Wirtschaftsentwicklung allerdings immer weniger trennen.

Zuerst hob wohl der Mensch nur am Saume der Gewässer dies oder das für seinen Bedarf Nützliche (z. B. Muscheln) auf, erst die steigende Wirtschaftsstufe ermöglichte die weitergehende Erschließung der im Wasser liegenden Naturstoffe; der Mensch lernte das Wasser befahren. Aber außer Nahrungsstoffen (fast nur tierischen) und Salz (s. S. 155f.) bietet es ihm heute noch fast nichts, und in den meisten Fällen ist seine Ausschöpfung mit Nomadismus, großen Umwegen, Zeitverlust verknüpft, und seine Befahrung bringt Materialschaden, Gefährdung und Verluste von Menschenleben mit sich.

### α) Die Meere.

Am meisten Widerstand leisteten dem Menschen, der das Wasser beschreiten wollte, natürlich die Meere, vor allem die Ozeane. Dagegen erwiesen sie sich, einmal überwunden, dadurch als kulturfördernd, daß sie die internationale Arbeitsteilung (s. S. 111 u. 112) auf der Erde einzuleiten ermöglichten und sehr begünstigten und durch die Verbindung und Verknüpfung der Interessen der vorher in „Inseln" zerfallenden Menschheit einer Verallgemeinerung der Kultur- und Wirtschaftshöhe die Bahn darboten.

Die **Größe** und **horizontale Gliederung** des Weltmeeres ist sehr wichtig, indirekt für die Produktion durch das Mittel des Klimas (s. S. 5), direkt für den Verkehr.

Große und landlose Meere trennen (und trennten früher vor allem) mehr als kleine. Nebenmeere (durch schmale Pforten mit dem Ozean verbunden) begünstigen den Verkehr insofern, als sie gewöhnlich ruhiger sind als die Ozeane, kleinere Wellen schlagen, insofern als Gegenküsten locken und alle Vorteile ausgedehnter Nachbarlage (s. S. 204) gegeben sind; solange die Eisenbahnen noch fehlten, war sogar die Meerfahrt längs der Küsten dem Landverkehr stark überlegen, und der Küstenverkehr spielt noch heute in vielen Ländern (s. Bd. II) eine große Rolle.

Das Meer bietet eine gleichartige, weithin fahrbare Verkehrsstraße gegenüber dem durch die Bodenformen beengten Landverkehr; das Meer leistete in seinen Meeresströmungen und den Winden, die vergleichsweise regelmäßig und kräftig auf ihm wehen, eine billige und bei der geringen Reibung in Wasser schnelle Fortbewegung fördernde Transportkraft. Die Transportfahrzeuge ließen sich viel größer wählen als auf dem Lande.

Eigentlich gibt es nur ein Weltmeer, das den Großen mit dem Indischen Ozean umfaßt, in dem Australien und das antarktische Festland Inseln sind und der Atlantische Ozean mit dem nördlichen Eismeer ein Riesengolf. Man unterscheidet jedoch drei Ozeane: den Großen (Stillen, Pazifischen[2]), Atlantischen[3]), Indischen. Die Ozeane haben Nebenmeere und Buchten.

[1]) In China und in Siam wohnen Menschen auf Hausbooten, in China baut man Reis auf Flößen an.
[2]) Nach der ruhigen Fahrt Magalhães' benannt.
[3]) Nach Atlas und der fabelhaften Insel Atlantis benannt.

Nebenmeere sind entweder Binnenmeere, die ins Innere des Landes gerückt, durch schmale Pforten mit dem Ozean verbunden sind (wie Ostsee, Persischer Golf, Hudsonbai, früher Rotes Meer, europäisches Mittelmeer); oder inselabgeschlossene Meere (wie Japanisches, Ochotskisches, Ostchinesisches Meer usw.), in freierer Verbindung mit dem Ozean.

Buchten des Ozeans (wie Nordsee [Randmeer], Golf von Biscaya, Golf von Guinea) stehen den ozeanischen Einflüssen offen.

Mittelmeere trennen Erdteile voneinander, Durchgangsmeere verbinden zwei Ozeane miteinander, wie das Beringsmeer oder das austral-asiatische Mittelmeer, jetzt auch das europäische und das amerikanische Mittelmeer.

So verband ehemals die Anwohner eines Meeres die unmittelbare Küstenlage in einem Wirtschafts- und Verkehrsbund, dem die Binnenländer fernlagen. Je gegliederter die Nebenmeere waren, um so eher brachten sie die Anwohner in Verkehr; denn desto geringer war der der Überwindung sich entgegenstellende Widerstand.

Das europäische Mittelmeer und die Ostsee wurden in ihrem Umkreis frühe Stätten des Verkehrs mit größeren Schiffen und bereiteten die Anwohner auf die Ozeanfahrt vor, auch inselabgeschlossene Meere (wie das amerikanische und das austral-asiatische Mittelmeer) und Randmeere (Nordsee) sind günstig für eine frühe wirtschaftliche Entwicklung.

Mit Verallgemeinerung der örtlichen Arbeitsteilung auf der Erde freilich treten die abseits gelegenen Nebenmeere an Verkehrswichtigkeit leicht hinter den großen Meeren zurück, welche die Erdteile trennen; doch bleiben ihre Ausgänge zu den Ozeanen verkehrsgeographisch, wenn für die Schiffahrt günstig, dauernd wichtig.

Durchgangsmeere haben für den Verkehr ungeheure Wichtigkeit, wenn sie befahrbare, von wichtigen Ländern umschlossene Ozeane in Verbindung setzen. Der Mensch der höchsten Wirtschaftsstufe vermag es, einfache Nebenmeere in Durchgangsmeere künstlich umzuwandeln, indem er schmale trennende Landengen durchsticht (Suezkanal, Panamákanal).

Die Ozeane, einmal durch die Schiffe der höchsten Wirtschaftsstufe wirksam überwunden, sind verkehrsgeographisch am meisten wichtig, weil sie vermöge ihrer Größe weitentfernte, verschiedenartigste Länder in die günstige Wasserverbindung setzen. Nach dem Maß dieser Erstreckung durch differente Klima- und Produktionszonen, nach der Zahl und Wichtigkeit der Güter zuführenden Nebenmeere, nach der Güte der Verbindungen zu den Nachbarozeanen, nach der natürlichen Ausstattung, Wirtschaftshöhe und Entfernung ihrer Küstenländer voneinander bemißt sich ihre verkehrsgeographische Wichtigkeit.

Freilich, je größer ein Meer ist, desto größer werden die darauf den Schiffen drohenden Gefahren. Die Wellen sind größer, die Stürme furchtbarer, die Windstillen verbreiteter, die Nebel ausgedehnter, die Kenntnis der Untiefen, Klippen usw. erschwerter, jede Hilfe und die schützenden Häfen ferner. Aber was die niedrigen Wirtschaftsstufen direkt von der Befahrung großer (inselloser) Wasserflächen abhalten mußte, ist für die Wirtschaftsstufe der wissenschaftlich-technischen Wirtschaft längst kein Schrecknis mehr. Für unsere großen, immer seetüchtiger konstruierten Schiffe sind die Wellen kaum noch eine Gefahr, den Stürmen trotzen sie sogar auf hoher See gefahrloser als in der Nähe des Landes, Windstillen wurden gegenstandslos für die Dampf- oder Motorschiffe, die Nebel[1]) durchdringt der Ton der Nebelhörner oder Dampfpfeifen (nahezu 5 km weit hörbar) oder Sirenen (5—18 km) wie das Licht der Leuchttürme und Feuerschiffe und der elektrischen Scheinwerfer das Dunkel der Nacht mildert, genaue Karten verzeichnen jede Untiefe und Klippe[2]), und in der Nähe der Küsten verweisen Baken, Bojen und Tonnen auf den sicher zu nehmenden Kurs[3]), Segelanweisungen bieten zuverlässige Auskunft über die Meere, Kompaß und Instrumente, besonders neuestens Sendeapparate der drahtlosen Telegraphie, die mit der jeweils am günstigsten gelegenen Land- oder Seestation in ständiger Verbindung bleiben, geben jederorts Aufschluß über die Stelle, an der sich das Schiff befindet. Und wenn doch einmal ein Unglück sich ereignet, so ruft der funktelegraphische Apparat des betroffenen Schiffes von weit und breit die Schiffe zur Hilfe herbei. Viele andere Hilfsmittel der neuesten Zeit können hier nicht erwähnt werden.[4]) Aber erst seit verhältnismäßig kurzer Zeit verfügen wir über solche Verkehrssicherheit bietende „Werkzeuge", die bei den Völkern der niedrigeren Wirtschaftsstufe ganz oder fast ganz fehlen; ihr Orientierungssinn (Instinkt) oder ihre herkömmlichen Erfahrungen machen sie nur mangelhaft geeignet, diesen „Naturzwang" zu überwinden.

Der Reichtum eines Meeres an **Inseln** gehört zu seiner natürlichen Ausstattung.

Die Inseln, klimatisch oft begünstigt und leicht in Welthandel und Weltverkehr einzuschalten, sind oft für die Produktion hervorragend wichtig (Mauritius, Réunion, Ceylon, Cuba, Java usw.) und können als Ausgangs- oder Stützpunkte der Fischerei (Island, Neufundland, Sachalin usw.) dienen. Der Verkehr klammert sich auf niederer Wirtschaftsstufe eng an sie und tappt von Insel zu Insel; auch unser fortgeschrittener Verkehr benutzt die günstig gelegenen noch z. T. als willkommene Stationen (Proviant-, Kohlen-, Dockstationen) bei der Überwindung der Meere (Madeira, Kanaren, Kapverden, Ascension, St. Helena usw.). Doch hat die Vergrößerung der Seeschiffe, die nun viel Proviant — Fortschritte der Nahrungsmittelkonservierung — und Kohlen oder Petroleum fassen können, und die Beschleunigung der Fahrt den Menschen viel unabhängiger von diesem Zwang gemacht, so daß die Inseln in dieser Beziehung fortschreitend an Wert verlieren werden. Als Kabelstationen aber haben die Inseln heute noch große Wichtigkeit in den großen Ozeanen, insofern als die Länge[5]) des Drahts wesentlich die Sprechgeschwindigkeit beeinträchtigt, und daher Zwischen-

---

[1]) Bei Verwendung infraroter Strahlen für Telephonie ohne Draht dient als Empfänger ein Thermoelement von hoher Empfindlichkeit. Diese Apparatur ist geeignet, in der Fernmeldung schwimmender **Eisberge**, welche die Schiffahrt gefährden, verwendet zu werden. Der Eisberg wirkt als äußerst starke Kältequelle und beeinflußt auf größere Entfernungen das Thermoelement, das an ein Empfangstelephon oder Galvanometer angeschlossen ist.

[2]) Elektrische Unterwasserschallapparate warnen Schiffe auf See und besonders in der Nähe der Küste vor Sandbänken und anderen gefahrdrohenden Stellen mittels Sender auf dem Meeresgrunde und Empfänger (Klangkörper) auf den Schiffen. Bei kleineren Schiffen wird billiger von akustischen Unterwasserschallsignalen Gebrauch gemacht. Solche Schallmesser werden auch für Tiefenmessungen verwendet.

[3]) Elektrische Richtstationen erleichtern die Einfahrt in die Häfen; s. **Hanns Günther**, Radiotechnik. Das Reich der elektrischen Wellen. Stuttgart 1921, S. 52ff.

[4]) Vgl. ausführlich **H. Günther**, a. a. O. z. B. S. 47ff.

[5]) Die Geschwindigkeit des elektrischen Stromes in den Leitungsdrähten nimmt im Quadrat der Länge ab. Um die Geschwindigkeit auf der Höhe zu erhalten, muß man den Durchschnitt des Kupferdrahtes und damit auch die Isolierung verstärken; so werden die langen Tiefseekabel trotz der leichteren Armatur (s. S. 55) doch teurer als die kürzeren Flachseekabel.

stationen der Beschleunigung des Depeschenverkehrs günstig sind; die Inseln dienen zugleich als die „Order"-Stationen des Welthandels, nach denen vielfach die Waren (z. B. Kaffee, Zucker) „an Order" gehen, um per Depesche von dort aus weiter an einen Bestimmungsort dirigiert zu werden. São Vicente, Madeira, Gran Canaria (Hafen Las Palmas), St. Helena, die Azoren, Barbados sind z. B. solche „Order"-Inseln. Allerdings hat die drahtlose Telegraphie den Nachrichtenverkehr außer von der Gebundenheit an den kostspieligen Kabelstrang auch von dem Naturzwang der Inselstation bis zu einem gewissen Grade befreit, doch sind die Kabel nicht überflüssig geworden, denn die Funktelegraphie unterliegt manchen Störungen durch das Wetter, Sonnenlicht usw., die ihre Verwendbarkeit zeitweise beeinträchtigen.[1])

Die **Böschungen** und **Tiefen** der Meere kommen für die Produktion besonders insofern in Betracht, als bis 250 oder höchstens 400 m etwa das pflanzliche Leben gedeiht, und die Fische usw., die von den Pflanzen leben, in den Küstengewässern (Schelfregion) ihre Nahrung finden und ihrerseits wieder ihre Nachsteller heranziehen.

Dazu sammeln sich hier manche Abfälle usw. vom Lande, Pflanzen und Pflanzenreste von den Flüssen ins Meer getragen, wie vom Meere.[2]) Manche Fische ziehen die Küstengewässer auch darum im Sommer dem offenen Ozean vor, weil sie dann wärmer sind, und die Wärme periodisch reicheres Plankton (d. i. die Summe der meist mikroskopisch kleinen im Meere bodenständigen bzw. treibenden Pflanzen und Tiere, welche die Urnahrung des Meeres darstellen) entwickelt. Unsere Kenntnisse von der geographischen Verbreitung der Nahrung für die wirtschaftlich wichtigen Fische stehen noch sehr in den Anfängen, aber so viel ist sicher, daß das Plankton im offenen Ozean nicht entfernt so reichlich vertreten ist, wie im Gebiet der Küstenmeere, wo z. B. Urwälder von riesigen Algen weit verbreitet sind; bezüglich des Reichtums an Nahrung, den sie bergen, müssen die Wasser der tieferen Ozeane im Vergleich zu den Flachmeeren an der Küste geradezu als Wüsten angesehen werden. Zu einer künstlichen Produktion von Plankton, die Ziel bleiben muß, sind wir noch nicht gelangt, dagegen verpflanzen wir bereits Fische aus nahrungsarmen in nahrungsreichere Gebiete.[3]) Endlich finden sich große Fischzüge an den Küsten auch aus dem Grunde ein, um zu laichen, um in den seichten Buchten für ihre abgelegten treibenden Eier besonders günstige und z. T. unentbehrliche Entwicklungsbedingungen zu haben. So finden sich denn die ergiebigen Fischgründe alle an den Küsten, und namentlich auf Bänken[4]) in nicht allzu großer Entfernung vom festen

---

[1]) „Die Funktelegraphie ist das gegebene Beförderungsmittel für solche Schnellnachrichten, die auf anderem Wege, z. B. nach Schiffen in See oder nach Übersee, wo keine oder keine ausreichenden Draht- bzw. Kabelverbindungen vorhanden sind, nicht befördert werden können. Außerdem eignet sie sich für solche Nachrichten, die die Zirkularwirkung dieser Nachrichtenbeförderungsart, d. h. ihre Fähigkeit ausnützen, daß von einer Sendestelle aus die Nachrichten nach beliebig vielen Empfangsstellen durch ein einmaliges Senden gegeben werden. Das sind vor allem Nachrichten, die für einen großen Interessentenkreis bestimmt sind, also Pressenachrichten, Regierungserlasse, wirtschaftliche, Wetternachrichten, Schiffsmeldungen usw." (Roscher in „Weltwirtschaft", XII, 1922, S. 31). Übrigens ist auch die Geheimhaltung von Funkdepeschen, wenn sie gewünscht wird, durch neueste Erfindungen bereits gewährleistet.

[2]) Vgl. näher Andree, Geogr. d. Welth., Bd. IV, S. 284 f.

[3]) Z. B. kleine Schollen aus den äußeren Teilen des Limfjords nach den inneren (Mitt. D. Seef.-Ver. 1922, S. 229).

[4]) Auf den atlantischen Bänken wird der Kabeljau wesentlich größer als in der Küstennähe. Die Sandbänke der Zuidersee werden von den Heringen als Laichplätze bevorzugt.

Lande (Neufundlandbank usw.). „Dieser Umstand ist es auch wesentlich, der den Fischereibetrieb ermöglicht, denn in Tiefen von mehr als 2000 m ist derselbe nicht nur bei Anwendung von Netzen, sondern auch mit Angeln im allgemeinen so schwierig und zeitraubend, daß er sich nicht mehr verlohnt“ (E. Ehrenbaum). Nur die Küstenwässer polarer Gegenden sind fischlos (s. unten). Wichtiger noch in mancher Hinsicht für den Geographen als diese Erkenntnis der Küstenbindung der Fischerei ist die Feststellung, daß auch für die Seefischerei (und Binnenfischerei) klimatische Faktoren in vorderster Linie die Verbreitung und die Erfolge bedingen (s. S. 56ff.). Internationale Erforschung der nordischen Meere, im besonderen der Nordsee, neuestens auch der Ostsee, sollen der Seefischerei wissenschaftliche Erkenntnisse und sichere Grundlagen zu planmäßigem und ertragreichem Fischen verschaffen, doch schreiten bei der Unübersichtlichkeit des nassen Elements die Forschungen noch immer ziemlich langsam vorwärts.[1]) Die Technik betätigt sich in der Schaffung geeigneter Fangschiffe und -geräte, Löschvorrichtungen, Konservierungsmethoden, Fischereihäfen usw.

Für den Schiffsverkehr kommen fast nur die geringen Tiefen und die obersten Böschungen der Meere in Betracht, also vor allem die der Küstengewässer.

Der Mensch der höchsten Wirtschaftsstufe sucht hier die Tiefenverhältnisse, besonders in und an den Häfen, durch Dämme, Molen (Wellenbrecher), welche die Versandung durch Strömungen abwenden, durch Baggerung, durch Sprengen von Riffen, durch Absperrung des Hafens gegen die See vermittelst Schleusen („geschlossene Häfen“, Dockhäfen) zu erhalten oder zu verbessern; wenn die Hafenbecken ganz oder teilweise erst vom Menschen ausgegraben und ausgebaggert sind, oder an einer hafenlosen Küste erst durch Molenbau ein Hafen geschaffen wird, spricht man von künstlichen Häfen im Gegensatz zu natürlichen (s. S. 206—207).

Für die Kabellegung sind die Tiefenverhältnisse der Küstengewässer ebenfalls wichtig. Als Landungspunkt bevorzugt man eine Stelle mit sanft abfallendem, weichem, schlammigem Strand. Die flachen Küstengewässer werden vom Kabel möglichst schnell verlassen, weil sie hier durch Stürme, Strömungen, Schiffsanker usw. oft in Mitleidenschaft gezogen werden. Die Kabel werden auch in den flachen Wässern von Bohrmuscheln (Teredos) bedroht, die sich meist auf Tiefen bis 500 m beschränken und nur in den Tropen sich zuweilen noch in 1800 m Tiefe finden. Aus diesen Gründen verlangen die Kabel in der Nähe der Küsten die stärkste Armatur, z. B. gegen die Bohrmuschel auch ein spiralig um die Isolierschicht (Guttapercha) laufendes Messingband, während die Tiefseekabel leicht armiert sein können. Man sucht aber auch andererseits die größten Meerestiefen zu vermeiden nicht nur wegen des ungeheuren Wasserdrucks, der ein Platzen der Isolierungshülle hervorrufen kann, sondern auch, weil bei Verletzungen des Kabels das Heraufholen zur Reparatur schon bei Tiefen von 5000 m ziemlich bedeutende Schwierigkeiten macht. Im allgemeinen bevorzugt man Meeresteile für die Kabellegung, wo die Tiefe 3—4000 m nicht übersteigt. Hier sind die Reparaturen noch nicht allzu schwierig auszuführen und doch ist das Wasser

---

[1]) Über die Wanderungen der europäischen und amerikanischen Aale und ihre Laichplätze in den Tiefen des Atlantischen Ozeans sind neuerdings wichtige Feststellungen gemacht worden. Vgl. Kosmos 1922, S. 249 mit Karte.

am Meeresgrunde zum Vorteil der Haltbarkeit des Kabels schon als vollkommen unbeweglich zu betrachten. So sind auch die Kämme von Bodenwellen, wie sie sich besonders im Küstenmeer finden, zu vermeiden, da das Kabel dann nicht auf dem Boden aufliegt, sondern in Bögen von größerer oder geringerer Spannweite herabhängt und sich an den Aufliegestellen leicht durchscheuert.

An sanft ansteigenden Küstenabdachungen tritt, stellenweise gefährlich, die **Brandung** (Calema der Guineaküste, Koromandelküste Vorderindiens) auf, die das Landen sehr erschwert und nur durch Landungsbrücken, d. h. künstliches Vorschieben der Küste über die Brandung hinaus, unschädlich gemacht werden kann; das leistete natürlich nur die höchste Wirtschaftsstufe. An sanft ansteigenden Küstenabdachungen bedrohen oft auch Sturmfluten (Nord- und Ostseeküste) das Menschenwerk und verschlingen fruchtbares Land; aber der Mensch der höchsten Wirtschaftsstufe schützt es immer vollkommener durch Deiche und ringt hier auch dem Flachmeere neuen Boden ab. Viel schwerer wird es, Steilküsten, namentlich solche Moränenbodens, zu schützen; hier geht selbst noch bei unseren technischen Mitteln (Verstärkung durch Betonblöcke usw.) jährlich fruchtbares Land verloren. Anlagen zur industriellen Ausnutzung der Kraft der Brandung sind bereits gemacht, doch ist bei den hohen Kosten die Frage der Rentabilität noch nicht zur Zufriedenheit gelöst.

Die **Art des Meeresbodens** ist für die Wirtschaft durchaus nicht indifferent.

Wo der Sand aufhört, der an den Küsten den Ton überlagert, läßt auch meist der Reichtum des Fischlebens sehr nach. Dagegen ist der Tongrund für das Eingreifen der Anker noch besser als Sand, der vom Wellenschlag gelockert werden kann. Der Boden der Barentssee zwischen Murmanküste und Bäreninsel ist für Grundschleppnetzfischerei vielfach zu steinig und felsig. Besondere Ansprüche an den Meeresgrund stellen z. B. die Austernmuscheln; doch ist der Mensch der höchsten Wirtschaftsstufe dazu geschritten, den Meeresboden künstlich zu Austernparks geeignet zu machen.[1]) Der Globigerinenschlamm und der rote Ton der Tiefsee geben eine gute Unterlage für Kabel, während Gegenden seismischer Erschütterungen und vulkanischer Eruptionen, auch die Felsböden usw. der Küstenmeere, viel weniger taugen.

Von größter Wichtigkeit sind die Bodenformen des Meeres auch für die **Temperaturen** der oberen Wasserschichten und damit für die ozeanische Wärmeverteilung durch Meeresströmungen und für das Klima der Länder.

Die Temperaturen des Wassers sind wiederum auch direkt für das organische Leben sicherlich von großer Bedeutung, obwohl wir hier noch wenig klar sehen.[2]) Fest scheint zu stehen, daß die Meere mit kühlem und mäßig warmem Wasser (C 7, D 8, D 9, E 10) die plankton-, darum auch fischreichsten sind, daß die Zone der subtropischen Hochdruckgürtel (B 3, B 4, C 6; vgl. jedoch unten: Auftriebwasser) dagegen plankton- und fischarm und die äquatorialen Gebiete (A) wieder reicher an Plankton und Fischen sind; ferner daß die warmen Meere eine viel mannigfaltigere Nutztierwelt besitzen als die kalten, die dafür an Individuenzahl der wenigen Arten viel mehr

---

[1]) Vgl. Bd. II.

[2]) Über die Ursachen der nachfolgend erwähnten Erscheinungen s. R. Andree, Geogr. d. Welth. Bd. IV, S. 283. Auch die Lage der nordischen Eiskante hat nach Hjort einen großen Einfluß auf die nordischen Fischereien. Fische der Polarmeere, der Tiefsee und der Tropenmeere sind gegen geringe Temperaturschwankungen des Meerwassers sehr empfindlich und sterben manchmal bei solchen zu Millionen. O. Haempel, Leitfaden der Biologie der Fische. Stuttgart 1912, S. 83.

produzieren. Die günstigsten Lebensbedingungen für die Fische scheinen sich dort zu finden, wo warme und kalte Meeresströmungen zusammentreffen und verschieden temperierte Wässer sich teilweise vermischen und überlagern und ein großes Sterben hervorrufen (Nahrung), wie an der Neufundlandbank, bei Sachalin usw., auch die „Auftriebgewässer" an den subtropischen Küsten mit ablandigen Winden (B 4, B 3), wie an der Westküste der Sahara und Südwestafrikas, Nordchiles (s. Bd. II) usw. sind reich an Fischen.

Der **Salzgehalt** der Ozeane scheint dem organischen Leben günstig zu sein; in den Nebenmeeren geringeren Salzgehaltes verarmt die marine Fauna. Die Dorsche werden in der Ostsee nicht so groß wie in der Nordsee und je weiter von Westen nach Osten hin desto kleiner. Die Heringe sind in der Nordsee fetter als in der Zuidersee; erstere werden gesalzen, letztere geräuchert. Bei Island sind die Heringe ungewöhnlich groß. Aus dem Meere gewinnt man namentlich in trockenen Gegenden (B 4, B 3), bzw. in trockenen Jahreszeiten (C 5, C 6), das wertvolle Kochsalz (vgl. S. 155).

Die großen **Meeresströmungen**, die als Produkt aller seit Jahrtausenden über die betreffenden Gegenden gegangenen Winde zu betrachten sind, sind mittelbar für die Produktion der Menschen (s. oben und unter Klima S. 5) in mannigfaltiger Weise wichtig[1]), unmittelbar etwa für holzarme Gegenden dadurch, daß sie Treibholz herbeiführen. Für den Verkehr der Völker auf niedriger Wirtschaftsstufe haben Meeresströmungen und Winde (s. S. 61) ungeheure Bedeutung, indem sie hauptsächlich die Transportkraft für die unvollkommenen Schiffe abgeben; aber indem jene doch stark unzuverlässigen Kräfte dem Verkehr nach der einen Seite förderlich sind, behemmen sie ihn nach der anderen und bringen in jedem Falle häufige und auch unvorhergesehene Zeitverluste mit sich. Der Mensch der höchsten Wirtschaftsstufe hat sich durch die Gewinnung der Dampfkraft (Elektrizität usw.) in seinem Verkehr bis zu einem hohen Grade von der Einwirkung dieser Naturkräfte frei gemacht, und die einzig auf den Wind angewiesenen Segelschiffe, obwohl sie mit genauer Kenntnis der Verhältnisse ihre Route der jezeitigen Windverteilung auf den Ozeanen anpassen, müssen immer mehr den Dampf- und Motorschiffen weichen. Erst recht kämpfen die niedrigeren Wirtschaftsstufen mit Ruderbooten und primitiven Segelbooten in vielen Fällen ohne Erfolg gegen Wind und Strömung an. Über das Rotorschiff s. S. 16.

Die **Gezeiten,** welche in einem pulsartigen Steigen (Flut) und Fallen (Ebbe) des Küstenwassers bestehen, macht man der Industrie als Kraftquelle nutzbar (s. S. 172); sie sind für die Offenhaltung von Häfen von größter Wichtigkeit.

Einmal schaffen sie die der Wassertiefe gefährlichen Alluvionen ins Meer hinaus, und ferner können die großen Seeschiffe die Flut benutzen, um in die Mündungshäfen, deren normale Wassertiefe nicht genügend ist, einzulaufen oder sie zu verlassen; aus dem Grunde müssen die Hafenzeit, die das Eintreten des Hochwassers ansagt, und die Flutgröße dem Schiffer bekannt sein. Die Be- und Entladung von

[1]) Die Stärke des Golfstroms beeinflußt die Erträge der Lofotenfischerei, s. O. Haempel, S. 84. Die warme Strömung zwischen Kiuschiu und Formosa ist eine wichtige Passage von Zugfischen, s. A. Oppel, Die Fischerei (Geogr. Zeitschr. XIX, 1913, S. 209).

Seeschiffen wird bei bedeutender Flutgröße sehr erschwert, darum mußten Seestädte, wie London und Liverpool, kostspielige, gegen den Gezeitenwechsel abgesperrte Dockhäfen bauen, während Rotterdam und Hamburg bei geringerer Fluthöhe noch in offenem Strom laden und entladen können. In den Ostsee- und anderen Nebenmeerhäfen wird in dieser Hinsicht das Fehlen von erheblichem Gezeitenwechsel geradezu als Gunst empfunden. Gezeitenströmungen in Buchten und Meeresstraßen sind öfters gefährlich (so in der Juan de Fuca-Straße und in der Magalhãesstraße). Gelegentlich benutzt man die Flut zum Zutreiben von Fischen in die Netze, so in der Bai von Gabes und in der Bai von San Francisco.

Die arktische und antarktische **Treibeisgrenze**, noch wirksamer die weiter polwärts gelegenen Packeisgrenzen schränken den Verkehr je nach ihrem Vordringen gegen den Äquator auf eine breitere oder schmalere Zone ein.

Zum Schluß sei noch auf die Funktion des Meeres als Stärkungsquelle für die menschliche Gesundheit hingedeutet, die es neuerdings von dem Menschen der höchsten Wirtschaftsstufe zugewiesen bekam (**Seebäder** s. S. 14).

---

Beinahe $^3/_4$ der Erdoberfläche sind vom Wasser bedeckt (s. S. 199) und den **Ertrag der Fischerei** auf der ganzen Erde kann man wohl auf 5—6 Mill. Tonnen schätzen, die dem Fleischgewicht von etwa 10 Mill. unserer Rinder gleichkommen.

Der **Atlantische Ozean**[1]) ist der wichtigste unter allen Ozeanen, weil an seinen Ufern die zwei stärksten und größten Aktionsfelder der Erde, das atlantisch-europäische und das atlantisch-nordamerikanische, gelegen sind, zwei weitere Aktionszentren, das argentinisch-uruguayisch-südostbrasilianische (oder atlantisch-südamerikanische) und das südafrikanische, sich schon entwickeln, und zu den Aktionsfeldern der anderen Ozeane zum Teil nahe Schiffahrtswege geschaffen sind (vgl. S. 219). Als Produktionsgebiet ist er durch seine Fische, Meeressäugetiere usw. für die Anwohner von Wichtigkeit. Es sind vor allem die kühlen Gewässer der gemäßigten Zone (E 10, C 7) im Nordatlantischen Ozean, die die großen Ernten hervorbringen, und die Auftriebwässer (s. oben) an Afrikas Küste. Doch hat im Südatlantischen Ozean eine „industrielle" Ausbeutung der Schätze des Meeres, etwa vom Walfang abgesehen, kaum begonnen.

Die Heringsarten sind für die polaren (E 10) und gemäßigten Breiten (C 7, D 8 und D 9) besonders wichtig; in je nördlicheren Meeren der Hering gefangen wird, um so wohlschmeckender und größer soll er sein.[2])

Noch wichtiger ist der Kabeljau, ebenfalls ein Fisch nordischer Breiten. Der jährliche Fang von Kabeljau im nordatlantischen Meere wird auf 3—400 Millionen Fische geschätzt.[3])

---

[1]) G. Schott, Geographie des Atlantischen Ozeans. Hamburg 1912, S. 255 ff.

[2]) Vgl. bei den einzelnen Ländern.

[3]) Bei Neufundland und Island sind die Kabeljaus größer (10—20 kg) als an der norwegischen Küste und in der Nordsee (6—7 kg), ebenso erbeutet man bei Island Schollen bis zu 84 cm Länge, in der nördlichen Nordsee und im Skagerrak sind sie bis zu 72 cm lang und 5 kg schwer, in der Beltsee (auf der Westseite von Samsö) ist letzteres Gewicht eine Ausnahme. Der Kabeljau liefert wichtige Handelsartikel (s. bei den einzelnen Ländern!). Ob die Unterschiede des Salzgehaltes oder andere Umstände entscheiden, bleibt fraglich. Mitt. Deutsch. Seef.-Ver. 1922, S. 196.

Schellfische, Goldbutt, Schollen, Seezungen, Makrelen werden ebenfalls im nördlichen Atlantischen Ozean gefangen.

In der Küstenfischerei sind der Lachs und der Aal (s. S. 155), die zwischen Meer und Flüssen den Aufenthalt wechseln, für die gemäßigten Breiten charakteristisch. Hummerfischerei und -züchterei ist namentlich an Kanadas (s. Bd. II) Küsten bedeutend.

Austernzucht, teils auf natürlichen, teils auf „gepflanzten" Austernfeldern, wird in gewaltigster Ausdehnung an der europäischen (Frankreich, Großbritannien, Niederlande, Belgien, weniger Dänemark und Deutschland) wie an der vereinsstaatlichen Küste (C 7) betrieben.

Sardinen und Sardellen scheinen Formen namentlich der warmgemäßigten Küsten (C 7) zu sein. Der Sardinenfang ist eine nicht unwichtige Erwerbsquelle der französischen Westküste, an der Südwestküste Englands, an der atlantischen Küste der Pyrenäenhalbinsel und an der Nordostküste der Vereinigten Staaten. Sardellen werden an Galiciens Küste, in den italienischen Gewässern und an der dalmatinischen Küste gefangen.

Bei Sables d'Olonne am Golf von Biscaya tritt zum Sardinenfang der neben diesem für die subtropischen Mittelmeerländer (C 6) charakteristische Thunfischfang.

Für das europäische Mittelmeer (C 6) sind noch Tintenfische, die Edelkoralle, Corallium rubrum, und die Schildpatt liefernde Karettschildkröte, Chelonia imbricata, bezeichnend; auch andere Schildkröten sind häufig.

Die Badeschwämme, besonders Eusponġia officinalis, sind dem östlichen Mittelmeer eigentümlich. Schwammfischerei und -zucht findet auch bei Florida und den Bahamainseln (A 1) statt.

Perlen gewinnt man besonders im amerikanischen Mittelmeer an der Nordküste Venezuelas (bei der Insel Margarita).

In den Meeren Westindiens haben einige Schildkröten nicht ganz geringe Wichtigkeit. Außer den schon genannten Wasserbewohnern sind für die mittlere und südliche Hälfte des Atlantischen Ozeans noch charakteristisch: Lippfische, Barsche, Krabben, die Lederschildkröte (Sphargis coreacea) und namentlich der Lamantin (Manatus senegalensis und M. americanus). Letzterer wird im unteren Amazonas ziemlich viel gejagt.

Von Walen (s. bei Eismeer, Bd. II) ist wohl nur der Pott- oder Spermwal (Physeter macrocephalus), zwischen 40° nördlicher und südlicher Breite etwa, von wirtschaftlicher Bedeutung. Bösartige Haie sind zahlreich.

---

Der Größe und Gestalt nach liegt der **Atlantische Ozean** verhältnismäßig schmal zwischen der Alten und der Neuen Welt.

Im Norden ist er stark gegliedert und schmal (St. Johns, Neufundland—Valentia, Irland 3100 km), verbreitert sich dann wieder zwischen Lissabon und Habana (Cuba) auf etwa 7200 km, verschmälert sich zwischen Kap S. Roque (Brasilien) und Freetown (Sierra Leone) wiederum auf 2800—2900 km, um schließlich zwischen Kapstadt und Montevideo, die unter dem gleichen Breitenkreis liegen, wieder 6700 km Breite zu erlangen. Die Ufer des südlichen Atlantischen Ozeans verlaufen viel einförmiger als die des nördlichen. Von Wichtigkeit ist die Öffnung des Ozeans nach Norden und nach Süden. Im Norden hat man freilich vergeblich durch das Eismeer wirklich praktikable Verkehrsstraßen gesucht (s. S. 219 u. Bd. II). Im Süden des Ozeans aber öffnet sich um Afrikas Südspitze herum eine Weltverkehrsstraße zum Indischen Ozean und nach Westen durch die Magalhãesstraße eine Verbindung nach dem Großen Ozean. Der Schiffahrtsgürtel des Atlantischen Ozeans zwischen den nördlichen und südlichen Eisbarrieren (s. S. 219) findet auf der Nordhalbkugel seine nordpolare Grenze etwa bei 71—72° an der Westseite Europas, etwa bei 50° an der amerikanischen Seite. Weiter nach Norden (bis Spitzbergen und durch die Hudsonstraße) ist nur Saisonschiffahrt (sommers) möglich. Da der Nordatlantische Ozean mehr gegen Westen vorgeschoben ist als der Südatlantische, ist die diagonale Meerfahrt von Nordwesteuropa nach dem La Plategebiet kürzer als die Meerfahrt St. Lorenzmündung—Kap der guten Hoffnung. Die Annäherung Afrikas an die Nordostecke Südamerikas erleichterte nicht nur den Kabelbau von Monrovia nach Pernambuco, sondern bedingt auch das Projekt einer Westsaharabahn von Marokko nach Dakar (s. Bd. II) in Verbindung mit einer kurzen Meerroute Dakar—Pernambuco.

Das Zuwässerungsgebiet des Atlantischen Ozeans ist außerordentlich groß, besonders an den amerikanischen (St. Lorenzstrom, Mississippi, Orinoco, Amazonas, La Plata) und europäischen Küsten; aber auch der afrikanische Kontinent entsendet seine Gewässer hauptsächlich hierher: Nil, Senegal, Niger, Kongobecken.

Das ermöglicht dem Handel ein weites Eindringen in die Randländer (welche zu einem guten Teil Tiefländer sind) vom Meere aus. Auch das Seeklima dringt weit in die Kontinente ein. Die Randländer des Atlantischen Ozeans sind zu wichtigsten Produktionszentren von Natur bestimmt, und es sind die Landgebiete am Atlantischen Ozean auch diejenigen, in welchen neuerdings die Wirtschaft vor allen anderen Ländern am weitesten fortgeschritten, und die örtliche Arbeitsteilung, die den Verkehr zur Voraussetzung hat und nährt, am meisten entwickelt ist. Daher ist das Austauschbedürfnis zwischen den Gestadeländern im Osten und Westen, zumal des nördlichen Atlantischen Ozeans, ungemein groß. Das war freilich vor 400 Jahren oder noch vor 200 Jahren nicht der Fall. Die reiche Gliederung der östlichen Randländer, der Reichtum an Rand- und Nebenmeeren mußte erst in Verbindung mit einem dem Fortschritt günstigen Klima (s. S. 85) in einer begabten Bevölkerung die Wirtschaftshöhe erwecken, die hinreichte, den feindlichen Ozean zu überwinden und dem Verkehr nutzbar zu machen.

Das gegliederte europäische Mittelmeer mit ziemlich regelmäßigen Winden (Sommer Ost-, Winter Westwinde), seltenen Stürmen, begünstigte außergewöhnlich den Verkehr, der hier früh sich entwickelte, aber die Entdeckung der Seewege nach Indien um Afrika herum und nach Amerika raubte ihm viel von seiner Bedeutung. Neuerdings erhielt das Mittelmeer als Durchgangsmeer (Suezkanal 1869) von dem europäischen nach dem südostasiatischen und australischen Aktionszentrum eine erhöhte Wichtigkeit. Italien, Spanien, Griechenland, Jugoslawien bemühen sich, abgesehen vom Mittelmeerverkehr, am Weltverkehr teilzunehmen. Das Schwarze Meer, das entlegenste Nebenmeer (Binnenmeer), hat wie das Mittelmeer, da die Gezeiten schwach sind, seichte Flußhäfen; plötzliche Stürme bedrohen, Eisbildungen behemmen die Schiffahrt, der produktenreiche Umländer genug Güter zur Verladung stellen. Die Nordsee, in breiter Verbindung mit dem Ozean, reich an eisfreien Gezeitenhäfen (S. 57f.) läßt den Anliegern noch den Ozeanverkehr bequem offen. Die Randländer gehören zu den fortgeschrittensten Teilen der Erde. Hier liegen Deutschlands große Überseehäfen Hamburg und Bremen. Wandernde Sandbänke, Nebel und Stürme sind gefährlich. Die Ostsee ist ein salzarmes Nebenmeer (Binnenmeer), fast ohne Gezeiten; die Verbindungen mit dem Ozean sind bereits zu ungünstig, um den Küstenländern noch einen größeren Verkehr dorthin zu gestatten, doch scheint sie neuerdings als Einfallstorweg für die Erschließung der baltischen Randstaaten und Nordrußlands sowie Sibiriens von Westen her Durchgangsverkehr an sich zu ziehen. Ihre Bedeutung liegt freilich zurzeit noch mehr in der Verbindung produktiver Randländer, aber der Nordostseekanal brachte ihr einen näheren und sicheren Anschluß an die Nordsee. Die Ostseehäfen sind, je weiter nach Osten, desto längere Zeit im Jahre durch Eis geschlossen; die Stürme sind gefährlich.

In der Hudsonbai, deren Ausgang zum Ozean schon in sehr ungünstiger nördlicher Breite liegt, ist für mindestens neun Monate der Verkehr durch Eis verhindert, doch will man Port Nelson (s. Bd. II) dem Meerverkehr öffnen. Das amerikanische Mittelmeer, erst seit dem Mittelalter in den Bereich des Weltverkehrs gekommen, durch die Hurricanes gefährlich, ist neuerdings durch den Panamákanal in ein Durchgangsmeer verwandelt worden und hat, erfüllt von Inseln, die meist produktenreich sind und dem Verkehr Stützpunkte bieten, erhöhte Bedeutung für die Seeschiffahrt, zumal der Vereinigten Staaten, bekommen.

Abgesehen von den Randgebieten, ist der Atlantische Ozean arm an Inseln, welcher Umstand seine Überwindung lange erschwert hat.

Die Schiffahrts- und Kabelstationen: Azoren, Madeira, Kanarische Inseln (Tenerife, Las Palmas), Kapverdische Inseln (São Vicente), Ascension, St. Helena, spielen heute nicht mehr die Rolle wie einst (vgl. S. 53f.). Sandbänke, Riffe, Klippen gibt es wenig; die Eisberge[1]) im Norden und Süden, die Hurricanes Westindiens, die Stürme am Kap der guten Hoffnung drohen dem Verkehr Gefahr.

Die Passatwinde (s. S. 15—16) begünstigen den Verkehr von dem europäischen und südafrikanischen Gestade nach dem tropischen Amerika hin, erschweren aber die Fahrt zurück, wenigstens für Segelschiffe. Ebenso wird durch die Südwestwinde der nördlich von der Passatzone gelegenen gemäßigten Zone der Nordhalbkugel die Fahrt von Amerika nach Europa erleichtert, die entgegengesetzte erschwert. Ebenso begünstigen die Westwinde der südlichen gemäßigten Zone auf der Südhalbkugel die Fahrt (für Segelschiffe) von Buenos Aires nach Kapstadt und von Durban nach Australien, erschweren aber die Rückfahrt. Dampfer und „Öler" sind von dem in den Winden liegenden Naturzwang frei; sie wählen ihre Route, ohne auf die Winde Rücksicht nehmen zu müssen, kommen aber gegen Wind langsamer vorwärts als mit Wind (S. 16).[2]) Auch die Ungunst der Kalmenzone (äquatorialer Depressionsgürtel) für den Segelschiffsverkehr betrifft die Dampf- und Motorschiffe nicht.

Unter den Meeresströmungen beeinträchtigt die kalte Labradorströmung Klima und Verkehr (Eisberge[1]) und Nebel) im Nordosten Nordamerikas bis in die

---

[1]) Vgl. S. 53 u. 58.
[2]) Gleiches gilt für die mit Motoren fahrenden Luftfahrzeuge.

Gegend der Neufundlandbank, während der Golfstrom weit gegen Norden hinauf die europäischen Küsten erwärmt und die norwegischen Häfen, welche bis 22° nördlicher liegen als die der $4^1/_2$—5 Monate geschlossenen St. Lorenzbucht, eisfrei erhält.

Der **Große Ozean**, dessen Ufer im Westen die selbstgenügsamen Ostasiaten, im Osten relativ niedrigstehende Indianervölker, im Südwesten die kulturarmen, meerfremden Australier bewohnten, so daß nur in der Zone der malaiisch-polynesischen Kulturen eine rege Schiffahrt entstanden war, ist erst neuerdings in den Bereich der Weltwirtschaft und des Weltverkehrs einbezogen worden. Und als Produktionsgebiet ist er noch gegenwärtig weniger wichtig als der Atlantische Ozean, weil die an- und einwohnenden Völker erst zum Teil die Wirtschaftshöhe erreicht haben, welche für eine erfolgreiche umfängliche Ausschöpfung des Meeres Bedingung ist.[1]) Im übrigen ist auch hier der nördlichste Teil des Ozeans der weltwirtschaftlich wichtigste. Hier liegen sich das noch in Ausbildung begriffene[2]), heute noch in Teilfelder (Japan, Java) zerfallende südostasiatische und das pazifisch-nordamerikanische Aktionszentrum gegenüber. Im Südteil des Ozeans sind die beiderseitigen kleinen Aktionszentren (das chilenische, südostaustralische und neuseeländische) noch wenig entwickelt, durch riesige Entfernungen voneinander getrennt.

Japan und die Vereinigten Staaten sind am meisten an der Großfischerei beteiligt. Besonders der Fang des für kühle Breiten (C 7, D 8 und D 9) charakteristischen Lachses hat sich, erst an der nordamerikanischen (kanadischen und vereinsstaatlichen), neuerdings auch an der asiatischen (sibirischen, nordjapanischen) Küste lebhaft entwickelt. Reiche Kabeljaubänke finden sich an der amerikanischen Seite, wie im Atlantischen Ozean in nördlichen Breiten. Gewaltige Heringsschwärme, für die kühlen Meere charakteristisch, gehen von der Beringstraße nach Süden, doch wird der Hering, der übrigens kleiner ist als die europäischen Arten und besonders an der asiatischen Seite (s. Japan) häufig zu sein scheint, noch nicht viel genutzt. Auch Heilbutt und Schellfische, Turbot und Zunge, Tomcod (im Norden) und Seebarsch usw. werden gefangen, Sardinenarten bei Japan und Korea, Störe werden auf Kaviar in Oregon (Vereinigte Staaten) und in Ostsibirien ausgenutzt, Austern und Korallen fehlen nicht. Die Bärenrobbe und der Seeotter, wertvollste Pelztiere, sind für den nördlichen Teil des Ozeans (E 10, D 8) charakteristisch (s. Bd. II).

Der Walfang im Großen Ozean ist durch Raubwirtschaft zurückgegangen.

Der mittlere und südliche Teil des Großen Ozeans (Malaiischer Archipel, s. Bd. II; Polynesien, s. Bd. II) ist durch das häufige Auftreten von Holothurien (Trepang) charakterisiert, die bei den Chinesen Delikatesse sind. Schildkröten (Chelonia viridis und Ch. imbricata, 400 kg schwer, Sphargis coriacea, bis 800 kg schwer, im Malaiischen Meer) werden in den tropischen Meeresteilen (A 1, A 2) überall gefangen.

---

[1]) Die Schelfe sind an der Nord- und Westküste des Ozeans sicher noch ausgedehnter als im Atlantischen Ozean.

[2]) Am meisten verspricht das wohl schnell kommende „Erwachen Chinas", seine Gewinnung für die europäisch-nordamerikanische Zivilisation, dem Verkehr des Großen Ozeans zugutezukommen. Ostsibiriens Kolonisation, nur in dem Südteil aussichtsvoller, steht in den Anfängen.

An Perlmuscheln sind das austral-asiatische Mittelmeer (s. Bd. II) und die warmen australischen und ozeanischen Küstengewässer (s. Bd. II) reich.

Fische gibt es natürlich auch im mittleren und südlichen Ozean in Mengen, aber sie werden wohl meist nur für den lokalen Bedarf gefangen. Vgl. bei Australien und Neuseeland, Bd. II. Im Süden gegen das Eismeer hin treten Robbenarten und Wale häufiger auf. Um die Inseln herum wimmelt es von Haien.

Durch seine Größe und Gestalt legt der Große Ozean eine ungeheure Wasserkluft (Panamá—Manila in gerader Linie 17500 km) zwischen Alte und Neue Welt.

Diese Größe macht auch heute noch seine Überwindung in niedrigen Breiten und im Süden, wo seine Ufer am meisten auseinandertreten, schwer. Im Norden nähern sich Amerika und Asien schnell, aber hier handelt es sich um wenig produktive Länder. Nach Norden ist der Ozean durch das seichte, eisreiche Beringsmeer, das als „Durchgangsmeer" nur geringsten Wert hat, fast geschlossen. Der Schiffahrtsgürtel hat hier an der amerikanischen Seite bei etwa dem 65.°, an der asiatischen weitestens gerechnet bei dem 50.° seine Nordgrenze. Doch im Süden führen in noch schiffbaren Breiten Verbindungswege zu den Nachbarozeanen: zum Indischen und zum Atlantischen Ozean. Gegliedert ist der Große Ozean fast nur am Westrande, wo die doppelte Ostküste Asiens mit dem Ochotskischen, Japanischen und Chinesischen Meer ihn begrenzt; aber die nördlichen Gewässer bis Wladiwostok herab sind durch Eisbildung im Winter benachteiligt und grenzen an unproduktive Landschaften. Um so wichtiger ist die reiche Gliederung Südostasiens (Japanische Inseln, Korea, China, Malaiischer Archipel) am japanischen, ostchinesischen und südchinesischen Meer. Die Inselfluren Ozeaniens aber liegen meist in den kulturarmen Tropen.

Das Zuwässerungsgebiet des Großen Ozeans ist viel kleiner als das des Atlantischen Ozeans und liegt fast ausschließlich im Westen, während im Osten die Gebirgsbarriere der Kordilleren und Anden wie eine Mauer aufsteigt.

Im Westen liegen reiche und dichtbevölkerte Produktionsgebiete an ihm (Japan, China); seit die Vereinigten Staaten durch Eisenbahnen die Gebirgsschranke am Ostrande des Großen Ozeans in etwas abschwächten, sind auch die weiter im Osten gelegenen amerikanischen Produktionsgebiete mehr auf ihn hingewiesen und rückten ihm durch den Panamákanal noch näher. Der Verkehr ist erst in der Entwicklung begriffen.

Der Große Ozean ist auch außerhalb seiner Randgegend reich an Häfen und Kabelstationen (Hawaii-Inseln, Fidschi-Inseln usw.) bietenden Inseln (zum Teil Koralleninseln, zum Teil hohe, vulkanische Inseln), besonders im Westen, aber auch an gefährlichen Riffen und Klippen. Große Teile des Ozeans sind jedoch inselarm. Taifune bedrohen die Schiffahrt in den Küstengewässern Japans und Chinas wie in Ozeanien.

Die Windverteilung ist der des Atlantischen Ozeans sehr ähnlich.

Im Westen waren die Monsune des austral-asiatischen Mittelmeeres in hohem Grade für die Segelschiffahrt wichtig und sind es in gewissem Maße noch jetzt.

Unter den Meeresströmungen trägt der Kuro-Siwo Wärme bis gegen Alaska hinauf, so daß dort die Küste bis in hohe Breiten eisfrei ist, während die Westküste des Ozeans bis tief nach Süden winterliche Eisbildung hat (s. oben!). Die kalte peruanische Strömung kühlt die Westküste Südamerikas.

Die Tierwelt des **Indischen Ozeans**, welche der Mensch ausnutzt, stimmt zum Teil mit der des Großen Ozeans, mit dem breite Verbindungen bestehen, überein, aber kaum irgendwo ist der Fisch- und Schildkrötenfang über örtliche Bedeutung hinausgelangt. Für Perlmuscheln und Perlen (Rotes Meer, Persischer Golf, bei Ceylon und Australien) ist der Ozean der wichtigste Belieferer des Weltmarkts; Edelkorallen (Rotes Meer) sind unwesentlich.

An Größe steht der Indische Ozean hinter den zwei anderen zurück, aber die West- und Ostränder sind weit voneinander entfernt (Durban—Perth fast 7900 km); die allein reich gegliederte Nordküste hat dagegen leichtere Verbindung nach den Ländern im Südwesten und Südosten (Bombay—Sansibar 4660 km, Colombo—Perth 5700 km). Das wichtigste Aktionszentrum, das südostasiatische, bildet sich an der Nordküste des Ozeans erst heraus; Teilzentren: Britisch-Indien und Java entsenden jetzt schon Fernwirkungen. Das südafrikanische und das südostaustralische Aktionszentrum liegen peripher, schon fast exzentrisch.

Das Zuwässerungsgebiet ist nicht sehr groß, aber die Küstenländer Südasiens sind ein sehr wichtiges Produktionsgebiet, und die Zwischenlage des Indischen Ozeans zwischen ihnen und Europa gab ihm frühe und große, seit Öffnung des Suezkanals gewaltig gewachsene Verkehrsbedeutung.

Von den Nebenmeeren ist das Rote Meer als Durchgangsmeer, obwohl durch ungeheure Hitze und durch Klippen beeinträchtigt, von Bedeutung. Segelschiffe im Durchgangsverkehr vermeiden es aber wegen der unregelmäßigen Winde und ziehen den Umweg um die Südspitze Afrikas vor.[1]) Der Persische Golf dürfte nach dem Ausbau der Bagdadbahn auch eine Art Durchgangsmeer im Verkehrssinne werden.

An größeren Inseln ist der Ozean nicht reich; Madagaskar und Ceylon wären zu nennen. Schwärme von Koralleninseln durchsetzen ihn; Korallenklippen im Roten Meere und bei Vorderindien bilden eine Gefahr für die Schiffahrt.

Winde. Der wechselnde Nordost- und Südwestmonsun des westlichen Indischen Ozeans fand (wie die Monsune des austral-asiatischen Mittelmeeres, s. S. 63) zugleich mit den Meeresströmungen frühe und ausgedehnte Anwendung für die Segelschiffahrt zwischen Vorderindien und der Ostküste Afrikas, und der Südostpassat unterstützte den Verkehr zwischen Madagaskar und Sansibar; im gemäßigten Süden (C 7, E 10) sind die vorherrschenden starken West-Ostwinde dem Verkehr von Afrika nach Australien und Neuseeland günstig, nach der entgegengesetzten Richtung ungünstig, für die Dampfschiffahrt aber überhaupt ohne wesentliche Bedeutung.

Die **Eismeere** sind der Schiffahrt feindlich durch fast beständige Nebel, heftige Stürme, vor allem durch Eis, aber durch ihren ungeheuren Reichtum an wertvollen Meeressäugetieren und wohl auch Fischen und Vögeln (s. Bd. II) haben sie den Menschen immer wieder angelockt.

---

[1]) Zumal die Spesen im Suezkanal sehr hoch sind und andererseits die Zeit bei den Gütern der Segelschiffe keine Rolle spielt.

Wirtschaftlich wertvoll sind im Arktischen Meere (s. Bd. II), abgesehen von den nordischen Fischen (s. S. 58f. u. 62f.), verschiedene Robbenarten (Seehunde), das Walroß (Trichechus rosmarus), der Eisbär, zahlreiche Wale. Doch sind infolge der Raubjagd vonseiten der Europäer und Nordamerikaner diese nordischen Tiere schon vielfach selten geworden. Am arktischen Strand bieten Seevögel: Eier, Fleisch und Daunen.

Die Küsten und Meere der Antarktis sind ähnlich mit Fischen, Vogelbergen, Robbenarten und Walen ausgestattet wie die der nördlichen. Die Großfischerei der in Betracht kommenden südhemisphärischen Völker (Neuseeländer, Australier, Südafrikaner, Argentinier und Chilenen) gemäßigter Breiten ist noch in den ersten Anfängen. Die Robben sind bereits sehr gelichtet, und der Walfang (s. Bd. II), der nach Armwerden der nordhemisphärischen Jagdgründe mit starkem Erfolg einsetzte, hat auch hier schon furchtbare Verheerungen unter den Beständen angerichtet. Namentlich norwegische Gesellschaften betätigen sich.

### β) Die Binnenseen.

Die Binnenseen bieten dem Menschen mit ihren Fischen usw. einen Zuschuß zur Nahrung. Manche sind sehr salzreich, wenn die Verdunstung den Wasserzufluß übersteigt, und werden auf Kochsalz ausgenutzt (s. S. 155). Das Anland ist meist sehr fruchtbar, aber Überschwemmungen ausgesetzt und durch Versumpfung öfters ungesund. Dem Verkehr[1]) sind sie eine meist ruhige, doch öfters flache Verkehrsstraße. In der Zeit der Eisenbahnen sind die langgestreckten Seen in der Ebene manchmal beträchtliche Verkehrshindernisse. Wichtigkeit können große, gut fahrbare Seen erlangen, wenn ihre Uferlandschaften produktiv sind und namentlich, wenn sie mit anderen gleichbrauchbaren Seen eine Kette bilden oder gar in Verbindung mit Flüssen dem Großverkehr eine geeignete Wasserstraße vom Meere tief ins Landesinnere öffnen.

Der Mensch der höchsten Wirtschaftsstufe unternimmt es wohl, kleine Seen (um Boden zu gewinnen oder Überschwemmungen und Versumpfung zu beseitigen) tiefer zu legen oder auch auszutrocknen oder auch zu anderen Zwecken neue zu schaffen (Talsperren für Zwecke der Wasserleitung und Kraftlieferung). Um den Wasserstand im Huron- und Eriesee hoch zu erhalten, beabsichtigten die Amerikaner, unterseeische Dämme zu errichten.

Die eiszeitlichen Moränen- und Abräumungsgebiete (s. S. 44f. u. 48) in Europa (Norwegen, Schweden, Finnland, Nordrußland, Norddeutschland, das Alpenvorland) und in Amerika (Kanada mit den Großen Seen, Minnesota) zeigen geselliges Auftreten von Seen, somit reiche Fischereigelegenheiten. Steppen (B 3) führen bisweilen Seen („Endseen“) als Reste einst größerer Wasserflächen (das aralkaspische Seengebiet). Tektonische Seen sind die des syrisch-ostafrikanischen Grabengebietes vom Toten Meer im Norden bis zum Njassa im Süden und der Baikalsee.

In Rußland werden z. B. sehr viel Fische im Kaspischen Meer (Stör, auch Robben) gefangen. Auch in Deutschland (norddeutsche und süddeutsche Seen) werden die Seen gehörig ausgenutzt.[2]) Im Baikalsee fängt man Robben und Fische. In den Großen

---

[1]) Vgl. K. Hassert, Allgemeine Verkehrsgeographie. Berlin und Leipzig 1913, S. 210ff.

[2]) Man versucht neuestens die künstliche Düngung der Seen, um Vergrößerung des Fischbestandes zu erreichen.

Seen Nordamerikas (Oberer, Michigan-, Huron-, Erie- und Ontariosee) wird z. B. die große Maräne (white fish), ein wichtiger Speisefisch, gefangen (und zwar nur zur Laichzeit auf seichten Stellen).

Große Verkehrsbedeutung in produktenreichen Gegenden erhielten z. B. die Großen Seen in Nordamerika; auch die ostafrikanischen Seen, vor allem auch das Kaspische Meer, der Baikalsee, der Saimasee in Finnland, der Bodensee seien als Beispiele hierfür genannt. Im allgemeinen dienen die Seen dem Orts- und dem Touristenverkehr. Durchgangsverkehr wie im Kaspischen Meer (Astrachan—Baku, Astrachan—Krasnowodsk, Baku—Krasnowodsk, Baku—Enseli) oder auf dem Bodensee (s. Bd. II) oder auf den südschwedischen Seen, den Großen Seen Nordamerikas, dem Tanganjikasee usw. ist verhältnismäßig selten zu finden.

### γ) Die Flüsse.

Als Aufschütter und Befruchter von Schwemmlandboden sind die Flüsse geeignet, dichte Bevölkerungsmassen an ihren Ufern zu konzentrieren, und lassen sich vielfach zur künstlichen Bewässerung der Felder verwenden.

Als Lieferanten von Trink- und Gebrauchswasser und von Nahrungsmitteln (Fischen) ziehen sie vielleicht am frühesten menschliche Siedelungen an sich; durch ihre Überschwemmungen richten sie aber nicht selten Schaden an. Der Mensch der hohen Wirtschaftsstufe wehrt ihrer blinden Kraft durch Eindämmung. Als Kraftlieferanten trieben die Flüsse schon lange Getreidemühlen, jetzt mehr Säge-, Papiermühlen usw., besonders im Gebirge. Durch Staudämme sammelt man jetzt ihre Kräfte für elektrische Betriebe. Dann aber mit Entwicklung der örtlichen Arbeitsteilung und des Verkehrs bekommen sie immer mehr als Verkehrsstraßen ihren Wert.[1])

Wenn gut schiffbar, tragen die Flüsse die Verkehrsvorzüge des Meeres weit ins Land; einst war die Ausstattung eines Landes mit schiffbaren Flüssen, die mit dem Meere in Verbindung standen, noch viel mehr wert als heute, wo die Nachteile, die aus dem Fehlen schiffbarer Flüsse einem Lande erwachsen, durch Eisenbahnen zu mildern sind. Wichtig für die Bedeutung eines Flusses und seiner Zuflüsse ist neben der guten Schiffbarkeit die Größe des Stromgebietes, die ebensosehr von der Größe des in Frage kommenden Landraumes als von der Bodengestaltung abhängig ist. Ein großes Stromgebiet gibt in einer produktiven Landzone einer großen Gütermenge die Möglichkeit zusammenfließender Abfuhr, aber nur ein Volk fortgeschrittener Wirtschaftsstufe wird von der Möglichkeit Gebrauch machen. Im einzelnen ist die Richtung, welche die Flüsse nehmen, von Wichtigkeit. Parallelismus der Haupt-, senkrechtes Zufließen der Nebenflüsse ist günstig; denn sie sind dann leicht durch Kanäle miteinander seitlich zu verbinden und gewähren der Schiffahrt den Querverkehr (Deutschland, Sibirien). Günstig für die künstliche Verbindung von Flüssen sind flache Wasserscheiden zwischen ihnen. Bisweilen hat schon die Natur Stromsysteme miteinander verbunden in „Bifurkationen", (wie z. B. im Falle des Casiquiare).

Die Richtung der Flüsse bedingt ihre Einmündung in die Meere bzw. Binnenseen, in die sie aufgehen. Deren Verkehrsbedeutung bestimmt zum großen Teile auch

---

[1]) Vgl. K. Hassert, Allgemeine Verkehrsgeographie. Berlin und Leipzig 1913, S. 210ff.

die ihrige. Flüsse, die in Binnenseen münden, die keinen Ausweg zum Ozean haben, werden immer mehr oder weniger mit jenen die Beschränktheit des Verkehrs zu teilen haben. Flüsse, die Nebenmeeren tributär sind, werden bei sonst gleichen Verhältnissen immer weniger für den Verkehr wichtig sein als jene, die zu Rand- oder Durchgangsmeeren oder zum offenen Ozean münden. Das kann als Regel gelten, aber wie wird sie modifiziert durch die Koinzidenz der verschiedenen natürlichen Verhältnisse mit den verschiedenen Wirtschaftsstufen. Da sehen wir, daß der prächtigste, von der Natur gewissermaßen für den größten Verkehr prädestinierte Strom, der zum Ozean fließt, ziemlich ungenützt bleibt (Amazonas früher), während ein viel kleinerer und mangelhafter Strom (Elbe), zu einem Randmeere fließend, eine Verkehrsbedeutung von Weltruf erlangt.

Ungünstig für einen Flußlauf ist auch die Einmündung in ein manchmal, öfters oder immer eisbedecktes Meer, und durch ungünstige Breitenlage, die zeitweise und womöglich längere Eisbedeckung des Flusses bedingt, können alle sonstigen Vorzüge für den Verkehr mehr oder weniger verloren gehen; denn die Konstanz des Verkehrs, eine der ersten Anforderungen an ihn, ist damit aufgehoben.

Auch die Flüsse an sich sind nach ihrer Eigenart dem Verkehr günstiger oder ungünstiger. Ein Fluß, der ziemlich geradlinig zum Meere läuft, ist für den Verkehr günstiger (wenn dieser Fluß zugleich dem Großverkehr dienstbar sein kann) als ein Fluß, der im Zickzack und in Schlingenbildung sich ergeht; man sucht heute sogar die Flußläufe geradezulegen und die Umwege durch Kanäle abzuschneiden, zum Teil wenigstens, um die Verkehrsstraßen zu verkürzen. Bei kleineren Flüssen, die nur dem Kleinverkehr dienstbar zu machen sind, mag aber die Berührung ausgedehnterer Landstriche, wie sie eine stärkere Stromentwicklung mit sich bringt, als günstig aufgefaßt werden.

Die Tiefe und Breite der Flüsse ist für ihre Verkehrsbedeutung von großer Wichtigkeit. Auf den niedrigen Wirtschaftsstufen pflegt in flußreichen Gegenden der Wasserverkehr so ausschließlich zu herrschen oder doch den Landverkehr so zu überragen, daß fast jedes fließende Wässerchen, sei es auch flach und schmal, benutzt wird; die Verkehrsmittel sind entsprechend klein. Bei uns aber ist dem Flußverkehr in dem vorzüglichen Landverkehrsmittel der Eisenbahnen eine Konkurrenz erwachsen, die auf den größeren Verkehrsflüssen alle kleineren Boote und Kähne ausgemerzt und nur die großen Transportfahrzeuge als konkurrenzfähig übrig gelassen hat. So sind denn aber auch die Ansprüche an die Tiefenverhältnisse der Flüsse gestiegen, und nur auf denjenigen Flußstrecken hielt sich lebhafter Wasserverkehr, die jene großen Transportfahrzeuge zulassen. Der Mensch versucht durch Ausbaggerung, Stromregulierung, Kanalisierung die natürlichen Tiefenverhältnisse zu verbessern und eine weitere Verflachung des Fahrwassers (durch Schlickmassen vor allem) abzuwenden. Am meisten arbeitet der Mensch an den Mündungen der Flüsse, wo es darauf ankommt, dem mit immer größeren Fahrzeugen auftretenden Seeverkehr den Zugang möglichst weit ins Binnenland hinein zu ermöglichen.

Ein gleichmäßiges und gering geneigtes Gefälle eines Flusses ist für den Verkehr günstig, ein ungleichmäßiges und starkes ungünstig. Im Oberlauf durch Gebirgsland pflegen die Flüsse zu starkes Gefälle zu haben. Auch Stromschnellen, Wasserfälle und dgl. sind hier, wie besonders auch in glazialen Gebieten, dem Schiffsverkehr sehr hinderlich; der Mittellauf eines Flusses ist meist schon brauchbarer, im Unterlauf das

Gefälle am geringsten. In Gebirgsländern (wie im Andenhochland Süd-, im Kordillerenland Nordamerikas, in den Alpen) spielt die Binnenschiffahrt auf Flüssen gewöhnlich eine geringe Rolle, in großen Tiefländern (wie in Norddeutschland, in Rußland, in der westsibirischen Tiefebene, im Mississippibecken, im Amazonasbecken, in der La Plata—Paraguayniederung usw.) sind die Flüsse am brauchbarsten. Auf der Wirtschaftsstufe der wissenschaftlich-technischen Wirtschaft beseitigt man Riffe usw. leicht durch Sprengen, Wasserfälle müssen durch Schleusenkanäle oder Umgehungsbahnen (Kongogebiet) umgangen werden.

Den jahreszeitlich verschiedenen Wasserstand der Flüsse, der besonders in den Klimagebieten mit Trockenzeiten (C 5, C 6, A 2) (s. S. 17) erheblich schwankt, vermag man zu regulieren, indem man Flüsse kanalisiert, d. h. durch Wehre mit Durchlässen das Wasser staut, auch durch Stauteiche in den Oberläufen für Zuschußwasser sorgt.

Die Eisdecke der Flüsse verhindert in kälteren Gegenden einen großen Teil des Jahres die Schiffahrt; durch Eisbrecher gelingt es bis zu einem gewissen Grade, hierin auf manchen Flußstrecken Wandel zu schaffen.

Als die Schaffer von Tälern, falls sie nicht schluchtartig sind, erleichtern die Flüsse auch den Landverkehr, dem sie (auf niedrigen Wirtschaftsstufen auch im Flachland, auf höheren nur im Gebirge) die Richtung weisen und öfters gleichmäßig fallende natürliche Straßen bieten.

---

Den quer zu ihrer Laufrichtung gehenden Verkehr allerdings erschweren die Flüsse für primitive Wirtschaftsstufen, während sie auf höheren durch Fähren und einfache Brücken einigermaßen, auf höchster Wirtschaftsstufe auch mit festen, landgleichen Brücken an gewissen Punkten vollkommen überwunden werden (s. S. 210).

Die Flußalluvionen sind namentlich in der Trockenzone (B), wo Kulturland im übrigen spärlich ist, von wirtschaftlicher Wichtigkeit.

Das Schwemmland des Nil und des Euphrat und Tigris sind altberühmte Stätten der Fruchtbarkeit. Daß Babylonien jetzt wenig leistet, ist Schuld der Bevölkerung. Im Nilland hat man die künstliche Bewässerung vom Flusse aus neuestens auf hohe Stufe gehoben; am Euphrat-Tigris läßt man sie wieder erstehen. Auch am Tarim, am Amu- und Syr-Darja und am Indus blühten frühe Kulturen auf bewässertem Boden. Die Flußalluvionen sind aber auch in anderen Klimazonen meist Zentren der Produktion (s. Tiefländer, S. 31 ff.).

Früher wurden die Flüsse bei uns (C 7, D 8) wie in den anderen Klimazonen vor allem auf Trinkwasser ausgewertet.

In der Tropenzone, in China, in Indien, in Afrika, auf allen tieferen Wirtschaftsstufen, leisten sie noch den Dienst, Trinkwasser zu liefern (vgl. S. 40 u. 156).

In allen Trockenklimaten (Wüsten, Steppen, B), auch in den periodisch trockenen Savannenklimaten (A 2) haben die Flüsse als Fischwasser nicht viel Bedeutung, weil sie für größere Zeiträume ganz oder fast trocken liegen. In der polaren Zone (E 10) sind die Flüsse wegen der winterlichen Eisdecke nur eine kurze Sommerzeit von aus dem Meer aufsteigenden Fischen stark belebt. Dann ist hier die Zeit reicher Ernten für die Bevölkerung. Auch in den heißfeuchten Urwaldklimaten der tropischen Zone (A 1) ist der Nutzwert der

Flüsse durch ihren Fischreichtum relativ sehr bedeutend, und in der gemäßigten Zone (C, D), in den Flüssen Deutschlands, Rußlands usw., werden noch ziemlich viel Fische gefangen; hier hat vielfach die Fischzucht Fuß gefaßt, trotzdem die Verunreinigung des Wassers in Industriegebieten manche Schädigung der Fischbestände brachte.

Die Flußüberschwemmungen sind in den wohlbewohnten und -bestellten Ländern der gemäßigten und der subtropischen Klimazone am verheerendsten, weil hier in stark ausgenutztem produktiven Uferland viel zu vernichten ist, und zudem infolge Eindämmung der Fluß sein Bett erhöht und ausbrechend um so zerstörender wirkt.

Namentlich die Flüsse der trockenen Klimate (B) zeigen sich zeitweise unbändig (vgl. auch S. 68). Berüchtigt sind viele italienische Flüsse. Auch die Garonne bereitet den Anländereien viel Schaden. Hunderte von Millionen Mark gehen manches Jahr durch Flußüberschwemmungen verloren. Die Chinesen, auf der Wirtschaftsstufe der herkömmlich-traditionellen Wirtschaft, haben mit ihren Flußbändigungsarbeiten noch wenig Glück. Auch wir, auf der Wirtschaftsstufe der wissenschaftlich-technischen Wirtschaft, beobachten noch nicht lange genug die Kräfte aller unserer Flüsse, um schon überall ihrem stärksten Ausbruch entsprechende Widerstände entgegenzustellen. Aber im ganzen sind in den Staaten europäischer Zivilisation, in England, in Frankreich, den Niederlanden, Belgien, Deutschland, Schweiz, Schweden, Tschechoslowakei, Ungarn usw., die Flüsse fast alle in Aufsicht genommen und mehr oder weniger in ihrem Bette festgelegt und im Wasserablauf geregelt. Auch in den Vereinigten Staaten ist schon — neuerdings — viel an den Flüssen getan. In Jugoslawien, Polen, Rumänien, Rußland und in Südeuropa ist man meist erst in den letzten Jahren ans Werk gegangen; in Südosteuropa denkt man noch kaum daran. In Australien dagegen, auch in Argentinien, hat man schon zahlreiche Arbeiten an den Flüssen in Gang gebracht. Kurz, der Zustand der Flüsse ist weitgehend von der Verbreitung der Wirtschaftsstufen abhängig.

An die Riesenflüsse der Erde wagt sich der Mensch erst schüchtern heran. Selbst den Amerikanern gelang die Bändigung des Mississippi und Missouri bis jetzt recht unvollkommen. Am Amazonas machte man die ersten Uferbefestigungen. Auch am La Plata sind die Korrektionen, die natürlich immer mehrere Zwecke, vor allem aber Verkehrszwecke, verfolgen, von den Argentiniern in Angriff genommen. Kongo, Amur, die sibirischen Ströme sind in der Hauptsache noch Naturkinder.

Die Eingeborenen in den tropischen Ländern bleiben den Überschwemmungsflüssen meist ferne; so kann sie kein Unheil treffen. Hier sind die Flüsse ganz ungebändigte Kinder der Natur. Der Amazonas verändert beständig sein Bett.

Die geographische Verbreitung der **Wasser- (Fluß-) Kräfte** auf der Erde ist einerseits abhängig von der Verbreitung der Niederschlagsmengen, andererseits von der Bodengestaltung. In der wasserreichen tropischen, feuchtheißen Urwaldzone (A 1) sind, soweit die Niederschläge in Betracht kommen, die Wasserkräfte sehr reichlich vorhanden, in den periodisch trockenen Savannenklimaten (A 2) wenigstens zur Sommerzeit; die Trockenzone (B) ist schlecht damit ausgestattet. Auch in der gemäßigten Zone (C, D) verfügen einige Landschaften, nämlich die Gebiete des sommertrockenen (mediterranen, C 6) und die des wintertrockenen Klimas (von Chinatypus, C 5) nur zu gewissen Zeiten über hinlängliche Wassermengen zum Betrieb von Kraftwerken, nämlich jene im Winter, diese im Sommer. In den feuchttemperierten Klimagebieten (C 7) dagegen sind genügende Wassermengen das Jahr über vorhanden und werden auch nicht durch Frost im Werte geschmälert. Der Winterfrost ist dagegen der Auswertung der Wasserkräfte in der borealen (D 8, D 9) und in der polaren (E 10) Zone eine Schranke. Die wintertrockenkalten Klimagebiete (D 9) sind hinsichtlich des Wasserreichtums der Flüsse wohl im allgemeinen ungünstiger als die feuchtwinterkalten Klimate (D 8).

Die Bodenformen kommen der Gewinnung von Wasserkräften entgegen, wenn die Flüsse Gefällsknickungen, stufenförmiges Gefälle (mit Wasserfällen oder Stromschnellen) aufweisen, wie die Flüsse „jugendlichen" Alters in eiszeitlichen oder infolge trockenen Klimas der Wasserwirkung lange entzogenen Gebieten oder die Flüsse, welche ihr Gefälle bereits ausgeglichen, bereits „gereifte" Flüsse geworden waren, jedoch nachträglich in ihrer Entwicklung gestört wurden, so daß in einen gereiften Flußlauf Stücke mit jugendlicher Entwicklung eingeschaltet erscheinen (E. Fasolt). Durch Bodengestaltung und Niederschläge werden insonderheit die Gebirge zu Wasserkraftquellen (vgl. S. 172).

Was von der Ausstattung der Klimazonen und -gebiete mit Wasserkräften gesagt wurde, gilt zugleich hinsichtlich ihrer Flüsse für die **Binnenschiffahrt.**

In der gemäßigten Zone sind die feuchttemperierten Länder (C 7) am besten mit schiffbaren Flüssen ausgestattet, da deren Wasserreichtum auch im Sommer zumeist die Schiffahrt ermöglicht. Aber in den sommertrockenen (C 6) und wintertrockenen (C 5) warmgemäßigten Klimagebieten wird nur zur feuchten Jahreszeit die Schiffahrt begünstigt sein. In den borealen Klimagebieten (D) sperrt winters eine Eisdecke die Flüsse; die Tundrenflüsse (E 10) sind nur kurze Jahreszeiten frei von ihr.

In der Trockenzone sind die Steppen (B 3) arm an Flüssen, zum größten Teil abflußlos (d. h. die fließenden Gewässer erreichen nicht das Meer). Den Wüsten (B 4) fehlen schiffbare Flüsse meist gänzlich; selten, daß ein besonders kräftiger Fluß, wie der Nil, fähig ist, sie zu queren. Der Wasserreichtum genügt in der Trockenzeit meist nur kurze Zeit zur Schiffahrt. Auch die periodisch trockenen Savannenklimate der Tropen (A 2) geben nur zur Regenzeit den Flüssen genügend Schiffahrtswasser. In der feuchtheißen Urwaldzone (A 1) dagegen sind die Flüsse das Jahr über schiffbar, falls die Bodenformen es erlauben. Wo Wasserfälle und Stromschnellen vorkommen, ist die Binnenschiffahrt überall schwer behemmt und höchstens auf Stromstücken auszuführen. Gebirgswässer sind meist wenig brauchbar, Niederungsflüsse sind gewöhnlich Schiffahrtsstraßen.

Jedes noch unerschlossene Land wird schnell kolonisiert oder besiedelt, wenn es reich an gut schiffbaren Flüssen ist, aber in einem Lande, das arm an gut schiffbaren Flüssen ist, geht die Kolonisation langsam landein. Darum müssen in Afrika oder Australien Eisenbahnen die Flüsse ersetzen; in Amerika und Sibirien aber folgte die Kolonisation den Flüssen zu Wasser oder zu Lande, an den Hängen, wo der Wald immer licht steht oder fehlt. Aber die cañonartigen Flußtalschluchten des Erzgebirges mied früher der Verkehr und zog über die Hochflächen, und das Elbtal im Elbsandsteingebirge ist erst vor einem halben Jahrhundert und das Moseltal in unseren Tagen durch die moderne Technik der Eisenbahn erschlossen (vgl. S. 35).

### 3. Die Pflanzen und Tiere.

Dem Menschen ist es, wenigstens für den größten Teil seiner Bedürfnisse, versagt, die benötigten Stoffe direkt (s. S. 20, Anm. 1) aus dem Boden zu entnehmen. Er schätzt diejenige Form des organischen Lebens darum am meisten, die ihm am unmittelbarsten und daher reichlichsten Boden in Befriedigungsmittel von Bedürfnissen umsetzt; das sind die **Pflanzen**, deren Holz oder Rinde, Früchte, Samen oder Blätter, Wurzeln oder Blüten ihm nützlich sind, und deren Ausnutzung immer mehr zunimmt, je besser der Mensch die in ihnen enthaltenen Stoffe kennen lernt (s. S. 81 f.).

Ursprünglich sind wildwachsende Pflanzen die Versorger des Menschen gewesen und haben seine Bedürfnisse an Nahrung, Kleidung, Wohnung, Heizung und Beleuchtung, Werkzeug und Waffen gedeckt, überall, wo sie in geeigneten Formen und Mengen nutzbare Stoffe zur Verfügung stellten. In der tropischen Zone (A) und in den warmgemäßigten Regenklimaten (C) waren von Natur die Verhältnisse für eine Sammelwirtschaft am günstigsten, und hier haben sich bis auf den heutigen Tag, am meisten auf tiefer Wirtschaftsstufe, mehr oder weniger große Reste aus dieser Vorstufe der „eigentlichen" Wirtschaft erhalten. Aber die örtliche, zeitliche, quantitative und qualitative Begrenztheit der Sammelprodukte führte bei wachsenden Bevölkerungszahlen zu leicht zur Not, die zum Pflanzenbau, wahrscheinlich von der Frau erfunden, leitete. Er hat, sich immer besserer Hilfsmittel bedienend, vom Grabstock aus über Hackbau (Hacke) bis zur Pflugkultur (mit tierischer oder mechanischer Kraft) die Erde erobert, wo sie ihm günstig war. Dieser Prozeß ist weit fortgeschritten und deutet, wo immer die Erfindung des Pflanzenbaues vor sich ging, an einer oder, was wahrscheinlicher ist, an mehreren Stellen der Erde, auf ihr hohes Alter hin.

Für den Verkehr bildet die Pflanzenwelt in gewissen Formen Hindernisse (s. S. 42), vor allem in der Form des üppigen tropischen Urwaldes (A 1), der von Nässe trieft, in dem Lianen, Bambusen, Baumstämme nur langsamen Fußgängerverkehr zu Lande zulassen, in dem selbst gehauene Straßen und gelegte Eisenbahngeleise, wenn nicht beständig gereinigt, schnell wieder verwachsen. Darum sind die Wasserwege im Urwald die gegebenen Verkehrsstraßen. In trockenen Ländern (B 3, B 4) ist oft der Dornbusch (wie in Australien der Scrub, Patagonien, Afrika) oder eine Spinifexvegetation (Australien) dem Landverkehr hinderlich oder mindestens lästig.

Direkt klimatisch sind die **Tiere** viel weniger abhängig als die Pflanzen, zumal sie infolge ihrer Beweglichkeit zur ungünstigen Jahreszeit in günstigere Gegenden wandern können. Ihre Verbreitung ist hauptsächlich, entweder direkt (Pflanzenfresser) oder indirekt (Fleischfresser), durch die Pflanzenwelt und so mittelbar durch Klima und Boden bedingt. Viele Tiere sind durch ihre Lebensgewohnheiten an bestimmte Vegetationsformationen gebunden; viele leben nur im Walde, andere nur in der Steppe, andere in Wald und Steppe, andere in Wüsten.

Auch die **wilden Nutztiere** jeder Art haben ursprünglich den Menschen, mit den wildwachsenden Pflanzen in der Regel zusammen, Nahrung, Kleidung usw. geliefert. Der stärkere und ungebundenere Mann fand in der Erjagung ihrer größeren und schnelleren Formen das angemessene Feld seiner wirtschaftlichen Betätigung. Grassteppen und -savannen der Steppenklimate (B 3) bzw. der periodisch-trockenen Savannenklimate (A 2) hegten wohl die meisten Wildtiere. Hier stand wahrscheinlich die Tierwirtschaft der Pflanzensammelwirtschaft immer voran. Auch die Baumsavannen, wenig aber der tropische Urwald (A 1) bergen Nutztiere. In den warmgemäßigten Regenklimaten (C) und in der borealen Zone (D) hat es an Nutztieren nicht gefehlt. Selbst die Gebiete des Tundrenklimas (E 10) sind ihrer nicht bar, und Jagd und Fischerei spielen ja hier noch heute die grundlegende Rolle für die Existenz der Bevölkerung; in den Meeren dringen sie (besonders die Fischerei) am weitesten polwärts vor. Mit wachsender Bevölkerungszahl ist aus der Sammelwirtschaft, wie bei den Pflanzen, Raubwirtschaft geworden, die über die Reproduktionskraft der Tiere hinausging. Sie führte zur Not und diese, vielleicht über eine Zwischenstufe der Anthropophagie, zur **Tierhaltung und Tierzucht**. Sie sind wirtschaftlich nicht annähernd so bedeutsam wie der Pflanzenbau, und in großen Gebieten der Erde herrschte an ihrer Stelle noch in neuester Zeit Anthropophagie, vornehmlich in der tropischen Klimazone (A), in der gewisse tierische Schädlinge wie die Tsetsefliege, die Einbürgerung von Haustieren unmöglich machten. Um so größere relative Bedeutung erhielt die Tierzucht wie schon die Jagd in der Trockenzone B (mit ihren beschränkten Pflanzen- und Pflanzenbauverhältnissen) und wiederum in den Tundrengebieten der Schneezone (E 10). Harmonisch verbunden wurde die Tierzucht mit dem Pflanzenbau am meisten in dem borealen Klima (D) und in den feuchttemperierten Klimaten (C 7), während schon die Gestaltung der Futterverhältnisse in den warmgemäßigten sommertrockenen (mediterranen) Klimagebieten (C 6) der Pflanzenwirtschaft das Übergewicht gibt, wie in den wintertrockenen Klimagebieten (von Chinatypus, C 5) das Zusammentreffen von Sommerwärme und -feuchtigkeit dem Pflanzenbau, ähnlich wie in den benachbarten Tropenklimaten (A), völlig den Vorrang verschafft vor der Tierwirtschaft.

Die Klimaverhältnisse drücken ihren herrschenden Einfluß auf das organische Leben auch in den **Vegetationszonen** aus.

Der Verbreitung der heißfeuchten „Urwaldklimate“ (A 1) entspricht die des tropischen Urwaldes, der der periodisch-trockenen „Savannenklimate“ (A 2) die der (Gras- und Baum-) Savannen der Tropen. (Gras-) Steppen und Wüsten geben den Steppen- und Wüstenklimaten **Köppens** (B 3 und B 4), mit deren Verbreitung sich die ihre deckt, den Namen, die warmgemäßigten Regenklimate (C) bieten die Vorkommensstätten der Buschwälder und Stammwälder, welch' letztere auch durch die boreale Waldzone (D) verbreitet sind. Die „Tundrenklimate“ (E 10) bestimmen die Ausdehnung der baumlosen Tundren. Pflanzenlos sind die Gebiete ewigen Frostes (F 11).

Die **Vegetationszonen** sind mit den Klimazonen **Produktionszonen**; sie bestimmen in hohem Grade die Wirtschaftsformen (s. S. 93).

Die größeren und viel kleine **Tierformen** sind Anpassungsformen an die klimatischen und Vegetationsverhältnisse, aber die **Tierzonen** sind durch den Menschen derartig zerstört worden, daß höchstens noch die kleinen und kleinsten Naturformen die ursprüngliche Verbreitung bewahrten und, uns zum Teil noch undurchsichtige, Wirkungen entfalten. Auf weitaus den größten Flächen der Erde sind vom Menschen die Haustiere an die Stelle der Wildtiere gesetzt worden, und ihre Ausbreitung und der letzteren Zurückdrängung ist noch immer im Gange. Zum großen Teil sind die Fortschritte der Haustierzucht auf der Erde heute nur noch abhängig von den Bedürfnissen der Menschen und von der fortschreitenden Erkennung und Bezwingung der unseren Haustieren drohenden kleinen und kleinsten Schädlinge (bzw. Krankheiten). Ihre Kleinheit erklärt gerade die verhältnismäßig langsamen Fortschritte, die wir auf diesen Aufgabengebieten machen.

In die Tierwelt hat der Mensch am tiefsten eingegriffen, weil sie, mit ähnlichen Lebensanforderungen wie er, am meisten mit ihm konkurriert. Wo die Wirtschaftsstufe eine hohe ist, ist das natürliche Tierleben in den größeren Arten fast ganz beseitigt, soweit es der menschlichen Wirtschaft schädlich oder lästig ist, und immer mehr richtet sich das Augenmerk des Kulturmenschen auch auf die kleinen Lebewesen, um sie nach Nützlichkeit und Schädlichkeit[1]) zu sondern und im letzteren Falle zu bekämpfen, im ersteren zu unterstützen.

Je niedriger die Wirtschaftsstufe ist, desto mehr hat sich der natürliche Tierbestand erhalten, weil man mit den unzulänglichen „Werkzeugen" ihm nicht beizukommen vermochte; seitdem aber die niedriger stehenden Völker, selbst die Naturvölker, mit europäischen Gewehren ausgerüstet sind, werden überall die großen Schädlinge, Raubtiere, Feldplünderer und Schlangen, bekämpft, allerdings auch an sich nützliche Jagdtiere der Ausrottung entgegengeführt. Von der natürlichen Tierwelt haben eigentlich nur noch wenige größere positive wirtschaftliche Bedeutung: Elefant, Strauß, Gazellen, Antilopen, Pelztiere, Meeressäugetiere, Fische usw., aber auch diese Jagdobjekte gehen immer mehr zurück, zweifellos mit einer Art Notwendigkeit, um meist, wie unsere alten Haustiere, in eine Art Pflege des Menschen genommen, höhere Erträge in der Zukunft zu gewähren. Bei einigen dieser Wildtiere hat der Mensch bereits erfolgreiche Schritte nach dieser Richtung getan: Fischzucht, Austern-, Hummer-, Perlen-, Schwammzucht; Eiderenten; Blaufuchs, Silberfuchs und andere Pelztiere; selbst Schlangenfarmen (zur Gewinnung von Serum zur Bekämpfung der Gefahren, die aus Bissen von Giftschlangen entstehen) und Alligatorfarmen (zur Gewinnung von Leder usw.) hat man geschaffen. Den Elefanten Afrikas und die Zebras versucht man in den menschlichen Dienst zu zwingen. Tierzuchten entstehen noch immer neu.

## II. Der Mensch als das wirtschaftende Subjekt.

Für jede Erdstelle liegt durch die ihr eigenen Naturverhältnisse der Einwirkung des Menschen (der Wirtschaft) gegenüber ein **„Naturzwang"** vor; an jeder Erdstelle sind mit der sogenannten „natür-

[1]) Für den Verkehr drohen Schlangen, Tiger usw. im Dschungel Gefahr. Der kleine Sandfloh, der 1872 aus Amerika nach Afrika eingeschleppt wurde, behindert, sich in nackte Füße einbohrend, den Landverkehr der Eingeborenen. Die Tsetsefliege unterbindet im tropischen Afrika die Verwendung von Transporttieren. Elefanten beschädigen oft die Telegraphenleitungen, die Tragstangen umlegend. Die Teredos (Bohrwürmer) des Meeres zerstören die Holzbauten in Häfen und Werften und bohren Holzschiffe, ja Kabel an (vgl. S. 55). Man richtet die Lage der Kabel wegen dieser Teredos so ein, daß sie schnell aus ihrem Bereich kommen; das erschwert aber und verteuert die Reparaturen. Vgl. auch Rich. Hesse, Tiergeographie auf ökologischer Grundlage. Jena 1924.

lichen Ausstattung“ Naturstoffe und -kräfte an ganz bestimmten Orten und zu bestimmten Zeiten, in ganz bestimmten Mengen und Qualitäten gegeben.[1]) Mit diesem Naturzwang hat sich der Mensch in irgendeiner Art abzufinden; entweder kann er ihn passiv hinnehmen und seine Bedürfnisse entsprechend örtlich, zeitlich, quantitativ oder qualitativ begrenzen oder er kann dagegen reagieren, seine Bedürfnisbefriedigung von ihm zu befreien suchen. Die nötige Übereinstimmung zwischen Bedürfnissen und Mitteln der Bedürfnisbefriedigung in möglichst vorteilhafter Weise herbeizuführen, ist die spezifische Aufgabe der Wirtschaft. Die Lösung derselben kann gefördert werden durch angemessene Begrenzung der Bedürfnisse oder durch die bestmögliche Anwendung der zur Verfügung stehenden Mittel für die bestimmten Zwecke oder durch gesteigerte persönliche Leistungen.[2])

Die Naturverhältnisse, die Mittel der Bedürfnisbefriedigung, sind recht verschiedener Art. Es gibt Naturverhältnisse, die sich mit Leichtigkeit der menschlichen Kraft, sogar der schwachen, unterwerfen lassen — ich erinnere an die meisten Pflanzen, an viele Tiere —, und es gibt Naturverhältnisse, die der Einwirkung des Menschen (zum Zwecke der Wirtschaft) viel starrer (Boden nach Fruchtbarkeit, Form usw., das fließende Wasser nach Art, Stärke usw.) oder fast unbeeinflußbar (Klima) gegenüberstehen.

Innerhalb jeder der großen Erscheinungsformen der Natur gibt es wiederum unzählige Widerstandsunterschiede gegenüber der menschlichen Einwirkung. Ein Apfel ist leicht gepflückt, eine Kokosnuß schwerer; ein Baum ist meist leicht zu fällen, aber der tropische Urwald oder der Scrub ist schier unüberwindlich. Ein Hase wird leicht gejagt, aber ein Bär nur mit Gefahr, und der Bazillen, die unsere oder unserer Haustiere Gesundheit bedrohen, werden wir sehr schwer Herr. Ein fruchtbarer Boden gibt der Einwirkung des Menschen leicht und sicher hundertfältige Frucht, aber der unfruchtbare Boden lohnt die größte Mühe schlecht und der Fels spottet ihrer. Über einen Hügel schreitet der Verkehr leicht hinweg, aber ein Hochgebirge kann ihm nur schwer erobert werden. Ein sanftes, immerfließendes Bächlein ist leicht zur Befruchtung aufs Feld abgeleitet, aber ein unbeständiger Bach läßt zuzeiten im Stiche, und ein Gebirgsbach überschüttet die Felder der Menschlein mit Geröll, statt ihnen zu dienen; oder ein sanfter Niederungsfluß fügt sich der Anforderung des Menschen, Schiffe zu tragen, zu Danke und jederzeit, aber ein Gebirgsfluß zerschmettert die auf ihn gesetzten Nachen am nächsten Wasserfall. Die mangelnden Niederschläge kann künstliche Bewässerung und sparsames Umgehen mit Wasser wohl wettmachen; gegen Kälte, Schnee usw. können wir unsere Schützlinge, Pflanzen und Tiere, wie uns selbst wohl bewahren, die Hitze durch Eis oder Ventilatoren bekämpfen; es glückt uns, durch Regulierung der Vegetationsdecke und durch Stauweiher u. dgl. den Wasserabfluß zu regeln und durch Parahails (s. S. 19) vielleicht den Hagel von unseren Feldern abzuwenden, aber die meisten klimatischen Erscheinungen stehen

[1]) Gust. Cassel, Theoretische Sozialökonomie. Leipzig 1918 (L. Pohle u. G. Cassel, Lehrbuch der allgemeinen Volkswirtschaftslehre, Teil II), S. 3: „Wirtschaftlich nennen wir nur diejenigen Tätigkeiten, die unter der Voraussetzung einer begrenzten Möglichkeit der Bedürfnisbefriedigung betrieben werden usw.“

[2]) Ebenda.

der Einwirkung des Menschen auf sie negativ gegenüber, weil ihre Quelle, die Sonne, uns unerreichbar ist. So ließe sich eine Stufenfolge, eine **Skala von Widerständen** (gegenüber der menschlichen Einwirkung zu Wirtschaftszwecken) in der Natur aufstellen. Die Technik im Bunde mit verschiedenen Wissenschaftszweigen hat die Aufgabe übernommen, die Maßstäbe für diese Skala zu gewinnen und in jedem einzelnen Falle den Widerstand zu bezeichnen, zu messen und dagegen nach dem Prinzip der kleinsten Mittel den Weg zur Überwindung, soweit sie möglich ist, namhaft zu machen und zu beschreiten.

Nun liegen diese verschiedenen Widerstände der Naturverhältnisse aber nicht zufällig durch- und nebeneinander, sondern wir entdecken bei einem Überblick über die ganze Erde **zonale, gebietweise und höhenregionale Anordnung der verschiedenen Widerstandsformen.** Diese in den Hauptzügen zu erkennen und darzustellen, fällt in das Aufgabengebiet der physikalischen Geographie bzw. der physischen Anthropogeographie (A. Penck). Sie sollten uns kennen lehren, in welchen Gegenden der Wald oder der Scrub sich findet, welche Gegenden durch die Steppe oder die Wüste gekennzeichnet sind, wo diese nützliche oder jene schädliche Pflanze ihr Verbreitungsgebiet hat. Wo und wann und in welcher Zahl und in welchem Wert der Hase uns Wildbret liefern kann, und wo der Tiger unsere wirtschaftliche Tätigkeit schädigt, wo und wann die Heringszüge erscheinen und wo und wann die Heuschrecken unsere Felder bedrohen. Und die physikalische Geographie soll uns belehren, daß die einzelnen Bodenarten, wie der Laterit und der Löß, zonale und regionale Verbreitung auf der Erde haben, und sie lehrt die Gesetze der Verwitterungsvorgänge und zeigt, wie die geographische Verbreitung der verschiedenen Fruchtbarkeit der Bodenarten zum Teil aus dem Muttergestein, dessen Verbreitung die Geologie aufdeckt, sich erklärt, aber viel mehr aus den klimatischen Verhältnissen. Und sie lehrt, wo und wie stark die Bäche und Flüsse fließen und wie sie zuzeiten ihren Durchschnittscharakter abändern; sie mißt die Wassermengen und ihre Geschwindigkeit zu den verschiedenen Jahreszeiten und die Tiefe und studiert die Wasserfälle und die Niederschlagsverhältnisse, welche die Gewässer nähren, und die Abflußverhältnisse usw. in den verschiedenen Erdgegenden, deutet uns auf zonale, gebietweise und regionale Übereinstimmungen und Verschiedenheiten solcher Verhältnisse hin. Und die physikalische Geographie erforscht und stellt dar die Natur und vor allem die geographische Verbreitung der verschiedenen klimatischen Erscheinungen, der Wärme, des Luftdrucks und der Winde, der Niederschläge und der Eisbildung. Dabei nimmt die Geographie natürlich keine direkte erkenntliche Rücksicht auf die Wirtschaft des Menschen, sondern als selbständiger Wissenschaft ist ihr die Aufklärung und Darstellung der geographischen Verbreitung der Naturerscheinungen Zwecks genug, aber als physische Anthropogeographie im Sinne A. Pencks wird sie die Bedeutung der einzelnen physikalischen Erscheinungen (und vor allem ihrer Verbreitung) für die Verbreitung der Menschen und seiner Betätigungsformen (Produktion, Handel, Verkehr, Siedelungen usw.) zu untersuchen haben.

Die Wirtschaftsgeographie entnimmt aus der physikalischen Geographie[1]) die Kenntnis der geographischen Verbreitung der Naturverhältnisse, die ihr als geo-

---

[1]) Wenn die physische Anthropogeographie Vorarbeiten, wie sie A. Penck fordert, liefert, wird sie der dankbaren Aufnahme derselben bei den Wirtschaftsgeographen gewiß sein.

graphisch verteilte Widerstände gegenüber der menschlichen Einwirkung (zu wirtschaftlichen Zwecken) erscheinen müssen, oder als zonal, gebietweise oder regional verschieden geartetes **Material**, das der Wirtschaft zu dienen hat. Diese geographische Verbreitung der Naturverhältnisse ist ein Totes, ein Marmorblock von bestimmten Eigenschaften in seinen Teilen, der erst unter des Menschen bildnerischer Hand seine Gestalt bekommt, seinen Zweck erfüllt; darum ist er nicht weniger notwendig. Und die Naturverhältnisse in ihrer zonalen, gebietweisen und regionalen Verbreitung sind darum für die Ziele der Wirtschaft, Befriedigung der materiellen Bedürfnisse der Menschen, nicht weniger notwendig als die Hand des Menschen, der zweckmäßig auf sie einwirkt.

Offenbar ist aber der schaffende Mensch, wie der Bildhauer gegenüber dem Marmorblock — was ist er ohne ihn? —, die Hauptsache im Wirtschaftsleben. Wenn Wirtschaft als zweckmäßige Einwirkung auf die Natur zu definieren ist, dann ist darin schon die Priorität des Einwirkens ausgesprochen. Von des Menschen Art wird es in erster Linie abhängig sein, was bei der Einwirkung auf die Natur herauskommt. Von den Verschiedenheiten der Naturwiderstände und von der Arbeitsleistung, die der Mensch dagegen zu verwenden hat, hängt das jezeitige und jeörtige Bild der Wirtschaftsverhältnisse ab, welche das Objekt der Wirtschaftsgeographie sind. Die Art des Materials, die Stoffe für die Bedürfnisbefriedigung, die Pflanzen, die Tiere, sind zwar bis zu einem hohen Grade durch ihre Lebensansprüche und die Mineralien durch ihr natürliches Vorkommen örtlich gebunden, aber die produzierten Mengen und Qualitäten sind viel mehr von des Menschen Tüchtigkeit abhängig, und auch von der erwähnten örtlichen und stofflichen Gebundenheit befreit der Mensch der hohen Wirtschaftsstufe seine Bedürfnisbefriedigung durch Verpflanzung von Pflanzen und Tieren, zielbewußte Abänderung durch Züchtung, mittels Ersatz durch Surrogate, durch industrielle Verarbeitung und vor allem durch den Welthandel.

Wenn man die geographische Verbreitung von Produktion und Konsumtion, Handel und Verkehr auf der Erde erklären will, wie sie sich in den einzelnen Zonen, Gebieten und Höhenregionen verschieden darstellen, aus den verschiedenen Räumen mit ihrer Naturausstattung, aber auch aus den sie bewohnenden Menschen herauswachsend, so muß man die Bevölkerung der Erde nach ihren Kräften, die sie bei der Wechselwirkung zwischen Erdraum und Mensch einzusetzen hat, irgendwie klassifizieren. Wenn man nicht meine **Wirtschaftsstufen** (s. S. 79ff.), wie sie weiterhin als eine geographische Erscheinung der Erdoberfläche hingestellt werden, anerkennen kann, so muß man andere finden; erkennt man sie nicht, so wird dieser ganze ausschlaggebende Faktor Mensch bei der Erklärung ausgeschaltet sein, und grobe Einseitigkeiten in der „Erklärung" aus den „geographischen Grundlagen" werden auftreten.

Selbstverständlich sollen die Wirtschaftsstufen[1]) und ihre Verbreitung nicht die Grundlage für die wirtschaftsgeographische Einteilung der Erde abgeben, aber sie sind ebensosehr eine Vorarbeit für die vergleichende Erkennung der wirtschaftlichen Zusammenhänge in den Erdräumen wie etwa die Feststellung der Klimazonen und -gebiete oder der Vegetationszonen und -gebiete. Daran ändert nichts der Umstand,

[1]) Die Wirtschaftsstufen umschließen in sich natürlich nach dem Begriff der Wirtschaft (s. S. 2) Produktionsstufen, Konsumtionsstufen, Handelsstufen, Verkehrsstufen (vgl. S. 82, Anm. 2).

daß die Wirtschaftsstufe der reflexiven Wirtschaft fast gar keine, die der instinktiven Wirtschaft eine recht minimale Bedeutung für das heutige Wirtschaftsleben der Erde besitzt. Es handelt sich um die Erkenntnis der in ihnen umschlossenen Entwicklung.

Wenn der Mensch seine Bedürfnisbefriedigung nicht von dem Naturzwang befreit, wird die Zahl der Menschen, der Ort ihres Vorkommens, die Art ihrer Bedürfnisbefriedigung und deren Zeit streng durch den Naturzwang oder die natürliche Ausstattung des betreffenden Erdraumes reguliert. Wo die Natur ungünstig ist, können dann nur wenige Menschen sich aufhalten, und ihre Zahl hat ihre festen Schranken, sie schwankt auch mit der Gunst der Natur in den verschiedenen Jahreszeiten. Die Qualität der Bedürfnisbefriedigung ist durch die Art der zur Verfügung stehenden Naturstoffe vorgeschrieben.

Auf dieser tiefen Stufe der Wirtschaft stehen die reine **Sammelwirtschaft**[1]) treibenden Menschengruppen, die in der Abhängigkeit ihrer Bedürfnisbefriedigung den Tieren nicht sehr fern stehen.

Auch die **Tiere** sammeln die Naturstoffe für ihre Bedürfnisbefriedigung und sind dem „Naturzwang" daher stark unterworfen. Das einzige Mittel für sie, gegen ihn zu reagieren und ihn weniger fühlbar zu machen, liegt in der körperlichen „Anpassung", vermittelst deren die Tiere für ihre Bedürfnisbefriedigung einen gewissen Abstand von dem Naturzwang gewinnen können. Durch Ausbildung der körperlichen Lauf- und Flugorgane wird die Befreiung der Bedürfnisbefriedigung in bezug auf Ort und Menge gefördert, durch Aufspeicherung einer Speckschicht für die ungünstige Jahreszeit und Anlegung eines Winterpelzes dem im Wechsel der Zeit die Bedürfnisbefriedigung bedrohenden Zwang begegnet. Doch sind bei gewissen höheren Tieren auch bereits Veranstaltungen außerkörperlicher Art zu dem erwähnten Zweck in Anfängen zu beobachten. So sammeln zahlreiche Tiere Vorräte für die schlechte Jahreszeit außer sich; so gibt es auch Tiere, welche zum Zwecke der Erhöhung und Sicherung der Bedürfnisbefriedigung auf Pflanzen und andere Tiere zweckmäßig einwirken, Pflanzenbau und Tierzucht (Ameisen) treiben. Also Rücksichtnehmen auf die Zukunft und Organisation sind bei ihnen wie in der menschlichen Zivilisation festzustellen.[2])

Der Unterschied zwischen Tier und Mensch liegt darin, daß bei dem Menschen zu der körperlichen Reaktion (Anpassung) gegenüber den Naturverhältnissen (zum Zwecke, die materiellen Bedürfnisse vom Naturzwang zu befreien) die außerkörperliche Reaktion tritt, die mit der Ergreifung oder Schaffung von (außerkörperlichen) Geräten und Werkzeugen ihren Anfang nahm und Wirtschaft genannt ist. Selbst die auf tiefster Wirtschaftsstufe stehenden Menschen, die der

---

[1]) Der Name „extraktive Wirtschaft" ist ebenfalls gut; ebenso kann man von „Okkupation" sprechen. Meines Erachtens sollte man den Ausdruck „aneignende Wirtschaft" nicht der „Sammelwirtschaft" gleichsetzen, sondern ersteren nur anwenden für Diebstahl, Raub u. dgl., schnöde „Wirtschaftsmethoden", die uns der Weltkrieg vor Augen geführt hat.

[2]) Vgl. G. Cassel, a. a. O., S. 2: „Je höher die Stufe der Wirtschaft, desto stärker treten diese beiden Faktoren des Rücksichtnehmens auf die Zukunft und der Organisation hervor. Die ganze Zivilisation kann vom wirtschaftlichen Gesichtspunkte aus als eine fortschreitende Entwicklung dieser Faktoren und Stärkung ihrer Bedeutung im wirtschaftlichen Handeln betrachtet werden." Organisation ist namentlich im Bienen- und Ameisenstaat festzustellen.

Natur, wie die Tiere, noch wesentlich mit körperlicher „Anpassung" (scharfen Sinnen, schnellen Beinen, Kletterfüßen usw.) gegenübertreten, unterstützen sich doch auch schon mit außerkörperlichen und geistigen Werkzeugen, um ihre Bedürfnisbefriedigung in erhöhtem Maße von dem Naturzwang zu befreien.

Aller Fortschritt in der Wirtschaft zielt nun ab auf eine immer weitere Befreiung der Bedürfnisbefriedigung vom Naturzwang durch Entwicklung außerkörperlicher Reaktionsmittel (Werkzeuge im weiteren Sinne), neben welchen die körperliche Reaktion relativ immer mehr in den Hintergrund tritt. Die Notwendigkeit, eine Übereinstimmung zwischen Bedürfnissen und Mitteln der Bedürfnisbefriedigung herbeizuführen, wird (im allgemeinen) nicht durch Beschränkung der Bedürfnisse und entsprechende körperliche Anpassung beantwortet, sondern durch Steigerung und Organisation der persönlichen Leistungen.

Man kann sich die Einwirkung der Natur auf die Bedürfnisbefriedigung des Menschen (den Naturzwang) und die Reaktion des Menschen dagegen als zwei breit gegeneinander wirkende Kräfte vorstellen. Wenn der Mensch schwach ist, liegt die Gleichgewichtslinie ihm nahe; wenn er stark ist, rückt sie ein ganzes Stück von ihm ab. Es ist wohl ohne weiteres ersichtlich, daß die Stärke des wirtschaftenden Menschen in dem Kampfe mit der Natur, der er die Stoffe für seine Bedürfnisbefriedigung abringen muß, für den Erfolg der Wirtschaft maßgebend ist, und daß es darum eine der wichtigsten Aufgaben der Wirtschaftsgeographie sein muß, durch Klassifikation (Wirtschaftsstufen) nach der Art (Stärke) des wirtschaftenden Menschen in der verwirrenden Mannigfaltigkeit des Wirtschaftslebens zur Übersicht durchzudringen. Nach dem Vorausgeschickten kann aber für die Wirtschaftsstufen als Einteilungsprinzip — abstrakt ausgesprochen — nur der Abstand genommen werden, den eine Wirtschaftsgruppe für ihre Bedürfnisbefriedigung von dem Naturzwang erreicht hat, oder — was in konkreter Fassung dasselbe besagt — auch die Entwicklung der „Werkzeuge", von der eben jener Abstand bedingt ist.

Tiere wie Menschen können den Abstand ihrer Bedürfnisbefriedigung vom Naturzwang nur dadurch erreichen, daß sie Erfahrungen, die sie gegenüber der Natur machen, in der Psyche investieren, um sie dann im Ringen gegen den Naturzwang zu verwerten bzw. in körperliche und außerkörperliche Werkzeuge umzusetzen. Von der Vollkommenheit der Erfahrungsgefäße hängt darum der Abstand vom Naturzwang ab, und ich glaube die wirtschaftliche Entwicklung in der Zeit, wie sie sich von den tiefsten bis zu den höchsten Wirtschaftsstufen vollzog, und die örtliche Lagerung der Wirtschaftsstufen ganz logisch zu gliedern, wenn ich von der Entwicklung der Psyche, der **Erfahrungsinvestition** ausgehe, deren jede einen bestimmten Schatz von „Werkzeugen" zu wirtschaftlichen Zwecken ermöglicht und erzeugt.[1]) Wegen dieses Zusammenhanges von Erfahrungsinvestition und Werkzeug, die so integrierend zusammengehören, daß das Zustandekommen bestimmter Werkzeuge oder auch seine Aufnahme von außen her durch die

---

[1]) Vgl. S. 79 Anm. 1.

bestimmte zugehörige Stufe der Erfahrungsinvestition bedingt wird, ist meine von einem psychologischen Moment ausgehende Aufstellung der Wirtschaftsstufen zugleich wirtschaftlich einwandfrei. Nur werden wir festzustellen haben, welche Werkzeuge bzw. Naturbeeinflussungen je zu der bestimmten Erfahrungsinvestition oder Wirtschaftsstufe gehören.

Selbstverständlich ist eine derartige Klassifikation immer mit Mängeln behaftet, und strenge Grenzen zwischen den Stufen gibt es nicht. Die Klassifikation ist ja aber auch nicht Selbstzweck, sondern Mittel zum Zweck, mit kurzem Ausdruck zu vergleichen bzw. zu unterscheiden.

Als die niedrigst stehende Erfahrungshäufung kennen wir den Reflex. Er spielt bei der Anpassungstätigkeit der Tiere, namentlich der niedrigen Tiere, sicherlich eine große Rolle, findet sich aber auch bei den höchststehenden Menschen in untergeordneter Stellung. Bei den ersten Stadien der Erfindung und Benutzung von Werkzeugen scheint er die Hauptrolle zu spielen. Hat der Mensch z. B. einmal, von Gefahr bedroht, zum Stein gegriffen und den Gegner damit verscheucht, so erfolgt dieser Griff auch fernerhin rein reflexiv.

Ein nächsthöheres Erfahrungsgefäß ist der Instinkt. Er hauptsächlich leitet die höherstehenden Tiere in ihrer Reaktion gegenüber dem Naturzwang, die sich in „Anpassung" dokumentiert, aufwärts. Der Instinkt, der noch unter der Schwelle des Bewußtseins sich befindet, leitet auch den weiter fortgeschrittenen Menschen nicht nur in der Anpassung, sondern auch in der Wirtschaft, in der Erwerbung von außerkörperlichen Werkzeugen und in ihrer Verwendung bei der Einwirkung auf die Natur.

Reflex und Instinkt sind bei Tier und Mensch körperlich investierte Erfahrungsschätze, Erfahrungsgefäße, die jedesmal mit dem Träger dahinsinken. Ihre Wirksamkeit im Menschen äußert sich aber nicht nur wie beim Tiere in bezug auf körperliche Anpassung, sondern auch in bezug auf „außerkörperliche Anpassung" in der Schaffung von Werkzeugen.[1])

Die menschlichen Träger des unvollkommensten Erfahrungsgefäßes stelle ich darum auf die **Wirtschaftsstufe der reflexiven Wirtschaft,** die ich auch die **tierische** nenne, weil die körperliche „Anpassung" vor der „Wirtschaft" noch durchaus vorherrscht, oder die der **Sammelwirtschaft** (Okkupation), weil diese im wesentlichen die Bedürfnisbefriedigung sichert und die „eigentliche Wirtschaft" (zweckmäßige Einwirkung auf die Natur mit dem Ziele der erhöhten Befreiung der Bedürfnisbefriedigung vom Naturzwang) erst in den Anfängen vorhanden ist. Im ganzen nimmt der Mensch auf dieser Stufe die Natur, wie sie ist, und versucht im wesentlichen mit körperlicher „Anpassung" gegen ihren Zwang zu reagieren; nur in einigen reflexartigen Tätigkeiten sehen wir ihn den aussichtsvolleren Weg der außerkörperlichen Reaktion antreten. Im großen und ganzen ist die Bedürfnisbefriedigung vom Naturzwang fast völlig abhängig.

[1]) Bergson sagt einmal, wenn man den Menschen vom Tier unterscheiden wolle, so müsse man nicht vom Homo sapiens, sondern vom Homo faber reden; denn Verstand habe auch das Tier, aber erst die Objektivierung der Verstandestätigkeit im Werkzeuge sei der Anfang zur Kultur; und Goethe: „Zum Entdecken gehört Glück, zum Erfinden Lust, und beide können beides nicht entbehren. Dieses spricht aus und beweist, daß man, ohne Überlieferung, unmittelbar persönlich" — instinktiv — „Naturgegenstände oder deren Eigenschaften gewahr werden könne."

**Die Wirtschaftsstufe der instinktiven Wirtschaft** ist diejenige, auf der der Mensch die ersten kräftigen Schritte[1]) zur Befreiung der Bedürfnisbefriedigung vom Naturzwang macht mit Hilfe des Instinktes, der ihm die für Schaffung außerkörperlicher Werkzeuge nötigen Erfahrungen umfing. Freilich, die sinnliche Wahrnehmung von Naturverhältnissen und -erscheinungen, die Einfluß auf die Bedürfnisbefriedigung haben, sind für das Individuum immer nur Einzelfälle, und so ist der Instinkt eine individuelle und zugleich eine unsichere Errungenschaft, eine unsichere, weil sie nicht in allen Fällen Geltung hat, sondern oft irreführt.[2]) Am folgenreichsten wurde der instinktiv[3]) gefundene Übergang vom Pflanzensammeln zum Pflanzenbau und von der Jagd und Tierhaltung zur Tierzucht. Nach Ort und Zeit, Menge und Qualität wird die Bedürfnisbefriedigung dieser Wirtschaftsstufe viel freier als die der vorigen, wenn sie auch noch unvollkommen bleibt. Der größte Fehler ist, daß das für den Fortschritt verantwortliche Erfahrungsgefäß, der Instinkt, noch jedesmal mit dem individuellen Träger ins Grab sinkt, daß die „Werkzeuge" des wirtschaftenden Menschen (Geräte, Waffen, Haustiere, ja zum Teil auch Hausangehörige[4]) soweit als körperlich angehörig, als körperliche Organe gewissermaßen, betrachtet werden, daß man sie mit dem Träger dahingehen läßt, ihm ins Grab mitgibt, statt den Vorrat an Werkzeugen und Erfahrungen (jeder ist anders befähigt) anzureichern.

Der Wirtschaftsprozeß scheint streng parallel der inneren Erfahrungsentwicklung zu verlaufen; es muß erst ein vollkommeneres, außerkörperliches Erfahrungsgefäß ausgebildet sein, ehe man zur Traditionierung von „Werkzeugen" schreiten kann. Sobald aus den Einzelfällen der sinnlichen Wahrnehmung von Naturerscheinungen usw., die in Beziehung zur Bedürfnisbefriedigung stehen, und Effekten solcher in der Wirtschaft über den individuellen Instinkt hinaus ein gewohnheitsmäßiges, herkömmliches Handeln vieler hervorgeht, was eine kritische Durchdenkung der Erfahrungstatsachen durch führende Köpfe (Genies der Vorzeit) voraussetzt, ist es dem menschlichen Geist gelungen, ein beständigeres, unvergängliches Erfahrungsgefäß für die materielle Bedürfnisbefriedigung in der wirtschaftlichen empirischen Routine, in der Gewohnheit, dem Herkommen zu entwickeln, das untrennbar

---

[1]) Gezwungen wahrscheinlich durch Not. Vgl. meinen Aufsatz „Wesen und geographische Verbreitung der Raubwirtschaft" in „Petermanns Mitteilungen" 1904, Heft IV und V.

[2]) Vgl. Goethe in „Ideen über die Natur" (Goethes Philosophie, herausg. von Fr. K. J. Schütz, Bd. VI. Hamburg 1826, S. 271): „So bald der Mensch die Gegenstände um sich her gewahr wird, betrachtet er sie in bezug auf sich selbst, und mit Recht. Denn es hängt sein ganzes Schicksal davon ab, ob sie ihm nutzen oder schaden. Diese ganz natürliche Art, die Sachen anzusehen, und zu beurtheilen, scheint so leicht zu sein, als sie nothwendig ist, und doch ist der Mensch dabei tausend Irrthümern (!) ausgesetzt, die ihn oft beschämen und ihm das Leben verbittern." Und S. 274: „Daß die Erfahrung wie in allem, was der Mensch unternimmt, so auch in der Naturlehre — den größten Einfluß habe und haben solle, wird niemand läugnen, so wenig als man den Seelenkräften, in welchen diese Erfahrungen aufgefaßt, zusammengenommen, geordnet und ausgebildet werden, ihre hohe und gleichsam schöpferisch unabhängige Kraft absprechen wird" (!).

[3]) Man hat diese Errungenschaften vielfach dem „Zufall" oder dem „Spiel" zugeschrieben. Alfred Vierkandt bezeichnet aber wohl mit Recht als Ausgangspunkt der menschlichen Tätigkeit weniger die Phantasie und Reflexion als vielmehr ein triebhaftes (!) Tun, an das sich allmählich Vorstellungen über Sinn und Zweckmäßigkeit des Verhaltens anschließen, die ihrerseits dann auf das Handeln wieder rationalisierend einwirken (Ed. Hahn-Festband).

[4]) Auch das Haus wird vielfach verlassen.

ist von der wirtschaftlichen **Tradition** oder **Überlieferung**[1]), welche die Erhaltung, Häufung und Übertragung der zusammengefaßten individuellen empirischen Erfahrungen (gegenüber dem Naturzwang zugunsten der Bedürfnisbefriedigung) von Generation zu Generation gewährleistet, somit zu dem Erfahrungsgefäß des **„Herkommens“** führt, das außerhalb des hinfälligen Individuums die Erfahrungen investiert und auch die Tatsachen der empirischen Wahrnehmung allmählich prüfend und vergleichend läutern und somit der Erkenntnis näherbringen kann, in der Tat aber außerordentlich zäh und starr und neuerungsfremd sich erweist.[2]) Die Übertragung geschieht stufenweise immer vollkommener durch Beispiel, Wort, Bild, Schrift, Druck[3]), letztere vier nichts anderes als „Werkzeuge“, die der Traditionierung von Erfahrungen dienen sollen.

Die **Wirtschaftsstufe der gewohnheitsmäßigen, „herkömmlichen“ (traditionellen) Wirtschaft** ist vermittelst ihres vollkommeneren Erfahrungsgefäßes, das sie vor den niedrigeren Stufen voraus hat, imstande, die Bedürfnisbefriedigung nach Ort und Zeit, Menge und Qualität in weit höherem Maße von dem Naturzwang zu befreien oder — was dasselbe ist — die Menschheit nach örtlicher Verbreitung, nach zeitlicher Konstanz der Kopfzahl und nach durchschnittlichem Lebensalter, nach relativer Menge (Volksdichte) und Wohleinrichtung des Lebens mehr zu fördern, als jede der früheren Wirtschaftsstufen das vermochte.

Eine Weiterbildung des „Herkommens“ (und der Tradition) führt zur Wissenschaft (und Technik), dem vollkommensten Erfahrungsgefäß, in welchem nicht nur mit rationellem, das Wesentliche von dem Zufälligen unterscheidenden Bewußtsein der Zwecke alle Erfahrungen gegenüber dem Naturzwang für die materielle Bedürfnisbefriedigung gesammelt und geordnet werden, sondern in welchem auch schon Erkenntnisse, die aus Kollisionen mit dem Naturzwang in künftiger Zeit aufstoßen könnten, durch das Experiment erkannt und präsumiert oder hypothetisch aufgestellte Annahmen an der Erfahrung durchgeprüft werden. Die Wissenschaft nimmt alle Erscheinungen der Natur (sowohl der äußeren als auch der menschlichen), auch

---

[1]) Anfänge davon sind natürlich auch im Tierreich zu finden, und vermutlich ist das Herkommen, die Tradition, besonders bei den Tieren ausgebildet, die es zu Anfängen von Wirtschaft, außerkörperlichen Veranstaltungen zur Bedürfnisbefriedigung, gebracht haben, wie die Ameisen, Bienen usw.

[2]) Natürlich laufen auch auf dieser Wirtschaftsstufe grobe Irrtümer unter. Ein Beispiel genüge! Die mit dem Fang der Flunder an der deutschen Küste beschäftigten Fischer waren ebenso fest davon überzeugt, daß die Flunder im Süßwasser ein Standfisch ist, als sie dies auch vom Aale glaubten. Den „Wattbutt“, den sie im Meere, besonders im Wattenmeer, fangen, hielten sie für verschieden von der Süßwasserflunder und kannten angeblich sogar den Laich im Wattenmeer — eigentümliche Schleimklümpchen, die aber mit der Flunder gar nichts zu tun haben. Hier liegt ein ganz merkwürdiger Fall von falscher Beobachtung vor, an der mit großer Zähigkeit festgehalten wird.

[3]) Besonders die Erfindung dieser zwei letzteren dürfte einen höchst wichtigen Vorgang für die Traditionierung von Erfahrung bedeuten. Die Grenze der schriftlosen und schriftbesitzenden Völker ist eine Linie, die vielleicht sogar besser als jene unsichere Grenzzone zwischen Völkern der instinktiven und traditionellen Wirtschaftsstufe geeignet ist, die Wirtschaftsstufung auf sichereren Boden zu stellen als bisher. Die Schrift erscheint als eines der hervorstechendsten „Werkzeuge“, die, der psychischen Entwicklung parallel, entstehen bzw. geschaffen werden, und vielleicht kann man wiederum seit der Erfindung unseres modernen Buchdrucks erst das aus den psychischen Grundvoraussetzungen geschaffene „Werkzeug“ der wissenschaftlich-technischen Wirtschaftsstufe datieren und somit an der Grenzlinie der schriftlosen und schriftbesitzenden Völker die Scheidung in Völker auf der Wirtschaftsstufe der instinktiven Wirtschaft (wo Tradition zwar schon vorhanden, aber noch wesentlich körperlich gebunden ist) und solche auf der Wirtschaftsstufe der traditionellen Wirtschaft (wo die Schrift das außerkörperliche Werkzeug der Traditionierung ist) vornehmen.

diejenigen, welche momentan gar keine Beziehung zur Bedürfnisbefriedigung zu haben scheinen, zu Gegenständen der eindringendsten Untersuchung und schleift bewußt die Waffen, mit denen dann relativ jederorts und jederzeit vorkommendenfalles mit Erfolg dem Naturzwang gegenübergetreten werden kann. Die Technik setzt die Erkenntnisse der Wissenschaft in materielle „Werkzeuge" zur Bekämpfung des Naturzwanges um.[1]) Sie gibt die Mittel und Wege an, wie wir die Kräfte und Stoffe der Natur in eine für die Menschen (d. h. die menschliche Bedürfnisbefriedigung) besonders nützliche Form umwandeln. Sie ist angewandte Naturwissenschaft.

Die **Wirtschaftsstufe der wissenschaftlich-technischen Wirtschaft**, die man auch Wirtschaftsstufe des rationellen Bewußtseins nennen könnte, stützt sich fortschreitend auf die Erkenntnisse der Wissenschaft und die Werkzeuge der Technik und tritt mit einer Sicherheit und Zielstrebigkeit dem Naturzwang gegenüber, der den Abstand der Bedürfnisbefriedigung von ihm in ungeahnter Weise nach Ort, Zeit, Menge und Qualität förderte, obwohl wir erst in den Anfängen dieser Etappe der Erfahrungssammlung stehen. Ihr äußerliches Werkzeug der Werkzeuge ist das gedruckte Buch (s. S. 81, Anm. 3). Zweck der Wissenschaft ist durchdringendstes Studium und eingehende Erkenntnis der Naturverhältnisse (und Menschenzustände), um sie zugunsten der Bedürfnisbefriedigung bewußt zu beherrschen.

Die **Wirtschaftsstufen**[2]), in welche ich die Menschheit (nach Art ihres psychischen Zustandes bzw. ihrer dadurch und mit „Werkzeugen" bezeichneten Wirtschaft) eingliedere, sind somit:

1. **die der reflexiven Wirtschaft;**
2. **die der instinktiven Wirtschaft;**
3. **die der herkömmlich-traditionellen Wirtschaft;**
4. **die der wissenschaftlich-technischen Wirtschaft.**

1. Zu der Wirtschaftsstufe der reflexiven Wirtschaft rechne ich die eingeborenen Australier und Tasmanier (ausgestorben), die Mincopie auf den Andamanen, die Weddah auf Ceylon, die Aeta auf den Philippinen, die Kubu auf Sumatra[3]), Völkerreste im Innern von Celebes, Neuguinea usw.,

---

[1]) Ernst Armin: Es ist ein Kennzeichen der modernen Technik und vielleicht das hervorstechendste, daß alles, was sie plant, vorher so sorgfältig überlegt und berechnet wird, daß es nicht mißlingen kann. Dadurch ist das Wesen der Erfindungen in den letzten 100 Jahren völlig umgestaltet worden. Bis ins 18. Jahrhundert hinein war das Erfinden meist ein zufälliges (instinktives?) Finden: wie mit verbundenen Augen tappte man suchend umher; und wie selbst die blinde Henne zuweilen ein Korn findet, so vermochten auch die Dilettanten früherer Zeiten — die meisten Erfindungen wurden damals von ihnen gemacht — durch reinen Zufall (Instinkt?) zu einer Erfindung zu gelangen. Heute ist an die Stelle solches zufälligen Findens ein absichtliches, planmäßiges Suchen getreten. Auf wissenschaftlicher Grundlage sucht man zu berechnen, auf welchen Wegen die Lösung eines Problems möglich wäre. Staunenswerte Triumphe sind auf diese Art errungen worden. Wie unsäglich überlegen diese neue Methode des Erfindens aber jenen früheren, mehr einem Glücksspiel ähnlichen ist, zeigt die erstaunliche Reihe von Erfindungen, die dem 19. Jahrhundert geglückt ist, gegenüber der spärlichen Anzahl in gleich langen Zeiträumen der Vergangenheit.

[2]) Der Abschnitt über die Wirtschaftsstufen wurde mit Rücksicht auf die praktischen Ziele und den Umfang des Buches gekürzt. Die vier Wirtschaftsstufen kann man im einzelnen, da die Wirtschaft Produktion, Konsumtion, Handel und Verkehr umfaßt, zerlegen in je vier Querschnitt-Teile; z. B. die Wirtschaftsstufe der herkömmlich-traditionellen Wirtschaft in: a) Produktionsstufe der herkömmlich-traditionellen Produktion; b) Konsumtionsstufe der — Konsumtion; c) Handelsstufe des — Handels; d) Verkehrsstufe des — Verkehrs.

[3]) W. Volz, Im Dämmer des Rimba. Sumatras Urwald und Urmensch. 2. Aufl. Breslau 1922.

die Buschmänner[1]), den Jägerstamm el Lib in der Sahara (?), Slêb in der Syrischen Wüste, die sogenannten Zwergstämme Mittel- und Südafrikas, die Feuerländer und die Botokuden Südamerikas.

2. Zur Wirtschaftsstufe der instinktiven Wirtschaft rechne ich die ursprünglichen Indianer Nord-, Mittel- und Südamerikas außerhalb der Kordilleren- und Andengebiete und außer einigen Stämmen in den gemäßigten Teilen der östlichen Union, die Nordasiaten, die Kaukasusvölker, die sogenannten Bergstämme in Indien, die Neger südlich vom Sudan, die malaiischen Bewohner der südostasiatischen Inseln mit Ausnahme der Javaner und die Bewohner der Inselwelt des Großen Ozeans. Doch sind vielfach Anfänge von Herkommen und Tradition erkenntlich, die zur nächsten Wirtschaftsstufe hinüberführen (vgl. S. 80f.).

3. Auf die Wirtschaftsstufe der gewohnheitsmäßigen, herkömmlich-tradionellen Wirtschaft rechne ich sowohl die in dem großen Steppen- und Wüstengürtel der Alten Welt Tierzucht treibenden Völker (Araber, Türken, Perser, Kirgisen, Turkmenen, Mongolen usw.) als auch die seßhaften Oasenbewohner dieses Gebietes: Berber, Fellachen usw. und die Ackerbauvölker Südost- und Ostasiens: die Inder, Chinesen und alten Japaner. Die untergegangenen Völker Mittel- und Südamerikas: Azteken, Inkas usw. gehörten ebenfalls dieser Wirtschaftsstufe an, und auch ihre Nachfolger in Mittel- und Südamerika, die aus der Mischung mit Eingeborenen hervorgegangenen Mischlinge (!) in Mexiko und in den mittelamerikanischen Staaten, in den Republiken Südamerikas: Venezuela, Colombia usw., sind über die herkömmlich-traditionelle Wirtschaftsstufe kaum hinausgelangt und nehmen erst heutigestags, meist unter der Leitung von Angehörigen der wissenschaftlich-technischen Wirtschaftsstufe, einen Anlauf zu etwas vollkommenerer Wirtschaft. Eine Ausnahme machen die in der gemäßigten Zone gelegenen Länder: Argentinien zu einem guten Teil, gewisse Teile Chiles, Uruguays, Südbrasiliens, welche in lebhaftere Annäherung an die auf Wissenschaft und Technik gestützte Wirtschaft getreten sind und letztere wohl bald erreichen werden. In Nordamerika sind Teile der Vereinigten Staaten und Kanadas auch der herkömmlichen Wirtschaftsstufe näher als der wissenschaftlich-technischen; aber wir dürfen nicht vergessen, daß es sich hier um Gegenden junger Kolonisation handelt, die erst die älteren Wirtschaftsstufen durchzumachen haben[2]); und zweifellos werden sie die wissenschaftlich-technische Wirtschaftsstufe betreten.

In Afrika gehörten die Hovas auf Madagaskar und einst auch die Buren in Südafrika zur herkömmlichen Wirtschaftsstufe, aber die südafrikanischen Weißen überraschen neuerdings durch erhebliche Fortschritte. Im Norden Afrikas machen die Engländer in Ägypten und die Franzosen in Algerien Anstrengungen, diese Länder der wissenschaftlich-technischen Wirtschaftsstufe zu gewinnen, und dies nicht ganz ohne Erfolg.

---

[1]) S. Passarge, Die Buschmänner der Kalahari (S.-A. aus Mitt. Deutsch. Schutzgeb. XVIII, 1905, H. 3. Berlin).

[2]) Goethe sagt in den „Maximen und Reflexionen": „Die Geschichte der Wissenschaften ist eine große Fuge, in der die Stimmen der Völker nach und nach zum Vorschein kommen."

Auch in Europa ist die herkömmlich-traditionelle Wirtschaftsstufe noch stark verbreitet. Ganz abgesehen von inselhaften Vorkommen, die sich wohl in allen Ländern noch finden (wie in Irland, Bretagne, einzelnen Gebirgsgegenden Mitteleuropas, Polen, in Litauen, Lettland, Estland, Masuren usw.), hat diese Wirtschaftsstufe in Südeuropa noch eine große Ausdehnung; man muß wohl die südlichen Teile der Pyrenäischen Halbinsel, die Balearen, Corsica, Sardinien, die südlichen Teile Italiens und Sizilien, Bosnien, Herzegowina und fast die ganze übrige Balkanhalbinsel, auch Rumänien, Teile Ungarns eher zu dieser Wirtschaftsstufe als zu der wissenschaftlich-technischen rechnen. Doch macht sich mit der Industrialisierung aller dieser Länder allmählich wohl ein Wandel bemerkbar. Am ausgedehntesten ist die Wirtschaftsstufe der Tradition noch in Osteuropa (dem alten Rußland) verbreitet, wo zumeist ein Zustand der Mengkultur[1]) vertreten war, so daß neben mehr modern wirtschaftenden Gutsbesitzern die herkömmlich wirtschaftenden Bauern saßen. Nun ist durch den Bolschewismus dieser Zustand zerschlagen und nichts Gleichwertiges an die Stelle gesetzt. Nur eine langsame ungestörte Entwicklung aus dem zum Fortschritt drängenden Privatinteresse heraus kann mit Hilfe einer gut beratenen Regierung diese zum großen Teil in gemäßigten Breiten gelegenen Gebiete, die Ukraine wie Sowjetrußland und Sibirien, langsam zur wissenschaftlich-technischen Wirtschaftsstufe führen. Erst gilt es jedoch, durch die Beseitigung der Analphabeten den Anschluß an die schriftbesitzenden Länder voll zu erreichen.

4. Zur Wirtschaftsstufe der wissenschaftlich-technischen Wirtschaft rechne ich die früher (S. 20) erwähnten Aktionszentren, die eben aus dieser Wirtschaftsstufe ihre wirtschaftliche und politische Aktionskraft entnehmen, also West-Mitteleuropa (mit Abschnitten Südeuropas), und Teile der jungen europäischen Kolonisationsgebiete in Nordamerika, Südamerika, Südafrika, Australien, Neuseeland und schließlich Teile Chinas und Japans. Lokal aber hat sich auch sonst in den Tropen und Subtropen, namentlich an Küstenpunkten, wie auch in den Polarländern (Klondike, Kirunavaara) die wissenschaftlich-technische Wirtschaftsstufe festgesetzt und wird weiter vordringen.

Betrachtet man die geographische Verbreitung der Wirtschaftsstufen, die ich auf der Karte 1 darzustellen versuchte, so sind einige auffällige Züge in dem Bilde zu erkennen. Die Völker der Wirtschaftsstufe der wissenschaftlich-technischen Wirtschaft haben in der Hauptsache ihren Sitz in der gemäßigten Zone (C und D) der nördlichen und der südlichen Halbkugel, enger begrenzt in den „warmgemäßigten Regenklimaten" Köppens (C), und zwar hauptsächlich in den (beständig feuchten) „feuchttemperierten Klimagebieten" (C 7) und in den den letzteren benachbarten Strichen

[1]) Ein solcher Zustand gemengter Wirtschaftsstufen kommt natürlich auch in anderen Ländern vor. Die Zuteilung eines Landes oder eines Volkes zu einer Wirtschaftsstufe kann nur auf das Vorherrschen einer Wirtschaftsstufe zurückgehen, wie man ja auch einem Lande den Charakter eines Gebirgslandes zuspricht, wenn gleich manche Flächen niedrig und eben sind (vgl. S. 31 ff.).

der „subarktischen“ oder „borealen Klimate“[1]) (D). Die herkömmlich-traditionelle Wirtschaftsstufe ist hauptsächlich in den weiten Restgebieten der borealen Klimate, in der subtropisch-gemäßigten Zone (C 6 und C 5) und in den Trockenklimaten Köppens (B 3 und B 4) verbreitet; hier fand eine frühzeitige, aber nur bis zu einem gewissen Punkt gehende Entwicklung der Zivilisation statt. Der feuchtheiße Tropengürtel (Köppens tropische Regenklimate, A) und die ungünstige Polarzone (Köppens Schneeklimate, E 10, F 11) sind die Stätten, in denen die Menschen im wesentlichen auf der „Wirtschaftsstufe der instinktiven Wirtschaft“ stehengeblieben sind. Die „tierische“ Wirtschaftsstufe schließlich, die der reflexiven Wirtschaft, findet sich vereinzelt in Wüsten der Trockenzone (B 4), in Urwäldern der Tropen (A 1) und in ungünstigsten polaren Regionen (E 10).

Diese geographische Verbreitung der Wirtschaftsstufen gibt einen deutlichen Fingerzeig auf die Entstehung. Es ist erwiesen, daß schon in der Diluvialzeit der Mensch der reflexiven Wirtschaftsstufe erdweite Verbreitung hatte, aber der Aufstieg zu höheren Wirtschaftsstufen gelang ihm bei den schwachen Kräften, die er anfangs der Natur gegenüberzustellen hatte, nur dort, wo der letzteren Ungunst jene nicht überstieg, eine nicht zu einseitige Naturausstattung die Gefahren einer einseitigen Produktionsrichtung (S. 94) fernhielt, zugleich aber durch eine gewisse Ärmlichkeit des freiwillig und jederzeit von der Natur Gebotenen (also des ohne Arbeit aus ihr zu Entnehmenden, zu Sammelnden) Anregung, Antrieb, Erziehung zur Arbeit gegeben war (S. 45 Anm. 2). Dann, allmählich, verschob sich das Kräfteverhältnis von Natur und Mensch zugunsten des letzteren. In den meisten Fällen ist der Mensch wohl durch Not (Hungersnot infolge von Dürre, infolge des Jahreszeitwechsels, infolge von Ausrottung [Raubwirtschaft] des Jagdwildes oder der Nutzpflanzen) zu wirtschaftlichen Fortschritten (künstlicher Bewässerung, Konservierung und Aufspeicherung von Vorräten, Tierzucht, Pflanzenbau) getrieben worden, deren Übertragung von Volk zu Volk auf niederen Stufen man sich ja nicht zu leicht vorstellen darf, weil nur bei gleichartiger Aufnahmedisposition Fortschritte übernommen werden. Über den „geographischen Gang der wirtschaftlichen Kultur“ im Laufe der geschichtlichen Entwicklung sind die Betrachtungen Alfred Hettners in seinem Aufsatz „Die geographischen Bedingungen der menschlichen Wirtschaft“[2]) zu vergleichen.

---

Es sind noch die **wichtigsten wirtschaftlichen Folgen**, welche die Unterschiede in der Wirtschaftshöhe begleiten, hervorzuheben:

Es ist ein allgemeines Gesetz, daß das Bessere (Stärkere) der Feind des Guten (Schwachen) und erst recht des Schlechten ist. Die besser angepaßten Tiere drängen die schlechter angepaßten aus den günstigen Erdgegenden zurück und verdrängen sie unter Umständen, wenn diese nicht in den unwirtlichsten Landschaften, den Gebirgen, Wüsten, Wäldern oder auf abgelegenen Inseln noch Schutz und Erhaltung finden können. So auch zeigen die höheren

[1]) Vgl. S. 20.
[2]) Grundriß der Sozialökonomik. Tübingen 1923, II, 1., 2. Aufl., S. 47 ff. und in seinem Büchlein „Der Gang der Kultur über die Erde“. Leipzig 1923.

Wirtschaftsstufen überall die Tendenz, die niedrigeren zurückzudrängen. Der Prozeß verläuft örtlich oder in den verschiedenen Zeitperioden nach den Umständen, besonders nach dem Zustande der beiden in Frage kommenden Kontrahenten sehr verschieden, das Resultat, die Verdrängung, kommt langsam oder schnell zustande, geht indirekt oder direkt vor sich — aber das Ende ist das gleiche.

Z. B. erstreckt sich der Einfluß von der höheren Wirtschaftsstufe auf die niedrigere bisweilen nur so weit, daß die letztere freiwillig, überzeugt, von ihrem wirtschaftlichen Tun zu dem jener fortschreitet, dem Beispiele folgt. Das wird am leichtesten geschehen, wenn die beiden Kontrahenten sich in der Wirtschaftshöhe nicht fernstehen. So nehmen die kleinasiatischen Bauern vielfach in ihrem Landbau die Gepflogenheiten der fortgeschritteneren, eingewanderten Muhadschirs an, so gehen die bisher fast nur Jagd und Tierzucht treibenden Nomaden der Kirgisensteppe zum Ackerbau über, dem Beispiele der ansässigen Russen dabei folgend.

Etwas gewaltsam wird schon die Einwirkung der höheren Wirtschaftsstufe auf die niedrigere, wenn jene durch Konkurrenz mit vollkommeneren Produkten die dieser zurückdrängt. Diese Erscheinung ist sehr verbreitet und bringt tiefgehende Veränderungen im Wirtschaftsleben hervor. So bedrängt und drängt zurück bei uns die maschinelle Industrie das Handwerk, die europäischen Industrieerzeugnisse bedrängen, drängen zurück und vernichten schließlich die Industrien der minder fortgeschrittenen Länder, wenn sie sich nicht „anzupassen" vermögen; zuerst gehen letztere an den Küsten zurück, dann an den Flüssen, und mit den Eisenbahnen dringt dieser zerstörende Einfluß ins Innere der Länder. An allen Küsten Afrikas z. B. gingen die einheimischen Industrien rapid zurück, aber auch in Syrien, Vorderindien, Hinterindien, China usw. erlag die einheimische Industrie der leistungsfähigeren europäischen. Selbst unter den Völkern, die wir zur gleichen Wirtschaftsstufe rechnen, geben Unterschiede des Fabrikates durch die Konkurrenz auf den Märkten Anlaß zur Verdrängung des weniger „Passenden". In dieser Werkkonkurrenz liegt ein Hauptantrieb für die Völker zum Fortschritt in der wirtschaftlichen Entwicklung, wie in der Anpassungskonkurrenz ein Hauptantrieb für die Tiere zur Entwicklung der Anpassungen und zur Erzeugung neuer Arten.

Bisweilen richtet sich die Verdrängungstendenz, die von der höheren Wirtschaftsstufe gegen die niedrigere besteht, auch gegen die Menschen selbst. Das eine Volk drängt das andere gewaltsam zurück (sei es auch nur durch Raub des Arbeitsertrages), oder drückt es in untergeordnete soziale Stellung hinab, oder assimiliert es durch Blutmischung, oder verdrängt es auch völlig von seiner Stelle, die dann der Sieger einnimmt, oder vernichtet auch den Kontrahenten. Ursache ist immer der Wunsch, die eigene wirtschaftliche Stellung zu verbessern. Die Beispiele für die Erscheinung sind unzählig, ob wir sie nun Raub, Krieg oder Kolonisation nennen. Je vitaler dabei das Interesse der verdrängenden Macht, und je größer die Spannung zwischen den in Frage kommenden Wirtschaftshöhen ist, desto brutaler spielt sich der Prozeß ab. So erklärt sich das rücksichtslose Vorgehen der Nordamerikaner, Australier, Argentinier, Engländer (gegen die Kaffern und Buren) gegen die „Ureinwohner" oder Eingeborenen von Ländern, die ihnen als Siedelungskolonien von ganz anderem Werte sein mußten als tropische Wirtschaftskolonien.

Alle die erwähnten Erscheinungen sind Expansionstendenzen, die von der höheren Wirtschaftsstufe gegen die niedrigere wirksam werden. Eine Einschränkung für das erkannte Gesetz ist freilich dahin zu machen, daß der Druck von der höheren zur niedrigeren Wirtschaftsstufe unwirksam werden kann, sobald die Bevölkerungsgruppe, auf die der Druck gehen soll, ihre wirtschaftliche Schwäche durch Bedürfnislosigkeit gegenüber der bedürfnisreichen höheren Stufe wettmachen kann; dann können auch tieferstehende Völker, wie die Polen mit den Deutschen, die Chinesen mit den Europäern, bis zu einem gewissen Grade konkurrieren, sich erhalten oder auch vordringen. Von diesem Gesichtspunkt aus ist zunächst „die gelbe Gefahr" zu beurteilen; ernsthafter zu nehmen wird letztere erst sein, sobald die Ostasiaten in der Wirtschaftsstufe uns gleichkommen. Auch die Menschenzahlen auf beiden Seiten sind schwere Gewichte in der Wagschale beim Ringen von Völkern verschiedener Wirtschaftsstufe.

Erscheinen uns diese Konkurrenzerscheinungen, da immer die wirtschaftlich Tüchtigen die Untüchtigeren bedrängen und daraus ein wirtschaftlicher Fortschritt der Gesamtheit resultiert, auch von einer höheren moralischen Bewertung aus, die gerade doch bei den „freigebundenen" (in W. Mitscherlichs Sinne) modernen Menschen und Völkern walten soll, als gerechtfertigt, so um so verwerflicher — bei höherer „Kultur" zumal — eine Gruppe von Erscheinungen, die als „aneignende Wirtschaft" Diebstahl, Raub, Lüge, Betrug, Würgen und Mord sanktioniert.

Bloßer Neid auf bessere Leistungen eines Nachbarvolkes, auf seine dadurch hervorgerufene Blüte, seinen Wohlstand, sein Ansehen; der Wunsch, mühelos, mit Gewalt in den Besitz eines Teiles von dessen erarbeiteten Reichtümern, von seinen mit Arbeit erschlossenen Reichtumsquellen zu kommen und es dauernd an seinem Schaffen durch Beraubung und Tributbelastung zu schädigen, können Vereinigungen (Ententen) von (zahlreichen) Völkern gleich niedriger Geschäftsgesinnung gegenüber vereinzelten Völkern entstehen lassen; vornehm denkende Völker halten sich, dem eigenen Fleiß und Können vertrauend, solchen Razzias fern. Auch kann schon der Besitz eines Volkes an Gold, Diamanten, Eisen- oder Zinkerz-, Kohlen-, Petroleum- oder Kalilagern, Zuckerrohrboden u. dgl. zu Raubzügen führen. Ein gut Teil antiker und mittelalterlicher, zum Teil auch neuzeitlicher Kriege führt auf diese schmählichen Motive zurück. Doch liefert auch die jüngste Vergangenheit für solche Weltauffassung von „Völkern der Vollkultur" unrühmlichste Beispiele.

Die oben (S. 85f.) betrachtete Erscheinung der Beeinflussung tiefstehender durch höherstehende Völker wird am frühesten unter Nachbarvölkern zu beobachten sein, so daß wir die wirtschaftliche Wichtigkeit der **Nachbarlage** erkennen. Ursprünglich hat diese in dem engen Begriff, daß Menschengruppen unmittelbar nebeneinander wohnen, für die Übertragung von Kulturerrungenschaften, Frieden und Krieg, Stetigkeit von Produktion und Verkehr, Umfang des Warenaustausches, eine ganz besondere Bedeutung gehabt, insofern, als die Bewegungsfähigkeit der Menschen und die Übertragungsmöglichkeit von Gütern und Ideen noch beschränkte waren und das wirtschaftliche und überhaupt kulturliche Leben sich im engen Kreis abspielte. Damals stieg ein Volk in schnellerem Tempo, als der eigene Genius es heben konnte, nur durch die nächsten Nachbarn auf, welche wiederum von ihren Nachbarn Beeinflussung erfuhren. Rom erstreckte seinen Einfluß auf Gallien, und Gallien wirkte dann wieder auf seine Nachbarn ein. Die skandinavischen Länder bekamen in neuerer Zeit manchen Antrieb zum wirtschaftlichen Fortschritt von Deutschland über Dänemark. Der wirtschaftliche Aufstieg bereitete sich auf diese Weise (durch Übertragung und Konkurrenz), nachbarlich, aber sehr langsam und mit der Entfernung von den Stätten der wirtschaftlichen Initiative abgeschwächt aus. Von West- und Mitteleuropa gegen den Osten Europas hin sinkt die Wirtschaftshöhe allmählich. Wo die Bedingungen der Wirtschaft unter Nachbarn sehr gleichartig sind, da verallgemeinert sich ein Fortschritt schneller als dort, wo besondere Ausnahmeverhältnisse die Gleichmäßigkeit unterbrechen. In ein Gebirge (s. S. 34 f.), in eine Sumpflandschaft (s. S. 32 und 42), in eine Wüste (s. S. 41), in einen Wald (s. S. 32f.) dringt der wirtschaftliche Fortschritt aus einem fruchtbaren Tiefland schwer ein, und diese besonderen Wirtschaftsböden, wenn weit ausgedehnt, können sogar zu Schranken für den wirtschaftlichen Fortschritt werden.

Sobald der Mensch die Flüsse und Seen, die Meere, die Ozeane beschreiten und leicht überwinden lernte (s. S. 51ff.), bekam der Begriff der Nachbarlage eine immer weitere Ausdehnung. Die Anwohner eines Flusses, eines Sees, eines Meeres, eines Ozeans (Formen des Wassers, die vorher wirksam die nachbarliche Berührung verhinderten oder erschwerten), ja des ganzen Weltmeeres, soweit es zu befahren ist, wurden zu Nachbarn. Der nachbarliche Austausch, die Übertragung von Kulturgütern und das Beispiel, die Konkurrenz und die Kolonisation, alle Erscheinungen, welche aus den Unterschieden der Wirtschaftshöhe entspringen, gehen weiter und werden schließlich international. Jetzt erst bekommt die Randlage am Meer, die Lage an schiffbaren Flüssen und Seen Bedeutung. In die fernsten Länder, auf die Inseln und Küsten und ins Innere der Kontinente, sofern Flüsse die Schiffahrt ermöglichen, dringt nun die hohe Wirtschaftsstufe, anregend und hebend durch Beispiel und Belehrung, zwingend zum Fortschritt durch die der Konkurrenz folgende Not oder auch das minder Passende und nicht Anpassungsfähige forträumend und vernichtend.

Ein weiterer Schritt zur Verallgemeinerung der Wirtschaftshöhe (auf den bezeichneten Wegen) und zur Überwindung der Schranken für eine Nachbarlage im weiteren Sinne geschah durch die Verbesserung und Beschleunigung des Landverkehrswesens, namentlich durch Erfindung und Verbreitung der Eisenbahnen. Das erweiterte auch für die ausgedehntesten Landmassen (s. S. 212 u. 215) den Begriff der Nachbarlage. So sind durch die Pazifikbahnen die die Volkskraft bergenden östlichen Vereinigten Staaten an den Großen Ozean gerückt und in gewissem Sinne Nachbarn Chinas, Japans usw. geworden. In beschränkterem Sinne wurde das europäische Rußland durch den einen Schienenstrang der sibirischen Bahn zum Nachbarn Chinas und Japans, mit welch' letzterem es sich auch sofort feindselig auseinandersetzte. Der vervollkommnete Verkehr dringt aber auch in die Gebirge und Sumpflandschaften ein, auch in die Wüsten und in die Wälder und verwandelte die örtliche Übertragung und Konkurrenz zur internationalen Erscheinung mit der Tendenz, die Wirtschaftshöhe beschränkter Landteile (Europa, Vereinigte Staaten, s. S. 89—91) auszubreiten, mit dem Zweck, den führenden Völkern aus dem gesamten Wirtschaftsleben der Welt die immer weitere Befreiung der Bedürfnisbefriedigung vom Naturzwang zu erringen. Als ungewollte Folge muß sich dann allerdings mit der Verallgemeinerung der Wirtschaftshöhe die Bedrohung und schließlich Vernichtung der Monopolstellung örtlich beschränkter Völker herausstellen. So fiel neuerdings Englands Monopolstellung durch den wirtschaftlichen Aufschwung der anderen nordwest- und mitteleuropäischen Staaten, namentlich Deutschlands; so ward Europas Monopol im Welthandel durch die Vereinigten Staaten erschüttert, und im Osten Asiens erheben sich Japan und bald wohl China und Korea zur wissenschaftlich-technischen Wirtschaftsstufe.

Damit im Zusammenhange stehen gewisse politische Erscheinungen[1]) auf der Erde, welche die vergleichende Wirtschaftsgeographie nicht übergehen kann, da sie direkt und indirekt für den Wirtschaftserfolg der einzelnen Völkergruppen von großer Bedeutung sind. Während die tiefstehenden Völker nur Anfänge von freiwilligem Zusammenschluß zeigen, daher auch die Kooperation mit gemeinschaftlichen Kräften, sei es dem Wirtschaftsboden, sei es dem nachbarlichen Konkurrenten gegenüber, schwächlich bleibt, fassen die höheren Wirtschaftsstufen immer straffer die Kräfte von Menschen, die durch natürliche Bodenverhältnisse und durch die geschichtliche Entwicklung zusammengehören, in Schicksalsgemeinschaften, Staatsverbänden zusammen: einmal können diese mit vereinten zentralisierten Kräften zur Förderung des Gemeinwohles gewisse Einwirkungen auf die Landesnatur[2]) (zur Abwendung von Schäden und zur Steigerung von Produktion und Verkehr) vornehmen und ferner können sie in dem Wettstreit der Völker, in der internationalen Konkurrenz eher den Platz daheim und auf dem Weltmarkt behaupten bzw. nach Möglichkeit erweitern. So erscheinen die Völker der höchsten Wirtschaftsstufe in machtvollen Staaten mit großen Aktionsmitteln und straffer Organisation, ja in ganzen Aktionsfeldern (s. S. 20) zusammengefaßt, denen gegenüber die Völker niedrigerer Wirtschaftsstufen wenig, die niedrigster fast nichts entgegenzusetzen haben. Spielt unter den Völkern gleicher Stufe die Zahl der Menschen schließlich die ausschlaggebende Rolle, so daß wir jedes eine Zukunft erstrebende Volk diese zu erhöhen bemüht sehen — zwischen Völkern verschiedener Stufen ist die Zahl ziemlich außer Kraft gesetzt; das kleine Japan besiegte das viel volkreichere China. Die Mächte der weißen Rasse suchen sich in allen Meeren und Kontinenten festzusetzen, um im Konkurrenzwettstreit auf den Märkten der Erde Stützpunkte zu haben, sich Bezugsquellen und Absatzmärkte zu sichern und eventuell die vervollkommnete Produktion in die Kolonialländer zu tragen und Lebensboden für das eigene Volkstum zu gewinnen. Die **Kolonisation** der Erde durch die Europäer ist eine Erscheinung der Neuzeit, gezeitigt durch die neuerlich immer schärfer werdenden Unterschiede der Wirtschaftshöhe; die höchststehenden „Weißen" drücken immer stärker gegen die tieferstehenden Völker. Da die Wirtschaftsstufen im großen und ganzen zonal von West nach Ost angeordnet sind (s. Taf. 1) und die höchste in den gemäßigten Breiten sitzt, geht von diesen der primäre Druck aus, gegen den Äquator vor allem, geringer gegen die Pole hin.[3])

[1]) Vgl. auch Joh. Wütschke, Der Kampf um den Erdball. München und Berlin 1922. Vgl. auch die „politischen Geographien" von Fr. Ratzel (1923 neubearb. von Eug. Oberhummer), A. Dix (1922), J. Bowman (1924), Otto Maull (1925).

[2]) Die Einwirkung auf die Menschennatur (Erziehung, Unterricht usw.), welche jene auf die äußere Natur erst ermöglicht, sei nur andeutungsweise erwähnt.

[3]) Natürlich sind solche Differenzen auf der ganzen Erde im kleinen schon immer vorhanden gewesen und haben zu Bewegungen der Völker geführt, aber nie werden sie in der Allgemeinheit und

Diese Erscheinung der Kolonisation[1]) der Erde durch die Europäer ist eine wirtschaftliche Tatsache, die sich im großen seit dem 15. Jahrhundert anbahnt, und die wegen ihrer Wichtigkeit für die gegenwärtige und zukünftige Wirtschaft zu besprechen ist.

Es sind von Europa aus die Länder gemäßigten Klimas (C, D) auf der Nord- und Südhalbkugel mit Menschen der höchsten Wirtschaftsstufe aufgefüllt worden. Mit den „Werkzeugen" zur Besiegung der Natur von Hause ausgerüstet, haben die Nordamerikaner und Australier, die Südafrikaner und Argentinier in wenigen Jahrzehnten die Entwicklungsstufen bis zur höchsten durchlaufen können, zu deren selbständigem Erklimmen die Europäer viele Jahrhunderte gebraucht haben. Im gemäßigten Asien und gemäßigten Südamerika ist der Prozeß des Aufstiegs noch nicht vollendet, aber im großen und ganzen kann man sagen, daß in der nördlichen und südlichen gemäßigten Zone sich Aktionsfelder[2]) (s. S. 20 u. 189 ff.) und Bänder der höchsten Wirtschaftsstufe um die Erde reihen.

Dieses Faktum scheint für die zukünftige wirtschaftliche Vereinheitlichung der Menschheit von besonderer Bedeutung zu sein; denn auf der ganzen Breite im Norden dringt nun die überlegene „weiße" Rasse, ihre Wirtschaftsstufe mit sich tragend, gegen die äquator- und polwärts gelagerten, in der Wirtschaftsstufe niedriger stehenden Völker vor, sie vernichtend, sich über sie schiebend oder sie hebend, je nach ihrer Biegsamkeit, aber auch nach den Daseinsbedingungen, die den Weißen in dem Kampffelde geboten sind. Im Süden ist der Druck weniger gut fundiert aus den Aktionszentren in den Südspitzen Amerikas, Afrikas, in Australien, aber er sieht auch äquatorwärts geringere Räume vor sich und geht meist direkt auf die Naturvölker (Wirtschaftsstufe der instinktiven Wirtschaft), während im Norden sich zwischen die Völker der wissenschaftlich-technischen Wirtschaftsstufe und die der instinktiven Wirtschaft (in der Äquatorialgegend) überall Völker auf der Wirtschaftsstufe der herkömmlich-traditionellen Wirtschaft stellen, der nachbarliche Gegensatz also nicht so stark ist. Das Resultat dieses Druckes, der Expansion der weißen Rasse, muß notwendig mit der Zeit eine sich steigernde kulturelle und wirtschaftliche Vereinheitlichung des Menschengeschlechtes werden, trotz der Naturunterschiede, welche die Erde decken, indem auch in diesem Punkt der Geist die Natur besiegt. Ob dabei die auf niedrigerer Wirtschaftsstufe stehenden Völker gehoben oder zu Knechtsdiensten herabgedrückt oder ausgemerzt werden, wer will es voraussagen!

Sichere Anzeichen für den erwähnten Prozeß sehe ich in folgendem: Die Staaten der weißen Rasse suchen sich den politischen Besitz der äquatorwärts gelegenen Länder zu sichern, die Erdteile unter sich teilend. Die Motive sind natürlich wirtschaftlicher Natur. Die Kulturstaaten der gemäßigten Zone (C, D) wollen in den anderen Klimazonen der Erde Wirtschaftsgebiete gewinnen, in welchen sie für die durch das gemäßigte Klima beschränkte Eigenproduktion eine Ergänzung in subtropischen und tropischen Produkten

---

in der Heftigkeit aufgetreten sein wie heutigestags; fehlte doch, je weiter zurück, desto mehr, der große Kraftabstand zwischen den Völkern, der erst seit der Ausbildung der wissenschaftlich-technischen Wirtschaftsstufe klafft; kamen doch früher bei dem wenig weit reichenden Verkehr auch nur Nachbarn, die in der Wirtschaftshöhe geringe Differenzen zeigen konnten, in Berührung.

[1]) Vgl. S. 86 f.

[2]) Natürlich durch die Ozeane, auch durch ungünstige Landstrecken: Gebirge, Wüsten usw., unterbrochen. Vgl. Karte 1.

finden können. An zweiter Stelle mag der Gesichtspunkt mitwirken, daß man sichere Absatzgebiete für die Industrieerzeugnisse gewinnen will. Aber nicht alle Länder sind gleich kolonienbedürftig.[1]) Manche umfassen schon von Natur Böden verschiedensten Klimas. Zu diesen begünstigten Ländern gehören, wie wir sahen (S. 21—23), in vorderster Reihe die Vereinigten Staaten, dann Argentinien, Britisch-Südafrika, der Australische Staatenbund, ferner China, Japan, in beschränkterem Sinne das Russische Reich, Chile und Brasilien, wenn man will, auch noch Frankreich (s. S. 21) und das ehemalige Österreich-Ungarn. Alle diese Länder sind viel weniger kolonienbedürftig als z. B. Deutschland oder Großbritannien oder Belgien, die ganz ausschließlich Produkte der gemäßigten Zone erzeugen und dabei eine sehr entwickelte Industrie haben. Am energischsten sind Großbritannien und die Vereinigten Staaten vorgegangen, allerdings in rücksichtslos-brutaler und oft schandbar-aneignender Weise, aber diese Staaten haben sich damit am sichersten den Bestand und die zukünftige Entwicklung begründet. Auch Rußland und Frankreich haben großen Landhunger gezeigt, Deutschland, leider zu spät geeint, hatte immerhin noch brauchbare und in Zukunft wohl wertvolle Kolonien erworben, bis heuchlerische Gier seiner wirtschaftlichen Mitbewerber sie ihm in schamloser Weise als „Mandate" entzogen hat.

Großbritannien ist in Nordamerika (Kanada) nach Süden zwar durch die Nachbarschaft der Vereinigten Staaten im Vordringen lahmgelegt, aber nach Norden schiebt es, wenn auch infolge der natürlichen Schwierigkeiten langsam, seine Wirtschaft gegen die Naturvölker und die feindliche Natur vorwärts. Seine Hauptstützpunkte auf der Südhalbkugel in gemäßigten Breiten hat es in Südafrika und Australien, in den Tropen hat es sich eine Reihe von Einflußsphären (im obigen Sinne) gesichert, deren wichtigste jetzt Indien und Ostafrika sind. „Afrika den Europäern" ist ebenso natürlich gerechtfertigt, wie „Amerika den Amerikanern". Durch Englands Neid gegenüber Deutschland begünstigt, hat Frankreich in Afrika stattlichen Landbesitz erworben; Deutschland hat ihn durch diesen Neid einstweilen verloren. Den Portugiesen will niemand zutrauen, daß sie ihr großes afrikanisches Kolonialland erhalten können. Das rührige Belgien verspürt bereits die befruchtende Verbindung mit einem Kolonialgebiet: Belgisch-Kongo.

In Mexiko dringen die Vereinigten Staaten mit ihrem Kapital mächtig vor, und die wirtschaftlichen Verhältnisse dieses Landes könnten damit einen gesunden Impuls erfahren und zur wissenschaftlich-technischen Wirtschaftsstufe hinaufführen, falls sie nicht durch „machtpolitische" Absichten des Nachbars in ihrer Entwicklung gestört würden. Unter den westindischen Inseln haben die Vereinigten Staaten die wertvollsten okkupiert, die anderen sind von ihnen zum großen Teile wirtschaftlich und politisch abhängig. Die famose Republik Panamá ist ein Machwerk der Vereinigten Staaten. Auch in Südamerika dringt amerikanisches Kapital vor, namentlich in den Staaten an der Westküste, die nach Herstellung des Panamákanals „Nachbarn" der Vereinigten Staaten zur See geworden sind. Wird diesem wirtschaftlichen Einfluß ein politischer folgen? Wird ein Gegendruck vom gemäßigten Süden aus erfolgen, werden Chile, Argentinien, Uruguay und Brasilien[2]) willens und imstande sein, gegen diesen wirtschaftlichen und möglicherweise politischen Eroberer

---

[1]) Vgl. S. 23.
[2]) Vgl. S. 22.

zusammenzuhalten, oder sollen die ganzen amerikanischen Tropen an die Vereinigten Staaten fallen? Das sind Fragen der Zukunft, aber sie werden sich aufrollen.

In Asien war die Bedrohung Großbritanniens in Indien weiter nichts als die Konsequenz der Tatsache, daß das gewichtige Rußland aus gemäßigten Breiten nach Süden drängte; dieser Druck wurde durch die Breitlagerung Hochasiens wohl behemmt und ist momentan durch die inneren Wirren Rußlands außer Kraft gesetzt, er wird sich aber wieder erneuern und kann vielleicht auf die Dauer nicht aufgehalten werden. In Südostasien begegnen sich in Zukunft in dem Expansionsstreben gegen die Tropen, da Rußlands Macht vorderhand ausgeschaltet ist, Japan und künftig wohl China mit Australien; England wird die Sorge um die Tochterkolonie Australien noch zu spüren bekommen. Die politische Einmischung der westeuropäischen Mächte in den ostasiatischen Besitzstand darf wohl nur als Episode gelten, die ihr Ende hat, sobald die dort nachbarlich interessierten Völker die wissenschaftlich-technische Wirtschaftsstufe voll erreicht haben und Südostasien zu einem Aktionszentrum ersten Ranges machen. Der hochentwickelten Union Einfluß mag in Ostasien zunächst stark bleiben, da sie durch das verbindende Meer und den Besitz der Philippinen mit zu den Nachbarn dieser sich entwickelnden Länder gehört, in höherem Grade als die entfernteren und nur auf kleinräumige Positionen sich stützenden europäischen Großmächte. Die Niederlande müssen mit Sorgen ihren Besitzstand im Malaiischen Archipel, der an sehr exponierter Stelle liegt, von der Raffgier stärkerer Nachbarn aufs schwerste bedroht sehen. Aber auch Japan wird seine politische Position infolge gewisser, in seiner Naturausstattung gelegener Machtschwächen (s. Bd. II) schwerlich behaupten können. China hat wohl durchaus die größere Zukunft. Jedenfalls dürfte sich in Südostasien die Kolonisation der Tropen zeitlich am wechselvollsten abspielen.

Zu der Klassifikation der wirtschaftenden Menschen nach Wirtschaftsstufen, welche den Abstand der Bedürfnisbefriedigung vom Naturzwang nach Ort, Zeit, Menge und Qualität zum Einteilungsprinzip nahm, oder uns die Übersicht über die Wirtschaftshöhe der verschiedenen Völker verschaffte, muß die nach Wirtschaftsformen, Wirtschaftsrichtungen und Wirtschaftszonen kommen, damit die Übersichtlichkeit über die komplizierten Wirtschaftsverhältnisse der Erde erreicht werde.

Die **Wirtschaftsformen** umschließen die verschiedenen Wege, auf denen die Wirtschaftsziele der Menschen zu erreichen sind. Menschengruppen können durch Sammeln wilder Pflanzen, durch Jagd, Fischerei, Pflanzenbau[1]), Tierzucht, Bergbau, Industrie, Handel, Transport (Verkehr), Kapitalwirtschaft und Denkarbeit die Veranstaltungen zur Bedürfnisbefriedigung vornehmen; also gibt es ebenso viele Wirtschaftsformen. Gewöhnlich sucht aber jede Menschengruppe ihre Bedürfnisbefriedigung auf mehrere Stützen zu stellen, so daß wir fast immer und mit steigender Wirtschaftshöhe immer mehr die Völker mehrere Wirtschaftsformen vereinigen sehen. Auf der höchsten Wirtschaftsstufe sehen wir sämt-

[1]) Ed. Hahn unterscheidet hier mehrere Wirtschaftsformen: Hackbau, Pflugkultur, Pflanzenbau mit künstlicher Bewässerung. Es empfiehlt sich aber wohl nicht, diese Schattierungen oder Arten des Pflanzenbaues als besondere Wirtschaftsformen aufzufassen; als Unterarten der Wirtschaftsform des Pflanzenbaues sind sie willkommen.

liche Wirtschaftsformen zugleich in Anwendung[1]), um die Bedürfnisbefriedigung allseitig zu sichern, die „Lebensgrundlage" zu verbreitern. Und umgekehrt erlaubt nur ein Land, in dem die natürlichen Vorbedingungen der Vereinigung aller Wirtschaftsformen günstig sind, dem Menschen wohl, die höchste Wirtschaftsstufe zu ersteigen.

Die geographische Verbreitung der Wirtschaftsformen[2]) zeigt eine starke Abhängigkeit von den klimatischen Verhältnissen und von der geographischen Verbreitung der Wirtschaftsstufen.

Das Sammeln wildwachsender Früchte, Wurzeln, Hölzer (ohne Forstwirtschaft) usw. und die Jagd finden sich als wesentlich für den Wirtschaftserfolg nur in der Tropen- und Subtropenzone bei Völkern niedrigerer Wirtschaftsstufe; Fischerei und Jagd als Hauptstützen der Wirtschaft treten für sich allein oder vereint in den polaren Zonen (E 10) einerseits, heißfeuchten Urwaldklimaten (A 1) andererseits hauptsächlich auf, zugleich mit der niedrigsten Wirtschaftsstufe. Die Tierzucht herrscht namentlich vor in den Steppen- und Wüstengebieten der Trockenzonen (B 3 und B 4) (Nordafrika, Hochländer um das Mittelmeer, Hochasien, westliche Hochländer Amerikas, obere Pampas Argentiniens und Patagonien, Steppen Südafrikas und Australiens). Ackerbau herrscht vor allem in den heißfeuchten Urwaldklimaten (A 1), den periodisch-trockenen Savannen- (A 2) und in den warmgemäßigten Regenklimaten (C) vor. Tierzucht und Ackerbau gleichmäßig vereint finden sich besonders in den subarktischen (D) und feuchttemperierten Klimaten (C 7) der gemäßigten Zonen. Ebenso haben Bergbau[3]), Industrie, Handel und Transport, Kapitalwirtschaft und Denkarbeit ihren Sitz besonders in den subarktischen (D) und feuchttemperierten Klimaten (C 7) der gemäßigten Zonen bei den Völkern der höchsten Wirtschaftsstufe und zeigen Neigung, mit der Ausbreitung der letzteren auch immer mehr in anderen Zonen (die Industrie in der Nähe der Rohstoffe) sich anzusiedeln.

---

Zusammengehörige Wirtschafts- bzw. Produktionsformen, wie Jagd, und Tierzucht, Fischerei und Fischzucht oder Pflanzensammeln und Pflanzenbau kann man wohl als **Wirtschaftsrichtungen** zusammenfassen, wenn gewisse zusammengehörige Wirtschaftsformen richtunggebend für die Wirtschaft eines Landes sind und ausschließlich oder vorwiegend im Vordergrund der menschlichen wirtschaftlichen Betätigung stehen, so wird man nach der geographischen Bedingtheit einer solchen Wirtschaftsrichtung fragen müssen.

---

[1]) Von den wenigst bodenständigen: Denkarbeit, Kapitalwirtschaft, Handel, Transport, Industrie, bis hinab zu den strengst bodenständigen (im Sinne von „unter dem Naturzwang stehenden"): Sammeln wildwachsender Früchte, Fischerei und Jagd. Aber letztere werden immer mehr nur Nebenstützen des Wirtschaftserfolges: auf den ersteren und auf Ackerbau und Tierzucht basiert die Wirtschaft hauptsächlich. Sammelwirtschaft bzw. aneignende Wirtschaft (s. S. 77 u. 87), wenn sie sich mit einer geringsten Aufwendung von Anstrengung und Kraft erreichen läßt, wird auch noch von höher stehenden Völkern, Menschengruppen und Menschen (Bettlern, Dieben u. dgl. bei den „Kulturvölkern") produktiver Arbeit vorgezogen, aber sie werden in diesem Kreise bei allen rechtlich denkenden Menschen mit Verachtung gestraft, und das in Faulheit oder Unrecht erworbene Gut gedeihet nicht.

[2]) Vgl. Karte 2.

[3]) Solange der Boden noch hinreichende Mineralschätze birgt. Ebenhier wird infolge des naturnotwendigen Versiegens derselben der Schritt vom Bergbau (einer Sammel- bzw. Raubwirtschaft) zur Mineralproduktion gemacht werden.

So z. B. sind unter den Naturverhältnissen der Tundrenklimate (E 10) gewisse Produktionsformen ganz oder fast unmöglich. Indem hier also einseitig nur die auf die Tiere gerichteten (Jagd, Tierzucht, Fischerei) betrieben werden, ist eine bestimmte Produktionsrichtung von der Natur erzwungen oder empfohlen worden. Im größten Teile Südostasiens hat sich infolge der die Pflanzen begünstigenden Naturverhältnisse (hohe Sommerwärme und Sommerregen, C 5, C 7, A 2) eine etwas einseitig auf die Ausnutzung der Pflanzenwelt zielende Produktionsrichtung durchgesetzt, die allerdings gleichzeitig wirtschaftliche Wurzeln hat.[1]) Das Wirtschaftsleben der Ost- und Südostasiaten sieht von der Ausnutzung der Tierwelt für die Ernährung in so weitgehendem Maße ab, daß auch eine ausgesprochene Pflanzen-Konsumtionsrichtung besteht. In den heißfeuchten tropischen Urwaldklimaten (A 1) liegen die Bedingungen für die Heranziehung von Transport- bzw. Zugtieren oft (z. B. infolge Vorkommens der Tsetse) so ungünstig, daß hier eine auf menschlichen Trägern basierende Verkehrsrichtung eingeschlagen werden muß, während in einer Flur von Inseln sich eine wassergebundene „Verkehrsrichtung" ausbilden muß. In einer Dattelpalmenoase sind wohl Datteln so ausschließlich Ausfuhr- und Salz Einfuhrgegenstand, daß sich eine ganz einseitige „Handelsrichtung" herausbilden mag.

Die Beengtheit eines Landes in der Wirtschaftsrichtung, der Zwang, nur nach einer bestimmten Richtung die Produktion auszuüben oder die Konsumtion zu gestalten oder einseitigen Handel zu treiben oder den Verkehr auf ein bestimmtes Verkehrsmittel zu beschränken, bedingt immer ein Moment wirtschaftlicher Schwäche. Ist dieser „Zwang" für die Bedürfnisbefriedigung nicht zu beseitigen, so besteht die Gefahr, daß der Aufstieg zu höherer Wirtschaftsstufe außerordentlich erschwert wird, und dieser Umstand bedingt wohl mit in erster Linie die Verbreitung der Wirtschaftsstufe. Denn jede einseitige Produktion, z. B. die Renntierzucht der Tundrenklimate (E 10), eine Monokultur[2]) wie die des Kaffees in Mittelbrasilien, die allerdings nur bis zu einem gewissen Grade von der Natur (C 5) „vorgeschrieben" ist, oder die Sardinenfischerei an der Küste der Bretagne oder die Salpeterproduktion Nordchiles (B 4) oder die Guanoproduktion der Südküste Perus usw., birgt viele Gefahren in sich, die bei einem Mißraten der betreffenden Produktion die Lebensgrundlagen der Bevölkerung bis ins Tiefste erschüttern können. Eine unsichere und zu schmale Lebensgrundlage wird aber immer zugleich die Möglichkeit der vielseitigen und fortschreitenden Erfahrungssammlung und -erhaltung in hohem Grade beeinträchtigen, die, wie wir sahen (S. 78f.), doch eben die Grundbedingungen für den Aufstieg zu höheren Wirtschaftsstufen sind. Aus diesem Grunde ist eine gewisse Armut der Ausstattung in unserer gemäßigten Zone (D, C), die die Menschen zwingt, nach allen Seiten Wege der Bedürfnisbefriedigung zu suchen, der Aufwärtsentwicklung weit zuträglicher als die reiche Ausstattung mancher Tropengegenden (A) mit wildwachsenden Früchten, Knollen, Fasern usw., die mittels der einen Wirtschaftsform des Pflanzensammelns alle Lebensbedürfnisse zu decken erlaubt und die Menschen der Entwicklung der anderen Wirtschaftsformen mehr oder weniger

---

[1]) Sie wird sogar religiös begründet oder gestützt. Die durch Natur- (Schädlinge!) wie wirtschaftliche Verhältnisse (Kleingrundbesitz!) erschwerte Tierwirtschaft hat sich nur gewissen „passendsten" Tieren (Fischen, Geflügel, Schwein) zugewandt (vgl. Bd. II).

[2]) Vgl. S. Schilder, Entwicklungstendenzen der Weltwirtschaft. 2. Bd. Naturfaktoren und soziale Vorgänge in der Weltwirtschaft; Anlagen. Berlin 1915, S. 67 ff.

enthebt, oder als die Überarmut mancher Polargegenden (E 10) oder mancher Urwaldgebiete (A 1), die nur Jagd oder Fischerei übrig lassen.[1]) Mit anderen Worten, es werden vornehmlich die extremen Klimate (mit ihren Vegetationsauswirkungen) in diese einseitigen Wirtschaftswege[2]) oder Wirtschaftsrichtungen führen, die Wüsten (B 4), die Schneeklimate (E 10), die Steppen (B 3) und die heißfeuchten Urwaldklimate (A 1), während die „Mittelgürtel" Passarges eine harmonische Vereinigung der Wirtschaftsformen begünstigen.

In den **Wirtschaftszonen** wird das Einteilungsprinzip den Objekten der Wirtschaft: bestimmten Pflanzen, Tieren usw. und dem Vorwiegen, Fehlen, Zusammentreten der verschiedenen Wirtschaftsformen zu entnehmen sein, so daß aus ihrer Darstellung ersichtlich wird, welche von den Räumen der Erde nach den dort die Wirtschaft und ihren Erfolg charakterisierenden Pflanzen, Tieren, Mineralien, Industrien usw. Übereinstimmung zeigen.

---

Die geographische Verbreitung der Wirtschaftszonen[3]) zeigt deutlichsten Zusammenhang mit den wichtigen klimatischen Zonen und Gebieten (vgl. S. 4—6). Wir unterscheiden:

I. die Wirtschaftszone der (tropischen) heißfeuchten Urwaldklimate (A 1 Köppens);
II. die Wirtschaftszone der periodisch trockenen Savannenklimate (A 2);
III. die Wirtschaftszone der Steppen- und Wüstenklimate (B 3 und B 4);
IV. die Wirtschaftszone des warmgemäßigten Klimas (C 5, C 6, C 7);
V. die Wirtschaftszone der borealen Waldklimate (D 8, D 9);
VI. Die Wirtschaftszone der Schneeklimate (E 10, F [E] 11).

**I. Die Wirtschaftszone der (tropischen) heißfeuchten Urwaldklimate (A 1)** zeichnet sich aus durch diejenigen Nutzpflanzen, die zugleich hoher und gleichmäßiger Wärme und reichlicher Feuchtigkeit der Luft und des Bodens bedürfen; 9,4% der Landfläche.

Nahrungs- und Genußmittel der Eingeborenen liefern von Getreidearten Reis, Mais, von stärkehaltigen Pflanzen Maniok, Taro, J(Y)amswurzeln, Bataten, Sagopalme, Brotfruchtbaum, Kokospalme und zahlreiche andere Früchte, Nüsse usw. tragende Palmen und Obstpflanzen stehen zur Verfügung. Besonders die Banane ist wichtig. Zuckerrohr, Kaffeebäume[4]), der Kakaobaum, die Kolanuß (in Afrika),

---

[1]) Von den psychologischen Folgen des dabei meist nötigen Nomadisierens ganz abgesehen.

[2]) Wie entsprechend in Wüsten, Steppen, Tundren, Urwäldern Pflanzen und Tiere einseitige Anpassungsrichtungen einschlagen.

[3]) Vgl. Karte 3 (nach Köppens Karte der Klimate der Erde) mit Text S. 228. Ich muß gestehen, daß ich die Heraushebung von Landbauzonen für einseitig halte; sie werden nicht der Vielseitigkeit der Produktion, und nicht einmal der der agrarischen, gerecht, sind aber als informatorische Vorarbeiten für die Erfassung der in jeder Landschaft führenden Kulturpflanze sehr willkommen; Th. H. Engelbrecht erwarb sich mit „Die Landbauzonen der außertropischen Länder" (Berlin 1899, 3 Teile; Text, Statistik, Atlas) große Verdienste, die auch seinem „Landwirtschaftlichen Atlas des Russischen Reiches in Europa und Asien" (Berlin 1916) und „Die Feldfrüchte Indiens in ihrer geographischen Verbreitung "(Hamburg 1914, Text und Atlas) in vollstem Maße zuzusprechen sind.

[4]) Kaffeebäume, auch gewisse Chinarindenbäume kommen im tropischen Tiefland vor, aber die wichtigsten Plantagen, auch die Teekulturen, liegen im warmgemäßigten Höhenklima der Tropen, das den Europäern zuträglicher ist und zudem bessere Kaffee-, Tee-, Chinarindenqualitäten hervorbringt als das Tiefland.

Kokastrauch (Südamerika, Höhenklima), Tabak geben Genußmittel. Gewürzpflanzen sind zahlreich; Pfefferrebe, Gewürznelkenbaum, Muskatnußbaum, Zimtbaum haben stellenweise Wichtigkeit. Öle werden besonders von der Kokospalme, der Ölpalme (in Afrika), Erdnüssen gewonnen. Chinarinde (Höhenklima) ist wichtiger Arzneistoff. Gespinstpflanzen für Kleidung spielen eine geringe Rolle. Baumwolle gedeiht, aber nur mäßig. Das Kleidungsbedürfnis tritt auch wenig hervor. Palmenblätter, Baststreifen, Baumrinden genügen ihm vollauf. Ebenso ist das Wohnungsbedürfnis leicht zu befriedigen, Palmblattstiele und Palmblätter, Bananenblätter und dgl., Bambus, Rotang sind leicht zugängliches Baumaterial. Hölzer aller Art sind, auch als Werkzeug- und Gerätematerial, überreich vorhanden. Die Pflanzenwirtschaft steht völlig voran. Das Sammeln von ganz oder fast ohne Pflege zuwachsenden Pflanzenstoffen steht zum Teil in vorderster Reihe der wirtschaftlichen Betätigungen. Der „Hackbau" wandert von Rodung zu Rodung.

Die Betätigung der Weißen, deren Zahl im allgemeinen wegen des ungesunden Klimas gering ist, dringt in dieser Wirtschaftszone nur langsam vor. Kakao, Bananen, Kokospalmen, Ölpalmen, Manilahanfbanane, Heveakautschukbaum, Tabak, Zimt, Tee sind die Hauptgewächse ihrer Plantagen. Nicht selten begnügen sich anfangs auch die Europäer damit, wildwachsende Pflanzenbestände auszubeuten: Kautschukbäume, Kopalbäume, Farbhölzer, Dufthölzer, harte Edelhölzer (Teakholz usw.) für Möbel u. dgl. Die Eingeborenen liefern ihnen die Arbeiter und nehmen nach europäischem Muster zum Teil an der Produktion der Plantagenerzeugnisse mit kleinen Kulturen (Kopra, Kakao, Pfeffer, Kautschuk usw.) teil.

Die Tierwirtschaft tritt sehr zurück. In der Ernährung der Eingeborenen spielen Fische und Jagdtiere öfters eine Rolle. Die Tierhaltung (Hühner, Hund, Ziegen, manchmal Schafe, Schweine) ist wenig umfangreich. Rind, und noch mehr Pferd fehlen oft ganz. Anthropophagie ist in manchen Gebieten noch verbreitet, weicht aber seit langem dem Einfluß der Weißen. Von Mineralien wird meist geringer Gebrauch gemacht. Die gewerbliche Verarbeitung der Rohstoffe benutzt primitivste Verfahren, Handel und Verkehr fehlen nicht. Letzterer ist meist Wasser- oder Trägerverkehr. Die südostasiatischen tropischen Gebiete sind den anderen wirschaftlich weit voraus.

Die Weißen suchen in dieser Wirtschaftszone neuerdings Bergbauschätze und fangen vereinzelt an, in Fabriken die Rohstoffe an Ort und Stelle zu verarbeiten. Sie bauen Eisenbahnen und Häfen, um den Transport der Produkte zur Küste und nach der gemäßigten Zone zu erleichtern.

Auf Grund der Verschiedenheit mancher Objekte der Wirtschaft in den drei an den Tropen (A 1) besonders teilnehmenden Erdteilen gelangen wir unter Berücksichtigung der charakteristischen Produktionserscheinungen zur Aufstellung von drei **Wirtschaftsgebieten:**

1. Das südasiatische Wirtschaftsgebiet (Reis, Kokos- und Sagopalme, Tee, Tabak, Muskatnuß, Gewürznelken, Zimt, Pfeffer, Guttapercha, Heveakautschuk, Gambir, Rotang, Elefant); Europäerplantagen besonders Kokospalmen, Heveakautschuk, Tabak; in Höhen Tee, Kaffee, Chinarinde.

2. Das afrikanische Wirtschaftsgebiet (charakteristisch für die Wirt-

schaft: afrikanische Ölpalme; Kolanuß; Elefant; besondere Ausdehnung der Anthropophagie[1]); Europäerplantagen: Kakao, Ölpalmen.

3. Das amerikanische Wirtschaftsgebiet (Bananen, Paránüsse, Zucker, Kakao, Tabak, Balata, Heveakautschuk, Castilloakautschuk); Europäerplantagen: Bananen, Kakao, Zuckerrohr, Tabak.

Mit der fortschreitenden Kolonisierung der Erde durch die Europäer gleichen sich durch Übertragung wichtiger Nutzpflanzen die verschiedenen Wirtschaftsgebiete der gleichen Wirtschaftszone immer mehr einander an. So ist z. B. jetzt die afrikanische Ölpalme auch auf Sumatra wichtig. Die Heveaplantagen Südostasiens haben an wirtschaftlicher Wichtigkeit jetzt weit die Produktion des amerikanischen Wirtschaftsgebietes überflügelt.

**II. Die Wirtschaftszone der periodisch trockenen Savannenklimate (A 2),** 10,5% der Landfläche umfassend. Nicht wenige Pflanzen sind dieser Zone mit der vorigen gemeinsam, und die Pflanzenwirtschaft steht im Vordergrund, da sie durch die überall eintretenden Sommerregen und eine folgende Trockenzeit (zum Reifen und Ernten) hochgradig begünstigt wird.

Die Nahrungs- und Genußmittel der Eingeborenen sind hier vielfach dieselben wie in der Wirtschaftszone der heißfeuchten Urwaldklimate, aber die Kulturen sind oft weit umfangreicher, vor allem in Südostasien, und gedeihen freudiger; doch ist bisweilen künstliche Bewässerung zur Ergänzung der natürlichen Niederschläge nötig. Von Getreidearten treten Durra (Sorghum) und Hirse (Duchn) zu Reis und Mais; Batate, bitterer Maniok, Bohnenarten sind wichtig. Zahlreiche Fruchtbäume wie Tamarinde, Arekapalme, Borassuspalme, Arengpalme, Dumpalme usw., auch Zitrusarten, geben Früchte oder Zucker, Palmwein usw.; Erdnüsse, Sesam, Rizinusstrauch liefern Öle, Cassiabaum, Pimentbaum usw. Gewürze. Baumwolle, Sisalhanf, Jute, Ramie und andere Faserpflanzen geben Material zu Kleidung und anderen Textilzwecken. Pflanzliches Wohnungsmaterial ist genug vorhanden.

Die Eingeborenen arbeiten in dieser Wirtschaftszone ebenfalls als Arbeiter in den Plantagen der Weißen, die in ihr im allgemeinen weit zahlreicher sind als in den Urwaldklimaten; es werden mit sehr gutem Erfolg und in bedeutenderen Mengen in diesen Plantagen Zucker, Kaffee, Tee, Tabak usw. erzeugt. Aber auch die Eingeborenen dieser Wirtschaftszone erzeugen viel und fortschreitend für den Weltmarkt: Reis, Ölsaaten, Kaffee, Tee, Baumwolle usw.

Die Jagd war und ist zum Teil noch für die Eingeborenen wichtige Wirtschaftsform. Die Haustiere gedeihen hier besser als in der Urwaldzone. Zu den kleinen Haustieren treten oft große Herden von unsern Rindern, die freilich vielfach unter Krankheiten (Tsetse oder Surrah, Texasfieber usw.) zu leiden haben. Zebus und Zebumischlinge, in Asien Büffel und Arbeitselefanten, kommen besser fort. Pferde sind vielfach bedroht, Esel und Maultiere sind widerstandsfähiger gegen Krankheiten und Klima. Seidenzucht gedeiht zur Not. Der Bergbau der Eingeborenen (auf Eisen, Kupfer usw.) hält sich in flacher Erde und in engen Grenzen. Handwerksmäßige Gewerbe sind besonders in Asien hochentwickelt, werden jedoch durch die europäischen Industrieprodukte bedrängt. Die Eingeborenen bemühen sich stellenweise, Fabriken zu betreiben. Der Verkehr bedient sich, in Südostasien wenigstens, fortgeschrittenerer Verkehrsmittel.

Die Weißen begehren von Produkten der Tierhaltung zum Teil und wohl in zunehmendem Maße Schlachtvieh und Fleisch, mehr Häute und Felle. Bergbauschätze werden immer mehr aufgesucht, Fabriken zur Verarbeitung der Rohstoffe angelegt. Die modernen Verkehrsmittel breiten sich aus.

Wir unterscheiden **fünf Wirtschaftsgebiete:** 1. und 2. Südasiatisches und australisches Wirtschaftsgebiet (Reis, Zucker, Ölsaaten, Arekapalme, Baumwolle); Europäerplantagen: Zucker, in Höhen Kaffee, Tee, Chinarinde. 3. Australisch-ozeanisches Wirtschaftsgebiet (sehr wenig genutzt). 4. Afrikanisches Wirtschaftsgebiet (charakteristisch: Durra, Duchn, Erdnüsse, Zuckerrohr, Baumwolle); Europäerplantagen: Zuckerrohr, Baumwolle, Sisalhanf, in Höhen Kaffee. 5. Amerikanisches Wirtschaftsgebiet (Carnaubapalme, Copaivabalsam, Mangabeira- und Manicoba-Kautschuk, Baumwolle); Europäerplantagen: in Höhen Kaffee.

**III. Die Wirtschaftszone der Steppen- und Wüstenklimate (B 3, B 4),** die nach H. Wagner 14,2 und 12,0 und mit Tibet 27,5% der Landfläche einnimmt. Die Pflanzenwirtschaft tritt im allgemeinen gegenüber der Tierwirtschaft stark zurück, am meisten in den Wüsten, wo sie nur spärliche Oasen einnimmt.

Mit künstlicher Bewässerung werden hier als Nahrungs- und Genußmittel Reis, Mais, Gerste, Weizen, Sorghum und Hirse, Zuckerrohr, Obst (Datteln, auch Orangen, Granaten, Feigen, Weintrauben usw.) gewonnen. In den Steppen können, wenn genügend Niederschlag fällt oder mit Hilfe des Dry farming oder mit künstlicher Bewässerung, unsere Getreidearten, vor allem Weizen und Gerste, unter Umständen auch Mais und Hafer, in eiweißreichen Qualitäten gezogen werden. Auch die Zuckerrübe und Zuckerrohr gedeihen hier bei Wasserbeschaffung oft sehr gut. Leinsaat ist besonders ölreich. Baumwolle für Kleidung kommt in den sommerwarmen Gebieten bei künstlicher Bewässerung sehr gut fort. Parfümeriepflanzen und Gummis sind charakteristisch.

Die Tierwirtschaft steht in den wasserärmeren Steppen und Wüstensteppen durchaus im Vordergrund. Schafe (Fettschwanzschafe, Merinoschafe), Ziegen, milcharme Rinder, stellenweise Pferde, Kamele, Lama, Alpaka (Höhensteppen) und Jagdtiere liefern Fleisch, zum Teil Milch usw., die hier Hauptnahrungsmittel zu sein pflegen, Schweine, Fische, auch Rinder treten sehr zurück. Für Kleidung kommen Wolle und Haare, Felle, Seide, auch stellenweise Federn (Strauß, Nandu) der Haus- oder Jagdtiere in Betracht; Wolle und Haare sind in nicht wenigen Gegenden auch neben Fellen Materialien des Wohnungsbaus. Der Haustiermist ist, bei dem ausgesprochenen Holz- und Kohlenmangel dieser Wirtschaftszone, getrocknet Hauptbrennmaterial. Oberflächliche Salzvorkommen sind charakteristisch, auch die Lager von Salpeter, Guano, Phosphaten erhält die Trockenheit. Lederverarbeitung ist ein bezeichnender Gewerbszweig. Handel und Verkehr müssen bei der dürftigen Natur dieser Wirtschaftszone, weite Strecken bewältigen. Karawanen von Kamelen, Maultieren, Eseln, Pferden, Lamas sind charakteristisch.

Unternehmungen der Weißen sind verhältnismäßig spärlich in diesen Gebieten. Sie befassen sich am ehesten mit Getreidebau, Schafzucht für Fleisch- und Wollgewinnung, extensiver Rinderzucht, ferner mit Baumwollbau und vor allem mit Bergbau, je nach den örtlichen Verhältnissen.

**Wirtschaftsgebiete:**

1. Nordafrikanisch-asiatisches. Charakteristisch sind in den Steppen am Nordrand und auf Hochländern Weizen, Gerste, zum Teil Halfagras[1]), Opiummohn, Baumwolle; in Tiefoasen Dattelpalme, Reis, Zuckerrohr, zum Teil Baumwolle, Südfrüchte, Rosinen. Kamele, Fettschwanz- und Wollschafe, Angoraziegen, Pferde, Seidenraupe; Salz, Salpeter, Phosphate.

2. Australisches. Ausschließlich Betriebe der Weißen: Weizen, Schafzucht; Salz.

3. Australisch-ozeanisches (Guano).

4. Südafrikanisches. Pflanzenbau wenig; Betriebe der Weißen: Wollschafe, Ziegen, Rinder, Strauße; Salz, Guano.

5. Nordamerikanisches. Ausschließlich Betriebe der Weißen: Gerste, Weizen, Reis; Zuckerrüben und Obst mit künstlicher Bewässerung; Schafe, Rinder. Datteln und Kamele, wie in 1, 2 und 4, erst im Kleinen. Salze.

6. Südamerikanisches. Betriebe von Weißen, Mischlingen und Eingeborenen: Gerste, Reis mit künstlicher Bewässerung; Zuckerrohr, Obst, Wein und Baumwolle zum Teil; Schafzucht, Guanacos, Nandu; Salze, Salpeter, Guano.

**IV.** und **V. Die Wirtschaftszonen des gemäßigten Klimas (C, D)** nehmen nach H. Wagner fast 37% der Landfläche ein (s. S. 5). Sie zerfallen in eine warmgemäßigte (IV) und eine kühlgemäßigte (V) Zone.

**IV. Die Wirtschaftszone der warmgemäßigten Regenklimate (C 5, C 6, C 7).** Sie umschließt mit der Wirtschaftszone der borealen Klimate (V), deren wertvollste Teile ihr oft benachbart sind, die wichtigsten Wirtschaftsgebiete der Erde, da sie von extrem kalten Wintern ebenso frei ist wie von sehr heißen Sommern. Hier liegen die bestbevölkerten und höchstzivilisierten Gebiete der Erde; viele der mächtigen Staaten haben hier ihre Kerngebiete. Sie teilt sich in drei deutlich unterschiedene Wirtschaftsgebiete:

1. das der warmen wintertrockenen (sommerfeuchten) Klimate (von Chinatypus, C 5), das wegen seiner befruchtenden Sommerregen zu den allerwichtigsten Erdgebieten gehört. Seine Subgebiete liegen vornehmlich an den Ostfronten der Erdteile, und zwar schließen sie sich polwärts an die tropischen Wirtschaftszonen an;

2. das der warmen sommertrockenen (winterfeuchten) Klimate (Köppens C 6); seine Subgebiete liegen fast ausschließlich an den Westfronten der Erdteile und bilden, polwärts von den Trockenzonen, von relativ geringer Ausdehnung und Wichtigkeit, den Übergang zu denen des

3. Wirtschaftsgebiets, des der feuchttemperierten Klimate (C 7).

1. **Das Wirtschaftsgebiet der warmen wintertrockenen (sommerfeuchten) Klimate (von Chinatypus, C 5).** Die reichlichen Sommerregen machen die ihm angehörenden Landflächen zu den fruchtbarsten der Erde.

Bei weitem das wichtigste Untergebiet ist:

1. **Das südostasiatische Subgebiet;** es umfaßt das eigentliche China zum größten Teil, die höheren Teile Hinterindiens und das nordindische Gebiet (vor

[1]) Seine Übertragung nach ähnlichen Lagen entsprechender Wirtschaftsgebiete scheint noch nicht versucht zu sein.

allem die Gangesniederung) und ist eine der wichtigsten Pflanzenbaulandschaften der Erde, in Zukunft ferner wegen seiner riesigen Bevölkerungsmassen, die jetzt „geweckt“ werden, das Kernland des südostasiatischen Aktionszentrums. Hier liegen die Hauptreisflächen der Erde. Weizen-, Gersten- und Flachsbau (zur Leinsaatgewinnung) kann nur im trockenen Winter betrieben werden. Hülsenfrüchte (Bohnen, Erdnüsse), Obst (Südfrüchte, Litschi, Longan), sehr viel Zuckerrohr, Jute, Opiummohn, viel Tee, auch schon Baumwolle werden hier angebaut. Die Viehzucht leidet unter Krankheiten, auch sorgen die buddhistischen Lehren für ihre Einschränkung; für die Ernährung kommt (in China) das Schwein, das in dem feuchten Lande und bei der intensiven Kleinwirtschaft genügend Abfälle usw. findet, in erster Linie in Betracht. Wassergeflügel wird durch den Reichtum an Gewässern begünstigt, ebenso die eifrig betriebene Fischerei. Die zahlreichen Zeburinder und die Büffel der Reisgebiete sind vornehmlich Arbeits- und Transporttiere; sie liefern ferner Häute. Oberflächliche Salze fehlen in dem feuchten Gebiet, Trinkwasser ist reichlich vorhanden. Der Bergbau ist im Aufschwung begriffen. Neben den einheimischen Gewerben faßte die moderne Fabrikindustrie in den Hafenplätzen Fuß. Sie ist durch Rohstoffreichtum, Kohlen und Wasserkräfte, billige Arbeiter usw. begünstigt.

2. Das australische Subgebiet scheint sich zu Rohrzucker- und Baumwollanbau zu eignen.

3. Die afrikanischen Subgebiete erheben sich als Hochländer mit gemäßigterem Klima aus der Wirtschaftszone des periodisch-trockenen Savannenklimas heraus und können im allgemeinen hier mit einbezogen werden; so auch das arabische Gebiet Jemen. Charakteristisch ist besonders der Kaffeebau.

4. Das nordamerikanische Subgebiet ist zu klein, um sich wirtschaftlich besonders von der Umgebung abzuheben. Kaffeebau ist hier wie vor allem in

5. dem südamerikanischen Subgebiet charakteristisch.

2. Das Wirtschaftsgebiet der warmen sommertrockenen (winterfeuchten) Klimate (C 6, von mediterranem Typus). Hier sind im Pflanzenbau als Nahrungs- und Genußmittel Weizen und (meist als Futter nutzbar gemacht) Gerste, Hülsenfrüchte, Gemüsearten, darunter besonders die Tomate und die Melone charakteristisch, ferner Südfrüchte und andere Obstarten (Apfelsinen, Zitronen, Feigen, Oliven, Pfirsiche und Nektarinen, Aprikosen, Mandeln, Pflaumen, Äpfel, Weinbeeren, Kastanien usw.), für die Fruchtkonservenindustrie wichtig; hervorgehoben seien als Produkte letzterer Rosinen, Korinthen, getrocknete Pflaumen. Viele von diesen Früchten gedeihen bei den Winterregen oder bei künstlicher Bewässerung und kommen sehr früh mit Frühgemüse auf nördlichere Märkte, die sie erst in späteren Jahreszeiten, wenn überhaupt, erzeugen. Zuckerrüben gedeihen, bei künstlicher Bewässerung, die in den heißen trockenen Sommern z. B. auch bei den Südfrüchten unerläßlich ist, sehr gut und werden bei hohen Erträgen und großem Zuckerreichtum angebaut. Weingetränk, vielfach alkohol- und zuckerreich, ist meist Nationalgetränk und oft Ausfuhrgegenstand. Der Ölbaum, dessen Öl die Butter ersetzt, ist charakteristisch. Faserpflanzen sind spärlich vorhanden. Baumwolle gedeiht kaum noch. Wald ist bei den dürren Sommern meist schwach vertreten außerhalb der in andere (kühlere) Klimate ragenden Gebirge, Buschwälder (Maquien) liefern mehr Brenn- als Bauholz, an dem es drum zu fehlen pflegt. Die Korkeiche,

Gerbstoffe und Parfümpflanzen sind charakteristisch. Futterpflanzen sind infolge der trockenen Sommer spärlich oder stehen nur kurze Zeit zur Verfügung. Drum sind die Verhältnisse für die Viehzucht nicht besonders günstig, sofern nicht ackerbaulich, zumal durch Anbau von Luzerne, die charakteristisch ist, Ersatz geschaffen wird. Schafzucht und Ziegenzucht haben vielfach vor der Rinderzucht, für die das benötigte saftige Futter oft fehlt, den Vorzug. Schafkäse, Schaf- und Ziegenfleisch sind beliebte Nahrungsmittel, wie Ziegen- und Schafmilch an die Stelle von Rindermilch tritt. Geflügel und Bienen gedeihen gut. Die Schafwollegewinnung für Kleidungszwecke geht selten über Lokalbedürfnisse hinaus.

Mineralien. Da die heißen trockenen Sommer der Verdunstung günstig sind, finden sich Salze oft oberflächlich, und die Steinsalzlager bleiben, an die Oberfläche tretend, wertbeständig; auch begünstigen die Sommer den Meersalinenbetrieb. Gesteinsmaterial und die in den Ebenen angehäuften Lehme, Tone geben das vor dem spärlichen vegetativen Material benutzte Baumaterial ab. Kohlen pflegen nicht häufig zu sein, eher selten. Petroleum kann, wenn irgend klimatischen Einflüssen ausgesetzt, leicht eingedickt und auf Heizbasis (Asphaltbasis) gebracht sein. Das Vorkommen von Metallerzen ist natürlich von geologischen Einflüssen und Verhältnissen bedingt.

Subgebiete sind:

1. Das südeuropäisch-nordafrikanisch-vorderasiatische Gebiet. Wir befinden uns hier auf altem Kulturboden. Unter den Pflanzen sind besonders die Korkeiche, die Zwergpalme, Gerbstoffe (Sumach, Knoppern usw.), Süßholz neben den Südfrüchten charakteristisch; sie sind erst zum Teil in die entsprechenden Untergebiete anderer Erdteile übertragen. Das Ausfuhrgeschäft nach den dichtbevölkerten Nachbarländern des feuchttemperierten Nordwest- und Mitteleuropa, die namentlich Frühgemüse, -kartoffeln und Südfrüchte, Süßweine und Trockenfrüchte (Rosinen, Korinthen) u. dgl. verlangen, ist hochentwickelt.

2. Das südaustralische Untergebiet, das von Westaustralien bis nach Victoria reicht, ist noch in der ersten Entwicklung seiner Eigenart und exportiert doch schon nach Europa.

3. Auch in dem kleinen südwestafrikanischen Untergebiet, das wie das südaustralische durch die Lage der Ernte-Jahreszeiten begünstigt wird, ist neuerdings das Ausfuhrgeschäft nach Europa in Schwung gekommen.

4. Das kalifornische Subgebiet ist die Lieferungskammer für den südfrucht- und weinarmen dichtbevölkerten atlantischen Osten der Union. Charakteristisch ist, daß hier auch die Filmindustrie der Union ihren Sitz hat. Anbau besonders zuckerreicher Rüben ist stark entwickelt.

5. Das mittelchilenische Untergebiet ist (wegen seiner von den wichtigsten Aktionszentren abgewandten oder fernen Lage) für das Auslandsgeschäft noch nicht entsprechend seinen Möglichkeiten ausgenutzt. Quillajarinde und Zuckerpalme sind Spezialitäten.

3. Das Wirtschaftsgebiet der feuchttemperierten Klimate (C 7). Gleichartige Züge der Wirtschaft ergeben sich in seinen Subgebieten besonders aus den reichlichen und zu allen Jahreszeiten fallenden Niederschlägen;

so starkes Vorwiegen, mindestens kräftige Betonung der Viehzucht, zumal der Rinderzucht, die üppiger Graswuchs und reiches Futterwachstum begünstigen, Bevorzugung des Haferbaues (gegen die polare), des Maisbaues (gegen die äquatoriale Grenze hin) usw. Im einzelnen sind die Wirtschaftsverhältnisse jedoch ziemlich verschieden. Alle Subgebiete liegen an den Ozeanen und haben hieran verkehrs- und handelsgeographische Begünstigung.

1. Das nordwesteuropäische Subgebiet. Ihm gehören die zivilisiertesten, produktivsten und dichtest bevölkerten Landschaften Europas an: Großbritannien, Belgien, die Niederlande, Dänemark ganz, Frankreich fast ganz, Deutschland zum weitaus größten Teil, die Pyrenäen-Halbinsel in der Nordhälfte; auch nördlichere Teile Italiens, Ungarns, der Balkanhalbinsel werden hierher gerechnet. Eines der zwei größten Aktionszentren der Erde fällt ungefähr mit diesem Subgebiet zusammen.

Pflanzenwirtschaft. Bei den kühlen Sommern, die besonders für die unmittelbar am Meere gelegenen Landschaften charakteristisch sind, spielt unter den Getreidearten namentlich der kühle feuchte Sommer liebende Hafer eine Rolle. Brotgetreide ist im wärmeren süd(west-)lichen Teil der stärkereiche, aber eiweißarme Weizen; in feuchteren Niederungen wird hier Mais, selbst Reis vereinzelt angebaut. Im Nordosten ist der Roggen das Brotgetreide. Gerste ist eiweißarm, also zur Malzfabrikation wohlgeeignet. Der Getreidebau leidet zum Teil unter übergroßer Nässe, kann aber infolge des milden Winters in Westeuropa außerordentlich weit nordwärts vordringen (s. S. 114). Viel Getreide muß eingeführt werden. Gemüsearten, Bohnen, Erbsen hat das Gebiet mit den anderen des feuchttemperierten Klimas gemeinsam. Eine starke Rübenzuckerproduktion ist charakteristisch. Viel Obst (Äpfel usw.), Hopfen, Wein (im südwestlichen Teil), Tabak (in fruchtbaren Ebenen) gedeihen. Vor allem ist das Gras- und Futterwachstum (einschließlich Futterrüben) durch das Klima begünstigt, und eine hervorragende Viehhaltung, die aber wie die Pflanzenwirtschaft dem Konsum nicht genügen kann, ist darauf begründet. Besonders Rind und Schwein gedeihen gut. Molkereiwesen (Milch, kondensierte Milch, Butter, Käse) gedeiht vorzüglich und ist hoch entwickelt, einige Landschaften führen sogar ihre Produkte aus. Ferner liefern Rind und Schwein, stellenweise auch Fleischschafe, Fleisch und Fett. Ziegen treten immerhin zurück. Häute und Felle, Wolle, im Süden sogar stellenweise Seide werden in Mengen gewonnen. Geflügel mit Eierproduktion spielt eine ziemliche Rolle. Bienenzucht wird gepflegt. Pferde, mehr schwere starke Zugrassen, sind neben den Rindern die Hauptarbeitstiere. Viel tierische Nahrungsmittel und Rohstoffe müssen eingeführt werden. Fischerei in den Seen und Flüssen und viel mehr noch in den Nachbarmeeren ist sehr wichtig. Die Mineralwirtschaft ist natürlich in erster Linie wie überall vom Boden abhängig, aber der Wasserreichtum gibt ihr manchen klimatischen Zug. Zum Beispiel fehlt Salz an und in der Nähe der Erdoberfläche, Wasser für Trink- und Gebrauchszwecke ist fast überall reichlich vorhanden, Wasserandrang zu den Bergbauen kostspielig zu bekämpfen. Die Mineralschätze werden von den Bewohnern (oder von den Aktionszentren aus) schon zum Teil weitgehend ausgenutzt, besonders die Steinkohlen und Braunkohlen. Die Industrie, auch durch Wasserkräfte, ferner durch Meerlage, die Bezug von Rohstoffen und Absatz von Industriewaren erleichtert, durch Wohlstand und aufnahmefähigen Binnenmarkt, vor allem durch die große Aktivität der

Bevölkerung begünstigt, ist hier wie in den angrenzenden borealen Gebieten hochentwickelt. Handel und Wandel fanden und finden hier ihre moderne Ausbildung.

2. Das ostasiatische Subgebiet. Köppen rechnet dazu die südlicheren Teile Japans und einen schmalen Streifen Ostchinas. Hier hat sich das kleine japanische Aktionszentrum herausgebildet.

3. Das australisch-neuseeländische Subgebiet. Es umfaßt die Küstengebiete der australischen Staaten Victoria und Neusüdwales und bildet hier den Kern des australischen Aktionszentrums. Es umfaßt ferner fast ganz Neuseeland und bildet das kleine neuseeländische Aktionszentrum.

4. Das ganz kleine südafrikanische Subgebiet am südlichen Küstenrande Südafrikas.

5. Das atlantisch-nordamerikanische Subgebiet, Hauptgebiet des vereinsstaatlichen Baumwollbaues, auch durch Mais-, Reis-, Zuckerrohr-, Obst- und Gemüsebau wichtig, mit namhaften Anfängen industrieller Tätigkeit (Baumwoll-, Baumwollsaatverarbeitung usw.).

6. Das pazifisch-nordamerikanische Subgebiet, in schmalem Insel- und Festlandsstreifen bis zur Halbinsel Alaska zu verfolgen. Wenig bisher besiedelt, da Ackerbauboden spärlich ist, hauptsächlich ein Land der Waldwirtschaft mit angeschlossenen Industrien, der Fischerei und des Bergbaues. Den kanadisch-vereinsstaatlichen Süden kann man zu dem kleinen pazifischen Aktionszentrum (s. unten) rechnen.

7. Ganz ähnlich schmal, auf kleinen schmalen Festlandsstreifen und gebirgiges Inselland beschränkt, ist das chilenisch-westpatagonische Subgebiet.

8. Das atlantisch-südamerikanische Subgebiet (Teile Argentiniens, Südbrasiliens, Uruguay) umschließt bedeutende wirtschaftliche Entwicklungsmöglichkeiten und macht schnelle Fortschritte.

**V. Die Wirtschaftszone der borealen (subarktischen) Waldklimate (D 8, D 9).** Sie nimmt nach H. Wagner 21,3% der Landfläche ein, ist nur auf der Nordhalbkugel vertreten und liegt zum größten Teil binnenländisch; sie macht wegen des kontinentalen Klimas und wegen der Lage in den meisten Teilen langsame Fortschritte. Nur in der Südhälfte (D 8 a, D 9 a, auch noch D 8 b und D 9 b) mit wärmeren und längeren Sommern gedeiht der Pflanzenbau zur Beschaffung der Nahrungsmittel: Weizen, Roggen, Hirse, Gerste, Hafer (oft nur als Sommergetreide zu erbauen). Hülsenfrüchte, unsere Kartoffeln, Gemüse- und Obstarten treten dazu, in den südlicheren Teilen gedeiht noch die Zuckerrübe und der Tabak. Leinsaat liefert Öl. Von Faserpflanzen ist der Flachs charakteristisch und war einst Hauptkleidungsstoff für den Sommer. Wohnbaumaterial liefert der fast überall verbreitete Wald, dessen Hölzer auch ursprünglich allgemein den bequemsten Heiz-, Hausrat-, Geräte- und Werkzeugstoff hergaben. In der wärmeren Südhälfte herrschen Misch- und Laubwälder vor. In der größeren Nordhälfte dominiert der Wald, und zwar Nadelwald, völlig. Der Pflanzenbau wird gegen Norden immer unbedeutender. Die Nadelhölzer (Fichte zumal) eignen sich zur Holzmasse- und Papierbereitung. Futtergewächse für die Haustiere, Gräser besonders, gedeihen gut. Rinder und Schweine, Ziegen und Schafe, Hühner, Gänse, Enten, Bienen geben Nahrungsmittel und Nebenprodukte mancherlei Art.

Fischerei ist für die Ernährung wichtig. Kleidungsstoffe für die meist sehr kalten Winter werden an den zahlreichen Pelzen der Pelztiere und an der Schafwolle gewonnen. Von tierischen Arbeitsgehilfen (Pferden, Rindern, Hunden) wird reichlich Gebrauch gemacht. Salz ist vielfach spärlich vorhanden, es müssen unterirdische Lager erschlossen werden; im übrigen liefert die Mineralienwirtschaft viele benötigte Stoffe, vor allem Trinkwasser, Eis, viel Torf, auch Kohle, Petroleum, Metallerze und mineralische Baustoffe aller Art. Die Flüsse sind wasserreich und, wo Gefälle vorhanden ist, sind darum reichliche Wasserkräfte zur Verfügung, am meisten dort, wo die Eiszeit ihre deutlichen Spuren hinterlassen hat (in den glazialen Abraumgebieten). Die langen harten Winter haben, vor allem in den nördlicheren Teilen der Zone, wo die Landwirtschaft ärmlichere Erträge bringt, stellenweise zu hausindustrieller Tätigkeit angeregt, die später die Grundlage zur Fabrikindustrie wurde. Der Handel hat im Vergleich zur Größe der Gebiete geringen Umfang. Die Verkehrsverhältnisse sind besonders gegen die Südränder hin, die auch am besten besiedelt sind, modern entwickelt. Die nördlicheren Gebiete sind schwer zu erschließen. Winters ist Schneebahn für den Schlittenverkehr charakteristisch.

Wirtschaftsgebiete: 1. Das der winterfeuchtkalten Klimate (Köppens D 8) mit zwei Subgebieten. 2. Das des wintertrockenkalten Klimas (Köppens D 9; nur in Nordostasien vertreten, daher hier mit dem Subgebiet 1 in der Betrachtung vereinigt.

Subgebiete von 1:

1. Das europäisch-asiatische. Im Norden ist vielfach Gerste Brotkorn, gegen Süden Roggen in breitem, doch in Sibirien zusammenschrumpfendem Streifen und am Südrande zum Teil Weizen und Mais. Viel Kartoffeln werden genossen und geben mit Getreide, Gemüse und unseren Obstarten Hauptnahrungsmittel. In dem Seeklima nahe der Ostsee gedeiht der Flachs gut und liefert in seinen Fasern einen vielgebrauchten einheimischen Kleidungsstoff, im Süden aber ölreiche Leinsaat. Weiter südlich als Flachs wird Hanf gebaut. Auch Sonnenblume und Raps haben eine gewisse Bedeutung als Öllieferanten. Der Waldreichtum ist noch sehr groß, beschränkt sich aber auf die größere Nordhälfte. Holz ist hier überall das Hauptbaumaterial; gegen die Tundra hin bedeckt der Wald mit Sümpfen fast die ganze Fläche unter Ausschluß von Kulturen, aber die langsam wachsenden Bestände sind hier nach Höhe der Bäume, Geschlossenheit und Wert geringer als in südlicheren Breiten; die besondere Härte des Holzes im Norden vermag solche Nachteile nicht wett zu machen. Fast nur die meeresnahen Gebiete im Westen sind der Sägeindustrie, der Möbel-, Holzstoff-, Papier-, Pappefabrikation erschlossen. Der größte Teil erfährt nur lokale Nutzung. In der östlichen Hälfte des Gebietes (Köppens wintertrockenkaltem Klima) scheint das Holz unter der Feuchtigkeit des Sommers etwas schwammigen Charakter anzunehmen, zumal auf feuchten, sumpfigen Böden. Futtergewächse: Gräser, Futterrüben, Klee usw. gedeihen gut, namentlich im Seeklima um die Ostsee herum und im sommerfeuchten Osten. Die Viehzucht ist in der größeren Westhälfte umfangreich, obwohl nur selten intensiv und zu kommerziellen Zwecken betrieben. In der kleineren Osthälfte treten infolge der feuchtwarmen Sommer und mangels sanitärer Maßnahmen vielfach Tierkrankheiten auf. Eine

der großen Pelzkammern der Erde liegt im mittleren und östlichen Sibirien, im Amurgebiet usw. Das russische Land ist noch sehr entwicklungsfähig. Bergbauschätze sind vor allem in dem alten östlichen Abschnitt Sibiriens zu finden, doch noch wenig erschlossen. Industrie, Handel und Verkehr sind ziemlich rückständig.

2. Das nordamerikanische Wirtschaftsgebiet. Viel jünger entwickelt, hat es in der niedrigeren Osthälfte das europäisch-asiatische entschieden überflügelt, und entsendet, obwohl relativ dünn besiedelt, aus dem südlichen Drittel bedeutende Mengen von Holzprodukten (Holz, Holzstoff, Papier, Pappe usw.) und Getreide (aus den Prärien), auch Überschüsse an tierischen Produkten: Käse, Fleisch, Butter, kondensierte Milch auf den Weltmarkt. Die Getreideproduktion der wärmeren Südhälfte wird jedoch immer mehr im Lande verbraucht. Durch eine vorzügliche Ausstattung mit Kohlen, Petroleum, Wasserkräften und Erzen ist dieses südöstliche Gebiet zugleich Aktionszentrum ersten Ranges in Industrie und Handel geworden und wird es, gut besiedelt, in zunehmendem Maße auch in der Politik. Der kordillerische Westen dieses Wirtschaftsgebietes ist vor allem produktiv an Wald- und Bergbauprodukten, steht jedoch in Ackerbau und Viehzucht, auch in Industrie, Handel und Verkehr weit hinter dem Osten zurück.

## VI. Die Wirtschaftszone der Schneeklimate (E 10 und F 11 Köppens).

Äquatorialwärts der Eiswüsten der inneren Polarregion (E 11 oder F 11), in die sich der Mensch fast nur zum Zwecke des Wal-, Robben- usw. Fanges (s. S. 65) und zum Zwecke der Fischerei (s. S. 123) mit seinen Fangschiffen wagt, durchzieht die Tundrazone (E 10) auf der Nordhalbkugel als ein mehr oder weniger breiter Gürtel Eurasiens und Nordamerikas Nordrandlandschaften.

Winters eine durch und durch gefrorene Kältewüste, taut die Tundra sommers bis zu $^1/_2$ oder 1 m Tiefe auf, aber für Pflanzenwuchs und vollends Pflanzenbau ist der erkältende Untergrund des Eisbodens feindselig. Moose und Flechten treten am Südrande auf größeren Flächen geschlossen auf, gegen Norden herrschen zunehmend steinige Einöden. Rasen ist selten, vereinzelte Kräuter und Sträucher (Moos-, Rausch-, Krähen-, Heidelbeeren) geben Sammlern einige pflanzliche Nahrung. Von Moosen und Flechten ernähren sich jedoch zahlreiche Tiere (Lemminge, Eisfüchse, Polarhasen, Schneehühner, vor allem Renntiere), die zu Fischerei und Fang von Seesäugern den armseligen, zu Nomadismus gezwungenen Paläarktikern Jagdbeute gewähren. Das Renntier haben sie auch gezähmt, und es ist auch nach Nordamerika verpflanzt (s. Bd. II), wo sonst das (ungezähmte) Karibu das Renntier ersetzt. Animalische Nahrung herrscht vor, und auch Kleidung und Wohnungsmaterial usw. wird zum großen Teil den Tieren entnommen. Man hofft sogar, von den Renntierherden Fleischzufuhr nach den Industriegebieten der gemäßigten Zone organisieren zu können. Renntier oder Hunde sind die Transporttiere. Die Kohlenschätze Spitzbergens und der Bäreninsel und andere Bergbauschätze locken neuerdings die Weißen in die öden Tundragebiete, und durch die Jugorstraße und das Karische Meer wagen sich westeuropäische Dampfer zu Handelszwecken nach der Ob- und Jenisseimündung (s. Bd. II).

# III. Die Wirtschaft.

## 1. Die wichtigsten menschlichen Bedürfnisse, die die Wirtschaft zu decken hat, und ihre Verbreitung.

Unter den Bedürfnissen des Menschen, für deren Befriedigung die Wirtschaft zu sorgen hat, scheinen die der Ernährung, Bekleidung, Behausung und Kraftverstärkung obenan zu stehen, welch' letztere wieder zumeist im Dienste der drei ersteren arbeitet.

Das dringendste aller Bedürfnisse ist das der **Ernährung.**[1]) Sie darf selbst tageweise nicht vernachlässigt werden; denn Hunger, Schwäche, Krankheit, Tod würden die Vernachlässigung schon nach kurzer Zeit bestrafen. Ein großer Teil, der größte Teil der wirtschaftlichen Verrichtungen des Menschen richtet sich darum auf die Beschaffung von Nahrungs- und Genußmitteln, deren Abgrenzung gegen die technisch wichtigen Rohstoffe nicht immer leicht zu treffen ist.[2])

Für die Deckung der Ernährungs- und Genußbedürfnisse des Körpers kommen hauptsächlich organische (pflanzliche und tierische) Naturstoffe in Betracht, aber Salz[3]), Trinkwasser[4]), Mineralwasser, Eis, manche mineralischen Chemikalien (Arzneien u. dgl.) erinnern uns daran, daß auch anorganische Naturstoffe, mineralische Stoffe, wesentlich zur Deckung dieses primären Bedürfnisses beitragen. Schließlich können auch mineralische Düngemittel, die die Steigerung der pflanzlichen Produktion bewirken, wohl hierher gesetzt werden.

Insofern als die pflanzlichen und tierischen Naturstoffe und zum Teil auch die mineralischen, die der Ernährung dienen, von geographischen, sonderlich klimatischen Verhältnissen abhängig sind, ist die Abhängigkeit des Menschen hinsichtlich des Ernährungsbedürfnisses eine geographische, nicht nur örtlich, indem gewissen Örtlichkeiten der Erde als Nahrungs- und Genußmittel geeignete Stoffe überhaupt fehlen, anderen im Überflusse eigen sind, sondern auch zeitlich, quantitativ und qualitativ.

Denn solche Nahrungsstoffe können zunächst nur in gewissen Jahreszeiten zur Verfügung stehen bzw. erzeugt werden; so bringt z. B. nur der Sommer der borealen Klimate (D) geeignete Pflanzenstoffe hervor, und wir müssen den langen Winter mit ihnen auskommen, während in der Tropenzone (A) vielfach das ganze Jahr hindurch geerntet werden kann. Oder es stehen in gewissen Gebieten zu geringe Mengen eines benötigten Nahrungsstoffes zur Nutzung, den andere Gegenden im Überfluß haben. So tritt Salz in den Trockenklimaten (B) an der Erdoberfläche in Mengen auf, während feuchte Klimate (C 7, A 1) seiner ganz oder fast ganz entbehren und in der Tiefe schürfen müssen. Die Kartoffel ist in Deutschland stärke-

[1]) Vgl. J. Russell Smith, The world's food resources. New York 1919.

[2]) Ich rechne hierhin auch die Arzneistoffe, Ölstoffe und ätherischen Öle, die zum Teil zugleich technischen Zwecken dienen. Auch Futterstoffe für die Haustiere sind in dieser Gruppe schon enthalten (vgl. S. 102).

[3]) Der Eskimo hat Widerwillen gegen Salz, und es wird mit wachsender Fleischzufuhr immer überflüssiger. Im Tropenklima scheint umgekehrt der Salzmangel (s. S. 155f.) Gier nach Fleisch hervorzurufen.

[4]) Vgl. Arth. Haberlandt, Die Trinkwasserversorgung primitiver Völker mit besonderer Berücksichtigung der Trockengebiete der Erde. Gotha 1912 (Erg.-H. 174 zu „Petermanns Mitteilungen").

reich und schmackhaft; im feuchttemperierten Klima (C 7 b) Norwegens oder Westpatagoniens (C 7 b), auch im sommertrockenen Mediterranklima Italiens (C 6) ist sie minderwertig; der südrussische Weizen (in D 8 b und besonders in B 3) ist eiweißreicher als der englische (in C 7 b), der dafür mehr Stärke enthält.

Diese geographische Abhängigkeit unseres Ernährungsbedürfnisses ist durch mancherlei menschliche Einrichtungen und Erfindungen zu mildern, am wirksamsten durch die internationale Arbeitsteilung und den Austausch im Welthandel; beseitigt ist sie, selbst für die Länder der wissenschaftlich-technischen Wirtschaftsstufe, die Aktionszentren für jeglichen Fortschritt, keineswegs.

Das Bestreben, die Prozesse in den Pflanzen, mittels deren sie aus dem Mineralboden Stoffe aufnehmen und in organische Substanzen verwandeln, aufzuklären und, was sich in der pflanzlichen Zelle gestaltet, in der chemischen Retorte nachzuahmen, d. h. Nahrungsstoffe (Stärke, Fett, Eiweiß, Vitamine usw.) künstlich zu erzeugen, ist wohl noch weit vom Ziele entfernt.[1]) Die Lösung dieses Problems würde aber die geographische Abhängigkeit des menschlichen Ernährungsbedürfnisses beseitigen und die Krönung des immer regen menschlichen Strebens nach „Abstand von dem Naturzwang" bedeuten; denn man könnte danach überall (cum grano salis), jederzeit, in nahezu beliebigen Mengen, in rationellen Qualitäten (?) Nahrungsstoffe erzeugen.

Nahrung braucht der Mensch überall, aber es scheint[2]), daß je nach dem Klima und den damit zusammenhängenden Wirtschaftsrichtungen (s. S. 93ff.) die Anforderungen an die Ernährung wechseln.

In der pflanzenarmen Tundrenzone (E 10) muß tierische Nahrung gewählt werden[3]), aber es scheint auch, als wäre eine reichliche, voluminöse[4]), fettreiche, wärmeerzeugende Nahrung, wie sie besonders in dem Tran der Robben, Wale usw. zur Verfügung steht, naturgemäß. In der borealen Zone (D) ist weder die Pflanzennahrung noch der tierische Nährstoff je für sich so reichlich zu beschaffen, daß größere Menschenmengen sorgenlos sich auf die eine oder die andere Ernährungsweise stützen könnten. Eine Vereinigung beider organischer Stoffgruppen auf den Speisezettel ist geboten, wobei im Sommer mehr die vegetabilische, während des Winters die tierische Nahrung in den Vordergrund treten mag, entsprechend den natürlichen Produktionsbedingungen, und in der kalten Jahreszeit größere Nahrungsmengen beansprucht werden als in der warmen. In den warmgemäßigten Gebieten (C) liegen die Ernährungsverhältnisse ziemlich verschieden.

Im feuchttemperierten Klima (C 7) herrscht wohl im ganzen von Natur die tierische Nahrung vor, da wegen der Seelage Viehzucht und Fischerei vor dem Pflanzenbau, der zumal in dem nordischen Anteil weniger gut gedeiht, begünstigt sind.[5])

---

[1]) Im September 1924 ging eine Notiz durch die Zeitungen, nach der es einem amerikanischen Gelehrten gelungen ist, auf chemischem Wege, aus Sauerstoff, Wasserstoff und Kohlenstoff, Zucker zu erzeugen (vgl. S. 20).

[2]) Wissenschaftlich begründete Feststellungen darüber sind mir nicht bekannt.

[3]) Auch in Tibet.

[4]) Nach Stefansson ist das wirksamste Abwehrmittel gegen die Kälte reichliche Nahrungsaufnahme an sich.

[5]) Vgl. besonders Norwegen, Großbritannien, Nordwestfrankreich, Nordwestspanien, die pazifische Küste Nordamerikas, Westpatagonien und Südchile, Neuseeland. Japan, Korea machen freilich

Im sommertrockenen (mediterranen) Klima (C 6) sind die Futterverhältnisse für die Haustiere etwas schwierig (s. S. 101), so daß die Fischereiergebnisse schätzbar werden; aber vegetabilische Nahrung herrscht trotzdem vor.

Im wintertrockenen Klima (von Chinatypus; C 5) wird ganz vorwiegend vegetabilische Nahrung aufgenommen, da Sommerhitze und -regen das Pflanzenwachstum ebensosehr begünstigen, wie sie den Haustieren vielfach nicht recht bekömmlich sind; immerhin geben sie ihren Anteil zur Ernährung.

Die benötigten (Gewichts-) Mengen an Nahrung dürften in den feuchttemperierten Klimaten, da meist in konzentrierter Form (Fleisch usw.) eingenommen, kleiner sein als in den vegetative Nahrung bevorzugenden[1]); die Nährstoffmengen jener jedoch werden wohl die dieser übersteigen.

In der Tropenzone (A) endlich herrscht wohl allgemein die pflanzliche Nahrung vor, mehr ausgesprochen (mancherorts schon fast ausschließlich) in der heißfeuchten Urwaldzone (A 1), weniger in der periodisch trockenen Savannenzone (A 2). Die Ansprüche an Stärke, Eiweiß und besonders Fett dürften hinsichtlich der Menge hinter denen kühlerer Klimate zurückstehen.

In der Trockenzone (B) herrscht nur in den Oasen pflanzliche Nahrung vor, im übrigen allgemein die tierische. Die schwierige Lebensmittelbeschaffung scheint eine Bescheidung auf das Notwendigste herbeigeführt zu haben.

Daß die einzelnen Nahrungsmittel, ob in der Form von Roggen- oder Weizenbrot, Kartoffeln oder Bataten, Rind- oder Hammelfleisch usw. genossen, ihrerseits wiederum geographischen Bedingtheiten unterliegen, werden die Abschnitte über Pflanzen und Tiere (S. 113ff.) und eingehender der spezielle Teil des Buches lehren.

Für das **Kleidungsbedürfnis** kommen viel ausschließlicher als für die Ernährung organische Stoffe zur Verwendung, pflanzliche und (oder) tierische. Nur etwa die spärliche Verwendung von Asbest, von kleinen Zutaten (Ösen, Haken, Knöpfen, Schuhnägeln u. dgl.) aus Eisen, von Schmuck (Gold, Silber, Diamanten, andere Edelsteine) führt auf das Mineralreich zurück.

Im Tundrenklima (E 10) kommen (fast) ausschließlich, im borealen Klima (D) wohl vorherrschend im Winter tierische Stoffe in Betracht, sommers aber in letzterem mehr pflanzliche wegen der hohen Sommertemperaturen.

Unter den warmgemäßigten Klimaten (C) mag das feuchttemperierte (C 7) mit seinen kühlen Sommern wohl mehr die wärmeren tierischen Rohstoffe für Kleidung empfehlen (Wolle), während in dem sommertrockenen (mediterranen, C 6) und im wintertrockenen Klima (C 5) sommers unbedingt leichtere pflanzliche (oder Seiden-) Stoffe Erfordernis sein werden. Das durch meist starke tägliche und jährliche Temperaturschwankungen charakterisierte Klima der Trockenzone (B) wird mehr die (überdies reichlich vorkommenden) warmen tierischen als pflanzliche Rohstoffe (die rar sind) anraten. In der Tropenzone (A) werden pflanzliche Kleidungs-

---

eine entschiedene Ausnahme; in der südöstlichen Union und in Argentinien, die durch Länge der Vegetationszeit und Bodenformen auch dem Pflanzenbau besonders günstig sind, behauptet sich letzterer wohl mindestens als gleichwertiger Nahrungsspender neben der Tierzucht. Vgl. Bd. II.

[1]) Nicht zu vergessen ist, daß die verschiedenen (durchschnittlichen) Körpergrößen der Völker Unterschiede der Nahrungsaufnahme bedingen; der kleine Japaner oder Chinese braucht weniger als der große Nordeuropäer. Umgekehrt wächst der sich besser ernährende Norditaliener zu stattlicherer Größe auf als der Süditaliener.

stoffe um so mehr (wegen der Wärmeverhältnisse) bevorzugt werden, als tierische nur wenig, zum Teil fast gar nicht verfügbar sind.

Daß in den Gebieten mit starken täglichen Temperaturschwankungen auch innerhalb eines Tages verschiedene Kleidung in Betracht kommen kann, sei hier nur angedeutet (s. Bd. II).

Die Intensität des Bedürfnisses, sich zu kleiden, ist selbstverständlich von den Klimaverhältnissen bestimmt und ebenso teilweise die Menge der zu verwendenden Kleidung, auch ihre Art und Form usw.

Immer kalte oder kühle Klimate (D 8 bis F 11) verlangen unbedingt Kleidung, und zwar in größeren Mengen, in mehreren Schichten etwa und in großer Geschlossenheit, von größerem Gewicht usw.

In der gemäßigten Zone (C und D) bedingt der Wechsel der Jahreszeiten und event. Tageszeiten einen Wechsel. Winters ist die Kleidung notwendiger, unentbehrlicher als z. B. sommers[1]), und die Gewichtsmenge, Schichtenzahl usw. schrumpfen in der warmen Jahreszeit zusammen. In den borealen Klimagebieten (D) werden Gummischuhe, Schneeschuhe, event. Schneebrille u. dgl. fast unentbehrlich sein, im feuchttemperierten Klima (C 7) der Regenschirm, der Regenmantel das Jahr hindurch, im sommertrockenen (C 6) der Sonnenschirm und der breitrandige Strohhut u. dgl. sommers, im wintertrockenen (C 5) der Regenschirm und -mantel sommers. Vielfach schrumpfen im warmgemäßigten Klima (C) die notwendigen Kleidungsstücke, mit denen borealer Klimate (D) verglichen, schon deutlich zusammen. In der Trockenzone (B) macht sich Kopfschutz gegen Sonnenhitze und Sandstürme notwendig. Im tropischen Klima (A) drückt das Bekleidungsbedürfnis wenig; es werden geringe Mengen leichter Kleidungsstoffe dem Klima entsprechen, nicht selten fehlt Kleidung fast ganz bei den Eingeborenen, aber auch die Europäer kleiden sich ganz leicht, und bei geringsten jahreszeitlichen Temperaturschwankungen genügt wohl ein Habitus der Kleidung für das ganze Jahr. So bieten sich starke zonale und gebietweise, natürlich auch höhenregionale (s. Bd. II) Unterschiede dar, die in den verschiedenen Klimaten die verschiedensten wirtschaftlichen Verrichtungen zugunsten der Bekleidung bedingen.

Daß im einzelnen wiederum die verschiedenen Rohstoffe für die Kleidung, ob Pelz oder Wolle, Leder oder Fischhaut oder Federn, Baumwolle oder Flachs usw., Unterschiede hervorrufen, die geographisch bedingt sind, sei hier im Hinblick auf den speziellen Teil nur kurz erwähnt.

Das **Wohnungsbedürfnis** wird in den pflanzenreichen Klimazonen (A 1, C 5, C 7; auch in den borealen Klimaten D 8, D 9), meist durch pflanzliche (Holz, Rinde, Blätter usw.), in der Trockenzone (B) durch tierische (Wolle, [Zeltstoffe], Haare, Filz, Leder) Stoffe gedeckt, in der Trockenzone (B) und in der Tundrenzone (E) auch durch Mineralstoffe, in letzterer z. T. durch Schnee. Aber wegen der geringen Dauerhaftigkeit, besonders der Pflanzenstoffe, werden die organischen Baustoffe im ganzen fortschreitend durch mineralische Stoffe (Steine, Ton, Lehm, Eisen, Eisenbeton usw.) ersetzt; auch für Hausrat, Heizung und Beleuchtung spielen Mineralien weithin zurzeit eine erste Rolle.

---

[1]) Hut, Schuhe, Handschuhe, Unterkleidung, Mantel usw. werden eventuell entbehrlich. Strohhut ersetzt Filzhut

Im übrigen nehmen die Wohnungen auch in hohem Grade in ihrer Bauart, Festigkeit, mit Tür- und Fensteröffnungen, Dächern usw. auf klimatische und Bodenverhältnisse Rücksicht, und die wirtschaftlichen Verrichtungen, die ihre Herstellung zum Ziele haben, sind darum nach Material und Form (im weitesten Sinne) der Wohnungen einer weitgehenden Abhängigkeit von geographischen Bedingungen unterworfen. Z. B. erfordern die kalten Winter der Tundren (E) und der borealen Zone (D) möglichst geschlossene Wohnungen, während schon in den warmgemäßigten Klimagebieten (C), vor allem dann in der Tropenzone (A) die Öffnung der Wohnung gegen Luft Prinzip wird. Der spezielle Teil des Buches wird Beispiele bringen.

Daß auch Heizungs- und Beleuchtungsverbrauch[1]) von den Klimaverhältnissen, der Länge und Härte der Winter, Dauer der Nächte usw., abhängig sind, sei nur kurz erwähnt.

Zu den drei großen primären Bedürfnissen der Ernährung, Bekleidung und Behausung kommt als viertes besonders wichtiges selbstgesetztes Bedürfnis des Menschen, das ihn von den Tieren scheidet, das, **seine schwache Kraft außerkörperlich zu verstärken,** bzw. Kraftausgabe zu ersparen. Diesem Bedürfnis dienen die Arbeitshelfer aus der Tierwelt: Lasttiere, Zugtiere, Reittiere, die er heranzieht, dienen ferner die kraftverstärkenden und -ersparenden Werkzeuge und Maschinen, die er zur Herstellung und Verbesserung der Nahrung, Kleidung, Wohnung usw. und zu Transporten herrichtet und verwendet.

Sie bestehen in pflanzenreichen (Wald-) Gebieten aus Holz u. dgl., in pflanzenarmen (Tundren, Steppen, Wüsten) aus tierischen Stoffen (Knochen, Sehnen, Häuten usw.), von Anbeginn aber auch aus mit feinem Instinkt herangezogenen, mineralischen Stoffen: Steinen, dann Metallen; letztere überwiegen jetzt infolge ihrer Vorzüge völlig, und man fand immer neue zu den altgebrauchten: Kupfer, Zinn, Eisen usw. hinzu.

In diese Gruppe gehören aber auch alle wirtschaftlichen Veranstaltungen zur Erwerbung und Erhaltung von Erfahrungen (Papier, Buchdruckerei, Malerei, Filme usw.) sowie die Ausnutzung der Naturkräfte (Feuer, Wärme, Dampf, Windkraft, hydraulische Druckkraft, Wasserkraft, Elektrizität usw.).

Namentlich diese „Werkzeuge“ im weitesten Sinne, die die ganze geistige Entwicklung zugunsten der Zivilisation in sich bergen (s. S. 80f.), und die Maschinen sind von den Weißen der großen und kleinen Aktionszentren, von der höchsten Wirtschaftsstufe der wissenschaftlich-technischen Wirtschaft ausgegangen oder wenigstens kunstvollst ausgebildet und bezeichnen sie (S. Passarge: Länder der Maschinenkultur).

Wenn wir uns jetzt den organischen und anorganischen Erzeugnissen der Wirtschaft zuwenden, die für die Befriedigung der erwähnten Haupt- (und vieler Neben-) Bedürfnisse bestimmt sind, so ist zu betonen

---

[1]) Man schätzt, daß in Großbritannien 18,5%, in der Union 13,6%, in Italien 5% des Kohlenverbrauchs in den Hausbrand eingehen. Interessanter als diese Durchschnittsverbrauche wäre der Konsum der einzelnen Landschaften. Hier gibt es für die physische Anthropogeographie noch viel zu tun.

daß sie nicht überall in beliebigen Jahreszeiten, Mengen und Qualitäten erzeugt werden, wie die Naturverhältnisse es ermöglichen würden, oder der Wunsch und das Können der Menschen sie hervorrufen möchte, sondern daß hier die **örtliche Arbeitsteilung**, die allmählich und immer noch mehr eine **internationale** wird, die Möglichkeiten der Erzeugung reguliert. Grundbedingung für sie ist die Vervollkommnung und Verbilligung des binnenländischen und maritimen Verkehrswesens.

Die örtliche Arbeitsteilung besteht darin, daß eine wirtschaftliche Leistung, und zwar die Bedürfnisbefriedigung einer Bevölkerungsgruppe, von deren Wohnorte, dem sie bis dahin oblag, auf mehrere Orte der Erde geteilt übertragen wird, dergestalt, daß jeder der letzteren fürderhin nur einen differenten Teil der seitherig an dem einen Orte benötigten Gesamtarbeit für jene Bevölkerungsgruppe verrichtet. Z. B. wurden an einem Orte *A* Getreide, Südfrüchte, Wein, Baumwolle, Rinderprodukte, Schafwolle erzeugt. Es war der Ort aber durch Natur und Bevölkerung nur für die Erzeugung von Südfrüchten und Wein besonders geeignet. So bewirkt die örtliche Arbeitsteilung, welche sich allmählich durch die Konkurrenz von Erzeugnissen auf den Märkten und durch die wählende Vernunft der Menschen durchsetzt, daß dieser Ort *A* nur noch Südfrüchte und Wein pflegt, während Orte *B* die Rinderzucht, Orte *C* die Schafzucht, Orte *D* den Anbau von Getreide, Orte *E* den von Baumwolle übernehmen. Das ist das Gesetz in seiner schärfsten Form.[1]) Es braucht die Bevölkerungsgruppe in *A* deswegen nun nicht der nicht mehr gepflegten Erzeugnisse zu entbehren, sondern kann sie und noch beliebige andere Produkte entferntester Gegenden gegen die eigenen Erzeugnisse eintauschen; ihre Bedürfnisbefriedigung ist somit nicht mehr örtlich gebunden, sondern kann sich aus der ganzen Welt bewirken. Diese örtliche Arbeitsteilung ist natürlich schon auf den tieferen Wirtschaftsstufen vorhanden, aber sie vollzieht sich im engeren Rahmen, auf der Wirtschaftsstufe der traditionellen Wirtschaft in dem der Volkswirtschaft; auf der Wirtschaftsstufe der wissenschaftlich-technischen Wirtschaft aber treten allmählich alle Orte der Erde in einen wechselseitigen Austausch nach dem Gesetz, daß jeder Ort vorwiegend das zum Austausch[2]) erzeugt, zu dem er sich durch seine Ausstattung (Natur und Mensch) am besten eignet. Die auf diese Weise über die Erde hin allmählich sich verbreitende Konkurrenz in der Produktion für den „Weltmarkt“ ist ein außerordentlich wichtiger Faktor geworden für den Fortschritt. Überall konkurrieren Völker der höchsten oder hoher Wirtschaftsstufen immer mehr auf den Märkten der rückständigen und zwingen diese, sie in Not versetzend, zur Anpassung in der

---

[1]) Nach Herm. Levy, Die Grundlagen der Weltwirtschaft, Leipzig u. Berlin 1924, S. 39, hat auch die örtliche Auseinanderlegung der Erzeugungsstadien zweierlei zur Voraussetzung:

1. Daß an irgendwelchen Stätten der Welt die Erzeugung der Rohstoffe oder von Teilen der Produktion billiger ist als anderen oder daß bestimmte Erzeugungen an bestimmte Stätten gebunden sind, wie etwa irgendwelche Naturschätze an ihre besonderen Vorkommen in bestimmten Gebieten, tropische Erzeugnisse an die Eigenart des Klimas, die Herstellung bestimmter Fabrikate an das Vorhandensein eines traditionell geschulten Arbeiterstammes.

2. Daß die Transportkosten derart sind, daß es möglich wird, die Güter ganz oder in ihren einzelnen Produktionsteilen dort zu erzeugen, wo sie am billigsten erzeugt werden können, und nicht dort, wo sie dem Konsum am nächsten liegen.

[2]) Daneben wird jede Gegend nach Möglichkeit ihren Bedarf am Orte produzieren, sofern das Produkt billiger zu stehen kommt als bei Bezug vom Auslande.

Wirtschaft, zum Fortschritt, der der örtlichen Arbeitsteilung wiederum zugute kommt.

Örtlich wird sich dabei die differente Arbeit besonders nach den klimatischen Zonen sondern, da durch sie heute in erster Linie die Unterschiede in den Gegenständen der Produktion hervorgebracht werden. Ferner wird sich zeitlich die differente Arbeit ebenfalls nach den klimatischen Zonen sondern, da dasselbe Produkt aus einer Zone viel früher in den Handel gebracht werden kann als aus einer anderen (vgl. Frühkartoffeln aus den Mittelmeerländern und Kartoffeln des nördlicheren Europas); vor allem wird sie sich zeitlich nach den beiden Halbkugeln sondern, indem auf der einen gerade geerntet wird, wenn die andere Winter hat.[1])

Durch diese Verhältnisse, welche geeignet sind, die Bedürfnisbefriedigung der Völker in hohem Grade mit von dem Naturzwang nach Ort und Zeit zu befreien, wird eine Tendenz zum nordsüdlichen Verkehr hervorgebracht.

Von größter Wichtigkeit sind aber in der Bedürfnisbefriedigung Quantität und Qualität der Erzeugnisse. Beide müssen natürlich durch die örtliche Arbeitsteilung, ebenso wie durch die „persönliche", außerordentlich gewinnen, wie nicht weiter ausgeführt zu werden braucht.

Am meisten und besten wird produziert, wo die Wirtschaftsstufe hoch ist, und zwar immer über die Grenze des Notwendigen hinaus (Fürsorge). Das bedeutet, daß diese Örtlichkeiten Zentren starken Angebotes sein können. Es herrscht aber auch an ihnen bei der stetigen Weiterentwicklung der Bedürfnisse und der hohen Volkszahl (s. unten) meist eine starke Nachfrage nach Stoffen, die dort selbst nicht oder nicht in genügenden Mengen oder nicht in der gewünschten Art produziert werden können. Mit anderen Worten, die Gebiete hoher Wirtschaftsstufen sind die Herde, **die Aktionszentren,** der Produktion für den Austausch und somit des Verkehrs; von ihnen aus und entsprechend nach ihnen hin gehen die ausgleichenden Verkehrsströme, für die sie selbst die Fahrzeuge und Wege schaffen und die ihnen wieder ein Mittel zur wirtschaftlichen Weiterentwicklung werden. Die Völker der höchsten Wirtschaftsstufe, Großbritannien, die Vereinigten Staaten, Frankreich, Deutschland, Belgien und Holland usw., sind darum die wichtigen Handels- und Schiffahrtsmächte der Welt, aber auch die Besitzer starker Kriegsflotten zum Schutze des Seehandels, die Heger regen Binnenverkehrs mit Hilfe eines dichten Eisenbahnnetzes und Benutzung von Wasserwegen unter dem Schutze eines starken Landheeres.

Damit ist dem Verkehr eine Richtung von — zu den Ländern der höchsten Wirtschaftsstufe gegeben, und zwar gehen von ihnen aus vor allem Industrieprodukte, die die niederer Wirtschaftsstufen aus dem Felde schlagen, und nach ihnen hin Rohstoffe für die Industrie und Nahrungsmittel für ihre industrielle Bevölkerung.

Aus der Koinzidenz jener ersten durch die zonale örtliche Arbeitsteilung hervorgerufenen (mehr stabilen) und dieser zweiten, aus der Wirtschaftsstufe stammenden (mehr labilen) Richtungstendenz des Verkehrs ergibt sich das jezeitige Verkehrsbild.

---

[1]) In Kühlräumen von Dampfern gehen vom Kapland schon im Februar und März Pfirsiche, Pflaumen usw. als Frühobst nach England; auch Argentinien und Australien entsenden bereits in unserem Spätwinter, wenn bei uns die Vorräte zur Neige gehen, Obst nach Europa (vgl. auch Bd. II).

## 2. Die Pflanzenwirtschaft.[1])

Das Sammeln pflanzlicher Stoffe und der Pflanzenbau, der aus jenem hervorging und sich allmählich an seine Stelle setzte, waren schon kurz erwähnt (S. 71), und auch die Zonen und Gebiete ihrer größten Begünstigung namhaft gemacht. Die Betrachtung der Produktions- (im weiteren Sinne Wirtschafts-) Zonen und -Gebiete in engem Anschluß an die Klimazonen und -gebiete zeigte uns in der Verteilung bestimmter wichtiger Nutzpflanzen auf sie (s. S. 95ff.), die ausschließlich oder unter gewissen Optimalbedingungen in ihnen vorkamen oder nach dem Gesetz der internationalen Arbeitsteilung ihnen zufielen und sie charakterisierten, während sie in Nachbarzonen bzw. -gebieten fehlten oder an Wichtigkeit zurücktraten, bereits Grundzüge der Pflanzenwirtschaft, die hier nun im einzelnen noch etwas weiter durchgeführt werden sollen.

Die räumliche, flächenmäßige Ausbreitung des Pflanzenbaus ist bisher zahlenmäßig nicht genau festzustellen, scheint aber erstaunlich gering zu sein. Ich schätze die Anbaufläche der Erde auf etwa 7 Mill. qkm, d. h. gegen 5% der Landfläche.[2])

Die Anbauflächen liegen zum weitaus größten Teil in den gemäßigten Klimazonen (C und D) und hier wiederum hauptsächlich in den Gebieten des feuchttemperierten Klimas (C 7) mit den Nachbarländereien der borealen Klimagebiete (D 8, 9) und der beiden benachbarten halbariden Steppengebiete (B 3); ferner sind die wintertrockenen (sommerfeuchten) Klimagebiete (von Chinatypus; C 5) durch reichen Pflanzenbau ausgezeichnet. Auch die sommertrockenen Klimagebiete (von mediterranem Typus; C 6) sind nicht ungünstig. In den nördlicheren größeren Teilen der borealen Klimazone (D)[3]) und in ausgeprägten Steppen- und Wüstengebieten (B 3 und B 4) nimmt der Pflanzenbau bisher sehr kleine Flächen ein. In den periodisch trockenen Savannenklimaten (A 2) ist der Pflanzenbau von einer gewissen Ausdehnung, in den heißfeuchten Urwaldklimaten (A 1) jedoch meist recht gering, wenn auch durch das Eingreifen der Europäer im Fortschritt begriffen.[4]) Überhaupt ist die tatsächliche Verbreitung der Anbauflächen weit mehr Produkt des menschlichen Faktors als der Naturverhältnisse, deren Gunst erst der Mensch auslösen muß. Die Aktionszentren (-felder) sind auch die Hauptanbaugebiete.

### I. Die Pflanzenwirtschaft der gemäßigten Klimazone (C und D).

#### a) Die Nahrungs- und Genußmittel liefernden Pflanzen.

[1]) V. C. Finch u. O. E. Baker, Geography of the World's Agriculture. Washington 1914. — J. Russell Smith, The World's Food Resources. New York 1919. — H. Semler, Die tropische Agrikultur. Bd. I—IV, 2. Aufl. von R. Hindorf, Wismar, seit 1897; 3. Aufl. seit 1914. — M. Fesca, Der Pflanzenbau in den Tropen und Subtropen. 3 Bde. Berlin seit 1904. — L. Reinhardt, Kulturgeschichte der Nutzpflanzen. 2 Bde., München 1911. — Vgl. auch Andree, Geogr. d. Wh., Bd. IV, S. 35—279. — Walth. Schmidt, Geographie der Welthandelsgüter, II, Breslau 1925 (Jederm. Bücherei).

[2]) Ballod schätzt, wie ich A. Pencks Abhandlung entnehme, die anbaufähige Fläche der Erde zu 55,6 Mill. qkm (= 37% der Landfläche), wovon 28 Mill. qkm (= 19%) Ackerland sein könnten.

[3]) Köppens (D 8 c), wo nur 1—4 Monate mehr als 10° C auftreten.

[4]) Und sehr aussichtsvoll.

Für die **gemäßigte Klimazone** (s. S. 99ff.) sind die **Getreidegräser**[1]) Roggen, Hafer, Weizen, Gerste, Mais und Reis von Wichtigkeit geworden als Nahrungsmittel der Menschen, Futtermittel der Haustiere und als Rohstoffe für technische Zwecke. Sie sind die weitaus wichtigsten Nutzpflanzen der Pflanzenwirtschaft überhaupt und nehmen wohl um 60⁰/₀ der Gesamtackerflächen der Erde ein.

Bis auf den Mais, der schon vor Ankunft der Europäer durch den wärmeren Teil Amerikas im Anbau verbreitet war, stammen die genannten Getreidegräser und ihr Anbau aus der Alten Welt; Weizen, Gerste sicher, Roggen und Hafer wahrscheinlich aus dem südeuropäisch-vorderasiatischen „Kulturkreis“, während der Reis seinen Ausgang aus dem südostasiatischen Kulturkreis genommen zu haben scheint.[2])

Während Roggen und Hafer das Schwergewicht ihres Anbaues in den kühleren Teilen der gemäßigten Zone (D) finden, sind Weizen- und Gerstenbau im großen nur auf den fruchtbarsten Niederungsböden der kühlgemäßigten Zone (D) anzutreffen und bleiben in den Gebirgen weit unterhalb des Roggen- und Haferbaues zurück. Sie sind für die wärmeren Teile der gemäßigten Zone (C) charakteristisch. Der Mais vollends und der Reis sind nur noch in den warmgemäßigten Ländern (C) der Zone angebaut, wo eine längere Vegetationszeit, eine hohe Sommerwärme zur Verfügung steht und reichliches Naß vom Himmel oder von der Erde aus zugeführt wird.[3])

Die nordpolare Getreidegrenze ist in den feuchttemperierten Klimagebieten (C 7) an den Westküsten Europas (70°) und Nordamerikas ($66^1/_2$°) weit nordwärts gerückt; die zu kurzer Vegetationszeit im mediterranen (C 6) und Steppenklima (B 3) erzogene Gerste dringt am weitesten nordwärts vor und bildet am Nordrande des Getreidebaugebietes eine Gerstenzone, in der natürlich nur ganz geringfügige Flächen bestellt und geringste Mengen geerntet werden. Im borealen Klima der „Alten Welt“ (D 8 c) sinkt die Getreidegrenze schon am Ural auf etwa den 65., an der Lena bei Jakutsk (D 9 c) den 62., an der kalten Ostseite Asiens (D 8 und D 9 c) bis gegen den 50. Parallelkreis und in Nordamerika senkt sie sich in dem klimatisch benachteiligten Osten (D 8 c) ebenfalls bis zum 54. Breitenkreis in Labrador und zum 50. in Neufundland. Die südliche Getreidegrenze schließt nur die Südspitze Südamerikas aus.

---

[1]) Der altdeutsche Name „Geträgede“ (d. h. was der Acker trägt), aus dem das Wort Getreide entstanden ist, besagt, welche Bedeutung man in den germanischen Ländern dieser Feldfrucht, als sei sie die einzige des Ackers, beilegte. Mit dem Namen „Korn“ pflegen die Völker das vorherrschende Brotgetreide zu bezeichnen, so daß z. B. für Norddeutschland oder Nordrußland der Roggen, für Teile Süddeutschlands der Spelz (Dinkel, Spelzenweizen), für Frankreich der Weizen, für Teile Skandinaviens Gerste, Schottlands Hafer „das Korn“ ist, während den Rumänen Mais, den U.-S.-Amerikanern ebenfalls der Mais („Indian corn“) Korn ist, ohne im letzteren Falle heute noch besondere Bedeutung für die Ernährung zu haben.

[2]) Aussagen über die Stammformen der genannten Getreidegräser, über ihre Heimat und erste Kulturstätte sowie über die Wege ihrer Ausbreitung im Pflanzenbau der Menschen sind nur zum Teil und ziemlich unsicher zu machen, da die Inkulturnahme dieser Gräser bereits in vorhistorischer Zeit vor sich ging. Erst seit der Ausbreitung der Europäer über die Erde, die die Verbreitung seiner Getreidegräser mit sich brachte, sind etwas genauere Daten zu geben.

[3]) Vgl. Engelbrecht, Th. H., Die Landbauzonen der außertropischen Länder. 2 Teile und 1 Atlas. Berlin 1898 und 1899 und A. Schenck, Die Kornkammern der Erde. Halle 1916. Mit Kärtchen der Getreidezonen.

Der **Roggen** ist das bodenständige Brotgetreide der borealen Klimagebiete (D); weil er anspruchsloser ist als der Weizen, dem er vielleicht als Unkraut nach Europa nördlich der Faltengebirge folgte, hat er in den ungünstiger ausgestatteten Teilen Europas den Vorrang vor jenem bekommen und ist Hauptbrotfrucht in Belgien zum Teil, den Niederlanden, Deutschland, Polen, Schweden, Norwegen, Finnland, den baltischen Randstaaten, Nord-Rußland und in den ehemals österreichischen Ländern.

Auf fruchtbaren Böden wird auch innerhalb der borealen Klimazone (D) der Weizen dem Roggen vorgezogen; so in der Lommatzscher Pflege (Sachsen), im Hohensalzaer Schwarzerdegebiet, in dem Schwarzerdegürtel der Westsibirischen Tiefebene usw. Der Roggen herrscht dagegen völlig vor auf dürftigeren und seichteren Böden, auf den sandigen, glazialen Böden Norddeutschlands und Nordrußlands und in den Gebirgen. In dem feuchttemperierten Klima (C 7) ist er im allgemeinen auf einige ungünstige Gebiete (z. B. französisches Zentralplateau, Bretagne, Landes) beschränkt, in denen der Weizen nicht mehr gedeihen will.

Natürlich gibt es zwei Roggengürtel, aber der auf der südlichen Halbkugel tritt kaum in Erscheinung und bringt nur etwa $^1/_2$% der W. hervor.

Die Weltproduktion betrug[1]) 1909/13 im Durchschnitt jährlich 46 Mill. T. Die neuen Ziffern sind unsicher.[2]) Die Welternte mag 1924 vielleicht 37 Mill. T. betragen. Durch die Torheit des Weltkrieges haben sich die Produktionsverhältnisse zuungunsten Europas verschoben.

Europa erzeugte (1924) gegen 88% der W.

Daran sind beteiligt Rußland mit gegen 43% (?, 3,7% der Fläche), Deutschland mit 15,5 (9), Polen gegen 10 (11,4), Tschechoslowakei 3,1 (6), Frankreich 2,7 (1,6), Spanien 1,8 (1,46), Ungarn gegen 1,65 (7), Litauen 1,3 (10), Schweden 0,8 (0,64), Belgien 1,3 (7,5), Niederlande 1 (5,8), Dänemark 0,7 (4,4), Österreich 1 (4), Rumänien gegen 0,5 (0,9), Finnland an 0,85 (0,7), Bulgarien 0,3 (1,6), Lettland 0,5 (4), Estland 0,4 (3,3), Italien 0,4 (0,4), Portugal gegen 0,35 (2,1), Jugoslawien 0,44 (0,64), Griechenland gegen 0,13 (0,6), Schweiz 0,1 (0,5), Norwegen 0,04% der W. (0,03% der Fläche).

Nordamerika bringt etwa 5,3% der W. hervor, nämlich die Union 4,3 (0,3), Kanada 1% der W. (0,09% der Fläche), Asien 6,4% (Japan 2,9; Russ.-Asien 2,5) der W.

Die anderen Erdteile produzieren sehr kleine Mengen.

In den trockneren Lagen, wie im Schwarzerdestreifen Südrußlands, in der ungarischen Tiefebene (?) usw. scheint das Korn des Roggens (zumal des Sommerroggens) mehr Eiweißgehalt zu haben als in den feuchteren Lagen, die dafür höhere Erträge geben und den Stärkegehalt begünstigen.

Dieses Gesetz werden wir auch für die anderen Getreidearten (auch Hülsenfrüchte usw. ?) bestätigt oder zu vermuten finden. Es ergibt sich gerade daraus zum guten Teil die Notwendigkeit internationalen Austausches zwischen Getreideländern. Wenn ein Roggenland wie Deutschland zugleich Roggen ein- und aus-

[1]) Nach F. Lange, Landwirtschaftlich-statistischer Atlas. Berlin 1917.
[2]) Weil für Rußland, Sibirien, Vorderasien keine oder mangelhafte Angaben vorliegen.

führt, so geht das vielleicht mehr auf die Qualitätsunterschiede der Ware als auf örtliche Überschuß- bzw. Zuschußgebiete zurück.

Ausfuhrländer für Roggen sind neuerdings vor allem die Union, Rußland und Kanada; früher waren es Deutschland und Rußland. Die nordischen Länder (D 8 c) Europas, ferner die Tschechoslowakei, die Niederlande, neuerdings auch Deutschland sind die Haupt-Einfuhrländer. Vgl. bei den einzelnen Ländern.

Der **Weizen** ist das wichtigste Brotgetreide der gemäßigten Klima- und Produktionszone. Da er als geborene Steppenpflanze zwar winterfest und mit mäßigen Regen zufrieden ist, aber eine längere Vegetationszeit und mehr Wärme und vor allem einen weit fruchtbareren Boden beansprucht als der Roggen, ist er auf die fruchtbarsten Niederungslagen in der Nordhälfte der borealen Zone (D, s. S. 103 f.) beschränkt und gewinnt große Ausdehnung erst an ihren südwärtigen Rändern (D 8 b), über die er in die benachbarten Steppengebiete (B 3) eingreift, und in den warmgemäßigten Klimaten (C); so hat sein Anbau besonders starke Ausdehnung in Südrußland (Schwarzerde- und Steppengebiete), in den Prärien Kanadas und im fruchtbaren oberen Mississippibecken der Union (mit der angrenzenden unteren Prärie); auch in den Steppengebieten der spanischen Meseta, auf den Schwarzerde- und Lößböden der ungarischen Tiefebene, der östlichen Walachei, der Moldau, der bulgarischen Tafel und des Maritzabeckens, im kleinasiatischen Hochlande[1]), in den Lößgebieten des nördlichen China, auf den feinerdigen Steppenböden des Murray-Darlingbeckens, auf dem vereinsstaatlichen Columbiatafelland gewann er Ausdehnung. Er gedeiht aber auch sehr gut in dem feuchttemperierten Klima (C 7) auf fruchtbaren Böden wie in den „Tieflandsbuchten" der deutschen Mittelgebirgsschwelle, auf den Marschen der Niederlande und Belgiens, auf den fruchtbaren Böden Frankreichs, Südostenglands, der Poebene, Siziliens, in dem Donau-Morawabecken und der Posawina (Jugoslawiens) usw. Ebenso in Argentiniens feuchttemperierten Pampas.

Dabei ist ein charakteristischer geographischer Zug seiner Verbreitung, daß er nur in den wärmeren Gebieten mit nicht zu harten Wintern als Winterweizen bestehen kann, während er in Gebieten mit exzessiver Winterkälte und Schneearmut nur als Sommerweizen (wie in Südostrußland und Kanadas und der benachbarten Union Prärien) angebaut werden kann. In dem sommertrockenen (mediterranen) Klima (C 6) läßt man ihn die Winterregen ausnutzen, um Notreife in dem dürrheißen Sommer zu vermeiden, und erntet ihn in Italien bereits Mai/Juni. An den Grenzen der Tropen, im warmgemäßigten wintertrockenen Klima Nordindiens (C 5)[2]), pflanzt man ihn für den trockenen Winter[3]) und erntet ihn (von Ende Januar bis April je nach den Lagen) vor Eintritt des Sommermonsuns, den er nicht vertragen würde. Von den Oasen der Trockenzone (Wüstengebiete; B 4) ist er, wenn Bewässerungswasser vorliegt, durchaus nicht ausgeschlossen. Aber das Klima

---

[1]) In Mitteldeutschland steigt er bis zu etwa 450, in den Alpen 800—900, in Frankreich bis 1800, im peruanischen Hochlande bis 3700 m an.

[2]) Bis in die tropischen Trockengebiete Dekhans von Savannentypus (A 2) hinein.

[3]) Zum Teil mit künstlicher Bewässerung.

der Tropenzone (A 1; auch A 2) scheut er[1]) und wird selbst auf ihren Hochländern (C 5) leicht von Rost betroffen, der ihn auch an den nebeligen Küsten der Westsahara, Perus und Chiles (B 3) heimsucht.

Ein weiterer geographischer Zug der Verbreitung des Weizens ist der, daß in feuchteren Gebieten Weichweizen mit reichem Stärke-, aber geringerem Eiweißgehalt wächst, während Steppenböden (Schwarzerde, Löß) bei trockenerem Klima[2]) (B 3, auch D 8 b zum Teil) eiweißreichen (stärkeärmeren), sehr backfähigen, geschätzten Weizen hervorbringen (Südrußland, Moldau, Bulgarien, Ungarn, Prärien Kanadas und der Union usw.), der nach den feuchteren Ländern einzuführen ist. Natürlich gibt es mancherlei Übergänge zwischen den genannten Extremen; so ist schon der argentinische Weizen des feuchttemperierten Klimas (C 7) auf Pampasboden kein reiner Typ.[3])

Die Weltproduktion, seit 1870 etwa aufs Doppelte angewachsen, zumal durch Erschließung der amerikanischen Präriengebiete, betrug im Durchschnitt 1909/13 um 105 Mill. T. und mag 1923 ähnlich mit 100 bis 105, 1924: 112 Mill. T. angesetzt werden.[4]) Es gibt natürlich einen nördlichen und einen südlichen Weizengürtel. Der letztere wird nur etwa 11—12 % der W. hervorbringen.

Europa, das früher um 50 % der W. erzeugte, dürfte jetzt (1924) nur mit etwa 32 % beteiligt sein. Der Weizen ist hier von Südrußland durch Südost- und Südeuropa bis Südostengland (B 3, C 6, C 7) die (zumal von den wohlhabenderen Klassen) bevorzugte Brotfrucht. In Nordeuropa (D 8 c) und in den Gebirgen fehlt er ganz oder fast ganz.

An der W. waren 1909/13 (1924?) etwa beteiligt das europäische Rußland mit $16\frac{1}{2}$ (6?), Finnland, Estland, Lettland, Litauen zusammen mit $\frac{1}{8}$—$\frac{1}{7}$, Schweden, Norwegen und Dänemark zusammen mit etwa 0,3, Polen mit 0,6 (0,8), das alte Deutschland mit fast 4 (2,2), Belgien und die Niederlande zusammen mit etwa 0,4—0,5, die Schweiz mit einem minimalen Bruchteil von 1 (0,11), das alte Österreich $1\frac{1}{2}$ (Tschechoslowakei 0,8, Deutsch-Österreich 0,2), das alte Ungarn 4 (1,2), Jugoslawien (1924) 1,7, Griechenland $\frac{1}{4}$, Bulgarien fast $\frac{3}{4}$, Rumänien $2\frac{1}{3}$ (1,8), Italien gegen 5 (4,1), Spanien $3\frac{1}{2}$ (3), Portugal $\frac{1}{4}$, Frankreich über 8 (7), britische Inseln $1\frac{1}{2}$ (1,3) % der W. Die dem Weizen (1924) gewidmeten Flächen sind in Nordeuropa ganz gering (Norwegen und Finnland 0,03 bzw. 0,045 % der Gesamtfläche; Schweden 0,32 %). Auch Estland und Lettland bauen nur 0,38 und 0,65 % an; Dänemark 1,4, Niederlande 1,4 %, Deutschland 3,1, Litauen 1,54, Polen 2,76, Rußland (mit Asiat. Rußland) 0,95 (?) %, Österreich 2,3, die Schweiz 1,56, die Tschechoslowakei aber 4,3 %, Ungarn 15,3, Rumänien 10 %. In Westeuropa weisen

---

[1]) Nur sehr kleine Mengen werden in dem gemäßigten Gebirgsklima Javas, in den Hochländern und Bergen Deutsch-Ostafrikas (Tanganjika-Terr.) und Kenyas usw. angebaut. Am Südrande der Sahara macht er halt (vgl. Bd. II).

[2]) Je trockener bei uns der Sommer, desto eiweißreicher der Weizen; der Sommerweizen ist an sich schon eiweißreicher als der Winterweizen, den besonders wohl die Schneedecke und -schmelze beeinflussen. Geographisch ist natürlich die Verbreitung der Schneedecke, die, schützend, vor dem „Auswintern" behütet, nicht ohne Einfluß.

[3]) Vgl. E. Friedrich, Klima und Produktqualitäten (Peterm. Mitt. 70, 1924, S. 159).

[4]) Nach Wirtschaftsdienst 1923, S. 24, wird sie durchschnittlich auf 125 Mill. T. geschätzt (?). Vgl. aber Stat. Jahrb. f. d. Deutsche Reich 1925, Intern. Übers. 12. Daselbst werden Anbauflächen, Ernte- und Hektarerträge der Länder angegeben.

Belgien 4,5, Frankreich (mit Elsaß-Lothringen) gar 9,8, Großbritannien 2,7% auf, Irland aber nur 0,2%. In Südeuropa widmet Portugal 4,2, Spanien $8^1/_3$, Italien fast 14,6, Jugoslawien 6,6, Bulgarien 9,7, Griechenland aber nur 2,9% der Fläche dem Weizenbau.

Asien erzeugte früher 18% der W., jetzt vielleicht 28%.[1])

Russisch-Asien lieferte früher etwa 4 (0,36% der Fläche), Vorderasien $3^1/_2$, Vorderindien 9 (9; — 2,45% der Fl.), Japan (1,3% der Fl.) und Korea noch nicht 1, China 16% (?) der W.

Australien (0,57% der Fläche) produzierte $2^1/_2$—3 (4), Neuseeland (0,26% der Fläche) $^1/_8$% der W.

Afrika im Norden und Süden etwa 2,2%; davon die Atlasländer (Algerien, Französisch-Marokko usw.) reichlich 1%, Ägypten (gegen 0,7% der Gesamtfläche) 0,8% der W.

Nordamerika beteiligte sich vor dem Kriege mit 23% an der W., 1924 mit etwa 28%.

Kanada (0,92% der Fläche) brachte 5—7 (6,4), die Union (auf 2,8% der Fl.) 18—20 (21,2), Mexiko (0,3% der Fl.) $^1/_2$ ($^1/_3$) % der W. hervor.

In Mittelamerika ist die Produktion (auf den Hochländern) ganz geringfügig.

In Südamerika nehmen nur die außertropischen Länder, Argentinien (2,4% der Fläche) mit etwa 4 (4,66), Chile (0,75% der Fläche) $^1/_2$ (0,6), Uruguay (2,1% der Fläche) $^1/_5$ (0,28), Brasilien 0,1 (0,1) % an der W. erheblichen Anteil. Die Andenstaaten von Venezuela bis Peru und Bolivia produzieren nur kleinste Mengen.[2])

Nach den Verhältnissen vor dem Kriege unterschied Schenck. a. a. O. für die Versorgung des Weltmarktes die „pontische" Kornkammer Südrußland, Rumänien, Bulgarien), die indische, australische, nordamerikanische, südamerikanische Kornkammer; dazu die südostasiatische Reiskammer. Durch das (vorläufige ?) Ausscheiden Südrußlands als bedeutendes Ausfuhrland hat die pontische Kornkammer viel von ihrer einstigen Wichtigkeit verloren; dagegen hat besonders die nordamerikanische an Gehalt gewonnen.

**Hafer**[3]) ist besonders Futtergetreide[4]), seltener (in Schottland) wird er für Menschennahrung (Brei, Fladen, Quaker oats usw.) benutzt. Er beansprucht viel Feuchtigkeit[5]) und ist in den (ozeanischen) Gebieten des feucht-

---

[1]) In Russisch-Asien dürfte die Produktion abgenommen haben, aber in Nordchina und in der Mandschurei ist sie gewachsen. Schätzungen der Weizenernte Chinas bewegen sich noch zwischen 16 und 26 Mill. T.

[2]) Vgl. im übrigen bei den einzelnen Ländern.

[3]) Der Hafer wird meist als Sommerhafer angebaut, selten (Südwestfrankreich, südl. Union) als Winterhafer.

[4]) Besonders für Pferde; daraus ergibt sich für alle rege Landwirtschaft mit Hilfe dieser Arbeitstiere treibenden Gebiete sowie zugtierbedürftigen Industrielandschaften die Notwendigkeit starken Haferbaues. Die weitere Einführung von Kraftwagen und Traktoren dürfte den Hafermarkt entlasten.

[5]) Es dürfte sicher sein, daß der in etwas trockenerem (kühlem) Klima auf Steppenboden gewachsene Hafer, z. B. der der kanadischen Prärien (s. Bd. II), eiweißreicher ist als der feuchter Landschaften (wie des Lorenzstromuferlandes).

temperierten Klimas (C 7), soweit feuchte und kühle Sommer herrschen, und bis in die sommerfeuchten borealen Klima- und Waldgebiete (D 8) hinein, sowie in den Mittelgebirgen der gemäßigten Zone ein und zum Teil das bevorzugte Getreide. Wie der Roggen ist er mehr ein nordisches Getreide und findet wie dieser viel früher die äquatoriale Grenze nennenswerten Anbaus für Korngewinnung als Weizen und Gerste. Natürlich gibt es zwei Hafergürtel auf der Erde, aber der südliche ist bisher sehr wenig ausgeprägt und bringt nur etwa 2,5% der Weltproduktion hervor, die 1909/13 im Durchschnitt 65, jetzt (1924) wohl etwa 62 Mill. T. betragen dürfte.

Europa erzeugte vor dem Kriege etwa 61 (jetzt 47,2?) % der W.

Rußland (kühlgemäßigte Waldgebiete) war vor dem Kriege mit 20% (jetzt 9,1) der W. das wichtigste Produktionsland; für die baltischen Randstaaten (1,11), Finnland (0,8), Schweden (1,8) und Norwegen (0,3) ist der Hafer ebenso die wichtigste Getreidefrucht wie für Schottland, Irland und die feuchteren Teile Englands (Britische Inseln 4,9), Frankreich (Nordhälfte) 8 (7), Belgien und die Niederlande erzeugen 0,8 (0,9) und 0,44 (0,5), Dänemark 1,3 (1,5), Deutschland 13 (9,12), Polen 1,7 (4), das alte Österreich-Ungarn über 5½ (Tschechoslowakei 2, Österreich 0,54, Ungarn 0,4, Jugoslawien 0,45) % der W. In Rumänien werden 1, Bulgarien 0,2, in Griechenland fast nichts, in Italien 0,8, Spanien 0,7, in Portugal 0,13% der W. hervorgebracht.

Die mit Hafer bestellten Flächen sind (1924) in Westeuropa am ausgedehntesten: Großbritannien 5,6, Freist. Irland 4,4, Frankreich mit Elsaß-Lothringen 6,3, Belgien 8,7, Luxemburg 11,4% der Fläche. In Mitteleuropa bebauen die Niederlande gegen 4,5, Dänemark 10,7, Deutschland 7,5% damit, Litauen 5,9, Polen an 6,7, aber Lettland 5,4, Estland 3,5%. In den nordischen Staaten ist der Hafer zwar das wichtigste Getreide, aber er nimmt nur relativ kleine Flächen ein: in Norwegen 0,3, Schweden gegen 1,9, Finnland 1,3%. Rußland baut 1,85% (?)[1]) an. Im südlicheren Mitteleuropa hat die Tschechoslowakei noch 6%, die anderen Staaten wesentlich weniger: die Schweiz 0,5, Österreich 3,65, Ungarn 3,3, Rumänien 3,9%. In Südeuropa gehen die Anbauflächen noch weiter zurück. Portugal bepflanzt 2,5, Spanien 1,3, Italien 1,5, Jugoslawien 1,5, Bulgarien 1,47% der Fläche.

Asien brachte und bringt wohl nur 3,5% der W. zur Ernte.

Am wichtigsten sind die borealen Klimagebiete Russisch-Asiens (0,16% der Fläche) mit etwa 2½ (?) % der W. Geringe Mengen werden in den Gebirgslandschaften Vorderasiens, auf Japan (0,3, Jesso); Korea (0,47% der Fläche) produziert; sonst wenig.

In Australien erntet der feuchttemperierte Südosten mit Neuseeland zusammen 0,8% der W., und Afrikas Norden[2]) und Süden nur zusammen 0,4%.

In Nordamerika ist die Hafererzeugung von 33⅓% der W. vor dem Kriege auf etwa 46% gewachsen.

Die Produktion konzentriert sich vornehmlich im borealen Nordosten (D), ist aber auch in den kanadischen Prärien ansehnlich und dürfte im feuchttempe-

---

[1]) Mit Russisch-Asien 0,61%.

[2]) Im sommertrockenen Klima (C 6) sind die Erträge besonders gering, selbst wenn Winterhafer angebaut wird.

rierten pazifischen Gebiet (C 7) noch wesentlich an Ausdehnung gewinnen; in Kalifornien (C 6) wird Winterhafer[1]) erzeugt.

Kanada (0,6 % der Fläche) brachte vor dem Kriege etwa 8, jetzt (1924) fast $10^1/_4$, die Union (2,2 % der Fl.) 25 (36,1) % der W. hervor.

Die Hochländer Mexikos, Mittelamerikas und der Anden produzieren nur ganz wenig.

Selbst Chile liefert, hauptsächlich aus dem feuchttemperierten Gebiet (C 7), nur etwa 0,08 % der W., doch dürfte südlich vom Biobio, selbst in Westpatagonien bei dem günstigen Klima die Produktion noch ziemlich wachsen. In Argentinien (feuchttemperierte Pampas; C 7) hat der Haferbau (0,37 % der Fl.) letzthin schnell auf $1^1/_4$ % der W. zugenommen.

Welthandelsländer sind wegen geringen Eigenbedarfs heute Argentinien, Kanada, die Union an Stelle des zerrütteten Südosteuropa, das früher das dichtbevölkerte haferbedürftige West- und Mitteleuropa versorgte. Es mögen wohl um 2 Mill. T. in den Welthandel gelangen.

Die **Gerste**[2]) wird nur in der (geringsten Anbau treibenden, mit ihrem Nordrand polare Getreidegrenze bildenden) Gerstenzone (s. oben) Engelbrechts und Schencks als „Korn" benutzt. Hier und im Kontinentalklima (D 8) wird sie als Sommerfrucht angebaut, im feuchttemperierten Klima Nordwesteuropas (C 7) wie auch im warmen sommertrockenen (mediterranen) Klima (C 6) als Wintergetreide. Sie kommt natürlich auch in zwei Gürteln vor und meidet die Tropenzone (A), die sie wie der Weizen nur auf den Hochländern Amerikas (in Peru bis 4000 m Meereshöhe) quert. In der Trockenzone (B) findet sie weithin in Steppen und Wüstenoasen wegen ihrer geringen Niederschlags- und Bodenansprüche Verbreitung[3]), wenn auch, am ganzen gemessen, der Anbau wenig umfangreich zu sein pflegt. Die Weltproduktion wurde im Durchschnitt 1909/13 zu etwa $39^1/_2$ Mill. T. berechnet und mag jetzt um 34 Mill. T. (?) betragen.

Europa war mit 59 (46,6) % an der W. beteiligt.

Rußland mit etwa 24 % der W. (fruchtbare Schwarzerdegouvernements, Ukraine) war vor dem Kriege das wichtigste Produktionsland (jetzt 9 % ?). Das alte Österreich-Ungarn brachte über 8 % der W. hervor (Tschechoslowakei jetzt 2,8, Österreich 0,46, Ungarn 1, Jugoslawien 1), das alte Deutschland $8^1/_2$ (das neue 7,1); kleinere Produzenten waren die Britischen Inseln (Südosten; $3^1/_2$ [$3^1/_2$] % der W.), Frankreich $2^1/_2$ ($3^1/_4$), Belgien und Niederlande je 0,2 (0,24 und 0,2), Dänemark $1^1/_2$ (2,2), Schweden $^3/_4$ (0,8), Norwegen 0,2 (0,3), Finnland (0,4) und die baltischen Randstaaten (1,4), Polen 1,7 (3,6); das alte Rumänien erzeugte $1^1/_2$, das neue 2,1, Bulgarien $^3/_4$ (0,5), Griechenland 0,4, Italien $^1/_2$ (0,56), Spanien an 4 (5,36), Portugal 0,2 (0,1) % der W.

[1]) Ebenso in den „Südstaaten" des Ostens (C 7).

[2]) So gut wie sichergestellt ist, daß die Gerste in feuchteren Klimagebieten und auf fruchtbaren Niederungsböden stärkereich und relativ eiweißarm wird, während Trockenklima ihren Eiweißreichtum steigert. Da der Eiweißreichtum, so förderlich er bei Verfütterung der Gerste für Pferde, Schweine usw. ist, die Haltbarkeit des Bieres beeinträchtigt, wird für gute Braugerste nur eiweißarme, gleichmäßig gewachsene, stärkereiche Gerste feuchterer Klimate verwendet; das erklärt mit das Hochkommen der Bierbrauerei im feuchttemperierten Klima Nordwesteuropas bzw. (früher) der östlichen Union.

[3]) Tibet, s. Bd. II.

Asien brachte vor dem Kriege etwa 23% der W. hervor, jetzt vielleicht 28,6% (?).

Vorderasien erzeugt ziemlich viel Gerste (die alte Asiatische Türkei $5^1/_2$ (Türkei jetzt 1,5?) % der W., dazu Irans Ernte). Im nördlichen Vorderindien wurden 9 (9,3) % der W. geerntet, als Winterkultur wie der Weizen (s. S. 116). Das Asiatische Rußland brachte nur 2 (0,8?), Japan, mehr in höherem Land, $5^1/_2$ (4,8; Korea 2,4), China $9^1/_3$? % der W.

Australien (im Südosten) und Neuseeland liefern etwa $^1/_4$% der W., Afrika aber um 5,7%.

In den Atlasländern (in Winterkultur wie auch sonst im sommertrockenen Klima) liefern Algerien $2^1/_2$ (1924: 1,2) (Marokko 3,1), Tunis 0,4 (0,2) % der W., Ägypten (an $^2/_3$%), Tripolitanien (Libyen) und Südafrika wenig.

Nordamerika brachte vor dem Kriege um 13% der W. jährlich hervor, jetzt etwa 18%.

Kanada war 1909/13 mit etwa $2^1/_2$ (5,55), die Union mit 10 (12), Mexiko mit $^1/_2$% an der W. beteiligt.

Südamerika erzeugt gegen 1% der W. (Argentinien 0,5, Chile 0,3%).

Qualitätsunterschiede (s. S. 120, Anm. 2) wie örtliche Nachfrage bringen den Welthandel mit Gerste in Gang. Es mochten vor dem Kriege $4^1/_2$—5 Mill. T. kursieren, natürlich mit ansehnlichen Schwankungen. Ausfuhrländer waren die südosteuropäischen (Rußland, Rumänien usw.), ferner die Atlasländer und Nordamerika; Einfuhrländer die des europäischen Aktionsfeldes, vor allem Deutschland und Großbritannien (Futtergerste).

In dem **Mais** lernen wir eine Anbaupflanze kennen, die, äußerst anpassungsfähig, von der nördlichen gemäßigten Klimazone (D 8 a und D 8 b) durch die Trocken-[1]) (B) und Tropenzone (A) und durch die südliche Trockenzone (B) bis in die südliche gemäßigte Zone (C) verbreitet ist, bzw. angebaut wird. Sie stammt, ein Rispengras, wohl aus Mexiko und wurde schon vor Ankunft der Europäer in Amerika von der Union bis Chile angebaut. Von dort verbreitete sie sich über die Alte Welt. Sie ist vielleicht die vielseitigst nutzbare, um nicht zu sagen nützlichste Pflanze der Erde.

Zu einer rentablen Kultur braucht der Mais eine längere Vegetationszeit als die bisher besprochenen Getreidearten, eine hohe Sommerwärme und genügende Niederschläge, die am besten mit der Sommerwärme zusammenfallen[2]) und im Herbst, zum Ausreifen der Körner, von Trockenheit gefolgt werden. Seine hohe Anpassungsfähigkeit erlaubt es freilich, kleinkörnige, frühreife Varietäten an den polaren Grenzen immer weiter durch Züchtung hinauszuschieben[3]), aber die besten

[1]) Hier natürlich nur in den Oasen und in günstigen Steppengebieten, wo genügend Wasser zur Verfügung steht.

[2]) Sie können durch künstliche Bewässerung ersetzt werden. Wo sie möglich ist, kann der Maisbau auch in die Trockenzone (B) eindringen.

[3]) Auf der nördlichen Halbkugel liegt die Polargrenze in Europa etwa bei dem 45.—48.° nördl. Br., soweit Körnergewinnung in Betracht kommt, und läßt sich noch nordwärts verschieben. Als Grünfutterpflanze erreicht sie schon jetzt den 55.° nördl. Br. In Nordamerika fällt die Nordgrenze der Körnerproduktion etwa mit der Isothermenlinie von 19° (der Durchschnittstemperatur von Juni bis August) zusammen, mit dem 45. Parallelkreis nördl. Br. Keine andere Futterpflanze liefert von der Flächeneinheit eine gleiche Menge Substanz.

Bedingungen des Gedeihens findet der Mais in den warmgemäßigten Gebieten (C), in den ihnen benachbarten Randgebieten der borealen (D) und der Steppenzone (B; soweit die Lebensbedingungen gegeben sind bzw. geschaffen werden) und in der tropischen Zone (A). Als Tiefwurzler verlangt der Mais noch tiefen, lockeren, fruchtbaren Boden; steinfreie fruchtbare Tiefländer[1]) sind am günstigsten.

Die wichtigsten Produktionsländer liegen jedenfalls nahe den polaren Grenzen, es ist aber schwer nachzuweisen, ob diese Tatsache mehr den Naturfaktoren, etwa einem klimatischen Reiz, zu verdanken ist oder der hohen Energie und Wirtschaftsstufe[2]) der Bevölkerung.

Für die Wirtschaftsgeographie hat die Scheidung in Formen mit weichem Korn, die reich an Stärkemehl sind und reichste Erträge geben, in Formen mit hartem Korn, die eiweißreicher, haltbarer, aber ärmer an Stärkemehl sind, und in Zuckermais, der als Gemüse verzehrt wird, Wert. Der Eiweißreichtum dürfte, wie bei den anderen Getreidearten, eine Folge einer gewissen (geringen) Trockenheit des Klimas sein.

Die Weltproduktion verdoppelte sich in den letzten 30 Jahren und erreicht jährlich mit ziemlichen Schwankungen 100—110 (1924: 105?) Mill. T.

Europa lieferte vor dem Kriege $15^1/_2$ (15,9) % der W.

Seine Maiszone liegt in den warmgemäßigten Klimaten (wärmere Tiefebenen von feuchttemperiertem Klima[3]), C 7, von sommertrockenem, mediterranem Klima, C 6, bis in die benachbarten borealen Gebiete (D a und D b) hinein. Spanien 0,7, Frankreich 0,6, Italien 2,5, Österreich-Ungarn 5,2, Rumänien 2,7, Bulgarien 0,8, Serbien 0,8, Griechenland 0,2% der W. Rußland lieferte 1,8% der W. Heute dürfte Rumänien[4]) in Europa das wichtigste Produktionsland sein, danach Jugoslawien[5]), Italien[6]), dann Ungarn[7]) und Rußland.[8])

Asien erntet ungefähr $5^1/_2$% der W., soweit Erntemengen bekannt sind, China mit wohl nicht geringer Produktion (3 Mill. T.?) ungerechnet. Das warmgemäßigte, wintertrockene Klima (C 5) bringt am meisten hervor, in Vorderindiens Norden allein $3^1/_2$ (2,1) % der W.; Java (Niederl.-Indien 1,3%), Japan, Korea wenig. In dem warmgemäßigten Vorderasien wird wohl nicht mehr als höchstens $^3/_4$% der W.

---

[1]) In Peru steigt der Mais bis zu 3500 m an.

[2]) Von den Verdiensten der Wissenschaft und der Technik um den Maisbau kann man sich aus dem Buch von F. F. Matenaers, Der rationelle Maisbau, Berlin 1914, einen Begriff machen. Wenn man die fast allgemeine Erscheinung beachtet, daß selbst Produkte, deren Stammpflanzen in den tropischen Gebieten (A), zumal in der Savannenzone (A 2), günstigere Anbaubedingungen finden würden als in den warmgemäßigten Ländern (C) oder gar in borealen Gebieten (D), ihre Haupterzeugung in letzteren und nicht in ersteren finden, so wird man durchaus den menschlichen Faktor als ausschlaggebend für Quantitäten und Qualitäten der Produkte in den meisten Fällen anerkennen müssen. Ich erinnere z. B. an Tabak, an Baumwolle, Reis, Holz; ursprünglich traf das auch auf Tee, Zuckerrohr usw. zu. Erst die Kolonisation von Tropenländern durch die Europäer hat in dieser Hinsicht Wandel gebracht bei Tee (Ceylon, Niederländisch-Indien), Rohrzucker (Java, Cuba) und wird auch für andere Produkte Standortsverschiebungen nach den vielfach günstigere Wachstumsbedingungen bietenden tropischen Ländern zur Folge haben.

[3]) Im sommerkühlen England ist die Maiskultur ausgeschlossen.

[4]) Ernte 1921: 2,82; 1922: 2,73; 1923: 3,85; 1924: 3,99 Mill. T. = etwa 3,8% der W. (?).

[5]) Ernte: 1922: 2,28; 1923: 2,15; 1924: 3,79 Mill. T. = 3,6% der W.

[6]) 1921: 2,4; 1922: 1,9; 1923: 2,27, 1924: 2,5 Mill. T. = 24% der W.

[7]) Ernte 1921: 805000; 1922: 1,24; 1922/23: 1,25; 1924: 2,03 Mill. T. = 1,93% der W.

[8]) Die Ukraine erzeugte 1923 nur 812450 T., also wohl etwa 0,8% der W., das ganze europ. Rußland 1924: 1,65% der W.

gewonnen (an Kleinasiens Nordküste 0,4% der W., im westlichen Transkaukasien usw.).

Australien (mit Neuseeland) bringt im feuchttemperierten und wintertrockenen Küstenklima (C 5; Queensland) nicht mehr als 0,2% der W. hervor.

Afrika mag 4,3% der W. erzeugen, doch liegen nur vom Norden und Süden nähere Angaben vor. Ägypten (B 4) mit 1,63 und die Südafrikanische Union (besonders in C 5) mit etwa 1,55% der W. sind die wichtigsten Produktionsgebiete. Doch baut auch das periodisch trockene tropische Afrika (A 2) an feuchteren Stellen immer mehr Mais an. (Belgisch-Kongo 0,27% der W.).

Nordamerika bringt unter allen Erdteilen bei weitem am meisten Mais hervor, 1909/13 fast 72, 1924: 62% der W. Kanada ist nur (im Süden) mit 0,3% der W. beteiligt.[1]) Im oberen Mississippibecken (und der benachbarten unteren Prärie) wird etwa die Hälfte der W. geerntet, da hier bei sehr fruchtbarem Boden das (sommerfeuchte, boreale) Klima (D 8 a) höchst geeignet ist. In den feuchttemperierten „Südstaaten" (C 7), in Kalifornien (C 6) usw. ist der Anbau weit geringer.[2])

Mexiko brachte noch 2,8 (2,57) % der W. hervor. Die Erntemengen Mittel- und des größten (tropischen) Teiles von Südamerika sind unbekannt und wohl nicht ganz gering. Argentinien lieferte um 5 (1924: 4,56) % der W., Chile nur wenig. Argentinien und die Union, in Europa Rumänien und Jugoslawien sind die wichtigsten Ausfuhrländer, früher auch Rußland. Es mögen wohl $4^1/_2$—6 Mill. T. jährlich in den normalen Welthandel gelangen. Einfuhrländer sind die Industriestaaten West- und Mitteleuropas.

Menschennahrung gibt der Mais verhältnismäßig wenig. In Rumänien, Bulgarien, Italien, Jugoslawien usw. (wenig in der Union; „Südstaaten") ist er bei der ärmeren Bevölkerung geschätzt.[3]) Zum Backen eignet er sich wenig. Er liefert auch Maisöl, Stärke, Branntwein usw. Vor allem ist er eine Futterpflanze, die wichtigste der Erde. Die Stengel sollen auch für die Papierfabrikation geeignet sein; getrocknet liefern sie mit den abgestorbenen Blättern Brennmaterial usw.

Der **Reis**[4]), seit alters in dem Monsunklima Südostasiens angebaut, hat nach der Klimaklassifikation Köppens gleichfalls in der gemäßigten Zone seine Hauptanbaugebiete, jedoch nur in den warmgemäßigten Klimaten (C) in und an Niederungen, wo reichlich Bewässerungswasser vorhanden ist; außerdem kommt er aber durch die ganzen feuchteren Tropengebiete (A) zum Anbau. Es gibt also nur einen Reisgürtel und nur polare Grenzen des Reisbaues, keine äquatorialen Grenzen (wie bei Roggen, Weizen, Hafer, Gerste). Er eignet sich nicht zur Herstellung von Brot, aber als Reisbrei ist er für einen großen Teil der Erdbevölkerung das Hauptnahrungsmittel.

Die Weltproduktion ist neuerdings stark gestiegen und soll der Weizenproduktion voraus sein. Im Durchschnitt 1903/08: 78,8, 1908/13: 96,7, 1913/17: 119,9, 1917/21: 120,4, 1924: 140 Mill. T.

---

[1]) 1921 und 1922 je 379000 T., 1923: 346000, 1924: 305000 T.

[2]) Ernte der Union 1921: 78,27; 1922: 73,81; 1923: 77,56; 1924: 61,89 Mill. T.

[3]) Die „Pellagra" ist oft die Begleiterin der Maisnahrung.

[4]) Vgl. C. Bachmann, Der Reis (Beih. 4 z. Tropenpfl. XII, 1918); Karten in Peterm. Mitt. 58, 1912, I). — H. Schumacher, Der Reis in der Weltwirtschaft. München u. Leipzig 1917. — Kempski, Die Reiskultur Niederländisch-Indiens. Berlin 1924.

Asien ist an der W. mit 97—98% beteiligt, hauptsächlich in den Monsunländern des Südostens. Am meisten bringt das warmgemäßigte, wintertrockene Klima Chinas (C 5) hervor mit etwa 39—40 ? % der W. Dann folgt Vorderindien (einschließlich Burmas, C 5 und A) mit 34,7%, dann Japan mit feuchttemperiertem Klima (C 7) mit gegen 7,8%, Französisch-Indochina 4,05%, Niederländisch-Indien 3,63%, Siam über 3,4%, Philippinen 1,4%, Korea 1,66%, Straits Settlements über 0,5, Ceylon um 0,2% der W. Hier in Südostasien ist der Reis überall das völlig vorherrschende Nahrungsmittel. In den anderen Erdteilen: in Europa, in Nordamerika, in Afrika usw. gibt er ansehnliche Zuschüsse zur Ernährung.

Afrikas Erzeugung wird auf fast 1,4%, der Union fast 0,5, Brasiliens 0,5%, Argentiniens an 0,02% geschätzt. Europa liefert (Italien 0,4, Spanien 0,2%) um 0,6% der W., Australien fast nichts.[1])

Ausfuhrländer sind Burma, Siam, Französ.-Indochina, Italien, Brasilien, Einfuhrländer in Asien China, Niederländisch-Indien, Japan, die Straits Settlements, Ceylon, die Philippinen, in Europa Deutschland, Großbritannien, Frankreich, usw., in Amerika die Union, Argentinien. Es mögen wohl um 5 Mill. T. in den Welthandel kommen.

Neben den Getreidearten spielt für die Bevölkerung der gemäßigten Klimazone stellenweise die **Kartoffel** eine große Rolle. Da sie nur einen beschränkten Nährwert hat, ist sie hauptsächlich im Haushalt der ärmeren Bevölkerung führend vor dem Brotgetreide vertreten.

Sie stammt aus dem Andenland Südamerikas und verbreitete sich erst seit Mitte des 16. Jahrhunderts allmählich in Europa und anderen Erdteilen und erweitert ihren Anbaubereich noch heute. Am besten scheint sie auf nicht zu feuchten und fetten Böden von borealem (D) und feuchttemperiertem Klima (C 7) zu gedeihen.

Die Weltproduktion schätzte man vor dem Kriege auf etwa 150 Mill. T. Sie mag jetzt um 165—170 Mill. T. betragen.

Europa erzeugte über 90 (fast 89) %, davon Deutschland 30½ (1924: 22) %, Rußland vor dem Kriege (mit Polen ?) etwa 23—24% der W., jetzt wohl nicht mehr ( ? ) als 18% (davon die Ukraine nur sehr wenig), Polen 1924 über 16%, Großbritannien mit Irland 4,6 (4—5[2])), Frankreich 8,8 (über 9), Belgien jetzt 1,45, die Niederlande 1,6, Schweden 0,9, Norwegen 0,5, Dänemark gegen 0,5, Finnland 0,4, Litauen gegen 2, Lettland 0,4, Estland über 0,4, Tschechoslowakei an 4[3]) Ungarn 1,2, die Schweiz 0,3, Österreich 0,9, Rumänien 1,1, Bulgarien 0,03, Jugoslawien 0,7, Italien 1,21, Spanien 1,5, Portugal 0,1%. In Deutschland (1923: 5¾% der Fläche), Polen (gegen 6%), Belgien (5%) usw. spielt die Kartoffel als Feldfrucht eine Hauptrolle, aber in Südeuropa wenig (Bulgarien z. B. 0,1% der Fläche). Auf den Kopf der Bevölkerung entfielen aus der Ernte 1923: in Polen 9,75 (1922: 11,47) dz, in Deutschland 5,25 (6,79), Tschechoslowakei 4,57 (6,67), Dänemark 3,79 (4,10), Belgien 3,78 (2,92), in Frankreich 2,43 (3,35), in England und Wales 0,74 (1,07) dz. Vgl. Wirtsch. u. Stat. 1924, Nr. 10.

---

[1]) Es muß auf die Angaben der speziellen Wirtschaftsgeographie verwiesen werden.
[2]) Irland 2 (Freistaat 0,9), Großbritannien 3% der W.
[3]) Das alte Österreich-Ungarn erzeugte etwa 12% der W. Der Rückgang ist auffällig.

In den anderen Erdteilen ist die Produktion gering. In Asien kommen das Asiatische Rußland mit etwa 0,9?, Japan mit über $^1/_2$% in Betracht, in Afrika liefern Algerien, Tunesien, die Südafrikanische Union zusammen wohl kaum 0,1% der W., Australien und Neuseeland noch nicht $^1/_3$% der W.

In Nordamerika ist die Produktion etwas gewachsen.[1]) Sie betrug vor dem Kriege in Kanada (1923: 2,91 dz auf den Kopf) 1,4, 1922: 1,55; in der Union (1,06 dz) 6,5 und 7% der W. Mexiko und Mittelamerika[2]) sowie die südamerikanischen Andenländer bringen nur sehr kleine Mengen hervor; Chile liefert gegen 0,2, Argentinien (1909/13) $^2/_3$ (1924: 0,48), Brasilien 0,14% der W.

Der Welthandel mit Kartoffeln ist verhältnismäßig unbedeutend. Aber Frühkartoffeln kommen auf den Weltmarkt[3]), wohl 0,8—1 Mill. T., nur aus warmgemäßigten Ländern. Am meisten liefern Italien, Spanien, Portugal, Südfrankreich, Korfu, Malta, Algerien und Tripolitanien, die Kanarischen und Bermudainseln, die Kanalinseln, die Niederlande und Irland. Abnehmer sind die Industrieländer Europas (vgl. Bd. II).

**Gemüse** kommt nur in kleinen Mengen auf den Weltmarkt.

Möhren, Pastinak, Rettiche, Radieschen, Meerrettich, weiße Rüben und Runkelrüben (Mangold), Kohlrüben und Kohlrabi, Sellerie, Petersilie, Zwiebeln, Spargel, Zichorienwurzeln, Gurken, Melonen, Tomaten sind die bekanntesten Wurzel- und Frucht-, Kohl (Blatt-, Winter-, Rosen-, Wirsing-, Blumen-, Spargelkohl, Weiß- und Rotkraut) mit zahlreichen Blattpflanzen (Spinat, Zichorie, Sauerampfer usw.) die bekanntesten krautartigen Gemüsepflanzen.

Auf den Weltmarkt kommen Zwiebeln aus Südeuropa (Spanien, Italien) und Ägypten, Spargel aus Italien und Südfrankreich, Tomaten aus Spanien, Italien, Kanarischen Inseln, Algerien als Frühgemüse auf die nördlichen europäischen Märkte, ebenso wie zwischenstaatlich aus Kalifornien und den „Südstaaten" die industriellen Nordost- und Seenstaaten der Union versorgt werden.

Auch die **Hülsenfrüchte** der gemäßigten Klimazone (Bohnen, Erbsen, Linsen) kommen wenig in den Welthandel, obwohl sie, besonders im gemäßigten Ostasien, als Fleischersatz eine große Rolle spielen.

Bohnen kommen aus Ägypten, Sojabohnen aus der Mandschurei zur Ausfuhr.

**Gemüse- und Hülsenfruchtkonserven** sind eher als die frischen Produkte auf den Weltmarkt zu bringen. Der Handel ist jedoch bisher noch nicht sehr umfangreich.

Das meist leicht verderbliche **Obst** wird in großen Mengen an Ort und Stelle verzehrt und innerhalb der Produktionsländer auf geringere Entfernungen verschickt. Im Welthandel sind nur wenige Obstarten von Wichtigkeit.

Kanadische, australische und kalifornische, böhmische und Schweizer Äpfel, gedörrte Pflaumen aus Jugoslawien, Südfrankreich und Kalifornien, Haselnüsse aus Kleinasien, Spanien, Italien, Südfrankreich, Walnüsse aus Frankreich, Spanien, Italien usw., Weintrauben aus Spanien, Italien, Portugal, Frankreich (,Kalifornien), Korinthen aus Griechenland, Rosinen aus Kleinasien, Persien, Spanien,

---

[1]) Die zunehmende Industrialisierung dürfte den Kartoffelkonsum weiter steigen lassen.

[2]) Guatemala nur 3400 T.

[3]) In der Union (s. d.) wie in Australien usw. liefern ebenso die wärmeren Landschaften, die früh ernten, Frühkartoffeln in die kühleren.

Griechenland, Kreta (,Kalifornien) Mandeln aus Italien und Spanien, Feigen aus Kleinasien, Spanien, Italien seien genannt. Noch wichtiger ist der Handel mit Apfelsinen und Zitronen, die ebenfalls besonders aus den warmgemäßigten sommertrockenen (mediterranen) Klimaten (C 6) nach den kühlgemäßigten Ländern (besonders des borealen Klimas D) versendet werden. Dezember bis Mai gehen Apfelsinen (Orangen) in großen Mengen aus Spanien, Portugal und Italien, weniger aus Kleinasien, Syrien, Algerien usw. auf die nördlicheren europäischen Märkte, Zitronen hauptsächlich aus Italien. In Nordamerika versorgt Kalifornien, weniger die Südstaaten, den Nordosten mit Orangen und Zitronen. Oliven des mediterranen Klimas (C 6) kommen für Nahrungszwecke wenig in den Handel.

**Zucker** wird hauptsächlich aus der Zuckerrübe und aus dem Zuckerrohr gewonnen.

Die **Zuckerrübe**, deren Zuckergehalt[1]) 1747 von dem Deutschen Marggraf nachgewiesen wurde, während unser Landsmann Achard 1799 den Weg zur fabrikmäßigen Gewinnung des Zuckers zeigte, gedeiht in nicht zu feuchtem feuchttemperierten (C 7) und in dem nicht zu kalten borealen Klima (D 8 b). Hauptbedingung ist tiefer fruchtbarer Boden und Spätsommerwärme. Selbst Steppen- (B 3) und Wüstenklimate (B 4) wie auch das sommertrockene mediterrane Klima (C 6) sind für die Zuckerrübe wohl geeignet, sobald künstlich bewässert werden kann und tiefgründige, nährstoffreiche Böden vorhanden sind. In sehr feuchten, gar heißfeuchten Klimaten, überhaupt in der Tropenzone (A), ist ihr Anbau ausgeschlossen.

Die Weltproduktion von Rübenzucker betrug 1913/14 etwa 8,9 Mill. T. = 47,1% der gesamten Zuckerproduktion von 18,93 Mill. T. 1920/21 nur 28,2%, 1921/22: 28,2% (5,05 Mill. T.) von 17,92 Mill. T. Zucker, 1922/23: 28,9% (5,26 Mill. T.) von 18,22, 1923/24: 5,9 Mill. T. von 19,7, 1924/25: 8 von 22,6 Mill. T. Zucker.

Europa lieferte 1913/14 mehr als 90, 1922/23 gegen 90% der W. von Rübenzucker oder 25% der W. von Zucker. Beteiligt waren in Prozent der W. von Zucker 1909/13 bzw. 1922/23: Deutschland 14,2 (8), Österreich-Ungarn 9,5 (Tschechoslowakei 4, Ungarn 0,5, Österreich 0,1%), das Europäische Rußland 9,5 (1,1), Polen 1922/23: 1,7%, Frankreich 4,5 (2,7), Belgien 1,6 (1,5), die Niederlande 1,4 (1,4), Dänemark 0,8 (0,5), Schweden 0,9 (0,4), Italien 1,2 (1,6), Spanien 0,7 (0,9) %, ferner Rumänien, Bulgarien, Jugoslawien 0,6 %. Vgl. bei den einzelnen Ländern in Bd. II.

In Nordamerika kommt die Union mit 3,9 (3,8), Kanada mit 0,1% in Betracht.

An einigen anderen Stellen der Erde sind Versuche oder kleinste Anfänge des Zuckerrübenbaues im Gange. In Europa haben Großbritannien und Finnland sowie die Schweiz die Zuckerfabrikation aus Rüben aufgenommen. In Asien versuchte man erfolglos bei Minussinsk (in Mittelsibirien), mit Erfolg in Kleinasien, Turkestan, Vorderindien (Nordwesten), in der Mandschurei, in Korea und auf Jesso

---

[1]) Es gelang, die Ausbeute von 5—6% auf 15—18% durch Züchtung zu steigern. Nach einer Zeitungsnotiz vom September 1924 ist es einem amerikanischen Gelehrten gelungen, auf rein chemischem Wege Zucker zu erzeugen (s. S. 20).

(Japan), auch in Nordchina die Zuckerrübe anzubauen; in Australien (Neusüdwales) und auf Neuseeland, in Afrika (Ägypten und Transvaal), in Mexiko und Südamerika (Chile, Argentinien, Uruguay) sind Versuche im Gange.

Eine nebensächliche Bedeutung hat der **Ahornzucker**, den man vereinzelt dort, wo die Zuckerrübe nicht mehr gedeiht, vor allem im borealen südöstlichen Kanada und in der benachbarten nordöstlichen Union aus dem im Vorfrühling bis 27% Zucker enthaltenden Saft der Ahornbäume gewinnt.

**Zuckerrohr**[1]) kann nur noch in den wärmsten und zugleich feuchten, südlichen Randgebieten der warmgemäßigten Zone (C) produziert werden und die Zuckerproduktion daraus steht hinter der der tropischen Klimazone (s. S. 138) zurück. Hauptsächlich kommen die wintertrockenen (sommerfeuchten) Klimagebiete C 5: Nordindien — ganz Indien 16% der W.; China, Formosa und Japan 2,2; Ostaustralien 1% der W.) und verhältnismäßig kleine Flächen der warmen, sommertrockenen (mediterranen; C 6) und feuchttemperierten Klimagebiete (C 7) in Betracht (s. Bd. II), in Südeuropa, in den Südstaaten der Union usw.

**Gewürze** der gemäßigten Zone kommen nur noch in verhältnismäßig sehr geringen Mengen in den Welthandel, etwas Kümmel aus Holland, ein wenig Anis, Safran (Spanien), spanischer Pfeffer (Spanien, Ungarn usw.) usw.

**Getränke** liefert den Bewohnern der gemäßigten Klimazone (C, D) vielfach das Obst (Apfelwein z. B. im weinlosen Nordfrankreich, Nordspanien, Südchile, auch Deutschland; Johannisbeer-, Stachelbeer-, Heidelbeerwein usw.; Limonaden mit Zitronen-, Himbeersaft usw.). Welthandelsbedeutung haben Obstweine nicht. Wichtiger sind Bier und Wein, ebenfalls bodenständig in dieser Zone.

Zur Bierbereitung gehört außer dem Gerstenmalz (s. S. 120 Anm. 2) der **Hopfen.** Diese Kletterpflanze gedeiht am besten in den kühleren Teilen des feuchttemperierten Klimas (C 7).

Die Weltproduktion war im Durchschnitt 1909/13 nur 72700, 1922 etwa 51000, 1923 höchstens 31000, 1924: 60500 T. groß. Die Antialkoholbewegung und die Abnahme der Wohlhabenheit infolge des Weltkrieges haben dem Hopfenbau und dem Bierkonsum starken Abbruch getan.

1909/13 (1924) waren an der Weltproduktion beteiligt: in Europa: Großbritannien über 21 (über 37), Deutschland 21 (9,3), Österreich-Ungarn über 18 (Tschechoslowakei über 16,5, Jugoslawien gegen 2), Frankreich über 4 (9,3), Belgien und Holland gegen 4 (Belgien gegen 3), Polen über 2, Rußland (mit Polen ?) über 4 (1924: ?) % der W. Australien liefert ungefähr 0,6, Neuseeland vielleicht ebensoviel, Nordamerika etwa 29 (19½) % der W., nämlich Kanada vielleicht ½, die Union 28,4% (19%) der W.

Prohibitivgesetze, wie sie in Nordamerika bereits erlassen sind, werden wahrscheinlich auch in dem verarmten Europa eingeführt werden müssen. Die **Bierproduktion** (1912: 331,1 hl) war am größten in der Union (22,4), Deutschland (21,1), Großbritannien (7,8), Österreich-Ungarn 7,5), Belgien (5), Frankreich (4,8% der W.), ist aber wohl stark zurückgegangen. Der Konsum

[1]) H. Paasche, Die Zuckerproduktion der Welt. Leipzig 1905. — T. Zeller, Der Kampf zwischen Rohr- und Rübenzucker. Leipzig 1920. — Kempski, Die Zuckerrohrkultur. Berlin 1924.

war besonders groß im europäischen Aktionsfeld, in Belgien, Großbritannien, Deutschland (Bayern) usw., doch hat er stark abgenommen.[1]) Deutschland, Großbritannien und die Tschechoslowakei sind Ausfuhrländer (in alle Welt).

**Branntwein** wird in der gemäßigten Zone aus verschiedensten bodenständigen Rohstoffen hergestellt, im borealen Deutschland[2]), Polen und Rußland besonders aus Kartoffeln und Roggen, in den Obstgegenden aus Obst, in den Maisländern (Ungarn, Union usw.) aus Mais, in Japan und China aus Reis, in den Weinländern aus Wein, in Nordfrankreich auch aus Rüben.

Die **Weinrebe** kommt am besten in den sommertrockenen (mediterranen) Klimaten (C 6) fort; hier liegen bei weitem die wichtigsten Anbaugebiete. In den wärmeren und trockneren Teilen der feuchttemperierten Klimagebiete (C 7) und in den südlichen Randgebieten der borealen Zone (D 8 a und D 8 b)[3]) gedeiht sie auch noch, ferner in den Tälern der ein- und angeschlossenen Steppengebiete (B 3, wie in den Tälern der spanischen Meseta und Südrußlands).

Die Weltproduktion war 1901/05 im Durchschnitt auf etwa 151—159 Mill. hl, 1910 auf 103, 1917 etwa 133, 1922 und 1923 auf je etwa 170, 1924: 181 Mill. hl zu schätzen. Sie schwankt ziemlich stark von Jahr zu Jahr, je nach der Witterung.

An ihr waren beteiligt im Durchschnitt 1901/05 (1922) Europa mit 90 (1924: 88) $^0/_0$, nämlich Frankreich fast 35 (1924: über $37^1/_2$), Italien über 25 (gegen 24), Spanien 12 (12), Portugal 3,2 (3), Österreich-Ungarn 5,3 (Ungarn über 2,6, Jugoslawien 2,4, Tschechoslowakei an 0,2, Österreich 0,4 $^0/_0$), Deutschland 2,2 (1), Schweiz 0,7 (0,4), Rußland 1,8 ( ? ), Rumänien 0,8 (1,8), Bulgarien 1,2 (0,7), Griechenland gegen 1 (mit Inseln [ ?] über 1,3 ?).

Asien: Türkisches Reich 1,3 ( ? ), Persien fast nichts.[4])

Australien liefert aus dem mediterranen Klimagebiet C 6 über 0,26 (0,33) $^0/_0$ der W. und wird den Anbau wohl noch ziemlich steigern.

Afrika erzeugt nur im Norden (Algerien 4,1 [5,4], Tunesien 1924: 0,4, Ägypten fast nichts, Kanarische Inseln, Madeira, Azoren 0,07 $^0/_0$) und Süden (Kapkolonie 0,13 $^0/_0$) Wein.

---

[1]) Nach dem Chamb. of Comm. Atlas betrug er um 1922 in Belgien noch 128, in Großbritannien 85, in Dänemark 73, in Australien über 55, in Neuseeland über 45, in Deutschland 39, in Norwegen 33, in Schweden 30, in der Schweiz 28, in den Niederlanden über 25, in Frankreich und Kanada je 22 Liter pro Kopf. Ein Haupttriumph der Ententebrüder von 1914 ist die Abnahme des Konsums an Bier, Kaffee, Weizen, Roggen und anderen Verbrauchsartikeln in Deutschland (durch den Krieg). Difficile est satiram non scribere. Die Verein. Staaten haben neuestens (offiziell) volle Abstinenz auf ihr Panier geschrieben. Im deutschen Biersteuergebiet wurden auf den Kopf der Bevölkerung 1913: 102,1, 1918 (ohne Elsaß-Lothringen) 25,2, 1921: 54,3 Liter verbraucht. Die Weltproduktion von Bier soll 1923 nur 110 Mill. hl betragen haben.

[2]) Der Branntweinverbrauch ging in Deutschland von 5,4 Liter 1913 auf 1,9 Liter 1918/19 und 4,1 Liter 1921/22 zurück.

[3]) Hier wie überhaupt in der Nähe der Nordgrenze ihres Anbaues, die von der Loiremündung über Grünberg (Schlesien) nach dem Asowschen Meere verläuft, werden mehr herbe, bukettreiche Weine erzielt; gegen Süden werden die Weine süßer und alkoholreicher. Jenseits der europäischen Nordgrenze werden noch Weinbeeren zum Genuß geerntet, aber die Kelterei hat infolge der internationalen Konkurrenz aufgehört. Über Weinqualitäten und Klima vgl. Peterm. Mitt. 70, 1924, S. 113 f.; von Babo u. E. Mach, Handbuch des Weinbaues und der Kellerwirtschaft. Kellerwirtschaft, 5. Aufl. Berlin 1921 f.

[4]) 1000 hl. In Cypern, Transkaukasien, Turkestan, Ostturkestan, Nordchina, Pandschab und Kaschmir (Indien) wird ebenfalls etwas Wein erzeugt, doch wenig, wegen des Weinverbots des Islam und in Ostasien wegen der feuchtwarmen Sommer, die die Traubenreife beeinträchtigen.

Nordamerika ist ziemlich weinarm. Kanada erzeugt fast nichts[1]), die Union 1 (1917 wenig über 1,2) %, Mexiko fast nichts.[2])

In Südamerika kommen hauptsächlich Argentinien mit 1,2 (3), Chile 1,8 (1,2), Brasilien 1922: 0,3, Perú 0,2, Uruguay 0,1, Bolivia 0,04% der W. in Betracht.

Tee, Paraguaytee und Kaffee wachsen nach Köppens Klimaklassifikation ja noch zum Teil in gemäßigtem Klima, d. h. zum Teil im gemäßigten Höhenklima der tropischen Zone (A), aber Kakao muß aus der Tropenzone eingeführt werden.

Der **Tee**[3]) (Camellia theifera [Griffith] Dyer) hat nur in den Formen des chinesischen und des Assamtees wirtschaftliche Bedeutung.

Der chinesische Teestrauch mit schmalen Blättern verträgt noch Kältegrade, braucht aber heiße Sommer, der Assamteestrauch mit breiten Blättern möchte ein frostfreies Klima finden. Beide Formen beanspruchen reichliche Sommerregen und wegen der Pfahlwurzel tiefgründigen Boden. Der Assamtee trägt reicher und die Blätter enthalten mehr Extraktivstoffe, aber das Aroma des chinesischen Tees wird vorgezogen. Die Monsunländer Südostasiens, und zwar Köppens warmgemäßigte wintertrockene (sommerfeuchte) Klimagebiete (von Chinatypus; C 5) erzeugen (China, Assam) am meisten Tee; dazu treten die feuchttemperierten Landschaften Südjapans (C 7) und die feuchttemperierten (tropischen) Gebirgslandschaften Ceylons und Javas (C 7).

Die Weltproduktion[4]) wurde vor dem Kriege auf etwa 600000—750000 T. geschätzt.

Infolge des Krieges, der die Kaufkraft der europäischen Länder fast allgemein herabsetzte und Rußland als Konsument ausscheiden sah, trat zeitweise eine Absatzkrisis infolge Überproduktion ein. Da die Nachfrage hinter der Produktion um ungefähr 1/4 zurückblieb, konnte nur Einschränkung des Anbaues helfen. Die Produktion beschränkt sich in der Hauptsache auf Südostasien, wo nicht nur die Lebensbedingungen des hier heimischen Teestrauchs und die klimatischen Bedingungen für ergiebige Blattpflücke sehr gut erfüllt sind, sondern auch geeignete und billige Arbeiter reichlich zur Verfügung stehen.

China soll über die Hälfte der W. (etwa 400000 T.?) hervorbringen, bleibt jedoch hinsichtlich der Pflücken (s. S. 9) und wegen rückständiger Bearbeitungsmethoden auf dem Weltmarkt hinter dem Wettbewerb Indiens und Ceylons zurück. Sein Anteil an der Versorgung des Weltmarkts, der wohl zurzeit kaum mehr als 300000 T. aufzunehmen vermag, ist immer geringer geworden. Indien (Assam) liefert am meisten Tee (20 bis gegen 25% der W., an 44% der auf

---

[1]) 1917: 12000, 1922: 2100 hl.

[2]) 1917: 6000, 1922: 10350 hl.

[3]) Kak. Okakura, Das Buch vom Tee. Deutsch von M. u. U. Steindorff. Leipzig 1922. — Kempski, Die Teekultur unter besonderer Berücksichtigung der Verhältnisse in Niederländisch-Indien. Berlin 1923.

[4]) Die Teeausfuhr belief sich 1923 auf 141100 T. aus Britisch-Indien, 82500 T. Ceylon, 40100 Niederländisch-Indien, 28400 China, 19600 T. Japan und Formosa, 1000 T. andere Länder — 309600 T. im ganzen gegen 1890: 204950 T. (China über 50%), 1900: 273900, 1910: 338100, 1913: 350900, 1919: 380900 T. Der Teeverbrauch belief sich in Großbritannien (1923) auf 178000, in Rußland (1913) 75800 (1410), der Union 47500, Australien und Neuseeland 23500, Kanada (1921) 16500, den Niederlanden (1923) 16000, Deutschland (1922) 2790 (1924: 4060) T.

den Weltmarkt kommenden Menge), dann folgen wohl Ceylons Gebirgsland (gegen 12% der W., 25% Wm.) und Südchinas Hügelland (11% des Wm.), dann die niederländisch-indischen (gegen 7% der W. und 14% des Wm.) und japanischen Produktionsgebiete (C 7 a; 6% der W. und 7% des Wm.).

Von kleinen Produktionsländern gemäßigten Klimas ist in Asien noch der Westen Transkaukasiens (C 7 a) zu erwähnen; die Produktion Australiens und Ozeaniens ist geringfügig; in Afrika sind Natal und Nyassaland (C 5) besonders erwähnenswert. In Nordamerika gedeiht der Teestrauch in Carolina und Texas, überhaupt in den „Südstaaten" (C 7 a) wohl, aber es fehlt an den billigen Arbeitern. In Südamerika kommt Brasilien in Betracht. Aber hier machen die Blätter von Ilex Paraguayensis dem Yerba Mate, der den **„Paraguaytee"**[1]) liefert, Konkurrenz; der Baum wächst in Südbrasilien, Paraguay und im argentinischen Territorium Misiones (C 7 a). Die Weltproduktion beträgt um 100000 T. Argentinien, weniger die anderen südamerikanischen Länder, kaufen diesen Tee.

**Kaffee**bäume[2]) sind in vielen Formen in Afrika heimisch; wenige nur werden genutzt, besonders der arabische Kaffeebaum, der für die tropischen wintertrockenen Hochländer mit gleichförmigem warmgemäßigten Klima und reichlichen Niederschlägen (C 5) charakteristisch ist, der liberianische Kaffeebaum aus dem westafrikanischen heißfeuchten Niederungsklima und Coffea robusta aus Zentralafrikas Urwaldklima (A 1).

Die Weltproduktion ist zurückgegangen; für 1917/18 soll sie über $1^1/_3$ Mill., 1918/19: 853000, 1920/21: 1,16, 1922/23: 1,62 Mill. T. betragen haben. Die wichtigsten Produktionsländer sind Hochlandgebiete Amerikas.

Brasilien mit (1922/23) 70% der W. beherrscht den Weltmarkt. Es sind ferner beteiligt Venezuela mit 4, Colombia[3]) 6,7, Insel Haiti 1,7, Guatemala 2 und Salvador etwa 3, Mexiko $2^1/_2$, Portorico $1^1/_4$, Java über $1^1/_2$ (Niederl.-Indien 3), Vorderindien 0,6, Abessinien gegen $1^1/_2$ (?), Costarica über 0,7, Nicaragua um 1, Arabien 0,4%. Kleinere nennenswerte Ernten liefern in Asien Sumatra, Celebes, Bali, Lombok, in Oceanien die Hawaii-Inseln und Neukaledonien, in Afrika Angola, Deutsch-Ostafrika (Tanganyika Territory), Kenya Territory, in Amerika Honduras, Cuba, Jamaica, Guadeloupe und Martinique. Vgl. die einzelnen Länder.

Der Konsum von Kaffee betrug in den wichtigsten Ländern 1913 (1923) in Deutschland 164000 (39000; 1924: 54900), in Österreich-Ungarn 59000 (Österreich 6000, Tschechoslowakei 14100, Jugoslawien 9200, Ungarn 1100), in Großbritannien und Irland 13000 (16000), in Frankreich 115000 (172000), Italien 28000 (48000), Niederlanden 53000 (31000), Belgien 42000 (mit Luxemburg 41000), Vereinigten Staaten 390000 (617000) T.

Von den **Reizmitteln** wird in der gemäßigten Klimazone (C, D) noch der **Tabak**[4]), obwohl er im tropischen Gebiet heimisch ist, in großem Umfange

---

[1]) Vgl. Heinze i. Beih. 1 zum Tropenpfl. XIV, 1910.

[2]) Gemeinverständliche Darstellung der Gewinnung, Verwertung und Beurteilung des Kaffees und seiner Ersatzstoffe. Herausg. v. Kais. Gesundheitsamt. Berlin 1903. — Kempski, Die Kaffeekultur (unter besonderer Berücksichtigung der Verhältnisse in Niederländisch-Indien). Berlin 1924.

[3]) Colombias (s. d.) Produktion ist in den letzten 10 Jahren außerordentlich gewachsen.

[4]) Jac. Wolf, Der Tabak und die Tabakfabrikate. 2. Aufl. Leipzig 1922. — Busse, Klima und Tabakbau (Tabakmarkt 17, 1922, Nr. 9 u. 10).

angebaut, sowohl Zigarren- als Zigarettentabak.[1]) Beide stammen in der Hauptsache von Nicotiana tabacum ab. Wenn auch die besten Qualitäten des Zigarrentabaks aus den Tropen (A) kommen, so stammt doch bei weitem der größte Teil des verwendeten Tabaks aus unserer Zone (C 7). Reichliche Feuchtigkeit und tiefer, fruchtbarer Boden sind unbedingt für den Anbau von Zigarrentabak nötig. Tiefebenen sind die wichtigsten Produktionsstätten. Für den Zigarettentabak ist das sommertrockene (mediterrane) Klima (C 6) am günstigsten.

Die Weltproduktion von Tabak kann auf etwa $1^1/_4$—$1^1/_2$ Mill. T. geschätzt werden.[2])

Am meisten liefert Amerika (die Union gegen $40^0/_0$ der W., Brasilien $4^3/_4$, Cuba 1, Dominikanische Republik $^1/_2$, Mexiko und Argentinien je $^1/_2$—$^3/_4$, Kanada und Paraguay etwa $^1/_2$, Portorico $^3/_4$, Colombia $^1/_2$, Ecuador, Chile weniger). Die Produktion Asiens ist nur unvollständig bekannt, da von China keine sicheren Daten vorliegen. Indien ist das wichtigste asiatische Produktionsland mit 15—$20^0/_0$ der W., Japan $4^1/_2$, Java und Sumatra 2,8, Philippinen $1^1/_2$—2, Asiatische Türkei 1 (?), Russisch-Asien $^1/_2{}^0/_0$ der W. Australiens Produktion ist minimal. In Afrika ist die Eigenproduktion der Neger unbekannt. Für den Weltmarkt haben fast nur die Tabake des Atlaslandes und Südafrikas Interesse. Europa liefert am meisten Tabak in (Süd-) Rußland und in der Ungarischen Tiefebene, ferner in Deutschland und im thrazisch-mazedonischen Küstengebiet, das nun an Griechenland (5,5) gefallen ist; auch Bulgarien (2) erzielt große Tabakernten. Von der Balkanhalbinsel, vom Schwarzmeergebiet Rußlands und den Küsten Kleinasiens kommen die besten Zigarettentabake. Frankreich erzeugt etwa $1^1/_2$, Italien ($1^1/_2$—$2^1/_2$), Österreich, Rumänien, Jugoslawien je $^1/_2$—$1^0/_0$ der W., Schweden, die Schweiz, Belgien, die Niederlande viel weniger. Vgl. die einzelnen Länder in Bd. II.

**Opium**[3]), der eingetrocknete Milchsaft aus den unreifen Kapseln des Schlafmohns (Papaver somniferum) gedeiht im warmgemäßigten Klima (C) und wird am meisten in China und Nordindien (warmes, wintertrockenes Klima; C 5) angebaut; für Arzneizwecke ist wertvoller die (kleine) Produktion der Hochsteppen Persiens und Kleinasiens und die Mazedoniens (sommertrockenes Mediterranklima; C 6).

Von **Arzneipflanzen**[4]) der gemäßigten Klimazone seien die Pfefferminze (Union, Japan), das Süßholz, besonders im Mediterran- und im Steppenklima Vorderasiens und Südeuropas (C 6; B 3), der Rhabarber (Osttibet und Westchina, boreales Klima, D 8, auch in Europa angebaut) und Kampfer (warmgemäßigtes Klima: Formosa, Südchina, Südjapan, C 5, C 7), der auch industriell (in der Zelluloidindustrie) verwendet wird, genannt. Terpentinöl s. S. 137, Chinarinde s. S. 140.

**Duftblumen** für Genuß und Parfümerien werden am meisten im sommertrockenen Klima (C 6) Italiens und Frankreichs (Riviera) gezogen und zum Teil frisch versandt nach nördlicheren Ländern, zum Teil extrahiert. Auch im feuchttemperierten Klima (C 7; Miltitz bei Leipzig, Irland, Bulgarien usw.) gedeihen Duftblumen gut

[1]) Die Verwendung des Tabaks als Pfeifen-, Kautabak, Schnupftabak steht immerhin zurück.
[2]) Dabei ist aber die Produktion Chinas nicht mit inbegriffen.
[3]) A. Jermstad, Das Opium. Wien u. Leipzig 1921.
[4]) Vgl. A. Tschirch, Handbuch der Pharmakognosie. Mehrere Bände. Leipzig seit 1909.

und werden auf ätherische Öle verarbeitet.[1]) Geraniumöl Algeriens, Eucalyptusöl Australiens seien ferner erwähnt.

**Öle,** die zum Teil als Nahrungsmittel, zum Teil als technische Rohstoffe verwendet werden, liefern in der gemäßigten Klimazone hauptsächlich Raps, Rübsen, Lein, Hanf, Sojabohne, Baumwolle, Sonnenblume, Ölbaum und Sesam, doch hat unter der Konkurrenz der eingeführten tropischen Ölstoffe und Öle der Anbau an Umfang im allgemeinen eingebüßt.

Raps und Rübsen werden am meisten im warmgemäßigten nördlichen Vorderindien (C 5), und zwar während des trockenen Winters, angebaut, ferner wird Rapsbau in Nordchina, Südrußland, Rumänien und im feuchttemperierten Küstengebiet (C 7) von Nordfrankreich bis Südschweden betrieben. Vorderindien ist wichtigstes Ausfuhrland, Deutschland, Großbritannien, die Niederlande sind die wichtigsten Herstellungsländer des Raps- und Rüböls.

Leinsaat wird von Flachsformen mit mehr oder weniger ölreicher Saat in vielen Ländern gemäßigten Klimas (C, D) gewonnen. Hauptproduzenten sind (Weltproduktion 1923: 2520000 T.) Argentinien (48%), Vorderindien (über 21%), die Union (über 17%), Kanada (7%), (Süd-) Rußland (6,5%), kleinere China, Uruguay, Marokko usw. Große Mengen Leinöl stellen her die Union, Großbritannien, die Niederlande, Deutschland, Frankreich, Belgien. Ausfuhrländer dafür sind besonders die Niederlande und Großbritannien.

Hanfsaat gewinnen am meisten (Süd-) Rußland, Italien, Ungarn (s. S. 134).

Die Sojabohne[2]) wird in der Mandschurei, in China, Korea und Japan, neuerdings auch in größerem Umfang in den Vereinigten Staaten (C 7 a) angebaut in borealem (D 9 a) und feuchttemperiertem Klima (C 7 und C 5). Sojabohnenöl wird am meisten in der Mandschurei erzeugt, viel wohl auch in China und Japan, ferner in Deutschland, Dänemark, Großbritannien usw.

Die Sonnenblume (Helianthus annuus) aus Mexiko, mit ölreichen Samen, wird besonders in Südrußland, Transkaukasien, Ungarn, Italien und Vorderindien angebaut.

Der Ölbaum[3]) ist so gut wie ausschließlich im warmgemäßigten, sommertrockenen mediterranen Klima (C 6) verbreitet. Von den etwa 840000 T. Olivenöl, die man durchschnittlich bei großen Schwankungen hier gewinnt (1920/21: 907000, 1921/22: 510000 T.), entfallen um $^1/_3$ auf Spanien, 23 bis 25% auf Italien, 8—15% Griechenland (davon 2—5% Kreta), 5—6% Portugal, 4—8% Algerien, 3—4% Tunesien, Südfrankreich 2—6%, um 4% Kleinasien, kleinere Werte auf Istrien und Dalmatien, Syrien, Cypern, Persien, Mesopotamien, Tripolitanien, Marokko, Kalifornien, noch weniger auf Südaustralien, Südafrikanische Union (Kapkolonie), Chile (vgl. die einzelnen Länder). Spanien, Italien, Griechenland, Kleinasien, Tunesien, Algerien

[1]) Eine wichtige Quelle sind die jährlichen Berichte von Schimmel & Cie., Miltitz.

[2]) Kempski, Die Sojabohne. Berlin 1924.

[3]) Th. Fischer, Der Ölbaum. Gotha 1904. (Erg.-H. 147 zu Peterm. Mitt.) Jos. Bonnet, L'Olivier, Paris 1924, gibt die Anbauflächen (und die Ölproduktion) folgendermaßen an: Griechenland 3200 qkm (50000 T.), Türkei 22000 qkm, Jugoslawien 510 qkm, Italien 22000 qkm (210000 T.), Spanien (1919) 16000 qkm (325000 T.), Portugal 3300 qkm (35000 T.).

sind Ausfuhrländer, die Union, Frankreich, Großbritannien usw. Haupteinfuhrländer.

**Sesamarten**, besonders Sesamum indicum, mit sehr ölhaltigen Samen, kommen im warmgemäßigten, wintertrockenen Klima (von Chinatypus; C 5) — Nordindien, China, Burma — am meisten, weniger in sommertrockenen (mediterranen) Klimaten (C 6; Vorderasien, Balkanhalbinsel, Malta) und im feuchttemperierten Klima (C 7 a; Japan, Südstaaten der Union), viel ferner in den periodisch trockenen tropischen Savannenklimaten (A 2; Dekhan, Siam, Nordceylon, Afrika) zum Anbau. Vorderindien und China sind Hauptausfuhrländer.

**Rizinussaat** (s. S. 140), in den Ländern von Chinatypus (C 5) wie im mediterranen Klima (C 6) zu erzeugen, spielt eine geringe Rolle.

Da zurzeit **Baumwollsaat**[1]) bei weitem am meisten in der warmgemäßigten Klimazone (C) wächst (Vereinigte Staaten, Nordchina usw.), sei hier auf diese massenhaftest verarbeitete Ölquelle, der keine der anderen nahekommt, hingewiesen. Die Union ist ein Ausfuhrland für Baumwollsaatöl, Ägypten, Vorderindien von Baumwollsaat. Einfuhrländer des ersteren sind die europäischen Industrieländer, für Saat besonders Großbritannien.

Die **Erdnuß** kommt im warmgemäßigten Klima (C; China, Union usw.) noch fort, selbst im mediterranen Klima (Spanien), gibt aber weniger Öl (s. S. 141) als im tropischen Klima (A 2). China und Oberburma sind Ausfuhrgebiete warmgemäßigten Klimas für Erdnüsse.

### b) Erzeugung von technisch wichtigen pflanzlichen Rohstoffen.

Zur **Kleidung** und zum Schmuck dienen in der gemäßigten Klimazone (C, D) hauptsächlich **Flachs**, **Hanf** und **Baumwolle**.

Der **Flachs**[2]), meist Linum usitatissimum var. vulgare, wird für Fasergewinnung im feuchttemperierten Klima (C 7) und in seenahen oder Gebirgslagen des borealen Klimas (D 8b), hauptsächlich in Europa angebaut.

Die **Weltproduktion** wurde 1908 zu 953800, 1909: 692300, 1909/13: 755000 T. berechnet. Seit dem Ausscheiden Rußlands ist die Produktion der Erde nicht mehr genauer bekannt; man schätzte die Weltproduktion 1920 auf 350000, 1922: 305000, 1924: 400000 T.

1909/13 lieferte **Rußland** gegen 75,5% (Sowjetrußland 1924 an 30%, Polen 10%, Litauen $7^1/_2$, Lettland $6^1/_2$, Estland über $2^1/_2$%), Österreich 3,2% (Deutschösterreich 1924: 0,8%, Tschechoslowakei 3,2%, Jugoslawien 2,2%), Ungarn 1,7 (0,6%), Belgien 3,1 (6,8) %, Frankreich an 2,5 ($2^2/_3$),, Großbritannien (Irland) 1,4 (1,6), Niederlande 1 (1,5), Rumänien 0,4, Deutschland (1913) $1^3/_4$ (7 ?), Italien 0,6%, ferner in Europa noch Finnland, Serbien, Spanien, Schweden, Bulgarien kleine Mengen. Wegen Ausbleibens der russischen Zufuhren vergrößerten die nordwesteuropäischen Staaten ihre Anbauflächen. In **Asien** bemüht sich Vorderindien, Fasern zu erzeugen, Kleinasien und Sibirien (1909/13: 7,6, jetzt 10%) bringen ein wenig hervor, Japan 0,3 (1,2) % der W. **Südostaustralien** mit seinem feuchttemperierten Klima steigert seine kleine Produktion; in Neuseeland vertritt Phor-

[1]) Weltproduktion um 8 Mill. T.

[2]) Ant. Brosch, Der Flachs in der Fachliteratur. Berlin 1922. Vgl. Wirtschaftsdienst 1923, S. 1146.

mium tenax unseren Flachs. In Afrika versuchen die Engländer, die Kenyakolonie heranzuziehen (etwa 0,3% der W.); auch Ägypten bringt etwa 0,4% der W. hervor. Starkes Wachstum zeigte der Flachsbau auf Fasern zur Kriegszeit in den borealen, sommerfeuchten Gebieten (D 8 b) Südostkanadas und der nordöstlichen Union (Lorenzseengebiet); doch scheint neuerdings der Anbau (Kanada 1924: 0,12% der W.) wieder sehr zurückgegangen zu sein. Auch die kleine Produktion des valdivianischen Chile (C 7 b) verspricht sich vielleicht zu vergrößern. Ausfuhrländer sind Rußland, Lettland, Estland, die Niederlande und Frankreich, Japan usw. Einfuhrländer: Belgien, Großbritannien, Deutschland, die Union, Australien usw. Leinenindustrie betreiben besonders Großbritannien, Frankreich, Deutschland, Böhmen (Tschechoslowakei), Belgien und Rußland.

Der gemeine Hanf (Cannabis sativa) wird, mehr in warmgemäßigten Gebieten, zur Faserproduktion nur in ziemlich geringem Umfange angebaut, und sie dient wohl mehr der Herstellung von Seilerwaren als der von Kleidungsstoffen (Südrußland).

Um 1910 schätzte man die Weltproduktion auf etwa 360000 T.; im Durchschnitt 1909/13 betrug sie etwa 550000 T. (1924 wohl nicht mehr als höchstens 440000 T.[1]); davon lieferten Rußland (hauptsächlich die Ukraine) 56% (Sowjetrußland 1923: 50% ?, Polen 4,5), Italien 15,1 (13,7) %, das alte Ungarn 9,5 (das neue 1,44) %, das alte Österreich $2^3/_4$ (das neue 0,08%, die Tschechoslowakei 2,15) %, Frankreich 2,4 (1,1) %, Spanien 2 (2) %, Deutschland 0,1 (1,4) %, Serbien $1^1/_3$ (Jugoslawien 3,8) %, Rumänien 0,36 (2,5) %, Bulgarien 0,2 (0,5) %; in Asien das Asiatische Rußland 1909/13 gegen 6,6 (7 ?) %, China 3—4, Korea 1,36 (4,8) %, Japan 0,7 (3,1) %, Syrien 1922: 0,36%, in Amerika die Union (1909) 0,9 (0,23) %, Chile 0,1 (0,4) %.

**Baumwolle** wird mit großem Erfolg im feuchttemperierten Klima (C 7 a) der vereinsstaatlichen Südstaaten erzeugt, wo einem regenreichen Frühsommer ein sonniger, trockener Herbst zur Ernte zu folgen pflegt, aber im ganzen mehr menschliche Energie und Betriebsamkeit als Naturgunst das wichtigste Produktionsgebiet der Erde erstehen ließ, und im wintertrockenen Klima (C 5) Nordchinas, wo der Anbau noch wächst.

Die Upland-Baumwolle der Union (Gossypium hirsutum), die wohl aus Mexiko stammt, wird auch hier in China neben einheimischen Formen angebaut. Andere Produktionsstätten der warmgemäßigten Klimate (C) sind unbedeutend.

Die Produktion der 30 Hauptanbaugebiete wurde von dem Internationalen Ackerbauinstitut zu Rom für den Durchschnitt 1917/21 mit 3,45, 1922: 3,31, 1923: 3,36 Mill. T. angegeben. (Aber die Ernte Chinas ist dabei außer Rechnung gelassen; da man sie auf jährlich etwa 4 Mill. Ballen = etwa 900000 T. schätzen kann, so würden sich die genannten Zahlen um diesen Betrag erhöhen und die Weltproduktion 1923 mit etwa $4^1/_4$ [1923/24: 4,7, China 0,45 ?] Mill. T. zu beziffern sein.) Es waren die Vereinigten Staaten 1917/21 und 1923 mit 70 (65), Indien 21,9 (26,5),

---

[1]) Die Ziffer ist ziemlich unsicher infolge Unkenntnis der russischen Ernte, die 1923: 221300 T. betragen haben soll. Auch sonst sind Elemente der Unsicherheit in der angenommenen Summe enthalten. Vgl. Wirtschaftsdienst 1923, S. 1163.

Ägypten 7 (7,8), Brasilien 2,7 (3,56) %[1]) beteiligt. Nennenswerte Anteile hatten ferner in normalen Zeiten Russisch-Asien (um 4% der W.), Peru (0,5%), Persien. Neuerdings gewinnen Korea, Uganda, Nigeria und der Ägyptische Sudan an Wichtigkeit. Die Baumwollindustrie nach der Zahl der arbeitenden Spindeln war 1922/23 am umfangreichsten in Großbritannien (über 36% der 156 Mill.), den Vereinigten Staaten (fast 24%), Frankreich und Deutschland (je 6,1%), Indien (4,7%), Rußland (4,6%), Japan (fast 3½%), Italien (an 3%), Tschechoslowakei (2,2%), China (1,8%), Spanien (1,2%) usw.

Untergeordnete Wichtigkeit für die Textilindustrie hat die **Ramiefaser** von Boehmeria nivea forma chinensis, die besonders im sommerfeuchten südlicheren China (C 5), Japan (C 7) und Formosa (seit alters) angebaut und auf Grastuch (für die heiße Jahreszeit) verarbeitet wird, auch Seile usw. liefert.

Auch die **Jute**[2]) von Corchorus capsularis und (C. olitorius) gehört nach Köppens Klimaklassifikation der warmgemäßigten Klimazone (C) an und wird im unteren Ganges- und Brahmaputratal (Bengalen, Assam usw.), auch in geringem Umfang in China, Japan, Formosa usw. angebaut. Der Anbau im Großen begann seit Mitte des 19. Jahrhunderts. Indien hat praktisch ein Monopol in der Juteerzeugung.[3])

Die Produktion betrug 1910: 1,44, 1915: 1,33, 1920: 1,07, 1921: 0,742[4]), 1922: 0,98[4]), 1923: 1,26, 1924: 1,6 Mill. T. Sie sank während der Nachkriegszeit erheblich, wohl infolge der Absatzkrise, scheint sich nun aber wieder zu erholen. Ausgeführt wurden von der Produktion 1912/13 etwa 50% der Ernte von 1912, in den letzten Jahren weniger als 50%. Der industrielle Verbrauch Indiens nahm bis 1920 stetig zu und hatte sich seit 1910 und 1911 fast verdoppelt. Die Juteindustrie ist die wichtigste Fabrikindustrie Indiens (s. Bd. II). Die britische kann sich nicht entfernt mit ihr vergleichen. Wichtigste Abnehmer der indischen Jute waren 1912/13 wie 1922/23: Großbritannien, Deutschland, die Union, Frankreich.

Pflanzliche **Farbstoffe** (Orseille, Waid, Wau, Färbeginster, Gelb- und Kreuzbeeren, Krapp, Safran, Henna, Indigo usw.) haben neben den künstlichen Farben für die gemäßigte Klimazone nur noch eine geringe Bedeutung.

Von den **Flechtstoffen** seien Strohbänder (China, Japan) für Hüte, Binsen, Stroh, Rohr, Bambus für Matten (China, Japan), Bambus für Möbel usw. (Ostasien), Korbweide (Europa, Nordasien), Besenwurzeln (Poebene, Ungarn) erwähnt.

Von **Gerbstoffen**, die ja auch im Dienste der Bekleidung stehen, kommen Fichten-, Lärchen-, Eichenrinden weniger in den Welthandel als Galläpfel (Vorderasien, Südosteuropa, China, Japan), Valonea (Vorderasien, Griechenland),

---

[1]) Diese im Wirtschaftsdienst 1924, Nr. 6, mitgeteilte Statistik ist mangelhaft, insofern die Summe der Einzelnachweise höher ist als die angegebene Gesamternte und China (s. S. 134) nicht berücksichtigt ist. In der Industrie- und Handelszeitung 1922, 268, wurde die Ernte 1922 nach Schätzungen des Zensusbureaus in Washington zu 3,63 Mill. T. angegeben.

[2]) R. Wolff, Die Jute. Ihre Industrie und volkswirtschaftliche Bedeutung. Berlin 1913. — M. Willms, Zur Frage der Rohstoffversorgung der deutschen Jute-Industrie, Jena 1920 (Probleme d. Weltw., Nr. 34).

[3]) Die Prod. Formosas wird für 1921 in Wirtschaftsdienst 1924, Nr. 7, mit 2300, die Japans mit 1320, die Ausfuhr Nepals mit 13 610, die Chinas mit 1690, die Indochinas mit 390 T. angegeben.

[4]) Die in Wirtschaftsdienst 1924, Nr. 7, oben gegebenen Ziffern der Produktion Britisch-Indiens stimmen mit den Ernteschätzungen nicht überein.

Sumach (Südeuropa), Gerberrinde (Mimosenrinde, Malletrinde usw.) aus Natal und Südostaustralien, Quebrachoholz und -extrakt (Argentinien, Paraguay).

c) Unter den Stoffen zur Herstellung von **Wohnungen** behauptet das **Holz** und verwandtes Material, vor allem in den waldreichen Gebieten[1]), noch immer einen hervorragenden Rang; es wird zugleich durch seinen Gebrauch für Möbel und Hausrat, Tapeten, als Brennholz mit dem Wohnungswesen verknüpft. Es liefert uns auch sonstiges Bau- und Werkholz, Papiermasse usw.

Die Waldgürtel sind klimatisch bedingt. Die der gemäßigten Klimazone entfallen hauptsächlich auf die Gebiete des feuchttemperierten (C 7) und des borealen Klimas (D; s. S. 5).

Der nordische Waldgürtel erfüllt große Teile des gemäßigten Europas, Nord- und Ostasiens und Nordamerikas und mag wohl um 70% aller Waldflächen der Erde umfassen. Seine Nordhälfte (D 8 b und D 8 c, D 9 b und c) umschließt hauptsächlich Nadelholzbäume (Fichten, Tannen, Kiefern, Lärchen) und Birken, seine Südhälfte Mischwald und Laubholzbäume (Eichen, Buchen usw.). Bestände gleichartiger Bäume sind charakteristisch und durch die Forstwirtschaft, die die Nadelhölzer als nutzbarer bevorzugt, zum Ziel gewählt worden. Geringen Umfang hat der südhemisphärische Waldgürtel gemäßigter Breiten (C 7; Chile, Südbrasilien, Neuseeland, Australien). Je nach der Ausdehnung des Ackerlandes, der Volksdichte usw. sind die in den einzelnen Ländern zur Verfügung stehenden Waldflächen sehr verschieden. In Nordwesteuropa ist der Wald stark gelichtet (Großbritannien 4, Niederlande 7, Dänemark 6, Frankreich und Belgien je 18% der Fläche). In Südeuropa besteht er zum großen Teil aus Buschwaldungen (Griechenland 13 (?), Spanien 16 (21 ?), Portugal 34 (17,3 ?), Italien 16 (4 ?), Bulgarien 32 (12 ?), Jugoslawien 30% der Fläche). In Nord-, Mittel- und Osteuropa ist er noch ziemlich reichlich vorhanden (Schweden 49, Norwegen 22, Finnland 60, Estland 20, Lettland 23, Litauen 20, das alte europäische Rußland 39, Deutschland 27, Tschechoslowakei 33, Österreich 38, Polen 23, Schweiz 23, das alte Ungarn 28, das neue 13, das alte Rumänien 20, das neue 23%). In Sibirien werden die Waldbestände auf 20—32% der Fläche geschätzt, Japan ist zu 54% bewaldet, China waldarm. In Neuseeland sind 28% der Fläche bewaldet, in Neusüdwales 8, in Westaustralien 1,7, in Algerien 3,9%. Von Kanada sollen noch 34, von dem Boden der Union 24,7, Mexikos 9, Chiles 36 (27 ?) % bewaldet sein, in Argentinien nur 13,8 und in Uruguay 4%.

Schweden, Norwegen, Finnland, Rußland, das alte Österreich-Ungarn (jetzt Tschechoslowakei und Jugoslawien), Polen, Rumänien, Japan und Neuseeland sind in der Alten Welt die Hauptversorger des Weltmarktes mit Holz, in der Neuen Welt Kanada und in abnehmendem Maße die Union, in Zukunft wohl auch Chile. Holzeinfuhrländer sind die großen, zum Teil schon entwaldeten Industrieländer der gemäßigten Zone: Großbritannien, Deutschland, Frankreich usw., auch schon die Union, und die Länder der Trockenzone (Ägypten z. B.). Die Holzindustrien arbeiten überall für den Lokalbedarf. Aber Papiermasse und Papier kommen aus Schweden, Norwegen, Finnland, in der Neuen Welt aus Kanada zur

[1]) H. Vespermann, Bauhölzer und ihre Verbreitung im Welthandel. Leipzig u. Berlin 1914.

Ausfuhr, Zündhölzer besonders von Schweden und Japan, Spielwaren von Deutschland, Frankreich, Japan auf den Markt.

d) Von **Harzen und Lacken** der gemäßigten Klimazone sind Terpentinharz und -öl aus den Südstaaten der Union, Frankreich usw. ziemlich wichtige Handelsartikel[1]), der fossile Bernstein von der tertiärzeitlichen Fichte Picea succinifera wird besonders an der samländischen Küste Ostpreußens, Mastixharz in Vorderasien gewonnen. Chinesischer Talg und vegetabilisches Wachs sind Produkte Ostasiens, Sandarakharz des Atlaslandes, Kaurikopal Neuseelands.

## II. Die Pflanzenwirtschaft der Trockenzone (B 3 und B 4).

In der Trockenzone ist der Pflanzenbau im allgemeinen beschränkt; nur in die Randsteppen und Oasen dringen von den Nachbarzonen einige Nutzgewächse ein, werden jedoch im allgemeinen nur kleine Mengen abwerfen können.

Am wichtigsten sind als Nahrungsmittel Weizen (s. S. 116) und Gerste (s. S. 120), in feuchten Oasen, wie besonders in Ägypten, auch Reis (S. 123f.) und Mais (S. 122).

Auch die Hirsearten (S. 138), Gemüse (Zwiebeln s. S. 125) und Hülsenfrüchte (Bohnen S. 125), Weintrauben (Rosinen S. 125f.), Agrumen (S. 126) und andere Früchte kommen vor, und die Zuckerrübe (S. 126) begegnet sich hier stellenweise mit dem Zuckerrohr (S. 127, Ägypten, Perú). Höchst charakteristisch und wirtschaftlich bedeutsam ist die Dattelpalme am Schatt el Arab (Ausfuhr über Basra, Bagdad und Mohammerah), in Arabien und in den Saharaoasen. Sie ist auch in Südpersien und im nordwestlichen Indien anzutreffen und nach Australien, Südwestafrika, der südwestlichen Union und Nordchile übertragen. Schlafmohn (S. 131), Süßholz (S. 131) kommen vor. Die mexikanischen Agaven bieten ortsübliche Getränke. Gummiakazien liefern im Steppenumkreis der Sahara, besonders am Südrande, in Gummi arabicum einen ziemlich wichtigen Handelsartikel (aus Französisch-Westafrika, Ausfuhrhafen St. Louis, und aus dem Ägyptischen Sudan über Alexandria und Port Sudan). Gummiarten liefern auch die anderen Trockengebiete. Baumwolle gedeiht (bei künstlicher Bewässerung der einjährigen Pflanze zur Vegetationszeit) trefflich, und die Trockenzone (Ägypten, Euphrat-Tigrisgebiet, nordwestliches Indien, Turkestan, Transkaukasien, südwestliche Union, Mexiko, Perú) hat an Menge einen nennenswerten Anteil an der Weltproduktion; liefert auch besonders sichere Ernten und geschätzte Faserqualitäten. Halfa (in den Steppen Innerspaniens, Algeriens, Tunesiens und Libyens) ist einer der wichtigeren Ausfuhrartikel dieser Zone, und Baumwollsaat, im Zusammenhang mit der Faserproduktion, wird nicht nur in Mengen ausgeführt (Ägypten 500000 bis 600000 T.), sondern auch schon stellenweise verarbeitet. Futterpflanzen, zum

[1]) Die Weltproduktion betrug durchschnittlich im Jahre ungefähr 52 Mill. Gallonen (à 3,785 Liter = 1968000 hl) Terpentin (1910/13) und 38 Mill. Gall. (1438000 hl) 1919/20 und 2,9 Mill. Faß (je 127 kg — 368000 T.) Harz (1910/13) und 2,4 Mill. Faß (300000 T.) 1919/20. An der Terpentinproduktion waren beteiligt die Vereinigten Staaten mit (1910/13) $63\frac{1}{3}$, 1919/20: 60,5%; Rußland 14,4 (?) %; Frankreich $13\frac{3}{4}$ (24,2) %; Spanien 3 (3,6) %; Griechenland $1\frac{1}{3}$ (1) %; Portugal 1,06 (2,17) %; Schweden (1919/20) 1,6%; Norwegen (1919/20) 1,05%; Finnland 0,4 (0,79) %; China 0,1 (0,7) %; Britisch-Indien 0,1 (0,5) % usw. Von der Harzproduktion lieferten 1910/13 die Vereinigten Staaten fast 74, 1919/20 gegen 66%; Frankreich fast 15 ($22\frac{3}{4}$) %; Spanien 3,2 ($3\frac{2}{3}$) %; Griechenland $1\frac{3}{4}$ (1,04) %; Portugal 1,17 (2,1) %; China 0,17 (0,8) %; Indien 0,1 (0,6) % usw.

Teil wertvollster Art, sind in den Steppen auf großen Flächen verbreitet und begünstigen in hervorragendem Maße die extensive Viehzucht, vor allem die Schafzucht.

**III.** Viel reicher an Pflanzenstoffen ist die **tropische Klima- und Produktionszone (A).**

**a)** Unter den **Nahrungspflanzen** haben Reis (Südostasien, Nordwestnigritien, Madagaskar, Brasilien, Guayana usw., s. S. 123f.), in den Niederungen zumal, und der überall in den feuchteren Gebieten der Tropen (besonders in Amerika) angebaute Mais (s. S. 121—123) hervorragende Bedeutung.

In Afrika und Südasien tritt jedoch in allen trockeneren Gebieten des periodisch trockenen Savannenklimas (A 2) unter den Körnerfrüchten Sorghum (Durra) und andere Hirsearten als Hauptnahrungsmittel an deren Stelle. In den Welthandel kommen aus den Tropen Mais und Hirsearten nur in geringem Maße. Dagegen sind die hinterindischen Reisländer (Burma, Siam, Französisch-Indochina) Überschußgebiete und die wichtigsten Versorger des Weltmarkts (s. S. 124). Überall bilden die tropischen stärkereichen **Knollenfrüchte** (Maniok, Yamswurzeln, Bataten, Taro, Pfeilwurz und das Stamm-Mark der Sagopalme als Sago) wichtige Bestandteile der Ernährung, aber die industrielle Ausnutzung ihrer Stärkemassen für den Welthandel ist bisher noch von sehr geringem Umfang.

Maniokmehl und Tapioka kommen von Brasilien, Java und Singapore, Sago aus dem Malaiischen Archipel über Singapore zur Ausfuhr.

Die Gemüse- und Hülsenfruchtpflanzen haben bisher rein örtliche Wichtigkeit für die Ernährung, dagegen haben einige tropische **Obstarten** (neben den vielen die Ernährung der Bevölkerung stützenden) Welthandelsbedeutung erlangt, an vorderster Stelle die **Bananen** (A 1), in zweiter Linie Kokosnüsse (A 1) und Ananas[1]) (A 1).

Arekapalme und Betelpfefferstrauch liefern im tropischen Südostasien die wichtigsten Ingredienzien des geschätzten Genußmittels Betel und ihre Produkte treten auch in den Lokalhandel ein.

Zucker gewinnt der Tropenbewohner vor allem aus dem **Zuckerrohr,** das am besten auf Niederungsböden tropischer Insel- und Küstenlagen, doch bei einer Trockenzeit zum Reifen (A 2), gedeiht. Für den Welthandel haben nur die mit modernen Zuckerfabriken ausgestatteten Plantagen der Europäer und Nordamerikaner Wichtigkeit gewonnen. Vgl. S. 127.

Die Inseln Cuba (1923/24 fast 21°/₀ der W. von Zucker) und Java (9°/₀) stehen an der Spitze. Die Hawaii-Inseln liefern um 5°/₀, (Britisch- usw.) Westindien 2,4, Brasilien 2,2, die Philippinen 1,7, Mauritius 1, Mexiko 0,8, Britisch-Guayana 0,5, Australien und die Fidschi-Inseln 1,8°/₀ der W. Palmzucker aus dem Safte verschiedener tropischer Palmen hat nur örtliche Bedeutung.

An **Gewürzpflanzen**[2]) ist die tropische Produktionszone reich, aber die im

[1]) Vornehmlich sind die atlantischen Küstenniederungen Zentralamerikas (Costarica, Honduras, Guatemala, Panamá, Nicaragua, Britisch-Honduras) und die Inseln Westindiens (Jamaica, Cuba, Dominikanische Republik), Küstengebiete Colombias und Surinams in Südamerika, die Kanarischen Inseln und einige Inselgruppen Ozeaniens (Fidschi-, Tonga-, Hawaii-Inseln) die Belieferer des Weltmarkts mit Bananen. Kokosnüsse entsenden Ceylon, Trinidad, Jamaica usw. Ananas Singapore, die Hawaii-Inseln, Portorico, Süd-Florida usw.

[2]) H. N. Ridley, Spices. London 1912.

mittelalterlichen Handel so wichtigen Gewürze sind zu kleinen Artikeln herabgesunken, sowohl Pfeffer (Malaiischer Archipel, Hinterindien) als Muskatnüsse (Malaiischer Archipel), Gewürznelken (Sansibar, Molukken), Zimt (Ceylon), Kardamomen (Vorderindien, Hinterindien, Ceylon), Ingwer (Vorderindien, Sierra Leone, Jamaica; auch Südchina übrigens), die aus Amerika stammende Vanille (Mexiko, Gesellschaftsinseln, Madagaskar, Komoren, Réunion usw.), das Piment (Westindien), wie der spanische Pfeffer (Vorderindien, Mexiko, Ostafrika usw., vgl. S. 127).

**Getränke** liefern den Tropenbewohnern zahlreiche Palmen (Ölpalme, Kokospalme, Weinpalme) als Palmwein. Ferner sind Reis, Mais, Zucker, Sorghum usw. für die Herstellung von Rauschgetränken verwendete Rohstoffe. Rum (Westindien, BritischGuayana) und Arrak (Java) kommen in den Handel.

Größere Bedeutung für den Welthandel gewinnen jedoch die in tropischen Hochländern und Gebirgen (C 5) angepflanzten Kaffeebäume (s. S. 130), der ebenfalls hier eingeführte Teestrauch (Ceylon, Java, Sumatra, s. S. 129f.) und der dem feuchtheißen Urwaldklima (A 1) entstammende Kakaobaum.

Die Weltproduktion von Kakao wuchs von 253640 T. 1913 auf 371230 T. 1920 und 458000 T. 1923. Im letzteren Jahre erzeugten die Goldküste[1] $43^{1}/_{4}$%, Brasilien 14, Trinidad 6,7, Ecuador 7, Nigeria 6,4, Venezuela 5, Dominikanische Republik 4,3, São Thomé und Principe 2,6%. Kleinere Produzenten sind die westindischen Inseln Grenada, Haiti, Jamaica, Cuba, Martinique usw., in Südamerika Niederl.-Guayana, am Golf von Guinea Lagos, Kamerun, Fernando Poo usw., in Südasien Ceylon und der Malaiische Archipel. Der Weltverbrauch (1913: 251690, 1923: 431300 T.) ist absolut (1923) am größten in der Union (fast 42% des Weltverbrauchs), in Deutschland (über 12%), Großbritannien (fast 12%), in den Niederlanden (über 9%), Frankreich (9%), ferner in der Schweiz, Spanien, Österreich, Belgien usw., d. h. also in den zwei großen Aktionszentren am Atlantischen Ozean. Auf den Kopf der Bevölkerung kommen in den Niederlanden an 5,7 kg, in der Union 1,67, in Deutschland 1922: 1,36 (1913: 0,77), in Großbritannien gegen 1,2, in Frankreich gegen 1 kg.

Unter den **Reizmitteln** wird der **Tabak** durch das ganze Tropengebiet in allen etwas feuchteren fruchtbaren Lagen für örtlichen Konsum im kleinen angebaut.

Plantagen liefern aus dem Tropenklima besonders geschätzte Qualitäten in den Welthandel; so auf Java, Sumatra, den Philippinen, auf Cuba, in Mexiko, auf Portorico. Britisch-Indiens, Burmas und Ceylons Tabak ist weniger geschätzt. An Menge steht die tropische Produktion jedoch weit hinter der der gemäßigten Zone (s. S. 130f.) zurück.

Die Kolanuß ist für Nordwest-Nigritien und Betel (s. S. 138) für Südostasien, Kokablätter (s. unten!) für das südamerikanische Andengebiet (Montaña, 500 bis 1700 m) örtlich wichtig, für den Welthandel relativ wenig.

Die **Arzneipflanzen** liefern im allgemeinen nur kleine Welthandelsartikel:

---

[1]) Die Qualität ist recht mäßig, durch Nachlässigkeit der Eingeborenen, die hier den Kakao erzeugen.

Benzoeharz (Hinterindien), Katechu (Vorder- und Hinterindien), Gambir (-Katechu; Hinterindien, Malaiischer Archipel), Perubalsam (Salvador), Tolubalsam (Colombia), Copaivabalsam (nördliches Südamerika), Ipecacuanha (Brechwurzel; Brasilien) usw.

Größere Wichtigkeit hat nur Chinin, das Produkt tropischer Gebirgspflanzen, der Chinarinden (besser Cinchonarinden-) Bäume; die wichtigsten sind in 1000—2000 m Meereshöhe an den Osthängen der Anden heimisch, werden aber heute vornehmlich in den entsprechenden warmgemäßigten Gebirgshöhen (C 7 a) Westjavas angebaut[1]); die javanische Chinarinde beherrscht den Weltmarkt. Koka (Blätter, s. oben) und Kokain werden von Bolivia und Peru, auch Java ausgeführt.

Pflanzliche Duftstoffe (Zitronellöl, Lemongrasöl, Ylang-Ylangöl usw.) kommen vorzugsweise aus Südasien in den Handel.

Besonders reich ist die Tropenzone an **Ölstoffen,** die den Eingeborenen die Fettnahrung geben, ferner Brennöl, kosmetisches Öl usw. Auch die Industrieländer der gemäßigten Zone, die vielfach arm an, zumal gleichwertigen, Ölstoffen sind und gewaltige Mengen verwenden können, begehren sie sowohl für Nahrungszwecke (Margarine, Pflanzenfett) als für technische Fabrikation (Seife, Kerzen, Schmieröl usw.).

Raps- und Leinsaat (s. S. 132) gehen bis in die tropischen Hochländer hinein, ebenso Mohnsaat (Vorderindien). Die Sesampflanze (s. S. 133) ist schon mehr ein tropischer als subtropischer Öllieferant. Im tropischen Vorderindien (Ausfuhr), in Burma, Siam wird sie ebenso angebaut als in dem Savannenklima des tropischen Afrika, wo die Ausfuhr zunimmt. Der Rizinusstrauch, perennierend im tropischen Klima (von Savannentypus), trägt in Vorderindien, Französisch-Indochina, Java, Ostafrika, Brasilien ölreichere Frucht als im gemäßigten Klima (s. S. 133). Vorderindien ist Hauptausfuhrland für die Rizinussaat, ebenso für die Nigersaat (von Guizotia abyssinica Cass.).

Die wichtigsten Ölpflanzen der Tropen sind die Kokospalme, die afrikanische Ölpalme, die Erdnuß und die Baumwolle.

Die **Kokospalme**[2]) gedeiht am besten auf tropischen Küsten und Inseln (A 1). Für die Eingeborenen, die sie vielseitigst ausnutzen (Fleisch, Nahrungsmittel, Milch, Palmwein, Öl, Holz, Fasern), hat sie unschätzbaren Wert. In dem Welthandel wird der getrocknete Kokoskern (Fruchtfleisch; Kopra) zur Ölgewinnung begehrt. Es wird das ganze Jahr geerntet; die Eingeborenen verarbeiten nur die Ernteüberschüsse; die Plantagen der Weißen liefern viel mehr und wertvollere Kopra als jene und vergrößern ihr Areal ständig. Bei weitem am meisten Kopra wird im Malaiischen Archipel (Java, Celebes, Sumatra usw.; Philippinen) hervorgebracht, wohl weit über drei Viertel der auf 1100000 T. zu schätzenden Weltproduktion. Singapore ist wichtiger Stapelplatz. Während des Krieges entwickelte sich im Archipel eine blühende fabrikmäßige Kokosölindustrie, die bedeutende Mengen Öl ausführt. Auch

---

[1]) Kempski, Der Fieberrindenbaum unter besonderer Berücksichtigung seiner Kultur in Niederländisch-Indien. Berlin 1923.

[2]) Vgl. M. Birk, Kopraproduktion und Koprahandel. Jena 1913 (Probleme der Weltwirtschaft 15).

Ceylon ist ein ganz hervorragender Exporteur von Kopra und Kokosöl. In Vorderindien führt die Malabarküste aus. Die Inseln Ozeaniens (gegen 10% der W.) zeigen steigende Ausfuhr, dagegen ist die Kopraproduktion Afrikas (Sansibar, Mafia, Madagaskar, Tanganyika Territory, Kenya) gering. Infolge der stark erwachten Nachfrage der Union vergrößert sich neuerdings die bisher unbedeutende Kopraproduktion der palmenreichen westindischen Inseln. Die Union, Frankreich, Deutschland, Holland sind die Hauptkäufer.

Die im tropischen Afrika heimische **Ölpalme**[1]) ist der wichtigste Ölspender (aus Fruchtfleisch und Palmkernen) Afrikas. Die Grenzen ihres Verbreitungsgebietes decken sich in der Hauptsache mit denen des afrikanischen Urwaldes (A 1). Sie wird kaum von den Eingeborenen gepflegt, doch haben die Europäer neuerdings Plantagen eingerichtet und Ölwerke mit Maschinen zum Schälen der Früchte, Pressen des Fruchtfleisches und Knacken der Nüsse erbaut. Ausfuhrländer von Palmöl und -kernen sind Nigeria, Dahomey, Elfenbeinküste, Sierra Leone usw. an der Küste von Oberguinea (Nordwest-Nigritien), Kamerun, Belgisch-Kongo usw. (Zentralafrika). Neuerdings sind Plantagen auf Sumatra und der Halbinsel Malakka in den Wettbewerb eingetreten. Es mögen wohl schon 160000 T. Palmöl und 300000 T. Palmkerne oder mehr auf den Weltmarkt kommen.

Die **Erdnuß**[2]) hat in dem periodisch trockenen Savannenklima der Tropen (A 2) 40—50% Öl und kommt in großen Mengen[3]) aus dem inneren Hochland von Dekhan (Vorderindien) und aus Nordwest-Nigritien (Senegambien, Gambia, Nigeria usw.), weniger aus dem übrigen tropischen Afrika und Südasien in den Welthandel.

Die **Baumwolle**[4]) ist im tropischen Klima eine perennierende Pflanze, aber die Baumwollproduktion erreicht hier (A 2) nicht den Umfang wie in den warmgemäßigten Klimaten (s. S. 134 f.) und in der Trockenzone (mit künstlicher Bewässerung); ist jedoch in deutlichem Wachstum begriffen. Vorderindien (18—19% der W.), Brasilien (um 2—4% der W.) und ostafrikanische Gebiete (Ägyptischer Sudan, Uganda usw.), demnächst der Sudananteil Nordwest-Nigritiens) sind zukunftsreiche tropische Baumwollgebiete, die entsprechende Mengen von Baumwollsaat hervorbringen. Es mag wohl (im ganzen) um 1 Mill. T. von Baumwollsaat in den Welthandel gelangen. Vorderindien ist hauptsächlicher tropischer Lieferant (mit 200000—300000 T.). Vgl. S. 133.

Von den technisch wichtigen pflanzlichen Rohstoffen der tropischen Zone sind die **Textilfasern** entschieden die wichtigsten. Als Kleidungsstoff ist die Baumwolle die Königin der Fasern. An Menge der Produktion übertreffen die Länder der gemäßigten Zone (s. S. 134 f.) weit die der tropischen; hier wird die (wenig wertvolle) Baumwolle aber fast überall für den Bedarf der Eingeborenen gebaut und wich erst neuerdings an den ungünstigeren Anbaustätten (A 1) der Konkurrenz europäisch-amerikanischer Maschinenware, während umgekehrt in geeigneten Landschaften (A 2) der Anbau mit

[1]) H. Bücher u. E. Fickendey, Die Ölpalme. Berlin 1919.
[2]) O. Würtenberger, Die Erdnuß (Beih. 2/3 zum Tropenpfl. 1917).
[3]) Einschließlich der Ernten Chinas, der Union usw. mögen es wohl bis 800000 T. sein.
[4]) A. Oppel, Die Baumwolle. Leipzig 1902. — Die Baumwollfrage (Veröff. d. Reichskolonialamtes, Nr. 1). Jena 1911. — M. Pietsch, Die Baumwolle. Leipzig 1920.

europäischer Hilfe einen Aufschwung zeigt. Hervorzuheben sind Britisch-Indien, Brasilien, in Afrika Uganda, der Ägyptische Sudan, Nigeria (s. S. 135).

Eine Form der Ramie (s. S. 135), Boehmeria tenacissima, wird im tropischen Südasien gepflanzt und verwertet. Manilahanf stammt von der Hanfbanane (Musa textilis) der Philippinen; er wird zu Hut- und Kleiderfutter, zu Tagalborten (Japan) als Hutmaterial verarbeitet, mehr noch zu Seilerwaren. Auch Gambohanf, bengalischer Hanf und „Aloehanf" (Sisalhanf, Manila Maguey) kommen aus Südasien, Sisalhanf von Agave fourcroydes aus Mexiko, von Agave sisalana von Deutsch-Ostafrika (s. Bd. II), den Bahamainseln, Südasien; Mauritiushanf aus Mauritius, Ixtle- und Pitafaser aus Mexiko, Kapok aus den ganzen Tropen, am meisten aus Südasien.

Die **Farbstoffe** liefernden tropischen Indigopflanzen, besonders im Malaiischen Archipel, Vorder- und Hinterindien angebaut, doch auch im Sudan Afrikas, in Mexiko und Mittelamerika, wurden durch den künstlichen Indigo (seit 1870) stark zurückgedrängt. Auch Katechu und Gambir (s. S. 96; Bd. II), Myrobalanen Südasiens, Blau- und Gelbholz Mexikos und Mittelamerikas, Orlean und Brasilholz Südamerikas sind zu nennen.

Katechu, Gambir und Myrobalanen dienen auch zum **Gerben**, für das auch Dividivi, die Hülsenfrüchte von Caesalpinia coriaria im tropischen Amerika, Asien usw. wie Mangroverinden von tropischen Küsten in Betracht kommen.

Als **Flecht- und Bindematerial** sind Bambus im tropischen (wie im warmgemäßigten) Südasien und Rotan (Stuhlrohr) von den (auch angebauten) Rotanpalmen für die Eingeborenen höchst wichtig in der Hutflechterie, bei Bauten usw. Beide kommen auch für leichte Möbel, Stühle usw. zur Ausfuhr. Koir von der Kokosnuß für Matten usw. wird aus Südasien, Piassava von Raphiaarten aus der Guineaküste, Madagaskar und von Palmenarten Brasiliens auf den Markt gebracht. Panamahüte aus den Blattfasern der Carludovica palmata im tropischen Amerika sind in den Kulturländern geschätzt.

**Holz** der tropischen Wälder, von Palmen und holzähnliches Material (Palmblattstiele) usw. dienen den Eingeborenen der Tropenzone überall als **Wohnungs-** und Gerätstoff.

Für die Ausfuhr und die Industrie der Weißen hat das Holz der tropischen Bäume bisher nur beschränkte Bedeutung wegen der bunten Mischung der Baumarten, -alter, -größen, d. h. wegen des Fehlens gleichartiger Bestände, wie sie der Großholzhandel braucht. Nur vereinzelt hat man schon systematische Anpflanzungen tropischer Bäume vorgenommen, so in Südasien vom Teakholzbaum. Hinterindien aus wilden Beständen und Java liefern das meiste Teakholz in den Handel. Sonst kommen nur vergleichsweise kleine Edel- und Möbelholzmengen auf den Markt: Echtes Mahagoniholz, Zedernholz, Jacarandaholz usw. aus Amerika, sog. Mahagoniholz, Ebenholz, Santelholz usw. aus Südasien und Afrika. Bambus gewinnt allmählich als Rohstoff für Papier Bedeutung.

**Kautschuk**[1]) ist der festgewordene (koagulierte) Milchsaft gewisser tropischer Pflanzen, der den mannigfachsten Verwendungen dient, aber besonders in der Radreifenproduktion für Automobile und Fahrräder verarbeitet wird.

---

[1]) Kempski, Die Rubberkultur. Berlin 1924.

Der Wildkautschuk, der ehemals den Weltmarkt versorgte, von Ficus elastica und Lianenarten in Asien, von Kickxia (Funtumia) elastica, Lianen und Wurzelstöcken in Afrika, Hevea (Siphonia) brasiliensis, Castilloa elastica, Manihot Glaziovii, Hancornia speciosa, Sapiumarten, Parthenium argentatum (Guayule-Kautschuk) und anderen Quellen Amerikas, hat allmählich dem Plantagenkautschuk Platz machen müssen. Als solcher kommt heute fast nur der von Hevea brasiliensis in Betracht. Man hat letztere, die im Amazonastiefland (A 1) heimisch ist, besonders in Südostasien angepflanzt in heißfeuchten Urwaldklimaten der Halbinsel Malakka, Ceylons und Niederländisch-Indiens (Java, Sumatra, Borneo). Der Wildkautschuk des Amazonasgebiets (Brasiliens, Perus, Boliviens usw.) und des übrigen tropischen Amerikas und des tropischen Afrikas macht jetzt von der Weltproduktion von (1924) 425000 T. nur noch etwa 7%, die Plantagenkautschuk-Produktion auf der Halbinsel Malakka 39,3, Niederländisch-Indien 38,6¾, Ceylon 8,8% aus; dazu kommen als kleine Produktionsgebiete Britisch-Indien mit 1¾, Französisch-Indochina 1,5, Britisch-Borneo 2, Brasilien 5,6, Belgisch-Kongo usw. 2,3% der W. 1913 betrug die Weltproduktion erst 110200 T., davon lieferte der Wildkautschuk über 56%. Die Gesamtanbauflächen der Plantagen wuchsen von 471,5 qkm 1905 auf 4543 qkm 1910 und 12225 qkm 1920. Seitdem war das Wachstum unbedeutend.

**Guttapercha** aus dem Milchsaft von Palaquium Gutta, P. oblongifolium und anderen Bäumen des heißfeuchten tropischen Südostasiens, erst raubwirtschaftlich durch Fällen der Bäume, neuerdings rationeller aus Blättern und Rinde in Plantagen gewonnen, kommt meist über Singapore in beschränkten Mengen in den Handel. Jalutong (Djelutong), geringwertige Guttapercha von verschiedenen Bäumen derselben heißfeuchten Urwaldgebiete, kam zeitweise in größeren Mengen auf den Markt. Am meisten wird Guttapercha zur isolierenden Umhüllung unterirdischer und submariner Kabel verwendet, ferner zu Treibriemen usw. Balata von dem Waldbaume Mimusops balata, für ähnliche Zwecke (Treibriemen, Schuhsohlen usw.) verwendet, liefern Venezuela, Britisch- und Niederländisch-Guayana.

Chicle von dem Sapotillbaum, Achras sapota, im tropischen Mexiko und Zentralamerika, wird hauptsächlich als Kaugummi in der Union geschätzt.

## 3. Die Tierwirtschaft.[1])

Wie schon S. 71 f. betont wurde, haben erbeutete Wildtiere nur noch einen geringen Anteil an der Deckung der Bedürfnisse des Menschen. Hauptsächlich kommen noch die Fische der Seen, Flüsse und des Meeres für die Ernährung und die Pelztiere als Lieferanten von Kleidungsstücken in Betracht.

Auch sie werden bereits in geringem Maßstabe zuchtartig beeinflußt, jene vornehmlich in den Gewässern des Landes, wo sie leichter zu fassen sind als in den

[1]) Vgl. zu diesem Abschnitt Andree, Geogr. d. Wh., Bd. IV, S. 280—329. — V. C. Finch u. O. E. Baker, Geography of the World's Agriculture. Washington 1914. — J. Russell Smith, The World's Food Resources. New York 1919. — Ed. Hahn, Die Haustiere und ihre Beziehungen zur Wirtschaft des Menschen. Leipzig 1896. — L. Reinhardt, Kulturgeschichte der Nutztiere. München 1912. — Fr. Krause, Das Wirtschaftsleben der Völker. Leipzig 1924, Hirt.

Meeren, die ihnen weitgehend Ausweichmöglichkeiten bieten, diese in Pelztierfarmen, wo sie eingeschlossen und gefüttert werden. Letztere scheinen schnell zuzunehmen; die Belieferung des Weltmarkts mit Rohpelzen wird ihnen immer mehr zufallen[1]), und die Pelztierjagd wird bald der Vergangenheit angehören.

Viel zahlreicher und wichtiger sind die den Haustieren[2]) für des Menschen Bedarf entnommenen Handelsgüter, wenn sie auch nicht annähernd nach Zahl, Mengen und Mannigfaltigkeit der Nutzleistung den Vergleich mit den Stoffen der Pflanzenwirtschaft auszuhalten vermögen.

**a)** Die Erzeugung von tierischen **Nahrungs- und Genußmitteln** hat neuerdings durchaus industrielle Formen angenommen und arbeitet für den Welthandel. Die Nachfrage geht von den großen Industriegebieten aus.

Man hat festgestellt, daß der Fleischkonsum mit der Industrialisierung eines Landes steigt.[3]) Die eiweißreichsten Nahrungsmittel sind Fleisch und andere aus dem Tierreich stammende Produkte. Der Eiweißbedarf ist für alle Menschen gleich. Der städtischen und industriellen Bevölkerung muß er in relativ geringen Nahrungsmengen zugeführt werden, in möglichst konzentrierter Form, d. h. eben in tierischen Produkten.

Tierische Nahrungsmittel (Fleisch, Fett, Milch, Butter, Käse) liefern hauptsächlich die Rinder, Schweine und Schafe.

Diese Haustiere, alle in der Alten Welt heimisch, haben verschiedene Lebensanforderungen und darum verschiedene Verbreitung. Rind und Schwein stammen aus relativ feuchten Klimaten (C 7?), unsere Formen direkt aus Waldgebieten. Das Zeburind mit seinem Fettbuckel ist eine Anpassungsform an ein Trockenzeit-Klima (A 2). Unser Rind und unser Schwein (wie auch das südostasiatische) beanspruchen reichliches Futter, wie es sich in den Wäldern findet oder bei den reichlichen Niederschlägen auf Wiesen wächst oder durch Ackerbau auf den Feldern gewonnen werden kann. Das Schwein als Allesfresser findet besonders in Kleinbetrieben dichtbevölkerter Landschaften, wo es die Abfälle verwerten kann, günstige Stätten, während das Rind nur in mittleren und größeren Betrieben gehalten werden kann.

Die **Rinder,** deren Zahl auf etwa 540—550 Mill. geschätzt werden kann, sind am stärksten vertreten in den durch Niederschläge für Gras und Futterbau (Heu, Kleearten, Mais, Rüben usw.) begünstigten, dichtbevölkerten Ländern der feuchttemperierten (C 7) und borealen Klimate (D), also der gemäßigten Klima- und Produktionszone; im westlichen und mittleren

---

[1]) Man darf nicht übersehen, daß schon immer Haustiere auch Pelzwerk lieferten: Katzen, Kaninchen, Hunde, Schafe (Persianer u. a.), Ziegen.

[2]) Die Stammesgeschichte unserer Haustiere, ihre Herkunft, ihre Domestikation, ihre Ausbreitung über die Erde ist bisher noch nicht in dem Maße geklärt, daß es sich empfehlen würde, in diesem praktischen Zielen nachstrebenden Buche darauf einzugehen. Vgl. O. Antonius, Grundzüge einer Stammesgeschichte der Haustiere. Jena 1922.

[3]) Nach d. Zeitschr. Sozialwiss. XII, 1909, 627 f. stieg er z. B. im Königr. Sachsen 1860—1900 von 27 auf 47 kg. England und Deutschland verbrauchten vor dem Kriege auf den Kopf der Bevölkerung zwischen 50 und 60 kg, jetzt infolge des durch den Weltkrieg gesunkenen Wohlstandes — von dem ebenfalls das Konsummaß abhängt — viel weniger. Die Franzosen, Dänen, Belgier, Schweden verzehrten etwa 30—40, die Russen, Spanier und Italiener 20—25 kg jährlich auf den Kopf.

Europa[1]) und im südöstlichen Nordamerika[2]), auf der südlichen Halbkugel in den feuchttemperierten La Plataländern[3]) und in den feuchten küstennahen Strichen im Südosten Südafrikas[4]), Australiens[4]) und auf Neuseeland[4]), endlich in Südasien (Vorderindien und Java), wo jedoch das Rind hauptsächlich als Zugtier dient.

In der Trockenzone (B) tritt das Rind sehr zurück und in der tropischen Zone (A) wird es nur in gesunden Savannengebieten (A 2; oft in Zebukreuzungsformen) und bei extensiver Zucht in größerer Zahl gehalten. Cuba ist hier besonders hervorzuheben.[5]) In der heißfeuchten Urwaldzone verschwindet es fast ganz und ist von Schädlingen (Tsetsefliege Afrikas) bedroht.

Die Industrieländer Europas (Großbritannien, Deutschland usw.) bedürfen trotz starker Eigenhaltung von Rindern noch der Einfuhr von lebenden Tieren, Fleisch, Butter, Käse. Ausfuhrländer sind diejenigen Gebiete, die hohe Relativziffern (auf 100 Einw.) aufweisen. Fleisch, Butter, Käse konnten durch die Tropenzone erst geführt werden, seitdem das Gefrierverfahren erfunden und die Transportdampfer mit Kühlkammern ausgestattet waren (nach 1880).

Für Rindfleisch[6]) sind Argentinien, Uruguay, Brasilien, die Union, Kanada, Australien, Neuseeland, in geringerem Maße die Niederlande, Jugoslawien, Paraguay, Madagaskar, Algerien, China, Venezuela, Colombia, Chile usw. Ausfuhrländer.[7])

Butter[8]) führen Australien, Neuseeland, Dänemark, die Niederlande, Schweden, Finnland, die baltischen Randstaaten, neuerdings auch Argentinien, in Vorkriegszeit in sehr erheblichem Maße Sibirien (Westen) aus.

Käse liefern dem Weltmarkt namentlich Kanada, Neuseeland, Holland, die Schweiz, Italien, auch Argentinien usw.

---

[1]) Europa besaß um 1924 wohl gegen 25% aller Rinder; davon mag etwa die Hälfte in Kühen bestehen. Die Rinderdichte (14—15 auf 1 qkm) ist besonders hoch in West- und Mitteleuropa (35—60), n Süd- und Südosteuropa niedriger, in Osteuropa und in den nordeuropäischen Ländern sehr niedrig (beträchtlich unter 10), wobei sie sich gegen Norden immer mehr verringert und im norwegischen Finnmarken auf 0,2 auf 1 qkm sinkt. Auf 100 Einw. kommen in Europa etwa 32 Rinder; hohe Relativziffern dieser Art deuten auf Ausfuhrmöglichkeit für lebendes Vieh, Fleisch usw. In Europa sind sie hoch in Dänemark, Bosnien und Herzegowina. In Australien sind sie recht hoch, zumal in Queensland, Westaustralien, auch in Neuseeland; in der Südafrikanischen Union ebenfalls, zumal in der Oranjeflußkolonie und in Betschuanaland, auch in (Deutsch-) Südwestafrika; am höchsten jedoch in den La Plataländern (Uruguay, Argentinien, Paraguay, auch Südbrasilien), die durch reichliche Niederschläge und entsprechenden Gras- und Futterwuchs vor Australien und Südafrika begünstigt sind. Auch in Kanada, der Union, ferner in Venezuela usw. sind diese Relativziffern hoch.

[2]) Die Union (Osten) besaß Anfang 1923 wohl gegen 14% aller Rinder; 8—9 auf 1 qkm durchschnittlich, im Osten natürlich viel mehr; 62—63 auf 100 Einw., in Kanada weit mehr.

[3]) Argentinien, Uruguay und Brasilien (besonders der Süden) besaßen um 1920 wohl etwa 16% aller Rinder. Die Rinderdichte ist in den um den La Plata herum gelegenen Gebieten zu 30 auf 1 qkm zu veranschlagen (Uruguay 42). Vor allen bezeichnen die hohen, auf 100 Einw. entfallenden Ziffern (Uruguay z. B. 522), daß diese Länder Rinder und ihre Produkte ausführen können; vgl. bei den einzelnen Ländern.

[4]) Vgl. bei den einzelnen Gebieten.

[5]) 42 auf 1 qkm; 164 auf 100 Einw.

[6]) Und lebende Rinder, die jedoch nur auf kürzere Entfernungen ohne Schädigung der Qualität ausgeführt werden können.

[7]) Ob die in diesen Ländern zum Teil neu entstandenen Fabriken, Gründungen der Kriegs- und Nachkriegszeit, sich in der jetzigen Krisenzeit werden behaupten können, bleibt abzuwarten.

[8]) Milch und Sahne spielen im Binnenhandel der Länder eine große Rolle, in den Außenhandel treten sie seltener ein, dann meist in Form von kondensierter Milch u. dgl.

Die **Schweine**, deren es wohl 260 Mill. oder mehr geben mag, sind im ganzen ähnlich verbreitet wie die Rinder. Ausfuhrländer von Schweinen oder Schweineprodukten sind in Europa Irland, Dänemark, die Niederlande, Jugoslawien, wohl auch Rumänien, in Vorkriegszeit auch Rußland, in Amerika Kanada und die Union, neuestens Neuseeland; die anderen Länder, wie Argentinien mit seinem starken Maisbau, sind noch kaum in den Kreis der Wettbewerber eingetreten.

Das **Schaf**[1]), Tier der Trockenzone (B), spielt hier als Fleisch- und Fettlieferant eine große Rolle und ist auch in die gemäßigte Zone (C und D) herübergenommen.

Im europäischen Mittelmeergebiet, überhaupt in allen Gebieten von Mediterrantypus (C 6), ist es wichtigstes Nahrungstier; in den fleischbedürftigen Ländern nördlich der Alpen hat sich besonders England (C 7) auf die Züchtung von Fleischschafen geworfen, die dann auch von den europäischen Kontinentalstaaten, auch dem Osten der Union, auf der südlichen Halbkugel in großem Maßstabe (als Kreuzzuchten) von Argentinien (C 7, B 3), Uruguay (C 7), Australien (B 3) und Neuseeland (C 7), auch Südafrika (B 3) gehalten werden. Ausfuhrländer von Hammel- und Lammfleisch sind in erster Linie Neuseeland, Australien, Argentinien und Uruguay.[2])

Von der **Ziege**, die in futterärmeren, primitiveren, besonders gebirgigen Landschaften dem Kleinbesitzer Fleisch- und Milchtier ist, mag es 140 Mill. geben.

Mit **Hühnereiern** werden die Industrieländer West- und Mitteleuropas am meisten aus Dänemark (Rußland), Polen, Ungarn, Bulgarien, Rumänien, Jugoslawien, Ägypten, Marokko, Kleinasien versorgt. Hühner sind über die ganze Erde des Menschen verbreitet, Gänse und Enten in wasserreichen Landschaften der gemäßigten Zone. Große Mengen von (gefrorenen) Enteneiern liefert China den Nachbarländern, vor allem Japan, und durch die Tropenzone den Industrieländern Europas Albumin und Eigelb.

Taubenfleisch spielt eine geringe Rolle. Bienenhonig von wilden, halbwilden oder zahmen Bienenvölkern wird bei allen Völkern genutzt.

So wichtig die Binnenfischerei in allen gewässerreichen Landschaften (s. S. 65f.) der Erde für die Eigenversorgung der Bevölkerung ist, im Welthandel mit Nahrungsmitteln spielen ihre Erzeugnisse keine Rolle. Dagegen sind gewisse (konservierte) Meeresfische, wie Hering, Kabeljau, Lachs, Sardinen, nicht ohne Wichtigkeit (s. S. 58f. u. 62).

Norwegen, Großbritannien, die Niederlande, Neufundland, Island treiben mit Hering bzw. Kabeljau, die Union, Kanada, Japan, Ostsibirien mit Lachs, Frankreich, Spanien, Portugal mit Sardinen lebhaften Handel.

---

[1]) Es mag etwa 550 Mill. geben. Die Relativzahlen (auf 100 Einw.) sind besonders hoch in Australien und Neuseeland, in den La Plata-Ländern, auch in Südafrika, ferner in Chile, Algerien, Bulgarien, Jugoslawien, auch Spanien, Rumänien, Großbritannien (besonders in Schottland: 137; demnächst in Irland) und in der Union.

[2]) Kaninchenfleisch, s. Bd. II; Renntierfleisch, s. Bd. II; Pferdefleisch spielt bei Kirgisen, Mongolen und Kalmücken eine Rolle, ferner bei den Armen der Industrieländer; Hundefleisch, s. Bd. II. Auch das Fleisch anderer Haustiere: des Büffels wie des Yak, der Ziegen und Kaninchen, des Esels und Kamels, des Lamas und Alpacas, der Katze und des Straußes, der Gänse, Enten, Hühner usw. wird gegessen.

b) Unter den **tierischen Rohstoffen der Industrie** haben Wolle, Häute und Felle, Seide und Pelzwerk Welthandelsbedeutung. Auch hierin sind besonders einige Aktionszentren die Nachfrager und (zum größten Teil) einige von ihnen die Haupterzeuger.

Mindestens wohl Dreiviertel der Weltproduktion von **Wolle** (etwa 1,2, 1923: 1,182 Mill. T.[1]) werden in der Trockenzone (B) produziert, für Ausfuhr vor allem in den durch mildes Klima begünstigten dünnbevölkerten Steppengebieten der südlichen Halbkugel, während in den nördlichen Steppengebieten bisher mehr die Eigenversorgung der Produktionsländer als Ausfuhr erreicht wurde.

In der warmgemäßigten Klimazone (C), sofern sie nicht feucht ist, und in der kühlgemäßigten Klimazone (D) gedeihen Wollschafe auch. Doch haben sich die Merinoschafe auf den Britischen Inseln gar nicht, auf Neuseeland nur schwer akklimatisieren lassen. Die Qualität der nordischen Wollen ist gering. In der Tropenzone (A) kommt nur noch an trockeneren Außenrändern (Savannenklima) und auf gemäßigteren Hochländern (C 5) Wollschafzucht fort.

Australien lieferte 1922 über 23% der Weltproduktion (1923 freilich nur 19%), Neuseeland fast 7%, Argentinien $10\frac{1}{3}$, Uruguay 3,7%, Südafrika über 7%. Die Union bringt wenig über 10% hervor. Europa gewann 1923 26,7% der W. Daran hatten Anteil Rußland mit vielleicht $5\frac{3}{4}$% der W., die Britischen Inseln mit gegen 4, Spanien mit gegen 3,4, Italien mit $2\frac{1}{4}$, Deutschland über 2, Rumänien 2, Frankreich gegen $1\frac{1}{2}$% der W. usw. Asien (Britisch-Indien, China, Asiatische Türkei, Russisch-Asien usw.) wurde 1923 mit fast 10% der W. eingeschätzt, Afrika mit gegen 10% (Algerien mit fast 1,4, Marokko mit $\frac{3}{4}$%).

Ausfuhrländer für Wolle sind besonders Australien, Neuseeland, die La Plata-Länder (Argentinien, Uruguay), die Südafrikanische Union, in kleinerem Maßstabe das dürre Nordwestindien, Zentralasien, Turkestan (Russisch-Zentralasien), Algerien, Spanien.

Verbraucher von Wolle[2]) sind hauptsächlich die großen Industrieländer Europas (Großbritannien, Frankreich, Deutschland, [Rußland], Belgien, Tschechoslowakei, Italien) und Nordamerikas (Union); dazu China, das Türkische Reich, Persien usw.

Die Produktion von **Häuten und Fellen** entspricht ungefähr der Verteilung der Rinder und Büffel, der Schafe und Ziegen.

Ausfuhrländer von Rinderhäuten und Kalbfellen sind vornehmlich die La Plata-Länder (Argentinien, Uruguay) und Südbrasilien; ferner Britisch-Indien (leichte Häute von Zeburindern und schwere Büffelhäute); China (Nordhälfte Rinder-, Südhälfte Büffelhäute), Australien und Neuseeland schon weniger, da hier die Häute bereits zum großen Teil zu Lande verarbeitet werden; ferner Siam, Niederländisch-Indien, Mexiko, Colombia und andere andine Staaten Südamerikas, usw.

---

[1]) Die Weltproduktion ist zurückgegangen. Sie wurde im Durchschnitt 1909/13 noch mit 1,45 Mill. T. angegeben. Vgl. Wirtschaftsdienst 1924, Nr. 22, S. 688. Angorahaare (Mohär) von der Angoraziege kommen aus der Südafrikanischen Union und Kleinasien auf den Weltmarkt.

[2]) Vgl. ebenda.

Schaffelle liefern in den Welthandel Argentinien, Indien, Australien, Neuseeland, Südafrika usw., Ziegenfelle Indien, China, Mexiko, Brasilien, Venezuela usw.

Die wichtigsten Käufer von Häuten und Fellen sind die großen Industriestaaten: Union, Großbritannien, Frankreich, Deutschland usw.

Unter **Seide** versteht man in erster Linie den Faden der Raupe des Maulbeerspinners, die sich, ihr Schmetterlingsleben vorbereitend, mit einem aus Drüsen der Unterlippe austretenden dickflüssigen, schnell erstarrenden Sekretfaden in einen Kokon einspinnt.

Die Raupe nährt sich von den Blättern des weißen Maulbeerbaumes (mit gelblich-weißer Frucht), der in Ostasiens warmgemäßigtem wintertrockenen (sommerfeuchten) Klima (C 5) heimisch ist und ein sehr gutes Futter ergibt, oder von den Blättern des schwarzen Maulbeerbaumes (mit schwarz-violetter Frucht), der im warmgemäßigten sommertrockenen (mediterranen) Vorderasien (C 6) seine Heimat hat und der Raupe ein minder gutes Futter liefert. In China wurde die Raupe zuerst in geschlossene Räume genommen und aus Plantagen von Maulbeerbäumen gefüttert. Hier bewahrte man lange das Geheimnis der Seidenzucht und -bereitung.

Die Weltproduktion von Rohseide, die aus dem Kokon gewonnen wird, ist nicht sicher bekannt.[1]) Man schätzt sie auf 75000—100000 T. und die Produktion von Kokons auf 930000—1,3 Mill. T.

An der **auf den Weltmarkt kommenden Rohseide** (1913/14: 26170, 1923 rund 33000 T.) hat Japan (Ausfuhr) mit über 57½% bei weitem den größten Anteil, und die Produktion ist in den letzten zwanzig Jahren stark gewachsen. China (Ausfuhr) liefert 24¼%[2]), Italien (Produktion) gegen 13⅔%, doch ist hier ein fast beständiger Rückgang zu verzeichnen. Die übrigen Produktionsgebiete sind zum großen Teil mehr oder weniger von dem Kriege oder seinen Folgen betroffen und erzeugen wesentlich weniger als in der Vorkriegszeit. Das nordwestliche Kleinasien, Syrien am Libanon, die Oasen Russisch-Zentralasiens, Persien und das östliche Transkaukasien liefern nur noch etwa 3% der W. Südfrankreich bringt über ¾% der W. hervor. In Algerien scheint die Produktion zu wachsen. Spanien, Südtirol und Istrien, die zu Italien kamen, Dalmatien (zu Jugoslawien oder Italien), Griechenland, Kreta, Serbien, Bulgarien, Südungarn und Südrußland erzeugen heute nur ganz minimale Mengen.[3]) Vorder- und Hinterindien, die Union (Südstaaten, Kalifornien), das Hochland Mexikos, die andinen Hochebenen Argentiniens wie das südliche Brasilien sind ganz unbedeutende Erzeuger.

In verschiedenen Gegenden der Erde, z. B. in Colombia, im Westsudan, in Ostafrika, auf Madagaskar, in Hinterindien usw. sind wilde Seidenraupen bekannt, doch hat ihr Gespinst bisher nirgend nennenswerte Bedeutung.

Hauptverbraucher (als Einfuhrländer) sind die Union, Frankreich, Italien, Deutschland, die Schweiz.

---

[1]) Da der Eigenverbrauch Chinas unbekannt ist. Der Japans wird zu 7000 T. angegeben.

[2]) Außer weißer und gelber Seide erzeugt China auch Wildseide vom Eichenspinner; s. Bd. II.

[3]) Vor dem Kriege hatten die Balkanhalbinsel und das alte Österreich-Ungarn 2—3% Anteil an der Weltmarktproduktion.

**Kunstseide** aus Zellulosepräparaten, wesentlich billiger, aber auch weniger haltbar als Naturseide, macht letzterer neuerdings merkbare Konkurrenz. Die Weltproduktion wurde 1913 zu ungefähr 9000—10000, 1923 zu 30000—40000 T. geschätzt. Die Union (über 1/3 der W., dazu noch Einfuhr), Deutschland (etwa 16% der W., mit Ausfuhr), Belgien (10% der W., starke Ausfuhr), Frankreich (10% der W., Einfuhr) werden als Hauptproduktionsländer genannt.

**Pelzwerk** dient besonders in borealen Klimaten (D), doch auch in warmgemäßigten mit kühlen Wintern, als Zutat zur Kleidung und ist ein nicht unwichtiger Welthandelsartikel. Die besten und wärmsten Pelze wachsen den Pelztieren, die sich mit ihnen dem Klima anpassen, in den polaren Schneeklimaten (E 10) und den borealen Klimaten (D), auch in entsprechend winterkalten Gebirgen und Hochländern, zumal der gemäßigten Klimazone.

In der Alten Welt ist Sibirien (s. d.) ein Hauptbelieferer des Weltmarkts, doch auch Rußland, Schweden und die anderen europäischen Länder liefern Ware, die südlicheren im allgemeinen mindere Qualitäten (s. S. 8). Nischni-Nowgorod, den Produktionsgebieten nahe (s. Bd. II), St. Petersburg, Leipzig, London, in günstiger Lage zu den Konsumgebieten, sind die großen Pelzwerkplätze (s. bei den einzelnen Ländern). In der Neuen Welt ist Nordamerikas Nordhälfte reich an Pelztieren, Kanada vor allem, während Zurichtung und Handel sich wie in der Alten Welt in der Nähe der Konsumgebiete (Union) niedergelassen und entwickelt haben.

In der Pelztierzucht ist die Neue Welt der Alten weit vorausgeeilt. Es gibt zahlreiche Pelztierfarmen in Ostkanada, im Osten, in der Mitte der Union und in Alaska. In der Alten Welt sind mir nur in Sibirien und in den Vorarlberger Alpen (unfern Oberstdorf), in der Schweiz und in Schweden Zuchten bekannt.

Die großen Industrieländer (Union, Großbritannien, Deutschland, Rußland usw.) sind die Haupthandels- und Verbrauchsländer für Pelzwerk.

c) **Wohnungsmaterial** liefern die Tiere (Schaf, Ziege, Kamel usw.) nur insofern, als aus ihren Häuten, Fellen und Haaren Zelte von nomadisierenden Volksstämmen hergestellt werden.

d) **Arbeitstiere**[1]) sind vornehmlich die Rinder (s. S. 144f.) und Pferde; eine geringere Rolle spielen Esel, Maultiere, Maulesel und Kamele.

**Pferde** sind die wichtigsten Arbeitstiere in der Landwirtschaft und Industrie der gemäßigten Zone und darum am häufigsten in den oft genannten Aktionszentren der gemäßigten Zone, etwas zahlreich auch in anderen landwirtschaftlichen Gebieten, wie auf Java oder Cuba.[2]) Aber in den feuchten Gebieten der Tropenzone ist es vielfach von Krankheiten bedroht und zumal im tropischen Afrika, soweit

---

[1]) Darunter verstehen wir auch die Transporttiere, vor Wagen, Schlitten gespannt oder als Saumtiere benutzt.

[2]) Es mag gegen 100 Mill. Pferde auf der Erde geben. Europa besitzt deren etwa 43% (Rußland 20(?); Deutschland 3,9; Polen 3,3; Frankreich 2,8; Rumänien 1,8; Großbritannien 1,5; Jugoslawien 1; Schweden 0,7%). In Asien, das wohl 12 oder mehr Prozent besitzen mag, sind Britisch-Indien mit 2, Japan mit mehr als 1,6% beteiligt. Afrika scheint wenig mehr als 1% aller Pferde aufzuweisen. Die Südafrikanische Union (0,8%) und die Atlasländer (0,43%) besitzen am meisten. Australien hat über 2, Neuseeland 1/3% aller Pferde. In Nordamerika haben die Union 18, Kanada 3,6% der Weltziffer, Mexiko wohl etwa 1/2%. Mittelamerika besitzt sehr wenig Pferde, wohl nicht mehr als 1%. In Südamerika steht Argentinien mit 9 1/2% an der Spitze; Brasilien mit 5 1/4, Uruguay mit 0,6, Paraguay 0,5, Chile 0,3% folgen.

die Tsetse vorkommt, fast gar nicht anzutreffen. Die leichteren orientalischen Pferde (von südrussischem Tarpantypus) sind für alle (niedrigeren?) trockeneren Gebiete charakteristisch, die schwereren okzidentalen (kaltblütigen) Schläge[1]) für feuchte gemäßigte Landschaften (Westeuropa z. B.) mit intensiver Futterwirtschaft. Wüstengebiete sind naturgemäß sehr arm an Pferden; hier tritt das Kamel als Transporttier an ihre Stelle. Auch die Steppengebiete mit nomadischer Tierzucht sind verhältnismäßig nicht reich an Pferden, doch sind hier zum Teil treffliche, schnelle, ausdauernde und bedürfnislose Rassen anzutreffen. Ebene Landschaften sind den als Lauftiere zu bezeichnenden Pferden, vor allem den orientalischen, günstiger als bergige und gebirgige, wo Kletterponys sich herausbildeten und Maultiere noch mehr bevorzugt werden. Esel und Maultiere sind Arbeitstiere der Trockenzone (B); schon in den Ländern mit mediterranem Klima (C 6) sind sie oft zusammen zahlreicher als die Pferde, die jedoch für Heereszwecke wegen ihrer Schnelligkeit, Lenksamkeit usw. bevorzugt werden. Maultiere wie Esel sind klimahärter als Pferde und dringen in die Tropengebiete ein, auch in halbtropischen feuchten Ländern wie in den „Südstaaten“ (C 7 a) der Union und in China (C 5) werden sie vor jenen bevorzugt. Der anspruchslose Esel paßt auch besonders in Kleinbetriebsgebiete hinein.

Der Elefant leistet als gezähmtes Arbeitstier im Süden Asiens, z. B. beim Transport von Teakholzstämmen Hinterindiens, vielfache Dienste; die Heranziehung des afrikanischen Elefanten zu Arbeitsdiensten, schon gelungen, befindet sich noch im Anfangsstadium.

Kosmopolitisch ist der Hund als Wach- und Jagdgehilfe, auch Zugtier (bei den Polarvölkern und in unseren Städten).

Das Renntier wird in den Polargebieten weithin als Zug- und Tragtier benutzt. Schaf und Ziege, auch das Lama (Andenhochländer) haben eine untergeordnete Bedeutung.

## 4. Mineralienwirtschaft.[2])

Der **Bergbau**, allgemeiner die Mineralienwirtschaft, zu der wir auch den Steinbruchbetrieb wie die Trinkwasser-, Mineralwasser-, Eis-, Düngemittelgewinnung aus der Luft rechnen, ist Sammelwirtschaft, nicht Produktion und, strenggenommen, Raubwirtschaft, da an einem Orte abgebaute Mineralien unwiederbringlich ihm genommen sind, im ganzen kein Ersatz stattfindet; Ausnahmen wie bei Wasser, Eis, Torf, Salz, Roheisenerz, bei denen eine (sehr langsame) Wiedererneuerung der Vorräte stattfindet, sind selten.[3])

---

[1]) Antonius rechnet auch den Berberschlag hierher. Eine dritte Rasse erblickt Antonius in dem mongolischen Equus ferus Pall., den mongolischen Ponypferden, die für die zentralasiatischen Hochsteppen charakteristisch wären. Mischungen der drei Rassen verdunkeln überall den Sachverhalt.

[2]) R. Freudenberg, Die Industrie-Mineralien. Halle a. S. 1913. — Fr. Heise u. F. Herbst, Lehrbuch der Bergbaukunde. Bd. 1. 4. Aufl. Berlin 1921. — F. Beyschlag, P. Krusch u. J. H. L. Vogt, Die Lagerstätten der nutzbaren Mineralien und Gesteine. 2. Aufl. — Zeitschrift für praktische Geologie mit Bergwirtschaftlichen Mitteilungen. Berlin. — Weltmontanstatistik, Hsg. v. d. Preuß. Landesanstalt. Die Versorgung der Weltwirtschaft mit Bergwerkserzeugnissen, I, 1860 bis 1922. 1. Teil. Kohlen, Erdöl und Salze (Kochsalz, Kali, Salpeter). Von M. Meisner. Stuttgart 1925. — Internationale Bergwirtschaft (Zeitschrift, Leipzig seit 1925).

[3]) Nicht alle mineralischen Stoffe werden wie die Kohle im Verbrauch aufgezehrt, die Metalle erhalten sich z. B. zum Teil, und Alteisen (Schrott) hat wohl immer eine größere Bedeutung in der Eisenindustrie. Ed. Hahn schlug den Ausdruck Eduktion für Bergbau (der dem toten Material entnimmt) im Gegensatz zu Produktion (aus der lebenden Welt) vor.

In Anschwemmungsländern und ähnlichen, lockere Decken führenden Landschaften sind die Wertmineralien führenden Bodenschichten meist verdeckt und der Aufmerksamkeit entzogen. In Flächen anstehenden Gesteins, wie sie in Gebirgen, in glazialen Abräumungsgebieten, auch in Wüsten, auftreten, fallen Wertmineralien und besonders Metallerze am leichtesten in die Augen und werden hier darum am frühesten abgebaut (s. S. 153). Aber die Entwicklung der Zivilisation, die sich in der Geologie ein eigenes wissenschaftliches Organ zur Erforschung des Bodens schafft, lehrt fortschreitend praktischere Verfahren zur Ermittlung von Nutzmineralien kennen und erweitert noch immer den Kreis dieser besonders als Bau- und Werkzeugmaterial hervorragend brauchbaren Naturstoffe.

Wir haben noch nicht entfernt einen Überblick über die uns bis zu erreichbaren Tiefen[1]) zur Verfügung stehenden Mineralschätze. Es werden immer noch neue Lager entdeckt, auch die Verfahren zur wirksameren Ausnutzung älterer schon abgebauter Lager durch technische Fortschritte verbessert, wie auch die Aufbereitungsmethoden (Verhüttung usw.) immer vollkommener werden.

An die Stelle der Sammelwirtschaft (Raubwirtschaft) muß, wie in allen Produktionsformen, so auch im Bergbau die Produktion treten; denn der Vorrat der Erde an manchen Mineralstoffen wird allmählich zu Ende gehen. Für den Chilesalpeter haben wir in dem Luftstickstoff bereits Ersatz gefunden. Es scheint, daß wir dem Problem, Metalle herzustellen bzw. umzuwandeln, allmählich näher kommen.

Die „moderne Alchimie“ lehrt uns, daß die Atome aller Elemente in großen Zügen ein und dieselbe Struktur aufweisen: Im Mittelpunkt jedes Atoms befindet sich immer ein positiv elektrisch geladener Kern, umgeben (wie ein Sonnensystem im kleinen) von einer Anzahl Elektronen, die durch die Kräfte des Kernes im Gleichgewicht gehalten werden. Die Ladung des Kernes und die Anzahl der Elektronen ist von Element zu Element verschieden. Gelingt es, diese Anordnung der Elektronen irgendwie zu ändern, so kommt man in die Lage, das Atom eines Elements in das eines anderen umzuwandeln, d. h. es öffnet sich uns so wohl ein Weg, ein Mineral in ein anderes zu verwandeln. Es sind schon Fortschritte in dieser Richtung gemacht.[2])

Mit dem sammel- bzw. raubwirtschaftlichen Charakter des Bergbaues hängen gewisse wirtschaftliche Eigentümlichkeiten, die wirtschaftsgeographische Folgen haben, zusammen.

Dem Bergbau haftet ebenso wie der Jagd und der Fischerei der zufallmäßige Charakter an. Die meisten Minerallagerstätten wurden durch Zufall entdeckt, unsere Einsicht in den Ort, den Umfang, die Nachhaltigkeit der Lager ist höchst mangelhaft, ein hohes Maß von Unsicherheit und Risiko in bezug auf Ertrag und Zukunft knüpft sich an den Bergbau, der andererseits im Glücksfall große Reichtümer bringen kann. Goldfieber (sacra auri fames), Petroleumfieber usw. charakterisieren das Unsolide der bergbaulichen Tätigkeit, die oft Zerrbilder der mensch-

[1]) Etwa 2300 m hat das tiefste Bohrloch (Fairmont, Westvirginia, Union) erreicht; fast ebenso tief dringen Schächte (mit Hilfe künstlicher Kühlung betrieben) in den Boden ein.

[2]) Besonders die Versuche Prof. Miethes, Gold aus Quecksilber zu gewinnen, scheinen die Herstellung von Metallen auf künstlichem Wege näher zu rücken (vgl. S. 20).

lichen Kultur (Kalifornien, Klondike usw.) hervorgebracht hat und durch Weckung der Sucht in den Menschen, schnell und mühelos reich zu werden, auch die politische Unmoral, wie sie sich z. B. im Burenkrieg und im Kriege gegen Mitteleuropa dokumentierte, letzten Endes erzeugt hat.

Daß der Bergbau, wenn seine Erträgnisse zurückgehen, auch Anstoß zu fester Siedelung, zu Erweiterung von Ackerbau und Viehzucht, zu industrieller Tätigkeit geben kann, auch durch die Reichtümer, die er spendete, somit die Erschließung neuer Landflächen erleichtern kann, hat sich in Australien wie in Südafrika oder in den Kordilleren- und Andenländern Amerikas oder im Erzgebirge Deutschlands usw. erwiesen.

Wie für die Pflanzen- und Tierwirtschaft hat auch für die Verbreitung von Mineralien und den Bergbau das **Klima** eine hervorragende Wichtigkeit, auf die hier durch einige Sätze hingewiesen sei.

Kochsalz, Trinkwasser, Natureis (für Kühlung von Nahrungsmitteln usw.) stehen in ihrer Verbreitung ganz unmittelbar in Beziehung zu klimatischen Erscheinungen, im wesentlichen zu Temperatur und Niederschlägen. Aber auch alle anderen Salze sind in ihrer Verbreitung von ihnen abhängig, wie Borax, Kalisalze, Natron, Soda usw. Guano und Salpeter, auch Phosphate zum Teil, sind nur in trockenen Landschaften, zum Teil nur in Wüsten, vor der Abtragung bewahrt geblieben.

Der Torf (S. 167 f.) weist, selbst wenn man einige in der Tropenzone aufgefundene Lager in Betracht zieht, sehr deutlich eine klimatisch-zonale Verbreitung auf. Auch die Verbreitung der Steinkohle, bis zu einem gewissen Grade der Braunkohle[1]), zeigt sehr eigentümliche Züge klimatischer Einflüsse, die, obwohl in der Vorzeit wirksam gewesen, höchst auffällig mit solchen des heutigen Klimas übereinstimmen (s. S. 167—170). In Ostborneo sind die Petroleumfelder nach langanhaltendem Regen ergiebiger als zu trockenen Zeiten. Auch Tone, Porzellanerde u. dgl. sind, mindestens in weiter flächenhafter Verbreitung, vorwiegend an feuchte Klimazonen bzw. -gebiete gebunden, wo darum auch die Herstellung von Ziegeln, Zement, Porzellan sich leichter entwickeln kann als in Trockengebieten (B), wo Tone usw. vielfach nur in oasenhaften Flecken aufzutreten pflegen.

Auch das Vorkommen bestimmter Metallerze und ihr Anreicherungszustand ist durch das Mittel der Verwitterung mehr an die Wasserverhältnisse gebunden, als man anzunehmen geneigt ist. Der eiserne Hut (die Oxydationszone, eine Auslaugungszone) ist ein Produkt der Verwitterung, die Tiefe der Einwirkung der Atmosphärilien hängt aber vor allem von dem Klima und der Tiefe des Grundwassers ab.[2]) In Gebirgen mit intensiver Vergletscherung, z. B. in den Pyrenäen, geht der eiserne Hut höchstens einige Meter tief, in Gebieten starker Verwitterung mit geringer Abtragung, also in Trockengebieten, wie z. B. in Arizona, kann die Oxydationszone bis zu 200 m Tiefe gehen. In der Oxydationszone finden nun Umlagerungs- und Umbildungsvorgänge statt, die aufs tiefste in den Bestand und

[1]) Im Febr. 1922 stockte die Braunkohlenförderung wegen starken Frostes in den Tagebaubetrieben Deutschlands. In boreal-kontinentalem Klima (D 8 b, D 8 c) ist Tagebau darum winters fast unmöglich.

[2]) F. Beyschlag, P. Krusch u. J. H. L. Vogt, Die Lagerstätten der nutzbaren Mineralien usw. I. Bd., S. 205.

den Wert der primären Erzlager eingreifen und den Bergbau bzw. die Verhüttung erleichtern oder erschweren. Und unter der Oxydationszone trifft man häufig infolge der Einsickerung von Wassern, eine Metallanreicherungszone, die Zementationszone, deren Tiefenlage nach dem Obigen ebenfalls klimatisch bedingt ist und um so reicher zu sein pflegt, je lebhafter die Auslaugungsvorgänge in der Oxydationszone vor sich gingen.[1]) Diese klimatischen Einflüsse auf den Bergbau erstrecken sich über die ganze Erdweite und bedingen in erster Linie die wirtschaftlichen Erfolge und damit auch vielfach schon die Inangriffnahme von Minerallagern. Sie gehören also bei der Erklärung der geographischen Verbreitung des Metallerzbaues zu den wichtigsten Faktoren, doch kann ich sie in dem speziellen Teile des Buches mangels Raum und Vorarbeiten nur stellenweise andeuten.

In mittelbarer Beziehung wirken die Niederschlagsverhältnisse auch insofern auf den Bergbau ein, als in regenreichen Gegenden durch die mechanische Verwitterung und Alluvionen lehmige Bodendecken entstehen, die nicht nur das die Bodenschätze bergende feste Gestein zudecken, ebenso wie die auf ihnen wachsende dichte Vegetation (Urwälder usw.) es tut, sondern auch die Bevölkerung dem Ackerbau zuführen und von Mineralnutzung ablenken, während die oft vom Winde blank gefegte Felslandschaft der Trockengebiete leicht die Augen auf glänzende Metallvorkommen lenkt und ihre landwirtschaftliche Armut (wie die von fast allen Gebirgen) die Entstehung von Steinbrüchen und Bergbauen fördert.

Die Lage des Grundwasserspiegels ist vom Klima abhängig und wirkt, abgesehen von der wichtigen Tiefenlage der Oxydations- bzw. Zementationszone, in vielen Beziehungen auf den Bergbau ein. Bergbau in einem Trockengebiet[2]) spielt sich ganz anders ab als in einem feuchten Gebiet. In ersterem können unter Umständen Wasserhaltungsmaschinen ganz entbehrt werden, in dem letzteren verursachen sie großen Kostenaufwand. Dagegen fehlt für die nasse Aufbereitung von Erzen im ersteren das nötige Wasser; es muß durch kostspielige Leitungen herangeführt oder es müssen Wasserreservoire angelegt oder ein trockenes Verfahren (Westaustralien zum Teil) angewendet werden. In feuchten Gebieten allein sind hydraulische Verfahren beim Seifenbetrieb zu verwenden. Baggerbenutzung bei demselben ist ja wohl auch nur in feuchten Landschaften zu finden.[3]) In den trockenen Landschaften müssen Trinkwasser und Nahrungsmittel für die Bergbauleute herangeschafft werden, die in feuchten wohl im allgemeinen an Ort und Stelle zu haben sind. Das macht große Unkosten und läßt nur reiche Vorkommen der Trockenzone (B 3 und B 4) abbauwürdig erscheinen, usw.

Auch die Temperaturen sind für den Bergbau höchst wichtig.

Es sei nur an die Einflüsse der geothermischen Tiefenstufe[4]) (bzw. ihrer Anfangstemperatur an der Erdoberfläche) auf die Möglichkeit, die Grubenschächte in große

---

[1]) Vgl. näher dazu Beyschlag, Krusch usw., a. a. O., Bd. I, S. 205 ff. und Bd. II, S. 371 ff. usw. auch „Die Technik", hsg. von A. Miethe, 1. Bd., Braunschweig 1911, S. 247.

[2]) In ariden Wüsten und Steppen eignet sich für die Feststellung von ausgedehnteren Erzlagern wohl besonders ein geophysikalisches Verfahren, das elektrische Wellen an Erzen reflektieren läßt, um sie am Empfänger nachgewiesen zu sehen. Vgl. Zeitschr. f. prakt. Geol. 1922, S. 39.

[3]) Bzw. müssen in Trockenlandschaften Trockenbagger verwendet werden.

[4]) Bisweilen können Abnormitäten der Tiefenstufe Ausnahmen von dem allgemeinen Gesetz hervorrufen. So ist am Witwatersrand Südafrikas die Temperatursteigerung mit der Tiefe günstigerweise eine sehr langsame, so daß bei 300 m Tiefe etwa 20°, bei 2100 m Tiefe erst 30½° C auftreten.

Tiefen zu treiben, erinnert. In kalten Klimaten kann man mit Grubenbauten tiefer in die Erde dringen als in tropischen. Andererseits erschweren Schnee- und Eisdecke und Frost (Eisboden) in gemäßigten und polaren Breiten winters oder gar das ganze Jahr hindurch die Seifenarbeit, wie im nördlichen Sibirien und in vielen Teilen Alaskas.[1]) Dagegen ermöglicht der gefrorene Boden, leicht einen Schacht, ohne Stützen, in den Boden zu treiben, den man in wärmeren Klimaten, wo „schwimmendes Gebirge" auftritt, nur mittels des „Gefrierverfahrens" einsenken kann.

Somit scheinen die (hier noch nicht vollständig zusammengestellten und zum Teil wohl auch von der Wissenschaft noch nicht erkannten) klimatischen Einflüsse auf die Verbreitung der Minerallager, ihre Art, ihren Reichtum und ihre Abbauwürdigkeit, auf den Bergbau und die Verhüttung usw. derart stark zu sein, daß ich für berechtigt halte, gegenüber dem geologisch vielfach zufälligen Auftreten der Minerallager, als Wirtschaftsgeograph, gerade wie bei der Bodenfruchtbarkeit (s. S. 44ff.), diese geographischen (klimatischen) Umstände in den Vordergrund zu stellen.

Soll ich noch daran erinnern, daß für die Verbreitung des Bergbaus die gesundheitlichen Verhältnisse der verschiedenen Klimate, die Wirtschaftsstufe des bergbauenden Menschen, die so deutliche Beziehungen zur Verbreitung der Klimate aufweist, die Dichte der Besiedelung, die Verkehrsverhältnisse usw. — alles Erscheinungen, die eng mit dem Klima verknüpft sind, tiefgreifenden Einfluß haben? Ist nicht der moderne Bergbau, der unter den Grundwasserspiegel hinabgreift, erst durch die hohe Zivilisationsstufe in der gemäßigten Zone ins Leben gerufen? Hier hat er zuerst seine Produktionsstätten gehabt, als in den anderen Klimazonen nur oberflächliche Schürfen üblich bzw. technisch möglich waren. Hier in der gemäßigten Zone erschöpft der Bergbau zuerst die abbauwürdigen Minerallagerstätten mit Ausnahme der ganz reichen (Kohlenlager z. B.). Mit der Ausbreitung der Europäer über die Erde greift der moderne Bergbau allmählich durch die ganze gemäßigte Zone, soweit die Weißen siedeln können. Erst neuestens wird auch das gemäßigte Ostasien dieser Stufe zugeführt; noch später dringen die Bewohner der entstandenen Aktionszentren (s. S. 86f.) aus der gemäßigten stellenweise in die polare oder die Trockenzone oder die Tropenzone zwecks Hebung von Bergbauschätzen ein. Ist nicht auch in diesem Gang des modernen Bergbaus von der gemäßigten Zone in die anderen Zonen ein klimatisch bedingter Vorgang festzustellen?

Einen Gesamtüberblick über die Verbreitung des Bergbaues auf der Erde gibt die vergleichende Zusammenstellung der im Bergbau beschäftigten Personen. Nach einer freilich älteren und unvollständigen Statistik mögen von den wohl 6 (oder mehr) Millionen Bergleuten 60% in Europa, 12% in Nordamerika, 13—14% im südostasiatischen Aktionsfeld, 2% im australischen, 3% im südafrikanischen Aktionsfeld arbeiten. Die Verbreitung der Zivilisation erweist sich als Hauptfaktor für die heutige Verbreitung des Bergbaues.

### Die verschiedenen Mineralstoffe.

**a)** Vor Kohlen oder Petroleum oder Metallerzen verdienen das Kochsalz (Chlornatrium), das Trinkwasser, das Eis, das Mineralwasser,

[1]) Vgl. z. B. Edg. Salin, Die wirtschaftliche Entwicklung von Alaska. Tübingen 1914 (Erg.-Heft 12 z. Arch. f. Sozialwiss. u. Sozialpol.).

gewisse Düngemittel als Stoffe, die der **Nahrung** bzw. dem Genuß des Menschen und seiner Haustiere dienen oder seinem gesundheitlichen Zustande oder seiner Pflanzenproduktion förderlich sind, Erwähnung.

Das **Kochsalz**[1]), sei es Steinsalz oder in Solquellen zutage getretenes Salz oder Salinensalz, ist in seiner Verbreitung bzw. Ausnutzung im höchsten Grade vom Klima abhängig.

Abgesehen von seiner Entstehung in Trockengebieten (B) bzw. -klimaten früherer Erdperioden, hat sich Steinsalz an oder nahe der Oberfläche nur in Trockengebieten erhalten[2]), wo auch in abflußlosen Gebieten (Kirgisensteppe, kaspische Steppe, auf den Hochländern Vorder- und Zentralasiens und der Cordilleren und Anden Amerikas usw.) noch heute in Pfannen, Seen (Großer Salzsee, Totes Meer usw.) usw. Salze sich häufen, während sie in unserer gemäßigten Zone mit Niederschlägen zu allen Jahreszeiten (C, D), sobald diese einigermaßen reichlich fallen, aus den oberen Erdschichten ausgelaugt und fortgeführt sind. Auch die feuchten Tropenländer (A; Kongobecken, Amazonasbecken, Inseln des Malaiischen Archipels) und die Monsungebiete Ostasiens (C 7, C 5; Japan, China usw.) sind arm an Oberflächensalz. Andererseits werden Solquellen nur in niederschlagsreicheren Landschaften, die ja allein quellenreich sind, in größerer Anzahl auftreten können, in Trockengebieten meist ganz fehlen. Ebenso wird der Betrieb von „Salzgärten" (Meeressalinen), in denen Meersalz durch Verdunsten des Meerwassers gewonnen wird, sich hauptsächlich an Trockengebiete (Köppens Steppen- und Wüstenklimate, B 3 und B 4) bzw. (da letztere nur wenig bevölkert sind, also wenig Bedarf haben) an Gebiete mit ausgesprochenen Trockenzeiten (subtropisch-trockene Klimate, Monsun- und Savannenklimate: Köppens warme, sommertrockene, C 6, warme, wintertrockene, C 5, periodisch trockene Savannenklimate, A 2) als Saisonarbeit[3]) knüpfen, dagegen an den Küsten der Länder von feuchttemperierten Klimaten (C 7), von feuchtheißen Urwaldklimaten (A 1), von feuchtwinterkalten Klimaten (D 8) usw. unrentabel sein. So z. B. mißraten die Salzernten an der Westküste Frankreichs öfters durch Niederschläge, während sie an der dürren Mittelmeerküste sicher sind; es kommt hinzu, daß in Gegenden großer Dürre und starker Verdunstung, wie im subtropischen Hochdruckgürtel (so an der französischen Mittelmeerküste) der Salzgehalt des Meerwassers höher ist als in niederschlagsreichen Meeren und daß in den Lagunen der Trockengebiete, wie in den Étangs salés Südfrankreichs oder den Limanen Südrußlands, die man oft zum Ausgang der Salzgewinnung nimmt, wiederum der Salzgehalt besonders groß ist.

Gegenüber diesen klimatischen Beziehungen verlieren die geologischen für den Wirtschaftsgeographen stark an Interesse. Alle eruptiven Ablagerungen und

---

[1]) Vgl. v. Buschmann, Das Salz. 2 Bde. Leipzig 1906 u. 1909 und Andree, G. d. Wh. IV, S. 332ff. — M. Meisner in Weltmontanstatistik. Stuttgart 1925, S. 154—175. Die Weltprod. wird mit 17,5 Mill. T. vor, rund 19 Mill. T. nach dem Kriege (1920) angegeben. Europa war mit 51,4 (1920: 36,8) % daran beteiligt (Großbritannien 12,8 [11,3], Deutschland fast 11 [15,4], Rußland 11,1 [2,9], Frankreich 7,3 [6,6], Spanien 3,5 [5,2]; Österreich-Ungarn 3,4 [Österreich 0,4], Polen 1,1 [1,1], Schweiz 0,4 [0,35] %); Asien fast 23 (20) % (Indien 7,4 [etwa 6,3 ?), Japan 3,7 [3,1]); Australien 0,4 (0,4) %; Afrika 2,3 (2,6) %; Amerika 28,6 (30,5) % (Union 25 [33,36], Kanada 0,5 [1] %). M. Meisners Ziffern weichen zum Teil ein wenig von den obigen ab.

[2]) Salzberg von Cardona in Spanien z. B.

[3]) Im trockenen Sommer bzw. im trockenen Winter.

solche Sedimente, die aus ihnen entstanden und kein Trockenklima der Vorzeit durchmachten, sind salzlos bzw. salzarm.

Die hohe Wirtschaftsstufe der wissenschaftlich-technischen Wirtschaft versucht neuerdings, wohl noch nicht recht mit Erfolg, durch elektrolytische Behandlung des Meerwassers das Salz aus diesem zu gewinnen und so das Bedürfnis nach Salz in allen salzarmen Zonen und Gebieten von diesem örtlichen Naturzwang zu befreien. Der Ersatz von Salz durch Pflanzenasche (z. B. im Urwaldgebiet des Kongobeckens) ist natürlich sehr unvollkommen.

Das **Trinkwasser**[1]) (s. S. 50) ist in allen feuchten Gebieten wie in Köppens heißfeuchten Urwaldklimaten (A 1), doch auch in den subarktischen (D) und Schneeklimaten (E 10) mit geringer Verdunstung reichlich vorhanden, auch in dem feuchttemperierten Klima (C 7) der warmgemäßigten Regenklimate; zeitweise kann es in den warmen sommertrockenen Klimaten (von Mittelmeertypus, C 6) spärlich werden, in den warmen wintertrockenen Klimaten (von Chinatypus, C 5) und in den periodisch trockenen Savannenklimaten (A 2), wenn zur Trockenzeit Tümpel, Bäche, wohl gar Seen und Quellen versiegen. In den Steppen- und Wüstenklimaten (B 3, B 4) erstreckt sich der Wassermangel vielfach über das ganze Jahr.

Welche Wichtigkeit diese Verbreitung des für Menschen und Vieh gleich notwendigen Trinkwassers[2]) für die Besiedelung der Länder für die Entscheidung, ob die Bewohnung eine seßhafte oder nomadische sein wird, für die Lokalisierung der Bevölkerung in Siedelungen, für deren Größe, Lage usw. hat, kann und soll hier nicht näher verfolgt werden.

Der wirtschaftende Mensch sinnt, zumal in Trockenklimaten oder in Gebieten mit ausgesprochener Trockenzeit oder in Gegenden abseits von Quellen, Bächen, Flüssen und Seen, seine Bedürfnisbefriedigung auch von diesem Naturzwang zu befreien; örtlich, quantitativ und zeitlich gelingt ihm das durch Anlage von Zisternen, Brunnen, oft nur durch Wasserleitungen, die von weither aus Flüssen, Seen, Talsperren usw., die Wasserversorgung sichern. Diese Anlagen werden am nötigsten in Trockenklimaten[3]) (B) sein, aber auch in wasserarmen Kalkgebieten (Karst, Schwäbische Alb usw.) und in großen Städten. In letzterem Falle ist es besonders auch die meist schlechte Qualität des Fluß-, Teich-, Seewassers usw., die zur Anlage von Brunnen und Wasserleitungen drängte. Die Epidemien nahmen noch fast immer und überall von mangelhaftem, verunreinigtem Trinkwasser Ausgang und Verbreitung. Gutes natürliches Quellwasser oder klare Gebirgsseen sind verhältnismäßig wenig häufig. Erst die modernen Wasserleitungen der höchsten Wirtschaftsstufe haben auch in qualitativer Hinsicht für das jederzeitige Trinkwasserbedürfnis selbst der größten Stadt sorgen können. Mit den Europäern oder besser gesagt:

---

[1]) Vgl. A. Haberlandt, Die Trinkwasserversorgung primitiver Völker, mit besonderer Berücksichtigung der Trockengebiete der Erde. Gotha 1912 (Peterm. Mitt., Erg.-H. Nr. 174). — W. Halbfaß, Das Wasser im Wirtschaftsleben des Menschen. Frankfurt a. M. 1911, S. 53 ff. (Angewandte Geographie IV, 3). — R. Hotz, Die Erde und ihr Wirtschaftsleben. München 1913, S. 212 ff. — Vgl. auch H. Philipp, a. a. O., S. 16 ff. über die Aufgaben und den Wert der geologischen Arbeit bei der Wasserversorgung, vor allem auch in hygienischer Hinsicht.

[2]) Von dem übrigen Gebrauchswasser ganz abgesehen. Vgl. W. Halbfaß, Das Wasser usw., S. 54.

[3]) Aufsuchen von Grundwasser mittels elektrischer Wellen s. Zeitschr. f. prakt. Geol. 1922, S. 36.

mit der Ausbreitung der höchsten Wirtschaftsstufe über die Erde verbreiten sich nun auch die Wasserleitungen.

In polaren Klimaten (E 10) wie in Hochgebirgen werden nicht selten Schnee und **Eis** zur Deckung des Trinkwasserbedarfs herangezogen.

Das Eis hat aber auch noch Wert für die Konservierung und Kühlung von Nahrungs- und Genußmitteln usw. und wird darum schon in den Sommern der gemäßigten Zone, viel mehr aber in den Gebieten periodisch großer Hitze und Dürre oder Feuchtigkeit, in den Subtropen- und Tropenklimaten begehrt. Norwegen, die Alpen, das Riesengebirge usw. lieferten früher große Mengen Eis in nicht zu fern gelegene Bedarfsstätten, doch hat die Kälteindustrie, die Erzeugung von künstlicher Kühlung, Kälte und Eis, die in den Ländern der höchsten Wirtschaftsstufe erfunden und ausgebildet wurde und allmählich ihre wissenschaftlich-technischen Verfahren auch in die Subtropen und Tropen importierte, der Verbreitung von Natureis Abbruch getan, weil das Kunsteis jederorts, in beliebigen Mengen, jederzeit, in vorzüglichster Qualität hergestellt werden kann, während die Bedürfnisbefriedigung durch Natureis in mehr als einer dieser Hinsichten mangelhaft ist.

**Mineralquellen,** die Tafelwässer oder Heilwässer oder beide liefern, sind Quellen, die verschiedenste Stoffe (Kochsalz, Glaubersalz, kohlensaure Magnesia, doppelkohlensaures Eisenoxydul, Arsen, Schwefel usw.) auf- und eventuell Temperaturen bei ihrem Lauf in der Erde angenommen haben. Alle Thermen und alle starken Säuerlinge stehen nach Ax. Winckler[1]) in Beziehung zu vulkanischen Erscheinungen.

Gewöhnliche Mineralwässer treten in allen Gebieten starker Schichtenstörungen auf. Das nordwestliche Böhmen, die Eifel, die Auvergne, die Pyrenäen seien uns Beispiele. Wirksame Mineralwässer kommen sogar in den Welthandel und widerstehen dem Wettbewerb der nur Erfrischungsmittel darstellenden künstlichen Mineralwässer.

Als mineralische **Düngemittel,** die den Anbaupflanzen des Menschen unentbehrliche Nährstoffe liefern und somit auch die Ernährung des Menschen und andere seiner Bedürfnisse wesentlich stützen, sind die **Kalisalze,** die **Stickstofflieferanten** und die **Phosphate** am besten an dieser Stelle zu besprechen.

Kalium, Stickstoff, Phosphorsäure und Calcium in der Form von Kalk bedingen in erster Linie die Fruchtbarkeit des Bodens. Kalk ist meistens im Boden hinreichend vorhanden, außer im Sandboden (und Marschenboden?). Kali, Stickstoff und Phosphorsäure müssen dem Boden meist durch Düngung zugeführt werden, wenn er gute Erträge liefern soll. Kohlenstoff, den die Pflanzen auch noch brauchen, entnehmen sie der Kohlensäure der Luft und Wasserstoff dem Wasser des Erdbodens. Stalldünger, s. S. 45 u. 159.

Die **Kalisalze** sind (in Deutschland) zur paläozoischen Zechsteinzeit aus einem in schwacher Verbindung[2]) mit dem Ozean stehenden Binnensee, der

[1]) Mineralquellentechnik. Leipzig 1910, S. 28.

[2]) Ähnlich wie der Karabugasbusen mit dem Kaspischen Meer (s. Bd. II). Vgl. P. Krische, Das Kali. Die Gewinnung, Verarbeitung und Verwertung der Kalisalze, ihre Geschichte und wirtschaftliche Bedeutung. 1. Teil. Stuttgart 1923. — M. Meisner in Weltmontanstatistik. Stuttgart 1925, S. 175—206; Lit. S. 206.

in einem heißen und dürren Klima eindampfte, nach dem Kochsalz usw. ausgeschieden worden und haben sich zum Teil im Bereich des Menschen erhalten; zum Teil sind die ursprünglichen Lager abgetragen oder an Spalten tief eingesunken und zugedeckt, also nicht zugänglich.

Die „Abraumsalze", erst bei dem Abbau der unter ihnen liegenden älteren Steinsalze verschmäht, wurden später in ihrem Werte erkannt und seit 1862 gewonnen. Deutschland hatte daran nicht nur ein vorzügliches Düngemittel für seine Felder, sondern auch ein Monopol in der Versorgung des Weltmarktes. Etwa neun Zehntel der Kalisalze werden in der Landwirtschaft als Düngemittel verwendet, ein Zehntel in der Industrie (Seifen-, Glas-, Zündholz-, Sprengstoffindustrie, Feuerwerkerei, Medizin, Färberei, Gerberei, Photographie usw.).[1]) Als Düngemittel zur Steigerung der Felderträge ist Kali ganz unersetzlich, in der Industrie gibt es auch kaum ein Ersatzmittel dafür.

Deutschland besitzt noch etwa 20 Milliarden T. Kalirohsalze mit 2 Milliarden T. Reinkali. Von Wesel am Rhein bis nach Hohensalza in Posen und von Lübtheen in Mecklenburg bis nach Thüringen, Hannover und bis ins Hessische Bergland sind die abgebauten Lager verbreitet. Die meisten Kaliwerke arbeiten in der Gegend von Magdeburg-Halberstadt (Staßfurt, Leopoldshall usw.), im nördlichen Thüringen (am südlichen Harzrand), im Werra-Fuldagebiet und in Hannover. Die jährlich geförderten 10 Millionen T. Rohsalze[2]) bedeuteten zugleich fast die ganze Weltproduktion. 1913 wurden etwa 1,1 Mill. T. Reinkali gewonnen. Ein großer Teil (1913: 5,19, 1922: 4,81 Mill. T.) der Rohsalze wurde ausgeführt.[3])

Deutschlands Monopol in der Kaliproduktion erweckte einerseits den Neid der Nachbarn und gab bei dem kulturwidrigen Tiefstand der politischen Moral, der die heutige Zeit schändet, mit den Anlaß zu dem Raubkrieg der Entente, andererseits ermunterte es zum eifrigen Suchen nach ähnlichen Lagern in anderen Teilen der Erde. Das Monopol Deutschlands ist gebrochen. Das Elsaß, das aus dem Tertiär von Mülhausen[4]) vor dem Kriege ein Sechstel bis ein Siebentel der deutschen Produktion von Kalisalzen erzeugte, wurde uns von den „raubritterlichen" Franzosen mit Hilfe ihrer Spießgesellen weggeräubert und ist ein ernstlicher Konkurrent Deutschlands auf dem Weltmarkt geworden.[5]) In Spanien, Holland, Galizien, Eritrea, Vorderindien, auch in Rußland, Italien, Siebenbürgen, Transvaal, China, Kanada, der Union und Chile hat man Kalisalzlager, zum Teil von erheblichem Umfange, festgestellt, zum Teil in unsicherer Weise (?) gemeldet.

---

[1]) Über den Kaliverbrauch s. M. Meisner, a. a. O., S. 193.

[2]) Rohsalzförderung nach M. Meisner 1913: Mittel- und Norddeutschland 12257000 T., Elsaß 350000 T., Brit.-Indien (Kalisalpeter) 15000 T., Chile geringe Mengen; im ganzen 12650000 T., Reinkali 1913: 1110000 T. in Deutschland, Brit.-Indien 5000, Galizien, Nordamerika, Japan usw. einige 1000 T.; im ganzen 1120000 T.

[3]) Auslandabsatz 1913: 64,3, 1922: 33,9% des Inlandsabsatzes oder 39,1 bzw. 25,3% des Gesamtabsatzes. M. Meisner gibt die Weltproduktion von Rohsalzen 1922 mit: 14,5 Mill. T. an (Nord- u. Mitteldeutschland 13,07, Elsaß 1,33 Mill. T.), Brit.-Indien 10000, Abessinien seit 1915 ein paarmal jährlich einige 1000 T.; Spanien hat noch keine nennenswerte Förderung, Galizien gewinnt aus Rohsalz, Chile aus Salpeter, Japan aus Tang, Seegras, Laubasche usw.). Vgl. bei den einzelnen Ländern, auch bei Verein. Staaten Bd. II. 1923: Deutschland 11,35; Elsaß 1,57; Polen 0,06; Union 0,03 Mill. T.

[4]) Auf sekundärer Lagerstätte 1500 Millionen T. Rohsalze mit 0,3 Milliarden T. Reinkali. 1921 rund 150000 T. Reinkali produziert.

[5]) Vgl. Bd. II.

1913 verbrauchte Deutschland mehr als die Hälfte der Weltproduktion von Kali, die Union etwa $^1/_4$, kleinere Mengen die Niederlande, Frankreich, Rußland, Österreich, Schweden usw.

Schon vor dem Kriege hatten Bemühungen begonnen, andere Kaliquellen zu erschließen, der Krieg gab diesen Versuchen in der Union, den skandinavischen Ländern usw. einen verstärkten Impuls, doch ist der Erfolg bisher gering.

Der **Stickstoff**[1]) wurde bisher unseren Kulturpflanzen durch den tierischen Dünger (s. S. 45), dessen Unentbehrlichkeit für die Felder ein Hauptgrund für unsere Viehhaltung ist, durch den Anbau von Leguminosen oder Schmetterlingsblütlern (Klee, Lupine, Luzerne usw.), die imstande sind, mit Hilfe der sogenannten nitrifizierenden Bakterien[2]) den Stickstoff aus der Luft aufzunehmen, und untergepflügt wurden, und durch den Chilesalpeter zur Verfügung gestellt.

Der **Chilesalpeter** oder Natronsalpeter lieferte 1913 noch etwa 47% des Stickstoffbedarfs der Erde, in den letzten Jahren aber weit weniger, da andere Quellen des Stickstoffs in den Vordergrund traten. Wie die Lager im dürren, wüstenhaften Norden (B 4) der südamerikanischen Republik entstanden sind, darüber wollen die Hypothesen noch nicht harmonieren. Fest aber steht, daß sie ihre Erhaltung der großen Dürre der Gegend verdanken, da derartige Lager in einem feuchteren Klima ausgelaugt und fortgespült worden wären.

Es gibt vielfach auf der Erde in den Trockengebieten ähnliche Lager, z. B. in der westlichen Union, aber sie sind zu klein oder haben zu geringen Salpetergehalt, um abgebaut zu werden.[3]) Neuerdings sind in Peru und Bolivia Lager, die vielleicht abbauwürdig sind, entdeckt worden.

1913 und 1918 kamen etwa $2^3/_4$ Mill. T. Chilesalpeter als Weltproduktion von Chile auf den Weltmarkt, 1921 wurden aber nur $1^1/_3$ Mill. T. produziert und wenig über 1 Mill. T. ausgeführt (s. Bd. II), 1923 wieder 1,9 bezw. 2,27 Mill. T.

Eine weitere Stickstoffquelle ist der (indische) **Kalisalpeter** (s. Bd. II), der Kali und Stickstoff enthält und auch in China (s. Bd. II) benutzt wird.

Beide natürlichen Salpeterarten treten neuerdings als Stickstoffquellen zurück. 1913 wurden schon etwa 42% der Stickstoffproduktion der Erde als Nebenprodukt bei der Verkokung der stickstoffhaltigen Kokskohlen in den mit den Eisenhüttenwerken oft verbundenen Kokereien und in den Gasanstalten[4]) gewonnen. **Ammoniaksulfat,** d. i. schwefelsaures Ammoniak, ist ein wichtiges Düngemittel

---

[1]) Vgl. R. Strauss, Die moderne Stickstoffindustrie. Meißen 1922. — Vgl. auch W. Eucken, Die Stickstoffversorgung der Welt. Stuttgart u. Berlin 1921 und Weltwirtschaftliche Nachrichten aus dem Inst. f. Weltwirtsch. u. Seeverkehr in Kiel, Nr. 332 (1922). Vgl. über Salpeter M. Meisner in Weltmontanstatistik. Stuttgart 1925, S. 206—218; Lit.

[2]) Die in Knöllchen an den Wurzeln leben, s. P. Mellmann, Chemie des täglichen und wirtschaftlichen Lebens. 3. Aufl. Leipzig 1921, S. 100.

[3]) Etwa 20—25% Salpeter im Rohmaterial betrachtet man als ein Minimum für die Abbauwürdigkeit.

[4]) Leuchtgas sind die aus den Kokskohlen entweichenden Kohlenwasserstoffgase. Ammoniaksulfat wird dem Leuchtgas durch Wasser entzogen; es ist als Nebenprodukt die billigste Stickstoffquelle, die namentlich in England sehr bevorzugt wird (1913: 439000, 1920: 426000 T.).

und wird von den großen Kohlenländern der Erde: Großbritannien, Deutschland und neuestens in schnell fortschreitendem Maße von der Union, in großen Mengen gewonnen.[1])

Seit Jahren schon hatten besonders im atlantisch-europäischen Aktionszentrum (Industriegebiet) und im atlantisch-nordamerikanischen der Union Bemühungen eingesetzt, den **Stickstoff aus der Luft** zu gewinnen, der den Hauptbestandteil (fast $^4/_5$) der Luft bildet und ein unerschöpfliches und überall und jederzeit auszunutzendes Reservoir bildet. 1900 waren die ersten Erfolge dieser Bemühungen zu verzeichnen. Drei Verfahren sind inzwischen ausgebildet worden.

1. Bei sehr hoher Temperatur (3000—4000° C, die in einem elektrischen Ofen durch elektrischen Flammenbogen erzeugt werden) verbindet sich der Stickstoff der durch Kanäle dem Ofen zugeführten Luft mit dem Sauerstoff bei dem Verbrennungsprozeß zu Stickoxyd. 2—3% der dem Ofen entströmenden Luft sind dann Stickoxyd, und dieses wird in Türmen abgekühlt und im Wasser gelöst; das Resultat ist Salpetersäure, aus der nach dem Verfahren der Norweger Birkeland und Eyde mit Kalk der sog. **Norgesalpeter** gewonnen wird. Seine Herstellung hat somit billigen elektrischen Strom, d. h. bedeutende Wasserkräfte zur Voraussetzung und wird darum in erster Linie an den hohen Wasserfällen des Erfindungslandes Norwegen betrieben.[2]) Verbesserte Verfahren nach demselben Prinzip der elektrischen Verbrennung der Luft wurden in den nächsten Jahren in Deutschland erfunden und ausgenutzt; eventuell kann auch billige Kohle zur Erzeugung der elektrischen Verbrennungstemperatur an die Stelle der Wasserkräfte treten.

2. Die Bindung des Stickstoffs der Luft durch Calciumkarbid ist von Frank & Caro und anderen in Deutschland erfunden bzw. ausgebildet worden. Man erhielt den **Kalkstickstoff**, der direkt als Düngemittel, allerdings mit einiger Vorsicht, zu verwenden ist. Aus diesem Kalkstickstoff läßt sich wiederum Salpetersäure usw. gewinnen. Auch seine Gewinnung ist an konzentrierte Wasserkräfte gebunden, und die Cyanidgesellschaft in Berlin legte ihre Fabriken in Norwegen, Italien, Dalmatien, Frankreich an, die Gesellschaft für Stickstoffdünger in Westeregeln dann auch in den Braunkohlengebieten Deutschlands.[3])

Auch eine Bindung des Stickstoffs durch Aluminium ist neuerdings erfunden.

3. Die bisher genannten Verfahren hatten im allgemeinen die Ausnutzung billiger und großer Wasserkraft oder billiger Kohle erfordert — auch ein Naturzwang! — und ihre Fabriken darum hauptsächlich an den Alpen, in Skandinavien, an den Niagarafällen usw. angelegt. Nun gelang es dem Deutschen Haber, Stickstoff und Wasserstoff zu **Ammoniak** direkt zu vereinigen und dieses zu Salpetersäure zu oxydieren.[4]) Nach diesem von der Badischen Anilin- und Sodafabrik in

---

[1]) Wie S. 168f. erwähnt, werden noch viele andere Stoffe bei der Vergasung der Kohle gewonnen, Teer für die Farbenindustrie und zahlreiche Rohstoffe für die chemische Industrie.

[2]) Prod. 1903: 25, 1914: 82000, 1920: 225000 (Ausf. 117400) T. Außerdem erzeugte man noch 120000 T. (?) anderer Salpeterprodukte (Ausf. 1920: 62500 T.) auf diesem Wege. Vgl. Bd. II.

[3]) Von Calciumcyanamid wurden 1918: 665800 T. hergestellt (etwa je $26^3/_4$% in Norwegen und in Deutschland, 15% in Frankreich, an 9% in der Union und Kanada, gegen 8% in Japan, 6% in der Schweiz, gegen 4% in Österreich-Ungarn, über 3% in Schweden, über 2% in Italien, also vornehmlich im atlantisch-europäischen Aktionszentrum, ferner im atlantisch-nordamerikanischen und südostasiatischen.

[4]) Die Patente wurden 1919 an Frankreich verkauft.

Ludwigshafen ausgebildeten Verfahren wird in Oppau[1]) bei Ludwigshafen und in Leuna bei Merseburg Ammoniak erzeugt und daraus wieder Salpetersäure in Höchst usw. gewonnen. In der Union sucht man nach eigenen billigen Verfahren, produziert aber nach allen drei Methoden, besonders aber nach dem zweiten und dritten, schon große Mengen von Salpetersäure aus Ammoniak.[2])

Der dritte für die Pflanzen unentbehrliche Bodenstoff ist die **Phosphorsäure,** die wir ihnen aus **Phosphaten** gewinnen.

Phosphate sind organischen Ursprungs und kommen meist als sedimentäre Lager in verschiedenen älteren Formationen vor. Harter, felsiger Phosphatstein kommt im Atlasland, in Ägypten und in den westlichen Vereinigten Staaten, also in Trockenlandschaften, vor. Durch Zerstörung der ursprünglichen Phosphatlager entstanden Lager mit Phosphoritknollen. Ferner entstanden Phosphate durch Auslaugung von Guanolagern auf porösem Korallenkalkstein und Imprägnation des letzteren auf Koralleninseln. Hierhin gehören auch die (jüngeren) Guanolager, die aus Exkrementen von Vögeln, Robben usw. und Tierleichen bestehen.

Die Phosphate werden hauptsächlich zu künstlichen Düngemitteln verarbeitet, indem man daraus mit Schwefelsäure Superphosphat herstellt; viel weniger werden sie roh als Düngemittel verwendet.[3])

Als Ersatz für die harten, felsigen Phosphate können dienen:

1. die phosphathaltigen Kalksteine mit Phosphatknollen u. dgl., z. B. in der östlichen Union;
2. die anorganischen Phosphorite (in Gängen oder in metasomatischen Lagerstätten);
3. die anorganischen Apatite (Imprägnationen eruptiver Gesteine, z. B. in den lappländischen Eisenerzlagern, oder in Gängen archäischer Gesteine);
4. moderne Guanolager; auch Tierknochen;
5. Thomasmehl (s. S. 177).

Die Weltproduktion von Phosphaten konnte man 1913 zu 7,14, 1924 zu etwa 7,3 Mill. T. veranschlagen.

In Europa ist die Produktion von Frankreich (200000 T.), Belgien (47000 T.), Deutschland, Großbritannien, Norwegen, Schweden, Spanien und Italien wirtschaftlich unwichtig; Rußland besitzt große Mengen, fördert aber erst wenig. Die Phosphatlager Asiens im turkestanischen Kirgisengebiet, in Syrien, Palästina usw., sind zumeist unausgebeutet, der Guano der Khurian-Murianinseln an der arabischen Südküste ist schon abgebaut. Im östlichen Indischen Ozean erzeugen die britischen Christmas Islands über 2% der W. In den Atlasländern Afrikas (Tunesien, Algerien, Marokko), auch in Libyen und Ägypten, kommen bedeutende Lager vor, und hier (Bd. II) werden über 50% der W. gewonnen. An der dürren Küste Südwestafrikas treten Guanolager auf. In Ozeanien bzw. im Großen Ozean kommen Lager vom Korallentypus vor: Ocean Island, Nauru usw. (s. Bd. II) und

[1]) In Deutschland wurden 1920 durch Ammoniaksynthese 300000 T. Stickstoff gewonnen, in der Union 8000 T.

[2]) 1920 wurde die Leistungsfähigkeit der Stickstoffindustrie schon auf 153300 T. geschätzt.

[3]) Es wird auch Phosphorsäure und Phosphor aus ihnen für die chemische Industrie gewonnen. Phosphor wird besonders für die Zündhölzer viel gebraucht. Phosphor leicht entzündlich, auch giftig, wird später durch Hitze entgiftet. Vgl. P. Mellmann, a. a. O., S. 64.

lieferten 1924 etwa 5% der W.; in den Vereinigten Staaten, wo im Osten wie im Westen Lager vorkommen (s. Bd. II), wurden 1913 mehr als 40, 1924 über 38% der W. gewonnen. Des weiteren sind noch die niederländisch-indischen Inseln Aruba und Curaçao vor der Nordküste Venezuelas und die Inseln an der Küste Französisch-Guayanas zu erwähnen.

Hauptverbrauchsländer waren 1913 die Union, Frankreich, Deutschland, Italien, Großbritannien, Japan usw.

**b)** Für die **Kleidung** des Menschen liefert das Mineralreich nur etwa den Asbest. Die Torffaser mag nur namhaft gemacht werden; der Torf wird später (S. 167f.) behandelt. Doch kann man vielleicht hier am besten die so hochgeschätzten Schmuckmetalle Gold, Silber, Platin und Schmucksteine (den Diamanten und andere Edelsteine) anschließen.

Der **Asbest,** dessen Name vom griechischen asbestos = unverbrennlich stammt, ist ein faseriges Umwandlungsprodukt der Hornblende oder des Serpentins, also wohl ein magmatisches Produkt. Er wird zu Handschuhen für Feuerwehrleute und zu vielen anderen feuersicheren oder Wärme und Elektrizität schlecht leitenden Produkten verarbeitet.[1]) Die Weltproduktion[2]) wurde 1913 zu etwa 141000, 1919 (ohne Rußland) zu etwa 156000 T. berechnet. In dem letzteren Jahre erzeugte Kanada über 88, Südrhodesia über $6^1/_2$, die südafrikanische Union $2^1/_4$, Australien über 1, Cypern und die Vereinigten Staaten je gegen 1% der unvollständigen W. Auch in Indien, in Italien, Sibirien, in China, in Bolivia, in Neuseeland, in Deutschland kommt Asbest vor. Die bei weitem wichtigsten Verbraucher sind die Vereinigten Staaten, danach England, Japan und die Staaten des europäischen Kontinents.

Als **Edelmetalle** werden **Gold, Silber, Platin** bezeichnet; sie sind seit alters beliebte Schmuckmetalle, daneben werden sie auch als Industriemetalle benutzt.

**Gold**[3]) ist in Gesteinen weitverbreitet und kommt fast stets mit Silber zusammen vor[4]); aber nutzbare Lagerstätten sind selten.

Es kommt in gediegenem Zustande, als sogenanntes „Berggold" hauptsächlich in Golderzgängen (goldführenden Quarzgängen) vor, in alten Massen von Granit und kristallinen Schiefern, wie im Ural, in Nordostasien (Ostsibirien) usw.; des weiteren in jungen, hauptsächlich tertiären Faltengebirgen[5]), hier immer in Verbindung mit Eruptivgesteinsdurchbrüchen, so in den Kordilleren Nord- und den Anden Südamerikas, auch in den Karpathen; schließlich in alten Konglomeratlagerstätten, deren Gerölle u. dgl., aus der Zerstörung von Gebirgen hervorgegangen, durch ein goldführendes Bindemittel verkittet wurden, so am Witwatersrand (Transvaal). Gold kommt ferner als „Waschgold" in Goldseifen vor; es ist bei der Zerstörung (Verwitterung) von goldhaltigen Gebirgen in die Flußsande

---

[1]) Theaterdekorationen, Vorhängen, feuersicheren Türen, Maschinen; Dichtungen, Dokumentpapier, Dachdeckungen und Häuser, Isoliermaterial in der Elektrotechnik usw. 100 T. Stein ergeben etwa 1 T. Wolle. 1923 führte Kanada allein 215500 T. aus.

[2]) Von Rußland, das 1913 noch 17500, 1916: 8200 T. erzeugte, fehlen mir Daten für 1919, 1920 produzierte es 14770, 1921 nur 2600 T.; ebenso fehlen Daten aus Neufundland.

[3]) H. Hauser, L'or. Paris 1901. — L. de Launay, L'or dans le monde. Paris 1907. — M. v. Uslar, Das Gold, sein Vorkommen usw. Halle a. S. 1900.

[4]) Auch aus Kupfer-, Blei- und Zinkerzen wird es als Nebenprodukt gewonnen. Vgl. S. 151.

[5]) In diesem Fall ist immer viel Silber mit ihm verbunden.

getragen. Die Goldseifen, die einstens alles Gold lieferten, spielen heute keine große Rolle mehr, und die Goldgewinnung aus ihnen nimmt noch stetig ab.

Sehr viel Gold wird durch die Gewässer des Landes ins **Meer** getragen, aber der Goldgehalt des Meeres ist natürlich äußerst gering. Alle versuchten Gewinnungsmethoden erwiesen sich bisher als unwirtschaftlich.[1])

In der Union will eine neugegründete Gesellschaft Gold aus der **Luft** gewinnen; besonders in den Prägestätten von Goldmünzen geht beim Schmelzen des Goldes ein Teil mit Rauch und Staub in die Luft verloren, den man durch ein neuartiges Verfahren einfangen will.

Aus Goldseifen wird Gold durch Waschen (in Pfanne, „Wiege" usw.) gewonnen. Die goldhaltigen Gesteinsmassen des Berggoldes werden in Großbetrieben gepocht, sorgfältig zerkleinert und dann in kastenartigen Gefäßen mit viel Wasser gewaschen. Die leichten Bestandteile der Pochmasse werden dabei fortgespült, das schwere Gold und andere schwere Mineralien sinken zu Boden; dann werden durch Schmelzen mit Borax, Soda und Salpeter die mineralischen Beimengungen als Schlacke abgeschieden. Ein anderes Verfahren ist das Amalgamverfahren. Gold bildet mit Quecksilber eine flüssige Legierung, ein Amalgam. So benutzt man das Quecksilber, um das Gold aus dem Erzbrei herauszuholen. Das Quecksilber wird dann verdampft, und der letzte Rest von Gold aus dem Gestein noch durch ein Cyankaliverfahren gewonnen; vom Silber wird Gold meist durch Schwefelsäure, durch Salpetersäure nur noch selten, geschieden; Silber ist nämlich in Schwefelsäure löslich, Gold aber nicht.

Gold dient als Wertmesser für alle materiellen Dinge und wird wegen seiner edlen Eigenschaften (Seltenheit, Widerstandsfähigkeit gegen die Atmosphärilien bzw. die Oxydation und gegen Chemikalien[2]), Farbe und Glanz, Härte und Dehnbarkeit[3]) geschätzt und als Münzmaterial (gegen 30 $^0/_0$ der W.) wie zur Herstellung von Schmuckwaren u. dgl. (über 30 $^0/_0$) verwendet.[4])

Besonders seit Mitte des vorigen Jahrhunderts ist die **Weltproduktion** sehr gewachsen und betrug 1913: 692 T., sank jedoch seit Beginn des Krieges[5]) und betrug 1918: 577, 1920: 504, 1921: 497, 1922: 480,25, 1923 nach Schätzung 549,53 T.

1922 (1913) waren an der Weltproduktion beteiligt in **Europa** die Tschechoslowakei mit 0,07 (Österreich-Ungarn 0,44) $^0/_0$, Rußland [mit Sibirien] 0,9 (5,76), Rumänien 0,3 (0) $^0/_0$; in **Asien** Britisch-Indien 2,8 (2,65), Britisch-Hinterindien

[1]) Vor kurzem hat sich die Siemens & Halske-Aktiengesellschaft ein darauf bezügliches Verfahren patentieren lassen. Das Meerwasser, das bei Flut in einen Behälter tritt, wird zur Ebbezeit durch geeignete Sinkstoffe zum Absatz gebracht. Der angereicherte Schlamm wird wiederholt als Sinkstoff verwendet, bis er genügend Gold enthält, um darauf ausgebeutet zu werden.

[2]) Darum werden zahlreiche Gegenstände zum Schutz vergoldet.

[3]) Gold läßt sich wie das Silber zu Blättchen von $^1/_{10000}$ mm Stärke auswalzen, und 1 g Gold gibt einen ausgezogenen Draht von 2500 m Länge.

[4]) Als Maßstab der Reinheit des Goldes nahm man namentlich früher 24 Karat à 205 mg, d. h. reines Gold war 24karätig. Wenn man sagte: 20karätig, so bedeutete es, daß 4 Gewichtsteile Zusatzmetalle, z. B. Kupfer und Silber, darin enthalten waren. Gold braucht Zusätze, weil es in reinem Zustande zu weich ist. Neuerdings wird 1000 als Grundzahl für Feingold genommen. Eine Bezeichnung mit 900 Feingehalt bedeutet also, daß 900 Teile Gold mit 100 Teilen Zusatzmetall gemischt sind; so in den deutschen Goldmünzen.

[5]) Infolge Arbeitermangels und stellenweisen Rückganges des Goldgehaltes in den geförderten Erzen.

0,15 (0,3) %, Niederl.-Indien 0,6 (0,7) %, China 0,65 (0,8) %, Korea 2,3 (0,8) %, Japan 1,5 (0,8) %; Afrika 51,8 (45,1) %, Südafrikanische Union 45,4, Rhodesia 4,2, Britisch-Westafrika 1,4, Belgisch-Kongo 0,4%; Australien 5,9 (11,5) %; in Amerika Kanada 8,1 (3,6) %, Union 15,3 (19,3) %, Mexiko 4,8 (4,2) %, Mittelamerika 0,8 (0,6) %, 1921 (1913) Venezuela 0,07 (0,14) %, Colombia 1,8 (0,65) %, Ecuador 0,24 (0,1) %, Peru 0,5 (0,1) %, Chile 0,24 (0,04), Brasilien 0,85 (0,5), Guayana 0,46 (1,06) %.

Ausfuhrländer für Gold (roh, bearbeitet und gemünzt) sind Großbritannien, Schweden, die Schweiz, Frankreich, die Niederlande, die Union, Deutschland usw., Einfuhrländer die Union, Großbritannien, die Schweiz, Frankreich, Italien usw.[1])

Das **Silber** kommt mit Gold zusammen in Erzgängen junger Faltengebirge (wie besonders in den Kordilleren und Anden Amerikas) vor, fehlt aber auch nicht in alten Massen (Erzgebirge, Australien, Ostkanada); ferner tritt es in den Silberblei- (S. 180) und Bleizinklagerstätten (S. 179) auf.

Das Silber hat weniger edle Eigenschaften als das Gold, kommt viel häufiger vor und hatte vor dem Kriege ein Wertverhältnis zum Golde wie 1 : 36. Verbraucht wurden 1922 etwa 87,5% der Weltproduktion für die Münzprägung, wobei das Silber wegen seiner Weichheit (meist) mit Kupfer legiert wird, 29% (1922) in der Industrie für Schmuckgegenstände, photographische Platten usw.

Die Weltproduktion betrug 1913: 6964 T., 1916: 5252, 1918: 6164, 1920: 5419, 1922: 6642, 1923: 7293,6 T. Besonders in Mexiko (zeitweise), Australien und Kanada trat ein auffallender Rückgang ein.

An der Weltproduktion waren 1922 bzw. 1921 (1913) beteiligt: in Europa Deutschland 2,5 (2,2) %, 1921 Spanien 1,56 (1,9) %, Österreich (-Ungarn) 0,01 (0,9) %, Türkei 0,06 (0,67) %, Griechenland 0,1 (0,36) %, Frankreich 0,2 (0,23) %, Italien 0,1 (0,2) %, Norwegen 0,1 (0,1) %; in Asien Japan 1922: 1,88 (2,1) %, Niederländisch-Indien 0,5 (0,2) %; Afrika 0,75 (0,5) %; Australien 5,8 (8,1) %, in Amerika 1922 Kanada 8,5 (14,1) %, Union 26,9 (29,8) %, Mexiko 39,3 (31,6) %, Mittelamerika 1,2 (0,95) %, Colombia 0,24 (0,26) %, Ecuador 0,02 (0,01) %, Peru 5,1 (3,7) %, Bolivia und Chile 2,4 (1,8) %, Argentinien 0,01 (0,016) %.

Ausfuhrländer für Silber sind Großbritannien, die Union, die Niederlande, Australien, Frankreich, Deutschland; Einfuhrländer die Union, Großbritannien, Frankreich usw.

**Platin** tritt nie rein auf, sondern in Verbindung mit den sogenannten Platinmetallen: Iridium, Palladium, Rhodium, Osmium und Ruthenium, die mancherlei Verwertung[2]) finden.

Platin ist weit verbreitet. Es kommt als eine magmatische Ausscheidung mit den Platinmetallen feinverteilt in Eruptivgesteinen vor, auch in Kupfererzen, Goldquarzadern, Bleizinkerzen, Nickelerzen, aber immer in so geringen Mengen, daß es nur als Nebenprodukt bei der Gewinnung eines anderen Hauptprodukts (Kupfer usw.) rentabel, und dazu in sehr kleinen Mengen zu erzielen ist. Wirtschaft-

---

[1]) Vgl. Wirtschaft u. Statistik 1924, Nr. 9 und Nr. 10.
[2]) In der Osmiumlampe z. B. Iridium härtet das Platin.

lich und in größerem Maßstabe, um seiner selbst willen, kann es nur in den **Platinseifen**, in denen sich der Gehalt aus den zerstörten Gebirgsmassen konzentriert hat, gefördert werden.

Selten kommen in den Seifen, in denen sich das Platin vermöge seiner chemischen Widerstandsfähigkeit behauptet hat (s. S. 174), Platinklumpen vor, meist treten Platinkörner und -blättchen auf.

Platin wurde erst in den dreißiger Jahren des 18. Jahrhunderts zufällig in der südamerikanischen Republik Colombia entdeckt und erhielt seinen Namen nach dem ähnlichen Silber, spanisch plata (platina = Silberling). 1819 fand man es in den Goldwäschen des Urals. Allmählich erst erkannte man seine Eigenschaften, die es für industrielle Verwertung geeignet machten. Infolge seiner äußerst großen Widerstandsfähigkeit gegenüber Chemikalien, auch gegen Hitze und Lufteinflüsse, wird das Platin zu Schmelztiegeln, Abdampfschalen und Apparaten für die chemische Industrie verarbeitet, besonders für die Schwefelsäurefabrikation. Man verwendet es ferner in der elektrischen Industrie für die Kontaktstellen der elektrischen Läutewerke, in elektrischen Glühlampen, in der Schmuckwarenbranche (zum Einfassen von Edelsteinen usw.), in der Zahntechnik, zur Herstellung von Selbstzündern[1]) für Leuchtgas. Am stärksten ist der Konsum in der Union, besonders im Juweliergewerbe.

Die Weltproduktion von Platin ist nach der Gewichtsmenge äußerst gering. Sie betrug 1913: 267250 (1912: 313500) Unzen zu 31,10 g = 8310 kg, 1915: 143150 (4455 kg), 1918: 62300 (1940 kg), 1920: 56300 Unzen (1750 kg), 1921: 1925 kg.

Die Produktion ist also seit Kriegsanfang stark gesunken, besonders, weil die uralischen Platinseifen, nationalisiert, fast nichts mehr lieferten[2]), während sie vor dem Kriege mit mehr als 90% an der Weltproduktion beteiligt waren, 1918 nach amerikanischer Quelle mit 26%. Colombia mit starker Zunahme der Produktion lieferte 1918 fast 70% der W., Australien etwa 2½%, die Vereinigten Staaten über 1%.[3]) Kleine und kleinste Anteile an der W. haben Kanada, Spanien, Burma, Borneo, Sumatra, Japan, Südsibirien, Armenien, Neuguinea, Belgisch-Kongo, Mexiko, Ecuador, Peru und Brasilien. Da die Weltproduktion dauernd zurückging, die Nachfrage wuchs, ist der Preis für Platin sehr gestiegen und nun weit höher als der des Goldes.[4])

Einfuhrländer für Platin und bearbeitetes Platin sind die Union, Großbritannien, Deutschland, Frankreich, Japan, Ausfuhrländer Frankreich, Deutschland, Großbritannien und die Union.

Unter den Schmucksteinen ist der **Diamant**[5]) reiner Kohlenstoff. Er kommt in eruptiven Schloten („Pipes" in Südafrika), wohl alter Massen,

---

[1]) Das Platin besitzt in feinverteiltem Zustande (als sogenannter Platinschwamm) die Eigentümlichkeit, Gase auf sich zu verdichten und zu entzünden.

[2]) Sie sollen Ende 1921 der Privatwirtschaft zurückgegeben sein.

[3]) Prod. 1921: Colombia 51,7%, Rußland 10,65%, Australien 3,34%, Union 1,6%, Kanada an 0,44%. Der Restbetrag bis 100% entfällt vermutlich auf Veruntreuungen. Vgl. Wirtschaft u. Statistik 1924, Nr. 6.

[4]) 1910: 33, 1920: 111, 1921: 75 Dollar für 1 Unze.

[5]) O. Stutzer, Die wichtigsten Lagerstätten der „Nicht-Erze". 1. Bd. Berlin 1911, S. 89 ff. — Br. Dammer u. O. Tietze, Die nutzbaren Mineralien usw. 1. Bd. Stuttgart 1913, S. 1 ff.

oder in aus jenen entstandenen Seifen vor und dient geschliffen als hochbewerteter Schmuckstein[1]), im übrigen wegen seiner Härte als technisches Material zum Bohren, Drehen, Schneiden von Glas usw.

Die Weltproduktion mochte in normalen Zeiten (1912) etwa $6^1/_2$ Mill. Karat zu 2,053 Gramm betragen; durch den Weltkrieg wurde der Markt zerrüttet und erholt sich erst jetzt langsam wieder; selbst die Gewinnung in Südafrika, wo der South African Diamond Syndicate fast die gesamte Weltproduktion kontrolliert, wurde zeitweise stillgelegt; man deckte den Bedarf aus den Schmuckschatullen Österreichs, Deutschlands und Rußlands. Vor dem Kriege lieferte die Südafrikanische Union wohl um 80% der W., Deutsch-Südwestafrika über 15%; der Rest verteilte sich auf die kleinen Funde in Borneo, Java, Rhodesia, Belgisch-Kongo, den Vereinigten Staaten, Brasilien, Guayana. Neuerdings traten Angola, die Goldküste und Deutsch-Ostafrika als Produzenten hinzu. Auch in Rußland, Sibirien, China, Indien, Australien, Kanada (?), Bolivia (?) sind zuzeiten vereinzelte Diamanten gefunden.

Die Schleiferei der Diamanten konzentrierte sich vor dem Kriege in Amsterdam und Antwerpen, auch Nordfrankreich (Paris), Berlin; sie erfuhr durch den Krieg eine Verschiebung. In Großbritannien (Brighton usw.), in den Vereinigten Staaten, in Südafrika, in Japan hat sich die Diamantenindustrie entwickelt.

Künstliche Diamanten herzustellen, ist bisher nicht gelungen. Die auf den Markt kommenden „künstlichen“ Diamanten sind Imitationen. Der deutschen Technik scheint es geglückt zu sein, in dem „Volomit“, einem aus Wolfram-Karbid gewonnenen Produkt, einen vollwertigen Ersatz für den Arbeitsdiamanten zu erfinden.

Die Hauptverbraucher von Diamanten sind die Vereinigten Staaten.

Unter den anderen Edelsteinen[2]), auf die hier wegen ihrer verhältnismäßig geringen wirtschaftlichen Bedeutung nicht näher eingegangen werden soll, sind Rubinen, Saphire, Opale wohl die bekanntesten.

c) Für die **Wohnung** des Menschen haben die Mineralien, weil sie ein weit dauerhafteres und weniger vom Feuer gefährdetes Gebäude boten als die pflanzlichen oder tierischen Stoffe, eine hervorragende Rolle gewonnen.[3])

In Gegenden, in welchen pflanzliches Material fehlte, wie in denen der Schneeklimate, verwandte man Schnee und Eis, in anderen Gebieten, wo es mangelte oder selten oder teuer war, z. B. in alluvialen und glazialen Gebieten, ferner in Steppen und Wüsten, zum Teil mit Pflanzenmaterial zusammen, Ziegel, an der Sonne getrocknet — in Trockengebieten — oder gebrannt; Steine, wo anstehendes Gestein sich darbot, besonders in den Gebirgen. Auch **Asphalt** wird bei dem Bau von Gebäuden verwendet, mehr freilich noch zu dem von Straßen. Neuerdings werden vielfach künstliche Steine und Eisenbeton benutzt. Mit dem Fortschritt zu der höchsten Wirtschaftsstufe zeigt sich immer mehr die Tendenz,

[1]) Nach Dammer u. Tietze, S. 10 etwa die Hälfte der W., die andere Hälfte als technisches Material.

[2]) Br. Dammer u. O. Tietze, a. a. O., Bd. I. — M. Bauer, Edelsteinkunde. 2. Aufl. Leipzig 1909.

[3]) Über die Aufgaben des Geologen bei Ausschachtungs- und Fundamentierungsarbeiten s. H. Philipp, a. a. O., S. 28 ff.

die beständigen Mineralien im Wohnungsbau zu verwenden und massive, aus Ziegeln, Steinen, Eisenbeton, Zement usw. bestehende Gebäude zu errichten.

**d)** Unter allen Mineralstoffen haben neuerdings die mineralischen **Brennstoffe: Torf, Braunkohle,** vor allem **Steinkohle** und **Petroleum** die größte Wichtigkeit erlangt, nicht nur für Hausbrand, zur Heizung (s. S. 14f.) der Wohnungen in kühlen und kalten Jahreszeiten, in gemäßigten und polaren Klimaten, sondern in viel höherem Grade noch als **Triebkraft** in der modernen Fabrikindustrie und im Verkehrswesen.

Torf, Braunkohle und Steinkohle sind verwandte „Inkohlungsgesteine". Unter Inkohlung versteht man eine allmähliche Anreicherung von Gesteinen, die aus massenhaften Pflanzenstoffen entstanden sind, mit Kohlenstoff. Unter Luftabschluß (durch Wasser, Sand usw.) geratene Pflanzenstoffe inkohlen unter gewissen klimatischen Verhältnissen, statt zu verwesen. Relativ feuchte und kühle Klimate scheinen den Inkohlungsprozeß zu begünstigen, trockene ihn aber fast unmöglich zu machen, weil nicht genügend Pflanzenmassen vorhanden sind und der Luftabschluß durch Wasser ausgeschlossen ist. In den tropischen heißfeuchten Urwaldklimaten scheint die Inkohlung wegen der schnellen Verwesung immerhin erschwert zu sein; dagegen finden sich hier auf Hochländern und in Gebirgen, die feucht und etwas kühler sind, die Bedingungen für die Bildung von Inkohlungsgesteinen gegeben, in den Schneeklimaten stehen wiederum die Naturverhältnisse ihr entgegen.

Unter den Inkohlungsgesteinen ist der Torf eine Bildung der Jetztzeit und am kohlenstoffärmsten (um 60%), die Braunkohle ein Produkt der Tertiär- (und jüngeren Kreide-) Zeit; als Steinkohle bezeichnet man die Kohle von einem höheren Alter zwischen der Kreidezeit und der Karbonzeit. Besonders in der Tertiär- und in der Karbonzeit haben sich ausgedehnte und mächtige Kohlenlager gebildet. Man glaubt diesen Umstand mit der starken Gebirgsbildung jener geologischen Zeitalter in Zusammenhang bringen zu können; doch sind noch nicht alle Fragen, die sich an diese Erscheinung knüpfen, restlos zu beantworten. Besonders auffällig ist der Umstand, daß die Kohlenlager wie die Torflager in den heutigen Trockengebieten (B) fast ganz fehlen, und daß die Steinkohlen fast nur in Gebieten ehemaliger Vereisungen auftreten, in heute feuchten und relativ kühlen Klimaten (C und D). Die Braunkohle hat um 65 (bis 75), die Steinkohle um 85% Kohlenstoff.[1])

Die Verbreitung des **Torfes**[2]), der sich noch heute in Nieder- und Hochmooren bildet, indem in stehenden Gewässern (Teichen, Seen usw.) Pflanzenstoffe unter Luftabschluß geraten, beschränkt sich im ganzen auf Köppens subarktische oder boreale Klimate (feuchtwinterkalte und wintertrockenkalte Klimate, D 8 und D 9) und die feuchttemperierten Klimate (C 7) unter den warmgemäßigten Regenklimaten.

Schon in den warmen, sommertrockenen Klimaten (von Mittelmeertypus, C 6) kommt er selten vor, und auch die warmen, wintertrockenen Klimate (von China-

[1]) Sie sind durch Druck, Alter usw. kohlenstoffreicher geworden, doch kann auch Einwirkung von Hitze (Eruptivgestein), Ausquetschung durch Faltung den Kohlenstoff erhöhen. Anthrazit ist durch Druck, Wärme usw. veredelte Steinkohle mit etwa 90—97%, Kohlenstoff.

[2]) Vgl. W. Bersch, Handbuch der Moorkultur. 2. Aufl. Wien 1912. A. Hausding, Handbuch der Torfgewinnung und Torfverwertung 5. Aufl. Berlin 1921.

typus, C 5) sind wohl nicht reich daran. Am häufigsten sind Torflager in den Ländern des nördlichen und südlichen Waldgürtels kühlgemäßigter Breiten; in Europa sind Holland, Deutschland, Irland, Skandinavien, Finnland, Rußland, die baltischen Randstaaten, Polen, die österreichischen Alpenländer, in Asien Sibirien, in Amerika Kanada und ein Teil der Union, auf der südlichen Halbkugel Südchile und Neuseeland reich daran.

Die Heizkraft[1]) des Torfes ist etwa halb so groß wie die der Steinkohle. Er hat als Brennmaterial, hauptsächlich im Hausbrand benutzt, örtlich erhebliche Bedeutung. Die Versuche, aus ihm durch Erhitzung unter Luftabschluß Torfkoks herzustellen, haben bisher nicht befriedigt. Man hat Hoffnung, in Zukunft Torfgas als Betriebskraft in größerem Umfang nutzbar machen zu können.[2])

Die **Braunkohle**[3]) hat eine ähnliche Verbreitung wie der Torf, ist aber anscheinend auch in den Tropen (z. B. im Malaiischen Archipel) in größeren Mengen entstanden. Ein richtiges Bild von der Verbreitung der Braunkohle auf der Erde hat man bisher noch nicht gewinnen können.[4])

Da sie als relativ junge Ablagerung wenig tief liegt, kann sie meist im Tagebau gewonnen werden. Sie ist aber auch sehr wasserreich; die Förderbraunkohle Nordböhmens hat 18—36, die des Magdeburger Bezirks 48, des Halleschen 52, des Meuselwitzer 55, des Senftenberger Bezirks 58% Wassergehalt. Unter sehr großem Aufwand von Kesselkohle[5]) werden Braunkohlenbriketts hergestellt, die ein sehr gutes Material für den Hausbrand bilden und auch in Fabriken, seit der frevelhaften Störung der deutschen Kohlenwirtschaft durch die Entente, viel verwendet werden. Die Ausbeutung der Braunkohlenlager ist bisher besonders in Deutschland und Nordböhmen in sehr erheblichem Maße vorgenommen worden.

Eine rationellere Verwertung[6]) der Braunkohle, die sich wohl nur durch ihre Umwandlung in Elektrizität am Orte der Gruben erreichen läßt, ist in Deutschland bereits auf dem Marsche.[7])

---

[1]) 1 kg lufttrockenes Holz hat, je nachdem es sich um Weich- (z. B. Tannen-) oder Hartholz (z. B. Buchenholz) handelt, 2400—3800 Wärmeeinheiten, Torf 2000—4200, erdige Braunkohle 1500 bis 3400, böhmische Br. 4300—5500, deutsche Briketts 4500—5000, Holzkohle 6900—7500, Torfkohle 7300—7500, Steinkohle 5500—8100, Koks 5900—7500 Wärmeeinheiten (Kalorien).

[2]) Langfaserige Moostorfe dienen als Torfstreu in Viehställen, kurzfaserige Partien als Wärme- und Trockenschutzmittel (Torfmull).

[3]) Vgl. G. Klein, Handbuch für den deutschen Braunkohlenbergbau. 2. Aufl. Halle a. S. 1911. — K. Pietzsch, Die Braunkohlen Deutschlands. Berlin 1925. — M. Meisner in „Weltmontanstatistik". Stuttgart 1925. S. 55 ff.

[4]) Die Vorräte werden zurzeit geschätzt (s. Z. f. prakt. Geol. 1922, S. 111) auf rund 3000 Milliarden T. Davon sollen nur gegen 1¼% in Europa, mehr als 3¾% in Asien (ohne den Malaiischen Archipel), an 0,04% in Afrika, gegen 1,2% in Australien, Ozeanien und im Malaiischen Archipel liegen, dagegen in Nord- und Mittelamerika an 94%. Die Süderdteile wären danach sehr schlecht ausgestattet. In Deutschland sollen nach K. Pietzsch, a. a. O., S. 406: 22,19 Milliarden T. liegen.

[5]) 2¾ T. Rohbraunkohle auf 1 T. Briketts.

[6]) Die reichen Schwelkohlenlager des Meuselwitzer Reviers sind erschöpft; jetzt gewinnt man aus jeder bitumenreicheren Braunkohle Montanwachs als Ausgangsmaterial für Paraffin (Kerzen) und Mineralöl.

[7]) Die Wegräuberung des größten Teiles der oberschlesischen Kohlenlager, die Besetzung des Saar- und Ruhrgebietes durch die Franzosen haben die segensreiche Folge gehabt, uns zu den größten Anstrengungen anzuspornen, um in der Braunkohle einen Ersatz für fehlende Steinkohle zu finden, selbst in der Schwerindustrie. Das gelang auf dem Wege der Vortrocknung der 50—55% Wasser enthaltenden Rohbraunkohle. Auch zur Generatorgaserzeugung wird Braunkohle in den letzten Jahren in erheblichem und immer mehr steigendem Maße verwandt. Die Gewinnung von Mineralöl aus Braun- und Steinkohle scheint eine Zukunft zu haben. Neuestens ist es der deutschen Wissenschaft und Technik gelungen, bis zu ½ T. Öl aus 1 T. Kohle zu gewinnen.

In der **Steinkohle**[1]) mit 75—90% Kohlenstoff ist der Inkohlungsprozeß weiter fortgeschritten, und der Wassergehalt im allgemeinen auf 4% gesunken. Die Waldtorfmoore der Karbonzeit, aus denen die meisten ihrer Lager hervorgingen, sind hauptsächlich auf die feuchttemperierten und auf die subarktischen Klimate beschränkt gewesen. Sie bildeten sich meist am Rande von Gebirgsketten und an Küsten (paralische Kohlenlager, ausgedehnt, wertvoll, mit vielen Flözen) oder im Innern von Gebirgen in Sumpfbecken oder Seen (limnische Kohlenlager, ärmer).

Die versuchte Inventur des Steinkohlenschatzes der Erde[2]) ist noch ziemlich unsicher und lückenhaft, immerhin interessant. Die Nordkontinente sind sehr bevorzugt. Europa soll an 17% aller Steinkohlen besitzen, Asien 26,5, Afrika gegen 1,3, Australien und Ozeanien (mit dem Malaiischen Archipel) 3,04%, Nord- und Mittelamerika über 51,4%, Südamerika 0,73%.

Die Weltproduktion von Steinkohle wurde 1913 auf 1212, 1924 (1923) auf etwa 1100 Mill. T. berechnet. 1922 waren an ihr beteiligt[3]): Deutschland (mit Ostoberschles. z. T.) mit 12,6; Großbritannien 24,8; Frankreich über 3; Polen 2,3 (?); Belgien über 2; Tschechoslowakei gegen 1%; Japan $2^1/_2$: China über 2; Britisch-Indien gegen 2%; Australien $1^1/_3$; Südafrikanische Union gegen 1%: Vereinigte Staaten 40,5; Kanada 1,3%.

Die Braunkohlengewinnung wurde 1922 (1913) auf 175,2 Mill. T. geschätzt. Davon lieferten im heutigen Gebietsumfang Deutschland $78^1/_4$ (87,2); Tschechoslowakei 10,8; Ungarn 3,2; Österreich $1^3/_4$; Kanada 1,6; Jugoslawien $1^1/_4$% usw. 1924 erzeugte Deutschland 124,63, 1924/25: 129,4 Mill. T.

Nach der Verwendbarkeit unterscheidet man folgende Steinkohlenarten: Magere Steinkohle, die arm an Gasen und nur für Hausbrand und als Dampfkesselkohle brauchbar ist; die magerste Steinkohle ist der Anthrazit (s. oben). Fette Steinkohle ist gasreich[4]); sie wird in Gasanstalten zur Herstellung von Leuchtgas benutzt; dabei werden äußerst wertvolle Nebenprodukte[5]) gewonnen. Gaskohlen werden auch in erheblichem Umfang in Koks verwandelt, dessen Weltproduktion wohl über 100 Mill. T. beträgt (1922: 103 Mill. T.?). Der Koks ist für den (gewöhnlichen) Hochofenbetrieb zur Herstellung des Roheisens unentbehrlich, soweit nicht das elektrische Verfahren zur Herstellung von Eisen und Stahl aus

[1]) Vgl. A. Dannenberg, Geologie der Steinkohlenlager. Berlin, Bd. I. 1915. Bd. II. 1. 1921. — O. Stutzer, Die wichtigsten Lagerstätten der „Nicht-Erze". II. Kohle. 2. Aufl. Berlin 1923. — M. Meisner in „Weltmontanstatistik". Stuttgart 1925. S. 15—75, Lit.

[2]) Rund 4400 Milliarden T.

[3]) Vgl. ausführlich Wirtschaft u. Statistik 1923, S. 590. Zum Teil einschließlich Braunkohle. Die Steinkohlengewinnung der wichtigsten Produktionsländer stellte sich 1923 (1913) in Mill. T. und Monatsdurchschnitt: in Deutschland 5,19 (11,73, jetziges Reichsgebiet ohne Saarbecken), Saargebiet 0,77 (1,10), Großbritannien 23,76 (24,34), Frankreich 3,21 (3,72 , einschl. Elsaß-Lothringen), Polen 3,04 (3,39, heutiges Gebiet), Belgien 1,91 (1,90), Tschechoslowakei 0,97 (1,19), Niederlande 0,44 (0,16), Japan 2,20 (?, 178), Britisch-Indien 1,58 (1,31), Südafrika 0,90 (0,67), Verein. Staaten 49,27 (43,10), Kanada 1,03 (1,14). Von der gesamten Kohlenproduktion (1924 rund 1325 Mill. T.) lieferten Europa 53,26; Asien 5,66; Australien und Ozeanien 1,2; Afrika 0,94; Nordamerika 38,9; Südamerika 0,15%.

[4]) 18—35% gasige Bestandteile.

[5]) Schwefelsaures Ammoniak (s. S. 150), ein wichtiges Düngemittel, und Benzol, ein Benzinersatz für den Betrieb von Motoren.

Eisenerz zur Anwendung kommt. Auch bei der Verkokung gashaltiger Steinkohle werden äußerst wertvolle Nebenprodukte gewonnen, vor allem Steinkohlenteer, der als Rohstoff für die Farbenindustrie und die Herstellung pharmazeutischer Präparate wichtig ist. Die Koksofengase werden als Kraftquelle verwendet.

Man ist immer mehr zu der Erkenntnis gekommen, daß die direkte Verbrennung der Steinkohle eine Verschwendung schlimmster Art bedeutet[1]) und bestrebt sich in den Ländern der höchsten Wirtschaftsstufe, in denen eigene Forschungsinstitute zum Studium aller Steinkohlen- wie der Braunkohlenfragen errichtet sind, allmählich alle Steinkohle der Vergasung zuzuführen und die gewonnenen Gase, nach Abscheidung aller nutzbaren Nebenprodukte, in elektrische Kraft umzuwandeln.

Neuerdings hat das **Erdöl** oder **Petroleum**[2]) eine noch immer wachsende Bedeutung für die Menschen erlangt.

Es ist entstanden durch Anhäufung organischer Substanzen, vorwiegend kleinster tierischer Lebewesen (Plankton) in vorzeitlichen Meeren.

Unter den Kohlenwasserstoffen[3]) ist das Erdöl bei weitem der wichtigste. Es tritt ausnahmsweise als Ausfüllung größerer Spalten und Klüfte, in der Regel jedoch in den Poren von Sedimentgesteinen jeden geologischen Alters auf, aber die meisten Öllagerstätten finden sich in tertiären und paläozoischen Sedimentschichten.[4]) Es sind vornehmlich poröse Sande, aus denen wir heutigestags unsere Petroleumproduktion gewinnen (neun Zehntel), danach aus kavernösen Kalken und Dolomiten, aber viel größer sind wohl die Ölvorräte in den Tonschiefern, die etwa vier Fünftel aller Sedimentgesteine[5]) darstellen; doch nutzt man bisher die ergiebigeren Sande und Kalke aus, die „Ölschiefer“ sind heute noch kaum mit Rentabilität auszuwerten und bleiben der Zukunft als Reserven.

Die Ölsande, fast immer küstennahe Meeresablagerungen, haben sich aus infolge ihrer starken Porosität umgewandelten Tierresten und einfachsten einzelligen Pflanzen zu einem Bitumengestein angereichert. An der Oberfläche der Erde sind sie immer entgast und ausgeflossen, aber zwischen tonigen Schichten eingeschlossen, bewahrten sie ihren Ölgehalt in Form von Lagern, Flözen, Linsen, Nestern, Gängen. Am wertvollsten sind die Imprägnationsflöze, die in vielfacher Wiederholung, in verschiedenen Horizonten in sedimentäre Schichtreihen eingeschaltet sind und erst durch Bohrungen erschlossen werden müssen. Das Öl sammelt sich infolge des Gasdruckes meist in den Antiklinalen, und hier wieder in den Ölkuppeln oder Domen (Scheitellager); und zwar gehören fast alle gefalteten Ölregionen dem tieferen Lande bis ins Hügel- und niedrige Bergland, an. In den hohen

---

[1]) Auch die Feuerungsrückstände, besonders die Lokomotivasche, enthält noch ansehnliche Mengen unverbrannter bzw. verkokter Kohle. Große Werke zu ihrer Ausnutzung hat man z. B. in Deutschland errichtet. Selbst die Schlacke kann zu Schlackensteinen verarbeitet und Feingrus mit Vorteil in Ziegeleien, zur Zementbereitung usw. verwendet werden.

[2]) H. Höfer, Die Geologie, Gewinnung und der Transport des Erdöls. Leipzig 1909. Mit Bildern und Karten. — Zeitschrift „Petroleum“. — E. Blumer, Die Erdöllagerstätten. Stuttgart 1922. — K. Krüger, Erdöl. Stuttgart 1924. — M. Meisner in „Weltmontanstatistik“. Stuttgart 1925. S. 76—154 (auch Ölschiefer, Erdgas, Erdwachs, Lit.).

[3]) Erdöl, Erdgas, Erdpech, Erdwachs.

[4]) Ein eigentümlicher Parallelismus zu den Kohlenvorkommen (s. oben!)

[5]) Diese selbst bilden nach einer Schätzung von Clarke nur etwa 5% der Lithosphäre, 95% machen die kristallinen Gesteine aus.

Gebirgsrücken, denen die „Öllinien“ parallel laufen, sind etwa ölhaltige Ablagerungen abgetragen oder entleert. So finden sich die uns bekannten großen Petroleumlager immer in den Rand- oder Vorfalten der Faltengebirge, so an den Karpathen, am Kaukasus, an den iranischen, hinterindischen und australasiatischen Faltenzügen, an den Appalachen, an den Anden. Ölkalke, viel weniger verbreitet, aber oft ungleich mächtiger als die Ölsande, haben hervorragende Erdölproduktion in Mexiko, in Ohio-Indiana, in Südpersien, Ägypten hervorgerufen.

Die Weltproduktion von Erdöl wurde 1923 (1913) mit 1011 Mill. amerikanischen Barrels Faß = etwa 1607,5 Mill. hl = etwa[1]) 144,43 Mill. T. Gewicht. Daran waren beteiligt die Vereinigten Staaten mit 72,7 (64,48), Mexiko 14,79 (6,67), Rußland 3,78 (16,31), Persien 2,47 (0,48), Niederl.-Indien 1,48 (2,9), Rumänien 1,07 (3,52), Britisch-Indien 0,75 (2,06), Peru 0,63 (0,54), Polen 0,49 (Österreich-Ungarn 2,03), Venezuela 0,38 (fast 0), Sarawak (Britisch-Borneo) 0,38 (0,03), Argentinien 0,32 (0,03), Trinidad 0,31 (0,13), Japan und Formosa 0,17 (0,50), Ägypten 0,10 (0,02), Frankreich (0,05 (0), Colombia 0,04 (0), Deutsches Reich (0,04 (0,22) usw.

Neuestens wurde das Erdöl besonders in der Seeschiffahrt wegen gewisser Vorzüge vor der Kohle letzterer in weitem Ausmaß vorgezogen; Motorseeschiffe mit Ölfeuerung treten vielfach an die Stelle der Dampfschiffe. Das mitzuführende Petroleum nimmt einen weit geringeren Raum in den Schiffen ein als die Kohle, läßt also mehr Laderaum übrig; es hat auch ein geringeres Gewicht und ist viel leichter als Kohle zu bunkern, hat dazu größere Heizkraft; in den Dieselmotoren, die ein deutsches Genie erfand, leistet 1 T. Petroleum soviel wie 6—8 T. Steinkohle. Der Betrieb wird somit billiger und braucht weniger Bedienungsmannschaften.

An dieser Stelle werden wir wohl am besten noch den **anderen Naturkräften**, mit denen neben den Brennstoffen der Mensch seine schwachen Kräfte unterstützen kann, unsere Aufmerksamkeit widmen. Gegenüber der Vergänglichkeit der besprochenen Brennstoffe, die trotz aller Sparsamkeit wohl in der absehbaren, verhältnismäßig kurzen Zeit von 1000 Jahren, die einen früher, die anderen später, aufgezehrt sein werden, haben andere Naturkräfte den Vorteil, relativ dauernd zu sein.

Da kommen in erster Linie die **Wasserkräfte** der Erde in Betracht. Man hat ihre potentielle Wichtigkeit lange überschätzt, neuerdings sich aber auf die Überzeugung zurückgezogen, daß sie bei dem immer größer werdenden Energiebedarf auf der Erde einen sehr schätzbaren Beitrag in unserer Kraftwirtschaft bilden, die Kohlen freilich durchaus nicht ersetzen können.

Man hat auch für die Wasserkräfte der Erde (s. S. 69f.) bereits eine Schätzung vorgenommen[2]), die natürlich noch sehr unsicher ist, aber doch das relative Verhältnis der Kräfte für die einzelnen Kontinente ungefähr richtig angeben mag.

Wahrscheinliche Größe der Wasserkraft 439 Mill. PS.; davon sollen

[1]) 7 Barrel — 1 T. gerechnet. Je nach der Zusammensetzung 6,6—7,5 Barrel — 1 T. Nach dem Stat. Jahrb. f. d. Deutsche Reich 1925: 141,88 Mill. T. Weltproduktion 1924: 140,804 Mill. T., davon die Union 69,5, Mexiko 14,85, Rußland 4,37, Persien 3,01, Niederländ.-Indien 2,07%.

[2]) Water Power of the world. Washington 1921. Vgl. Zeitschr. f. prakt. Geol. 1922, S. 111. Eine andere Schätzung lautet auf 600 Mill. PS. Vgl. M. Gerbel, Irrtum und Wahrheit über Wasserkraft und Kohle. Wien 1925.

besitzen Europa wenig über 10, Asien über 16, Afrika über $43^1/_4$, Australien mit Ozeanien und dem Malaiischen Archipel gegen 4%, Nord- und Mittelamerika über 14, Südamerika fast $12^1/_3$%. Erst für die Länder höchster Wirtschaftsstufe liegen etwas zuverlässigere Schätzungen bzw. Messungen vor.

Ausgenutzt sollen bisher von den nach der Schätzung vorhandenen Wasserkräften erst etwa 5% werden[1]), in der Hauptsache in Nordamerika und Europa[2]), in den wichtigen Aktionszentren. In den kohlenarmen Gebieten dieser Kontinente ist der Antrieb zur Heranziehung der Wasserkräfte natürlich am stärksten; in Europa haben darum die skandinavischen Länder, die Schweiz, Italien, Frankreich den umfangreichsten Gebrauch der Wasserkräfte zu verzeichnen.

Die Wasserkraft ist abhängig vom Gefälle und von der Menge des Wassers. Eine Karte der Bodenformen auf der Erde und eine der Niederschlagsmengen würden, aufeinandergedeckt, eine gewisse Vorstellung von der geographischen Verbreitung der Wasserkräfte geben. In den wasserreichen Klimazonen: der gemäßigten (C, D) und der tropischen (A) sind die meisten Wasserkräfte zu gewinnen. Dort sind es die niederschlagsreichen Gebirge und Plateauländer der subarktischen (D) und feuchttemperierten Klimate (C 7), vor allem, wenn sie in der Eiszeit vergletschert waren[3]), hier die feuchten Gebirgs- und Stufenlandschaften mit Urwaldklima (A 1) und periodisch-trockenem Savannenklima (A 2); dazu die subtropischen Monsunländer (warme wintertrockene Gebiete Köppens, C 5).[4])

Eine sehr bedeutende Kraftquelle versprechen auch die **Gezeiten** (Ebbe und Flut) zu werden, wenn man den Ebbe- und Flutstrom in Elektrizität umsetzt; doch wird diese Kraftquelle nur den an den offenen Ozean und seine Buchten, nicht aber oder nur in geringstem Grade den an Neben- oder gar Binnenmeere grenzenden Ländern zur Verfügung stehen.

Nach längeren Versuchen scheint die Technik nun die Schwierigkeiten des Problems, die namentlich in der geringen Fallhöhe und der wechselnden Stärke der Energiequelle beruhten, überwunden zu haben. In England ist ein großes Werk dieser Art im Bau (Bd. II).

Das Prinzip ist einfach.[5]) Ein oberes Bassin hält das Flutwasser zurück, das untere läßt man zur Zeit des Niedrigwassers leerlaufen; dann ist der Wassersturz aus dem oberen ins untere Becken, den man auf Turbinen leitet, gleich der Fluthöhe.

Kleine mechanische Kräfte kann auch der **Wind** liefern, wenn man ihn mittels Windturbinen in elektrische Kraft umwandelt.

---

[1]) Vgl. Halbfass in Geogr. Z. 1925, S. 41.

[2]) Nord- und Mittelamerika 12210000, Europa 8877000, in Asien 160000, in Afrika 11000, in Australien usw. 147000, in Südamerika 424000 PS.

[3]) Weil eiszeitliche Gebiete mit ihren „übertieften Tälern", Talstufen usw. reich an Wasserfällen und Stromschnellen sind.

[4]) Wo sehr starke Wasserstandsschwankungen vorkommen zwischen Regenzeit und Trockenzeit, z. B. in Spanien (C 6), wird man während der Zeiten der Dürre Dampfzentralen (mit Kohlebetrieb) bereithalten, um eine stetige Kraftzufuhr während des ganzen Jahres zu sichern. Auch in winterkalten borealen Gebieten (D) ergeben sich durch die Vereisung der Flüsse Schwierigkeiten, die Wasserkräfte dauernd auszunutzen; in Lappland (Schweden) hat man darum neuerdings ein Kraftwerk in die Erde verlegt.

[5]) Schon im 17. Jahrhundert wurde dieses Prinzip von den Holländern in Neu-Amsterdam (New York) zum Betrieb von Mühlen angewendet.

Die Windverhältnisse sind günstig in vielen Küstengegenden und deren ebenem Hinterland, vor allem jedoch in den Passatzonen mit ihren regelmäßigen Winden. In Preußen machten 1910 die Windgetreidemühlen an Zahl noch 25% aller Getreidemühlen aus, Windturbinen werden namentlich für Pumpenwerkbetriebe zur Wasserhebung viel gebraucht. In Argentinien gibt es Hunderttausende derselben in den ebenen Pampas, auch in Deutschland sind schon viele im Gebrauch. Natürlich kann die Windkraft nur stellenweise und in relativ geringem Umfange an die Stelle der Kohlenkraft treten. Vgl. S. 15.

**Sonnenmotoren,** die von der Sonne ausgestrahlte Wärmeenergie nutzbar zu machen bestimmt sind, werden in kleinen Anlagen in der Trockenzone (B), wo die Sonne viel scheint, schon zur Krafterzeugung benutzt; so in der westlichen Union.

**Heiße Quellen** bzw. der Vulkanismus können nur ganz vereinzelt Kohle ersparen. Doch werden solche in Toskana (Italien) zur Gewinnung von elektrischer Kraft benutzt und liefern Strom nach Florenz, Livorno usw. Auch auf Island und in Kalifornien macht man von natürlichem Thermalwasser Gebrauch.

Das **Radium,** das 1898 zuerst aus der Uranpechblende als Stoff abgeschieden wurde, und die **Atomzertrümmerung** versprechen uns Energiequellen von gewaltiger Größe zu werden.

Die Radioaktivität ist eine fortgesetzte (mit gleicher Intensität durch Jahrtausende betätigte) Erzeugung von Energie in der Form von Wärme, Elektrizität und Licht. Wenn die Menschheit den Weg gefunden haben wird, sich dieser außerordentlichen Kraftquelle in noch höherem Maße als heute zu bedienen, wird sie als Kohlenersatz eine Rolle spielen. In den Atomen der radioaktiven Elemente bestehen gewaltige Spannungen, die zu einem explosionsartigen, von rätselhaften Strahlungserscheinungen begleiteten Zerfall führen können. Damit ist auch erklärt, woher die andauernde Energieabgabe des Radiums stammt. Ein Atom müssen wir uns mit geradezu gewaltigen Energiemengen geladen denken; beim Zerfall des Atoms wird, ähnlich wie bei der Explosion eines Sprengstoffs, ein Teil dieser Energie frei, und das Radium befindet sich nun in einem dauernden Zerfall, dessen Endprodukt Blei ist. In diesem Zerfall ist eine gewaltige Kraftquelle gegeben, und mit der Atomzertrümmerung können wir etwas Ähnliches erreichen.[1]) Doch ist die industrielle Ausnutzung dieser letztgenannten Kraftquellen noch nicht spruchreif.

In unserer Atmosphäre werden durch die Lichtschwankungen der Sonne kosmische Elektrizitätsströme erzeugt, die sich durch Nordlichter, magnetische Stürme und Erdströme äußern. Wenn es gelänge, diese Elektrizität unmittelbar aus der Luft zu gewinnen, kostenlos den elektrischen Strom aus der Luft zu beziehen oder vollends die Ätherenergie[2]) des Weltenraumes nutzbar zu machen, so brauchten wir keine Kohle mehr.

Gerade die Schwierigkeiten, die uns die übelwollende Entente seit dem Kriege in der Kohlenversorgung bereitet, haben die Suche nach anderen, bequemer zugänglichen, weniger streng lokalisierten und reichlicheren, ausdauernden Kraftquellen, als es die Kohle ist, bei uns in Deutschland außerordentlich aktualisiert.

---

[1]) Vgl. H. de Diesbach i. Bull. Soc. Fribourg. d. sciences natur., Compte-Rendu vol. XXVII, Fribg. 1925, S. 168ff.

[2]) Ein Kubikmeter Äther soll eine Energie von 30000 PS. für 20 Jahre liefern können.

Die wichtigsten **Rohstoffe** für die Fabrikindustrie, vor allem für die Herstellung von Menschenkraft ersparenden Werkzeugen im weiteren Sinne (Maschinen usw.) sind die **Metallerze.** Die Metalle sind in der Erdrinde fein verteilt. So ist das Eisen in der Erdrinde zu 4,5 bis fast 5% enthalten, in vulkanischen Gesteinen sogar zu 10—15%. Nur das Metall Aluminium ist mit 8% noch stärker an der Zusammensetzung der Erdrinde beteiligt. Aber in dieser feinen Verteilung sind die Metalle nicht zu gewinnen, sondern nur dort, wo sie zu höheren Prozenten konzentriert worden sind. Eisenerze z. B. gelten als technisch und wirtschaftlich verwertbar, wenn sie mindestens 25% Eisen enthalten. Solche Konzentrationen von Metallgehalten kommen meist im Zusammenhang mit dem Aufdringen von Eruptivgesteinen (von Magma) durch Kristallisationsvorgänge zustande.

Magmatische Ausscheidungen treten direkt in Eruptivgesteinen auf. Kontaktlagerstätten entstehen als Erzanreicherungen in der Nähe des Kontakthofes empordringenden Magmas, metasomatische Lagerstätten, wenn auf Spalten zirkulierende Minerallösungen Kalkschichten lösen und in Erz umwandeln; Spalten und Hohlraumausfüllungen (Erzgänge von Eisen, Gold usw.) werden in Bruchgebieten als Produkte warmer Mineralquellen oft angetroffen. Sogar Imprägnationszonen können von Spalten aus durch Eindringen von thermalen Lösungen in poröses Gestein bewirkt werden. Erzlager entstehen (wie gewöhnliche Sedimentschichten) durch Sedimentation, d. h. durch Absatz gelöster, von Bächen und Flüssen ins Meer geführter Metalle; wegen ihrer regelmäßigen, oft horizontalen Lagerung gelten diese marinen Lager als die wichtigsten Erzlagerstätten; natürlich gibt es auch fluviatile, von Flußwasser zusammengehäufte Erzlager. Geologisch junge, lose, metallhaltige Oberflächenbildungen sind die Seifen (eluviale, an Ort und Stelle ausgewitterte; fluviatile, von Flüssen in ihren Betten abgelagerte; marine, im Meere sedimentierte).

Die meisten Metallgehalte finden sich in alten Gesteinsschollen von Granit, Gneis, Glimmerschiefern, Tonschiefern usw., wie in der skandinavisch-finnischen Scholle, im Ural, in der südrussischen Granitschwelle, in dem laurentischen Massiv Nordamerikas usw.

Das wichtigste Metallerz ist das **Eisenerz**[1]), das, in Roheisen, Rohstahl und tausende von „Werkzeugen" (Maschinen usw.) verwandelt, unser Zeitalter geradezu zum eisernen machte. Die Produktion ist bis in die letzte Zeit gewachsen und beschränkt sich vornehmlich auf Europa und Nordamerika, und zwar hat letzteres zeitweise das zwiespältige Europa wie in der Kohlenproduktion, so wohl auch in der Gewinnung von Eisenerz überflügelt.

1908 erzeugte der europäische Wirtschaftskreis noch reichlich 70% der Weltproduktion von Eisenerz, 1913 schon erheblich weniger (47,3%), nämlich Deutschland mit Luxemburg rund 16 + 4,1%, Frankreich 12,4, Großbritannien 9,2, Spanien 5,6, Rußland 5,2, Schweden 4,2, das alte Österreich-Ungarn 3, Italien 0,35, Belgien 0,1% der W. Japan mit Korea erzeugte 0,2%, die Union an 36, Kanada (mit

---

[1]) Vgl. Th. Sehmer, Die Eisenerzversorgung Europas (Probleme der Weltw. II, Jena 1911). — The Iron Ore Resources. Stockholm 1910. 2 Bde. u. Atlas.

Neufundland) 0,2% der W., 1920 Europa[1]) kaum 40, 1924 (1923) jedoch wieder 50,8%, Deutschland 4 und Luxemburg, das aus dem deutschen Zollbund ausgeschieden ist, 4,2% der W. (126 Mill. T.), Frankreich 23, Großbritannien 8,8%, Schweden 5,2 Spanien fast 2,74, Österreich 0,57, Tschechoslowakei 0,54, Norwegen 0,31, Polen 0,22, Italien 0,15, Rußland 0,7%, Japan 0,06, China 1,2 (?), Indien 0,65, Australien 0,06, Atlasländer 1,35, übriges Afrika 0,34% (?) der W., Vereinigte Staaten 43,56[2]), Neufundland 0,6, Kanada 0,02, Cuba 0,06% (?), Chile 0,54%.

Der Konsum von Eisenerz betrug 1913 in Deutschland mit Luxemburg 27, in Großbritannien 14, Frankreich 7, Rußland 5, Belgien 4, Österreich-Ungarn 3, Schweden 0,6, Spanien 0,5—0,6, Italien 0,35, Japan mit Korea 0,35, in der Union 37, in Kanada 1% der W. Seitdem ist eine für Deutschland höchst ungünstige Verschiebung vor sich gegangen.[3])

Jedes Land sucht das benötigte Eisenerz möglichst innerhalb seiner Grenzen zu erzeugen. Fast die ganze Weltproduktion wird in den Aktionsfeldern produziert; zwei Drittel von ihr brachten 1913 allein die drei großen Kohlenländer: die Vereinigten Staaten, Großbritannien und Deutschland (mit Luxemburg) hervor, die 1913 über 81% aller Kohlen gewannen, und sie konsumierten mehr als drei Viertel der Weltproduktion von Eisenerz und führten noch Eisenerz ein. Ebenso waren Belgien, Japan und Kanada Einfuhrländer für Eisenerz, aber Frankreich, Schweden, Spanien waren Ausfuhrländer, um von den kleineren zu schweigen, die in dem speziellen Teil des Buches besprochen werden.

Der Abbau des Eisenerzes in den Lagerstätten der Erde wird durch verschiedene Faktoren bedingt: 1. durch die Abbauwürdigkeit (s. S. 174), 2. durch die Nachfrage aus Verbrauchsgebieten, 3. durch die Nähe von Kokskohle (denn Eisenerz geht zur Kohle) bzw. auch Holzkohle (in großen Waldgebieten), auch Wasserkraft (zur elektrischen Herstellung von Eisen und Stahl), dazu Kalkstein (als Flußmittel beim Schmelzprozeß), 4. durch billigen Wasserweg zu den Verbrauchsgebieten und 5. durch das Vorhandensein von Arbeitskräften. Diese mehrfachen Erfordernisse haben bewirkt, daß der Eisenerzbergbau und namentlich der für Ausfuhr, sich bisher auf verhältnismäßig wenige, meist meeresnahe Gebiete beschränkt hat.

Großen Wert für die Eisen- und Stahlindustrie haben noch die **Eisenveredelungsmetalle**, die bei Zumischung zu Eisen und Stahl diese wertvoller machen, entweder härter oder zerreißfester oder geschmeidiger usw.

Besondere Verbreitung haben die **Manganerze**. Eisen ist immer mit Mangan verbunden, aber man spricht bei uns in Deutschland von Manganerzen erst, wenn über 30% Mangan in einem Eisenerz enthalten sind; bei geringeren Gehalten spricht man von Eisenmanganerzen. Der Mangangehalt macht das Eisen fester, und die Manganerze werden darum von den großen Eisen- und Stahlländern sehr begehrt. Ihre Produktion ist umfangreich, und sie kommen in bedeutenden Mengen in den Welthandel, zumal gerade die großen Eisenländer arm an Manganerzen sind.

Die Weltproduktion von Manganerz mit mehr als 30% Mangan war vor

[1]) Hauptsächlich durch die Beraubung und Knebelung Deutschlands ist das atlantisch-europäische Aktionszentrum zugunsten des atlantisch-nordamerikanischen in seiner Kohlen-, Eisenerz-, Eisen- und Stahl- usw. Produktion, überhaupt in seiner Aktionsfähigkeit schwer geschädigt worden.

[2]) 1923: 70,46; 1924: 54,89 Mill. T.

[3]) 1923 verbrauchte Deutschland nur 5,82 (1913: 46,30) Mill. T.

dem Kriege auf rund 3 Mill. T. oder mehr zu veranschlagen oder auf etwa $1\frac{1}{2}$ Mill. T. mit 50% Mangan oder mehr. Transkaukasien (Republik Georgien), Vorderindien und Brasilien waren die großen Lieferanten von Manganerz, Südrußland (die Ukraine), Japan, Spanien usw. kleinere.[1]

**Nickel** ergab berühmten Nickelstahl für Panzerplatten, Eisenkonstruktionen usw.[2] Nickelerz wird ganz überwiegend in dem alten Schollenland Kanadas nördlich des Huronsees und in Serpentinmassen der französischen Insel Neukaledonien (im Großen Ozean) gewonnen. Die Verhüttung und Raffinierung wird jetzt wohl mehr in Kanada als in den Vereinigten Staaten und ferner in den europäischen Industriestaaten vorgenommen. Norwegen, Schweden, Italien, Deutschland usw. erzeugen kleine Mengen Nickelerz.

Die Weltproduktion von Nickel wurde 1913 zu 30600, 1916 zu 45000, 1921 29000 Mill. T. berechnet.[3]

**Wolframerz** wird besonders für die Herstellung von Wolframstahl geschätzt, dem besten Material für Werkzeuge u. dgl. Das Erz kommt meist mit Zinnerz (s. S. 181f.) zusammen vor. Die Produktion stieg im Kriege sehr, auf 110000 bis 120000 T. im Jahre 1916. Hinterindien, Australien, Südamerika können viel liefern. Neuerdings hat man auch im Unionstaate Colorado viel gefunden. Auch Spanien, Portugal, Deutschland usw. erzeugen das Erz, dessen Produktion seit Ende des Krieges stark abgenommen haben dürfte.

Molybdänerz kommt in der Union, in Kanada, Queensland, Norwegen, Japan, Korea, Schweden, Italien, Spanien usw. vor.

Chromerz wird besonders in den Vereinigten Staaten, Indien, Neukaledonien, Rhodesia, Kleinasien, Mazedonien, Kanada usw. gewonnen.

Vanadium gewann man bisher fast ausschließlich in Peru, Silicium (Kieselsäure) wird ebenfalls zur Härtung des Eisens gebraucht, und noch andere Härtungs- bzw. Veredelungsverfahren hat man neuerdings gefunden (mit Zirkon, Titan, Aluminium usw.).

Für Werkzeugmaschinen und Werkzeuge, stark beanspruchte Automobil- und Motorteile, elektrische Lampen usw. bleiben die verschiedensten Eisen- und Stahllegierungen mit den genannten Veredelungsmetallen hochgeschätzt, und auch die neuen deutschen Erfindungen, rostfreies Eisen und Stahl zu erzeugen, bzw. auch Eisen und Stahl von Rost zu befreien, zeugen von der schnellen und erfolgreichen Arbeit der Wirtschaftsstufe der wissenschaftlich-technischen Wirtschaft, die die anderen Wirtschaftsstufen immer mehr übersteigt.

Während Mangan bzw. andere Eisenveredelungsmetalle im Eisenerz hochwillkommen sind, war der Phosphorgehalt der Erze, der aus Überbleibseln von Lebewesen stammt, lange Zeit eine sehr unwillkommene Beigabe, da er das Eisen brüchig macht. Bis zum Jahre 1879 konnte man nur aus phosphorarmen (höchstens

---

[1]) Die heutige Weltproduktion (1023) ist weit geringer: Vereinigte Staaten 1,45 Mill. T. (aber nur 32000 T. mit mehr als 35% Mangangehalt); Indien 706200, Rußland 383300 (1924), Brasilien 235800, Deutschland 103900 T. (von 12% Mangan und mehr) usw.

[2]) Auch mit Kupfer Münzmaterial, galvanische Überzüge auf Metalle zum Rostschutz, Neusilber (mit Kupfer und Zink) usw.

[3]) 1921 Kanada und Union 19200 T. = 79,7, Hüttenproduktion Großbritanniens 3200 T. = 13,3, Deutschlands 1000 T. = 4,1, des übrigen Europa 700 T. = 2,9% der W.

0,1 % Phosphor enthaltenden) Erzen gutes Eisen (Bessemereisen[1]) erzeugen. Aber in dem genannten Jahre erfand Thomas einen Prozeß, durch den der Phosphorgehalt aus Erzen mit mehr als 1 % Phosphorgehalt zu entfernen und gutes Eisen zu gewinnen war. Nun erst erhielten die phosphorreichen lothringischen Erzlager Wert, um so mehr, als bei dem Thomasprozeß als wertvolles Nebenprodukt ein phosphorhaltiges Düngemittel, die Thomasschlacke[2]), mit 14—20 % Phosphorsäure gewonnen wird.

Durch ihre große Kohlen- und Eisenproduktion bzw. ihren großen Konsum an Kohlen und Eisenerz wurden die Union, Großbritannien und Deutschland die drei unbestritten führenden **Industrieländer** der Erde. Sie produzierten 1913 etwa 77, 1922 über 79 % alles **Roheisens**[3]), 77 bzw fast 82 % alles **Stahles.**[4]) Auf den Kopf der Bevölkerung brachte die Union 1913: 0,3, Deutschland 0,28, Großbritannien 0,23 T. Roheisen hervor. Die Union hatte 1913 aber als ein Land relativ junger Zivilisation noch einen sehr aufnahmefähigen Binnenmarkt zu versorgen. Die großen Versorger des Weltmarkts mit Eisen, Stahl und Waren daraus waren Deutschland und Großbritannien, wobei sie sich ebenfalls auf einen aufnahmefähigen Binnenmarkt stützen konnten. Die Union stand erst an dritter Stelle nach der Menge der exportierten Eisen- und Stahlprodukte.[5]) Diese beherrschende Stellung im Kohlen-, Eisen- und Stahlwesen gab diesen drei Staaten, die zugleich an Erfindungsgeist wetteiferten und Maschinen für alle anderen Industrien herstellten, auch einen Vorsprung in allen anderen Industrien auf der Erde.

Frankreich und Belgien standen in der Roheisen- und Stahlerzeugung[6])

---

[1]) Das flüssige Roheisen wird in das nach dem Erfinder Bessemerbirne genannte Gefäß gefüllt und Luft hindurchgeblasen, bis das Eisen selber zu brennen anfängt.

[2]) Thomas kleidete die Bessemerbirne mit Kalkstein aus, und dieser verbindet sich mit dem Phosphor unter Beihilfe der Luft zu phosphorsaurem Kalk. Die Thomasschlacke ist nichts anderes als eben dieser innere Belag der Bessemerbirne. Sie kommt in gemahlenem Zustand in den Handel.

[3]) Mit Luxemburgs Produktion: Die Union 40 und 53, Deutschland 24 und (ohne Luxemburg [3¼]) 13, Großbritannien 13 und 10 % der W. Die durchschnittliche Monatserzeugung von Roheisen war 1923 (1922, 1913) in 1000 T. in Deutschland 411, 1924: 651 (766, 1609) in Großbritannien 630 (415, 869), Frankreich 443 (427, 750), Belgien 182 (134, 207), Luxemburg 117 (140, 212), Schweden 23 (22, 61) Verein. Staaten 3392 (2275, 2623), Kanada 75 (33, 85).

[4]) Die Union 42 und 55, Deutschland mit Luxemburg 25, ohne L. (2¼) 15, Großbritannien 10 und 9,5 % der W. Der Monatsdurchschnitt der Stahlproduktion war 1923 (1922, 1913) in 1000 T. in Deutschland 499, 1924: 718 (705, 1429), in Großbritannien 719 (494, 649), Frankreich 415 (373, 581), Belgien 185 (130, 205), Luxemburg 100 (116, 111), Schweden 25 (29, 62), Verein. Staaten 3659 (2585, 2651) Kanada 75 (41, 88).

[5]) 1913 führte Deutschland etwa 6, Großbritannien 5, die Union 2,7 Mill. T. aus. Die Gesamtausfuhr der fünf wichtigsten Länder an Eisen und Stahl verteilte sich 1923 (1922, 1920, 1913) folgendermaßen: Deutschland 11,2 (unvollständig) (16,2, 15, 38,3), Großbritannien 36,1 (30,2, 28,4, 30,7), Frankreich 17,3 (17,2, 7,9, 3,6), Belgien 19,3 (18,8, 7,7, 9,6), Vereinigte Staaten 16,1 (17,6, 41, 17,8) %. Ausfuhr von Roheisen 1924: Frankreich 784020 (Einfuhr 55860), Großbritannien 610210 (313360), Belgien 129900 (327020), Deutschland 67230 (263900), Verein. Staaten 42150 (212470) T.

[6]) Pro Kopf der Bevölkerung produzierten 1913 Belgien 0,17, Kanada 0,14, Frankreich 0,13, Schweden 0,13, Österreich-Ungarn 0,05, Rußland 0,025, Spanien 0,021, Italien 0,012, Japan mit Korea 0,003 T. Roheisen. Von der Weltproduktion von Roheisen (1913: 79,4, 1922: 50,6 Mill. T.) produzierten Frankreich 6 (fast 10), Rußland 5,7 (¼), Belgien 3,1 (3,1), Österreich-Ungarn 3 (Tschechoslowakei 0,7, Österreich 0,6), Kanada 1,3 (?), Schweden 1 (0,7), Italien 0,5 (?), Spanien 0,5 (?), Japan mit Korea 0,3 (0,6), China 0 (1) %. Von der Weltproduktion von Stahl (1913: 76,2, 1922: 62 Mill. T.) Frankreich 6 (7,1), Rußland 6 (?), Belgien 3,4 (2,4), Österreich-Ungarn 3,5 (Tschech. 1,05, Öst. 0,7), Kanada 1,4 (?), Schweden 0,8 (0,5), Italien 1,2 (?), Spanien 0,5 (0,75), Japan mit Korea 0,3 (?), China 0 (0,2) %. Es wurde 1922 sehr viel mehr Stahl als Roheisen erzeugt, weil in der Stahlindustrie außer Roheisen auch viel Alteisen zur Verwendung kam. 1924 war die Weltproduktion von Roheisen wiederum auf etwa 69, die von Rohstahl auf 79 Mill. T. gestiegen.

weit zurück. Neidvoll und begehrlich schaute der Gernegroß Frankreich, der schon vor dem Kriege über die weitaus größten Eisenerzlager Europas verfügte, aber sie nicht auszunutzen verstand, und das außenpolitisch völlig französisch orientierte Belgien auf die blühende Eisen- und Stahlindustrie Deutschlands und vor allem auf seinen Kohlenreichtum und warteten auf einen günstigen Moment zum Raubüberfall auf Deutschland. Inzwischen ließen sie schon immer in angefaulten Kreisen Rußlands den Franc rollen.

Großbritannien war, wie Sehmer, a. a. O., S. 293ff., sehr richtig hervorhebt, durch seine günstige Lage und seine reichen Naturschätze allzusehr verwöhnt, hatte nicht mehr mit ganzer Kraft gearbeitet, hatte z. B. seine alten kleinen Hochöfen[1]) beibehalten und war gegenüber Deutschland allmählich immer mehr ins Hintertreffen geraten. Nun sah es einen Weg, mit anderen Neidern einen gefährlichen Konkurrenten zu schwächen oder zu beseitigen.

Der Krieg hat in der Eisen- und Stahlwirtschaft der Erde — und das wird sich noch in anderen Industrien auswirken — manche Wandlungen gebracht, besonders traurige für das niedergeworfene und beraubte Deutschland.

Die Union wird nun auch im Welthandel mit Eisen und Stahl wohl an die erste Stelle rücken. Die anderen Mächte kämpfen hart um den Vorrang. Die Weltproduktion von Roheisen und Stahl ist mit dem Wohlstand der Erde stark gesunken. Auch die „Sieger" und die Neutralen haben im allgemeinen bei dem Abenteuer, bei dem sie große Profite einzuheimsen hofften, schlecht abgeschnitten.

Nach dem Eisen ist **Kupfer** das industriell wichtigste Metall.

Kupfer war wohl auch das zuerst vom Menschen gebrauchte Metall, da es sich durch Glanz und Weichheit bemerkbar machte und empfahl. In Europa wie in Amerika machte man von ihm schon in prähistorischer Zeit Gebrauch für die Herstellung von Äxten, Messern, Lanzenspitzen usw. In der Alten Welt wurde es dann besonders in Legierung mit Zinn als Bronze gebraucht. aber allmählich vielfach vom Eisen und Stahl verdrängt. Im Altertum lieferten China, Vorderasien (Cypern usw.), Spanien hauptsächlich das Gebrauchskupfer, zur Kolonialzeit England, Spanien und Deutschland, im vorigen Jahrhundert Chile, in dem letzten Viertel des 19. Jahrhunderts wurde die Union Hauptproduzent und ist es noch heute.

Kupfer wird besonders in der elektrischen Industrie wegen seiner vorzüglichen Eignung, den elektrischen Strom zu leiten, geschätzt; auch gegen chemische Einflüsse ist es ziemlich widerstandsfähig.[2]) Für Legierungen ist es sehr geeignet und ergibt mit Zink Messing, mit Zinn Bronze.

Das Aluminium (S. 182f.) kann das Kupfer zum Teil in der elektrischen Industrie ersetzen, aber nicht ganz verdrängen; dafür ist es nicht billig genug, auch wohl nicht ganz so brauchbar als Kupfer. In der Küche und auf anderen Gebieten tritt es vielfach an die Stelle des Kupfers.

---

[1]) Nach Max Roesler, The Iron-Ore Resources of Europe. Washington 1921, S. 27, war der jährliche Ausstoß eines Hochofens in England 28000, in Deutschland 55000, in der Union 120000 T.

[2]) Kupfergeräte im Haushalt überziehen sich jedoch unter dem Einfluß von Säuren mit giftigem Grünspan.

Unter den Kupfererzen ist Kupferkies (Kupfer mit Schwefel und Eisen) das wichtigste. Gediegenes Kupfer ist verhältnismäßig selten. In alten Massen (wie im Harzgebiet, in der spanischen Meseta usw.) und in jungen Faltengebirgen (wie in den Kordilleren und Anden Amerikas) treten die Kupfererze auf.

Die Weltproduktion von Kupfererz ist nur sehr unvollständig aus neuester Zeit bekannt, die von Kupfer betrug 1913: 1022000, 1917: 1456800, 1920: 942000, 1922: 893000, 1923: 1221000 T. An derselben waren 1922: Europa mit 9,1, Asien 6,2, Australien 0,6, Afrika 4,8, Amerika 79,3% beteiligt; im einzelnen Großbritannien mit 2,1, Deutschland fast 3,6, Spanien reichlich 1,1, Serbien 0,6, Frankreich 0,1, Rußland 0,22, Österreich 0,5, Italien 0%; in Asien Japan mit 6,1%; in Afrika Katanga mit 4,8%; in Amerika die Union 57,75%, ferner Chile, Mexiko, Kanada, Peru; Australien 0,6%; an dem Weltverbrauch (1920: 983300 T.) Europa mit 32,3% des Weltverbrauchs (Großbritannien 11,1, Deutschland gegen 7,7, Frankreich 7, Rußland 1913 etwa 3, Italien 1,5, Belgien 0,7, Österreich an 0,6%); Asien gegen 9,6% (Japan 8,6%); Afrika über 0,8%; Amerika gegen 56,5% (Verein. Staaten 51,5%), Australien über 0,8%. Neuestens rückt die Produktion Chiles und Katangas immermehr in den Vordergrund.[1])

Zink, Blei, Zinn, Aluminium sind weitere wichtige Industriemetalle. **Zinkerze** kommen fast immer mit Bleierz zusammen vor und zwar am meisten in metasomatischen Lagerstätten in Kalk (s. S. 174). Zinkblende ist das wichtigste Zinkerz und liefert den größten Teil der Weltproduktion. Galmei ist erst durch Oxydation entstanden, findet sich also in den oberen Bodenschichten. Andere Zinkerze sind selten.

Zink begann man etwa 1740 in größerem Maßstabe aus seinen Erzen zu erschmelzen, und zwar in Großbritannien, auf dem Kontinent seit Anfang des 19. Jahrhunderts, in der Union seit 1860. Man verwendet Zink hauptsächlich zum Verzinken des Eisens oder Stahls, indem man diesen auf galvanischem Wege zum Schutz gegen Rost einen dünnen Überzug von Zink gibt, für die Herstellung von Messing, von Zinkfarben, als Walzblech für Dächer, Badewannen, Verzierungen, als Zinkguß für Lampenfüße usw.

Galmeierz, als Oxydationsprodukt leicht zu schmelzen, wird meist schon an Ort und Stelle der Produktion auf höhere Reinheit und geringeres Gewicht geröstet für Transport zur Schmelze. Zinkblende ist umständlicher zu behandeln; es werden Konzentrate von 35—60% Zink zu den Schmelzwerken geschickt. Die technischen Verfahren, Zink aus den Konzentraten zu gewinnen, verlangen wie deren Herstellung meist Koks, denn die Gewinnung von Zink durch Elektrolyse in elektrischen Öfen mittels Wasserkraft wird bisher noch wenig geübt und nur dort, wo billige elektrische Kraft, wie in Skandinavien, zur Verfügung steht. So sind die Zinkschmelzen meist an Kokskohlengegenden gebunden, erfordern aber auch geübte Arbeitskräfte. Diesen Umständen verdankten Deutschland und Belgien die Blüte ihrer Zinkindustrie, für die Deutschland durch seine Lager in Oberschlesien günstiger gestellt war als Belgien, das seine Vorräte schon erschöpft hatte und Erz

[1]) Chile 1924: 175200; Belgisch-Kongo 84400 T.

einführen mußte. Diese Sachlage ließ die nachbarlichen Neidvölker nicht schlafen, und Deutschland mußten 85% seiner Zinkproduktion mit Oberschlesien weggeräubert werden und gleichfalls weitere Zinklager im Westen.

Der Zinkgehalt der Erze ist sehr verschieden. Die oberschlesischen Lager hatten durchschnittlich fast 15% Zinkgehalt, die Erze von Brokenhill (Australien) 12, die der Ozarkregion (Vereinigte Staaten) 1,6—2,6% Zinkgehalt.

Wenn man die Weltproduktion von Zink so darstellte, daß man die nach dem Zinkgehalt der Erze verrechnete bergbauliche Produktion der Länder zugrunde legt, so betrug sie 1913 rund 1 Mill. T.

Davon lieferte Europa 37—38% (Deutschland etwa 20, Italien über 5, Spanien $4\frac{3}{4}$, Frankreich $1\frac{1}{2}$, Griechenland und Schweden je $1\frac{1}{2}$, Polen über 1, Österreich 1, Großbritannien 0,7%; Asien (Französisch-Indochina, Japan, Sibirien, China gegen 5%[1]); Afrika (Algerien, Tunesien, Ägypten) über 4%; Australien fast 16%; die Union allein 38%; die anderen amerikanischen Länder (Mexiko, Kanada, Bolivia) wenig. Durch den Raubkrieg hat die Entente Polen, die Filiale Frankreichs, zum wichtigsten Zinkland Europas gemacht.

Etwas ganz anderes ist natürlich die Produktion von Schmelzzink aus eigenen und eingeführten Erzen. In der Schmelzindustrie standen 1913 die Union und Deutschland an der Spitze; dann folgten Belgien, Frankreich und Großbritannien.[2])

**Bleierz** kommt gewöhnlich mit Zink- und Silbererzen zusammen vor, am meisten in metasomatischen Lagerstätten, in Kalk (s. S. 174).[3]) Bleiglanz oder Schwefelblei, in chemisch-reinem Zustande mit fast 87% Blei und 13% Schwefel, ist das einzige wichtige Bleierz, doch tritt er, wenn er nahe der Erdoberfläche liegt und verwittert, in der Form von schwefelsaurem Blei und Weißbleierz auf. Diese sind sehr leicht zu schmelzen und enthalten manchmal auch (0,01—0,5%) Silber. Die unter der Oxydationszone liegenden Bleiglanze sind dagegen in der Regel mit Zink-, Kupfererz usw. gemischt und schwer von diesen zu trennen, so daß erst neuere Fortschritte der Metallurgie diese Lager erschlossen haben.

Blei wird zu Blechen, Wasserleitungsröhren, Kabelumhüllungen, Geschossen, Geschoßmänteln. zu Bleiplatten für elektrische Akkumulatoren, Spielwaren, Bleifarben, Glaslinsen, in der Emaille-, Töpfer-, Firnisindustrie, Drucklettern (mit Antimon legiert), Lötmasse (mit Zinn) usw. verwendet. Seine relative Billigkeit und Weichheit, die die Bearbeitung erleichtert, empfehlen das Blei auch als Ersatz-

---

[1]) Jetzt viel mehr, seit die Produktion Burmas so sehr zugenommen hat.

[2]) Prod. von Rohzink (1913: 1008000, 1922: 701000, 1923: 955500 T. 1922 (1913): Europa 45,3 (68)% (Deutschland 11,4 [28,1] %, Belgien 16,1 [20,4], Polen [Tschechoslowakei u. Jugoslawien] 6,2, Frankreich 5,75, Großbritannien 2,1, Niederlande 1,85, Spanien 0,9, Norwegen u. Schweden 0,54, Italien 0,4); Asien 1,4 (0,2) %; Australien 3,5 (0,4) %; Amerika 49,7 (31,4) % (Union 45,6 [31,4], Kanada 4,2%); gegenüber 1913 ist Deutschlands Produktion (40000 T.) stark gesunken, die Polens (mit Ostoberschlesien 97000 T.) sehr gestiegen. Weltverbrauch von Rohzink 1921 (1913) 459300 (1001000); Europa 51,9 (69,7)% (Deutschland 14 [27,9] %, Belgien 8 [8,3] %); Asien 6,2 (1,6) %; Amerika 40,7 (28,3) % (Union 40,5 [27,9] %; die übrigen Erdteile 1,2 (0,4) % des W. 1923 betrug der Verbrauch 939500 T.

[3]) Doch treten Bleierzlager auch in anderen Gesteinsschichten als Kalk auf, auch in Gängen. Man betrachtet neuestens übrigens Blei als das Endprodukt des Radiumzerfalls (s. S. 173).

mittel für teurere Metalle (wie Zinn), aber seine Giftigkeit schränkt seinen Gebrauch ein.

Die Bleierze werden meist an Ort und Stelle in Konzentrate mit 50—70% Blei verwandelt und diese zum Raffinieren in die Schmelzhütten versandt.

Die Erze von Brokenhill in Australien haben 14% Blei, die oberschlesischen $3\frac{1}{2}$% Gehalt, doch nutzen wir in Deutschland, wenn Tagbau möglich ist, noch Erze mit weniger als 2% Bleigehalt.

Die **Weltproduktion** von Blei betrug 1913: 1,22 Mill. T.

An ihr waren in dem Sinne, daß der Bleigehalt des in jedem Lande geförderten Bleierzes verrechnet wird, beteiligt **Europa** mit gegen 30% (Spanien über 15, Deutschland 6, Italien fast 2, Österreich-Ungarn $1\frac{3}{4}$, Griechenland und Großbritannien je $1\frac{1}{2}$% usw.); **Asien** mit wenig[1] (Burma, Vorderasien, Sibirien usw.); **Afrika** mit etwa 5% (Tunesien $2\frac{1}{2}$, Algerien 1, Deutsch-Südwestafrika 1%, Ägypten, Rhodesia usw.), **Australien** mit reichlich 20%; **Nordamerika** mit 43% (Vereinigte Staaten etwa 36, Mexiko 5, Kanada gegen 2%); in **Südamerika** erzeugen Peru, Bolivia usw. Bleierz.

**Schmelzblei** erzeugten von 1186000 T. 1913 besonders die Union[2] (34,4%), Spanien (gegen 17%), Deutschland (gegen 16%), Australien (gegen 10%); 1922 von 1047000 T. **Europa** 25,33% (Spanien 10,15, Deutschland 6,7, Belgien 3,23, Frankreich 1,3, Großbritannien 1,1, Italien 1, Griechenland 0,43, Deutsch-Österreich 0,31%); **Asien** 7,7% (Burma 3,67, Japan 0,74, Asiat. Türkei 0,3%); **Afrika** reichlich 3,2% (Rhodesia 1,22, Tunis 0,1%); **Australien** 9,63%; **Amerika** 57,1% (Union an 41,48, Mexiko 11,1, Kanada an 3,95, Argentinien 0,3%) der W. Der **Weltverbrauch** von Blei betrug 1921 (1913) 824100 (1201300) T., in **Europa** 40,3 (60,4)% (Großbrit. 17,1 [15,9], Deutschland 12,3 [19,2], Spanien 1,2 [0,8] %); **Asien** 6,1 (2,1)%; **Afrika** 0,5 (0,5) %; **Australien** 1,2 (0,8) %; **Amerika** 51,9 (36,2) % (Union 48,9 [33,4] %) des W.

**Zinnerze** kommen fast ausschließlich in Gängen des Granits und als Seifenzinn[3]) vor, das aus jenen entstanden ist.

Die Zinnerzgänge müssen, um abbauwürdig zu sein, 1—2% Zinn enthalten. Das Gestein wird zermahlen und geschlämmt usw., bis man **Zinnkonzentrate** mit 60—70% Zinn erhält; ähnliche Konzentrate gehen aus dem Seifenbetrieb hervor. Die Konzentrate werden an die großen Schmelzwerke zur Gewinnung des reinen Zinns gesandt.

Zinn wird, wie einst mit Kupfer zu Bronze, noch heute viel mit anderen Metallen legiert: mit Blei[4]) oder Antimon für Speisegeräte, Spielwaren, Orgelpfeifen usw., als Britanniametall für Löffel, Gabeln usw., als Weißmetall für Zapfenlager usw. Seine Hauptverwendung findet Zinn jedoch in der Herstellung von **Weißblech**

---

[1]) Vgl. Burma, Bd. II.

[2]) **Nordamerika** über 40,7% der W., **Europa** an 57,4. In **Tunis**, **Rhodesia** und Britisch-Indien (**Burma**) nahm letzthin die Bleiverhüttung stark zu. Bleiproduktion 1923: Europa 23,2; Asien 4,32; Australien 10,6; Afrika 2,2; Nordamerika 59,2; Südamerika 0,5% der Weltproduktion (1923: 1177000 T.).

[3]) 1917 wurden noch etwa 70% der Zinnproduktion der Erde aus Zinnseifen gewonnen, durch Waschen oder auf hydraulischem Wege oder durch Bagger.

[4]) Der giftige Bleigehalt in diesen Legierungen ist bei uns in Deutschland auf einen geringen Prozentsatz herabgedrückt.

(verzinntes Eisen- oder Stahlblech mit 1—2% Zinn) für Nahrungsmittelkonserven.[1]) Die Union, Großbritannien und Deutschland waren die Hauptproduzenten und die Hauptkonsumenten von Zinn überhaupt. Auch zur Bereitung von Lötmasse (s. S. 180), Stanniol, für Apothekertuben usw. wird Zinn gebraucht.

In der Weißblechindustrie war das immer mehr im Preise gestiegene Zinn bisher unersetzlich, weil es sehr gut chemischen Einflüssen widersteht, und Eisen und Stahl sich leicht damit überziehen lassen. Da aber auch Aluminium gegenüber chemischen Säuren große Widerstandsfähigkeit zeigt, und man bereits Eisen durch einen Aluminiumüberzug gegen Rost zu schützen vermag, dürfte das Aluminium bei dieser Verwendung dem Zinn Konkurrenz machen. Auch Stanniol vermag Aluminiumfolie zu ersetzen, aber nicht ist Zinn bei der Bronzeherstellung zu entbehren.

Die Weltproduktion von Zinn[2]) betrug 1913 etwa 132500, 1918: 131000, 1921: 102700, 1923: 119100 T.

An der der geförderten Erzproduktion entsprechenden Zinnmenge war Europa 1913 nur mit gegen 4% der W. beteiligt (Großbritannien, Deutschland nur ganz wenig); Asien liefert wohl noch $^2/_3$ der W. (Hinterindien und Malaiischer Archipel); Australien etwa 4—5; Afrika (Nigeria, Transvaal, Katanga) um 6 (?); Amerika über 20% der W. (Bolivia, Union sehr wenig). London, Amsterdam und Rotterdam und New York sind Hauptmärkte.

**Aluminium** ist noch reichlicher als Eisen in der Erdrinde vorhanden. In allen unverwitterten Gesteinen ist es mit ungefähr 20% vertreten. Lehm, Ton, Kaolin, Feldspat, Glimmer usw. enthalten Aluminium, aber gewonnen wird es nur aus Lagern, wenn ein hoher Prozentsatz des Metalls darin enthalten ist. Anfangs wurde es nur aus dem Kryolith (Grönland), später und jetzt namentlich aus dem Aluminiumerz **Bauxit** oder **Beauxit**[3]) produziert.

Letzteres wird außer zur Herstellung von Aluminium (etwa $^2/_3$ der Bauxitproduktion) zur Bereitung von Aluminiumsalzen, die z. B. als Alaun in der Zeugfärberei, Chromgerberei usw. Verwendung finden, als Schleif- und Poliermittel[4]) und zur Herstellung von feuerfesten Ziegeln zur Auskleidung von Hochöfen benutzt; auch die essigsaure Tonerde der Heilkunde gehört hierher.

Aus **Aluminium** fertigt man Küchengeräte, Instrumente, Maschinenteile, die leicht und doch widerstandsfähig sein sollen, Eisenbahn- und Kraftwagenarmaturen, Gußtiegel usw. Wegen seiner Leichtigkeit ist Aluminium auch ein treffliches Material für Luftfahrzeuge[5]) und Motorboote. Es ersetzt vielfach das Kupfer (s. S. 178) in der elektrischen Industrie[6]) und in der Küche, sowie Messing bei vielen Kurzwaren.

---

[1]) Im Kriege nahm die Fabrikation sehr stark zu; in der Union wurden 1917: 43% alles verbrauchten Zinns dieser Verwendung zugeführt.

[2]) Von der Schmelzzinnmenge lieferte 1921 (1913) Europa 16,9 (26,6) % (Großbritannien 13 [17,1] %, Deutschland 3,9 [9,1] %; Asien 72,8 (69,6) %; Amerika 7,4 (0,2) % (Union 7,3 [0] %); übrige Erdteile 2,9 (3,6) % der W. Von dem Weltverbrauch 1921: 79600 (1913: 129100) T. entfielen auf Europa 45,8 (54,3) % (Deutschland 14,1 [15,4], Großbritannien 9,7 [19,4] %); Asien 10,1 (6,7) %; Amerika 42 (37,5) % (Union 40,1 [34,9] %); übrige Erdteile 2,1 (1,5) % der W. 1923 betrug die Schmelzzinnproduktion 119100 T. (Europa 28,2; Asien 66,83; Australien 2,4; Union 2,52%).

[3]) Nach der Stadt Beaux in Südfrankreich genannt; ein Hydrat der Tonerde, gemischt mit Eisen und Kieselsäure.

[4]) Hierhin gehören auch Schmirgel und Korund.

[5]) Vielfach glaubt man aber, daß sich in Zukunft Stahl einbürgern wird.

[6]) Statt Kupferleitungen werden Aluminiumleitungen, die freilich leichter reißen, eventuell mit verstärkender Stahlseele, verwendet.

Der Kreis seiner Verwendung erweitert sich noch beständig und scheint eine große Zukunft zu haben.[1])

Die Beauxite sind weit verbreitet, und gewöhnlich liegen diese Lehme, Tone usw., die in verschiedenen Formationen vorkommen, horizontal und nahe der Erdoberfläche, so daß sie im Tagbau gewonnen werden können. Besonders ausgedehnt sind sie in den feuchteren Teilen der Tropenzone, wo ja die Verwitterung sehr stark ist. In Trockengebieten sind sie selten (?), in polarem Klima ebenfalls (?). Der Beauxit ist immer ziemlich unrein, enthält aber 40—70 und mehr Prozent Aluminiumoxyd, nach dem man seinen Wert bemißt.

**Beauxitlager** werden in allen Kontinenten abgebaut und die Weltproduktion von Beauxit wird wohl schon 0,9 Mill. T. oder mehr betragen.[2])

In Europa erzeugen ihn Südfrankreich, Ungarn, Siebenbürgen, Dalmatien (Jugoslawien und Italien), auch in den Abruzzen, in Spanien und Irland, Deutschland und Rußland; in Asien ist Indien reich daran, produziert aber bisher wenig, auch aus Syrien wird er gemeldet. In Afrika (Goldküstenkolonie, Togo, Kamerun, Französisch-Guinea usw.) scheinen sehr große Lager vorzukommen, auch im östlichen und südwestlichen Australien ist er festgestellt. Die Union ist jetzt wohl das wichtigste Produktionsland, und in Südamerika (Guayana, Brasilien, Venezuela) hat man hochgradige Beauxitlager gefunden.

Das aus dem Rohmaterial Beauxit mit Hilfe des elektrischen Stromes gewonnene[3]) silberweiße **Aluminium** wird an stärkeren Wasserfällen fabriziert und wies 1913 eine Weltproduktion von etwa 68300, 1920: 158100[4]), 1922: 112700 1924: 187100 T. auf.

An ihr beteiligt waren 1924 (1913) Europa mit 46 (58,4 %) (Schweiz 5,3, Deutschland 11,2, Österreich 0,4 [17,6], Frankreich 9,8 [26,35], Großbritannien 6,4 [11,1], Norwegen 11,8 [2,2], Italien 0,1 [1,2] %); Nordamerika 54 (über 41,5) % (Union 49,7 [fast 33], Kanada 4,3 [8,6] %).

**Antimonerze** kommen meist in Gängen vor, in Beziehung zu Eruptivgesteinen.

Das Metall Antimon wird besonders für Legierungen (zu Drucktypenmetall, Hartblei für Kugeln, Britanniametall, Farben, Rauchbomben usw.) verwendet.

Die Weltproduktion betrug 1913 etwa 22000 T. und wuchs im Kriege ziemlich. China, Frankreich, ferner Mexiko, Slowakei, Australien, Bolivia, Serbien, Deutschland usw. sind die Produzenten, die Union und Großbritannien die Hauptverbraucher.

---

[1]) Besonders seine Legierungen mit Kupfer, Zink, Zinn usw. sind geschätzt. Magnalium z. B., eine Legierung von Aluminium mit Magnesium, liefert feine physikalische Instrumente, die durch Festigkeit ausgezeichnet sind. Mit Kupfer stellt man Aluminiumbronze her, die leicht in Formen zu gießen ist und Goldfarbe besitzt. Eine besonders feste Legierung des Aluminiums nennt man Duraluminium.

[2]) 1913: 538800 T., davon über 57 % in Frankreich, 40 % in der Union, 1 1/3 % in Italien, über 1,1 % in Irland, usw. Vgl. neuere Zahlen in Wirtschaftsdienst 1923, S. 314. Sie schwanken von Jahr zu Jahr stark. 1924 (1923) waren die Vereinigten Staaten, Frankreich, Italien, Britisch-Guayana, Grönland die wichtigsten Gebiete.

[3]) Seit 1827, seit 1855 fabrikmäßig.

[4]) 1920 lieferte die Union fast 58; Deutschland gegen 9,9, Frankreich 6,6, die Schweiz 6,6, Kanada 6,6, Großbritannien 5 1/4, Norwegen 4,6, Österreich 2, Italien 0,8 % der W.

**Magnesium**, ein Leichtmetall, hat durch seine Salze neuerdings erhebliche Bedeutung bekommen, am meisten als kohlensaures Magnesium, d. i. **Magnesit.**

Letzteres bildet ganze Gebirgsstöcke mit Dolomiten oder Gänge (vergesellschaftet mit Eruptivgestein, meist in Serpentin). Es wird namentlich in der Metallurgie zur Herstellung von feuerfesten Ziegeln für Hochöfen u. dgl., für die Zementfabrikation usw. verwendet.

Die Weltproduktion von Magnesit betrug 1913 etwa 530000 T. Österreich-Ungarn lieferte um 75, Griechenland 18%; ferner waren Indien, die Vereinigten Staaten, Kleinasien usw. beteiligt. Während des Krieges nahm die Union die Produktion im großen auf; auch Kanada, Italien, Deutschland liefern Magnesit, und viele sonstige Lager sind in Australien, Indien usw. bekannt, werden aber noch nicht abgebaut. Die großen Stahlproduzenten sind die wichtigsten Verbraucher von Magnesit.

Das Metall **Arsenik** enthaltende Mineralien sind weit verbreitet in Schwefelerzen und mit Nickel-, Kobalt-, Kupfererzen usw., selten ist aber so reichlich Arsenik darin enthalten, daß es um seiner selbst willen Gegenstand des Bergbaues wird, vielmehr wird es fast nur als Nebenprodukt beim Schmelzen von Erzen gewonnen.

Arsenik wird in der Glasindustrie, für die Herstellung von Hartblei, Pariser Grün und anderen (giftigen) Farben, in der Gerberei, zur Vernichtung von Insekten, Ungeziefer[1]) und Unkraut, in der Medizin, für giftige Gase (im Kriege) verwendet.

Von der Weltproduktion (1913: 16300 T.) erzeugten Frankreich 28 und Deutschland 22%. Jetzt ist die Union der wichtigste Produzent. Auch Kanada, Großbritannien, Mexiko, Spanien und Portugal liefern etwas Arsenik.

**Quecksilber** wird hauptsächlich aus Zinnober, dem Schwefelerz des Quecksilbers, gewonnen, das in engem Zusammenhang mit Vulkanismus, Eruptivgestein, Spaltensystemen, meist in Gegenden jugendlicher (tertiärer oder quartärer) vulkanischer Tätigkeit vorkommt. Zinnober ist weit über die Erde verbreitet, aber stark produktive Gebiete sind nur die europäische Mittelmeerregion und der Ostrand des Großen Ozeans. Die Weltproduktion von Quecksilber beträgt keine 4000 T.[2])

Italien, Spanien und die Vereinigten Staaten sind die großen Produzenten, kleine die Slowakei (Westkarpathen), die Ukraine in Europa; Kleinasien, China, Japan, Französisch-Indochina in Asien; Algerien in Afrika; Mexiko, Peru, Chile in Amerika.

Mangan, Nickel, Wolfram, Molybdän, Chrom, Vanadium wurden schon S. 175f„ die Schmuckstoffe Gold, Silber, Platin, Edelsteine S. 162—166 besprochen. Von anderen Werkmineralien sollen noch Schwefel, Graphit und Glimmer erwähnt werden.

**Schwefel** ist in sehr vielen Mineralien enthalten, aber nur in verhältnismäßig wenigen als wesentlicher Bestandteil, dessen Gewinnung wirtschaftlich lohnt. Er

[1]) In Schaf- und Rinderbädern.

[2]) Prod. 1922: 3300, 1921: 2100 (1913: 4000) T.; 1922 lieferten Europa fast 85 (77,5)% (Italien 45,45 [25] %, Spanien fast 39,4 [30] %, Österreich-Ungarn 0 [22,5] %); Asien über 3 (0) %; Amerika 12,1 (22,5) %, nämlich die Union über 9 und Mexiko über 3% der W. Vgl. S. 151.

findet sich in vulkanischen Gegenden, an tätigen und erloschenen Vulkanen, z. B. in Japan, in sedimentären Lagern aus Gips entstanden durch Einwirkung organischer Substanzen, unter Mitwirkung von Schwefelbakterien, meist in tertiären Schichten, wie auf Sizilien und in den Golfstaaten der Union (?); schließlich in Beziehungen zu Eruptivgestein in Schwefelkies (auch Eisenkies oder Pyrit genannt[1]), auch kann in Kupfer-, Blei- und Zinkerzen, die wegen ihrer Metallgehalte abgebaut werden, Schwefel als Nebenprodukt vorkommen, wie zu Sulitelma in Norwegen und in den Rio Tintogruben Spaniens.

Schwefel wird hauptsächlich zur Herstellung von Schwefelsäure[2]) benutzt, die in ausgedehntestem Maße zur Herstellung von Düngemitteln, in der chemischen Industrie usw. verbraucht wird. Ferner wird viel Schwefel zur Herstellung von Zellulose verwendet, dann auch viel zum Schwefeln der Weinpflanzungen, zur Herstellung von Schießpulver usw.

Die Weltproduktion von Rohschwefel schätzte man (1913) auf 957850 T.; an ihr waren die Union mit über 52, Italien (Sizilien) über 40, Japan 6,2, Spanien 0,8, Chile 0,7% beteiligt. 1922 war die bergbauliche Gewinnung von Rohschwefel etwa 2,09 Mill. T. Davon lieferte die Union fast 90%, Italien nur 8,2%, Japan $1^2/_3$%, Spanien 1%.

Dazu kam 1913 aber die auf etwa 600000 T. zu schätzende Pyritproduktion Spaniens, Portugals, Norwegens, Deutschlands, Frankreichs, Italiens, Griechenlands, des Urals, Siebenbürgens, Schwedens, der Union und Kanadas (s. d.); in anderen Erdteilen wird noch kein Gebrauch von den Pyritlagern gemacht.

Ausfuhrländer für Schwefel sind die Vereinigten Staaten und Italien.

Hauptverbraucher waren 1913 die Union, Italien, Japan, Deutschland, Frankreich, Kanada, Österreich-Ungarn, Rußland, Großbritannien usw., 1923 Haupteinfuhrländer[3]): Frankreich, Kanada, Großbritannien, Deutschland, Schweden.

**Graphit**[4]) enthält, wenn chemisch rein, fast 100% Kohlenstoff. Als anorganischer oder kristalliner Graphit ist er wohl aus schmelzflüssigen oder gasförmigen Verbindungen auskristallisiert und besonders hochwertig und geschätzt. Er kommt in Lagen in kristallinischen Schiefern oder in Gängen immer mit Eruptivgraniten zusammen vor.

Amorpher Graphit ist aus Kohle entstanden, die durch Druck oder Hitze metamorphosiert wurde (vgl. S. 38).

Graphit wird besonders zur Herstellung feuerfester Gegenstände benutzt.[5]) Für die Herstellung von Schmelztiegeln für die chemische Industrie ist der unschmelzbare und schwer verbrennliche kristalline Graphit begehrt und wegen der Seltenheit des Platins (s. S. 164f.) unentbehrlich, der Eisen- und Stahlindustrie liefert er Schmelzöfen, mit feuerfestem Ton gemischt Mauersteine und Gußformen. Der Maschinentechnik gibt er ein wertvolles Schmiermittel. Er wird ferner für Ofen-

---

[1]) Ein Erz mit starkem Eisen- neben beträchtlichem Schwefelgehalt.

[2]) Man gewinnt die Schwefelsäure hauptsächlich durch Verbrennen von reinem Schwefel oder durch Rösten von schwefelhaltigen Erzen (d. h. Pyriten); andere Verfahren s. P. Mellmann, a. a. O., S. 193 oben.

[3]) Frankreich für den Weinbau, Kanada und Schweden für die Holzmasse-Industrie, Großbritannien und Deutschland für die chemische und metallurgische Industrie.

[4]) Name vom griechischen graphein — schreiben.

[5]) Er ist fast immer mit anderen Substanzen vermengt und erst zu Konzentraten zu reinigen.

verkleidungen, als Poliermittel, für Bleistifte, in der Elektrotechnik zur Herstellung von Lichtkohlen, Elektroden usw. und für die Herstellung von Farben (Ofenschwärze) verwendet.

Die Weltproduktion war 1913: 136500, 1921: 75100 T.[1]) Ceylon lieferte 1913 etwa 29% der W. der Menge nach (64% dem Werte nach), 1921 nur noch 6% der W., Österreich-Ungarn 1913 mehr als ein Drittel der W. (noch nicht 9%), Österreich 1921: 17,7, die Tschechoslowakei über 11% der W. Deutschlands Produktion betrug 1913 fast 9, 1921 etwa 33% der W. nach der Menge. In Europa besitzen noch Italien (4% der W.), Frankreich, Spanien, Schweden Graphitvorkommen. In Asien sind außer Ceylon Französisch-Indochina, Korea (gegen 15% der W.), Japan Produzenten, Russisch-Asien besitzt ansehnliche Lager. Seit 1913 (6% der W.) wurde Madagaskar (1917 über 16% der W.) wichtiger Produzent (1921: 8% der W.). Südafrika und Australien liefern wenig. In Amerika ist Mexiko Hauptproduzent, aber auch die Union und Kanada haben Graphitvorkommen.

Die großen Verbraucher sind die Industriestaaten, die Union, vor allem das atlantische Industriegebiet, und das atlantisch-europäische Industriegebiet: Großbritannien, Deutschland, Frankreich usw. (namentlich die Eisen- und Stahlfabriken).

Der **Glimmer** (heller Muskovit, dunkler Biotit) ist weit in Granit, Gneis, Glimmerschiefer usw. verbreitet, technischen Wert haben nur größere Platten.

Glimmer ist feuerfest und leitet die Elektrizität nicht; darum werden die Platten zur Isolierung in der Elektrotechnik, zum Verschließen der Schaulöcher an metallurgischen Öfen, zu Laternenwänden, Lampenzylindern, Rußfängern, Schutzbrillen für Feuerarbeiter usw. benutzt, die Abfälle als Streusand usw. verwertet. Die Weltproduktion wurde 1913 zu 9920, 1919: 9590 T. angegeben. 1919 lieferten die Vereinigten Staaten 38,1; Britisch-Indien 31,3, Kanada 26,6% der W. Kleine Erzeugungsländer waren Brasilien (1,6), Deutsch-Ostafrika (1,37), Norwegen (1%), Madagaskar, Südafrika, Ceylon, Spanien, Süd-Rhodesia, Schweden. Hauptverbraucher sind wohl die Union und Großbritannien.

## 5. Die Industrie.[2])

Verarbeitung, zweckmäßige Umformung von Nahrungs- und Genußmitteln und Rohstoffen für Kleidung, Wohnung, Werkzeuge usw., um sie brauchbarer für den Konsum und die Verwendung zu machen, hat es seit frühester Zeit und bei den primitivsten Völkern gegeben.

Sie spielte sich anfangs im Kreise der Familien ab. Es bedeutete einen Fortschritt für die Mannigfaltigkeit, Güte, Menge und Stetigkeit der Bedürfnisversorgung mit „Industrieprodukten", als sich gewisse, örtlich und persönlich begründete Gewerbe herausbildeten, indem einzelne Gegenden spezifische Rohstoffe, die sie besaßen, nicht nur für sich, sondern auch für andere zu bearbeiten anfingen, und einzelne Persönlichkeiten sich infolge angeborener oder erworbener Arbeitsgeschicklichkeit mit Erfolg auf die Industrie, sei es Herstellung von Kleidungsstoffen oder Hütten, von Farben, Lederwaren, Instrumenten, Waffen u. dgl., verlegten. Ganze Dörfer

---

[1]) In Wirklichkeit noch etwas mehr, da zum Teil nur Ausfuhrzahlen bekannt sind.

[2]) Vgl. hierzu Andree, Geogr. d. Wh. Bd. IV, S. 387—402. — René Maunier, La distribution géographique des industries (S.-A. aus Rev. Intern. de Sociologie, Paris 1908). — H. Levy, a. a. O.

oder Stämme konnten unter günstigen Bedingungen solche industrielle Geschicklichkeit verwerten lernen und Waren für andere herstellen um Preise, mittels deren sie sich die selbst nicht erzeugten Nahrungsmittel usw. erwerben können.

Eine örtliche Sonderung der (zunächst handwerksmäßigen) Gewerbe von der Urproduktion (Nahrungsmittel- und Rohstoffbeschaffung) setzt ein, die zum Austausch (Handel) zunächst im engen, allmählich immer weiteren Bereiche führt, zur volkswirtschaftlichen Arbeitsteilung innerhalb eines Landes, schließlich zu einer internationalen gewerblichen Arbeitsteilung, die alle in die Weltwirtschaft verflochtenen Länder umfaßt. Eine Vorbedingung dafür ist die Verbesserung der Fabrikationsmethoden und der Transportmöglichkeiten.

Erst seit der Verwendung der Dampfmaschine in der Industrie und im Verkehr (Eisenbahnen, Dampfschiffahrt) kann man von einer Fabrikindustrie und einem Welthandel mit Industrie-Erzeugnissen sprechen.

**Rohstoffe** sind ein erstes und vornehmstes Erfordernis für eine Fabrikation. Dieselben können organischen oder anorganischen Ursprungs sein, Nahrungs- und Genußmittel oder technisch zu verwertende Stoffe. Wir haben die wichtigsten in den Abschnitten Pflanzen-, Tier-, Mineralienwirtschaft kennengelernt. Auch sie unterliegen mittels des Weltmarktpreises der „internationalen Arbeitsteilung“ und werden in der modernen Weltwirtschaft in großen Massen von den „passendsten“ Produktionsstätten (s. S. 111—112) zu den passendsten Verarbeitungsstätten übergeführt, von denen aus dann die Konsumstätten mit Industrie-Erzeugnissen versorgt werden. Durch die Herabsetzung der Transportkosten in der modernen Verkehrswirtschaft können die Produktions- und die Verarbeitungsstätten der Rohstoffe und wiederum die Konsumstätten weit auseinanderliegen, aber es bleibt ein Vorteil für die Entwicklung einer Industrie, besonders ihrer Anfänge in älterer Zeit, wenn sie reichlich Rohstoffe und einen Absatzmarkt nahe zur Verfügung hat.

In den Gebieten großer geeigneter Holzvorkommen, besonders in waldreichen Gebirgen, wenn ältere Erwerbsquellen, wie der Bergbau, versiegten, entwickelten sich z. B. Säge-, Möbel-, Holzuhren-, Spielwaren-, Holzstoff-, Zellulose-, Papierindustrie u. dgl., sofern in dichtbevölkerten holzarmen Nachbarniederungen Bedarf an derlei Waren bestand. Zwar können mittels der modernen billigen Verkehrsmittel die Hölzer auch nach anderen Orten verfrachtet werden, um dort Verarbeitung zu finden; aber es muß dann an den letzteren Orten eine Begünstigung besonderer Art vorliegen, die sie geeigneter oder mindestens ebenso geeignet für die fraglichen Industrien macht als jene Rohstoffgebiete. Eine solche Begünstigung kann bestehen im Vorhandensein reichlicher oder billiger oder besonders geschickter Arbeiter[1]) und intelligenter kapitalkräftiger Unternehmer oder reicher und billiger mechanischer Kraftquellen (Kohle, Wasserkraft usw.) oder vorzüglicher, billiger Verkehrseinrichtungen, die Anfuhr des Rohstoffes und Abfuhr des Erzeugnisses begünstigen, oder in einem sehr aufnahmefähigen Absatzmarkt, oder es können

[1]) In dem gewählten Beispiele ist dieser letztere Fall unwahrscheinlich, da Holzgegenden beste Holzarbeiter „hervorzubringen“ pflegen.

mehrere oder alle Vorteile an einem Orte zusammentreffen.[1]) Hier werden dann die Möglichkeiten der Industrieansiedelung besonders günstig sein. Die tatsächliche Verbreitung der Industrie und Industrien auf der Erde wird also durch ein oft ziemlich schwer durchschaubares Zusammenspiel der erwähnten Faktoren reguliert.

Heutigestags sind die Bedingungen für die Entwicklung großer moderner Industrie und Industrien am günstigsten in den großen Aktionszentren der gemäßigten Zone (C und D), die früher (S. 20) wiederholt namhaft gemacht sind. Das entscheidendste Moment für diese Tatsache ist die örtliche Verteilung der Zivilisation, der Wirtschaftsstufe. Und wie die Wanderung der Wirtschaftsstufe der wissenschaftlich-technischen Wirtschaft durch die gemäßigten Zonen erst die industrielle Konkurrenz der dadurch entstandenen jungen Aktionszentren[2]) für das alte Europa auf den Plan rief, so auch wird die industrielle Vorherrschaft der (Aktionszentren der) gemäßigten Klimazone erst bedroht, sobald die bezeichnete Zivilisationsstufe in anderen Klimazonen mit gleicher Aktionskraft Eingang findet.

Das Aufblühen der indischen Industrie und der Industrie Javas sei uns ein Beweis für die Möglichkeit der Transplantation von Industrie und Industrien in die tropische Klimazone (A). Ob dieselbe durch weiße Unternehmer erfolgt und ob die Fabriken in deren Händen bleiben oder ob — was meist nach einiger Zeit einzutreten pflegt — inländische Intelligenz, Zivilisation (im Auslande erlangt), inländisches Kapital die Industrie in Betrieb überkommen, scheint schließlich eine Nebenfrage zu sein. Hauptstärke dieser transplantierten Industrien ist, mindestens anfangs, wohl immer die außerordentliche Billigkeit der einheimischen Arbeit im Vergleich zur Arbeit der Weißen. Im Laufe der Zeit können an solchen Erdstellen, zumal wenn noch mechanische Kraftquellen, wie Wasserkraft oder Kohle, zur Verfügung stehen, ein Absatzmarkt, ein genügend entwickeltes Verkehrsnetz, wie eben in Teilen Indiens und auf Java, neue industrielle Aktionszentren entstehen, deren politische Ansprüche denn auch wohl, wie in den Beispielen, nicht lange auf sich warten lassen.

Mit organischen **Rohstoffen** erwiesen sich (s. S. 133ff. u. 147ff.) als sehr schlecht ausgestattet die Kältewüsten der Erde, die Eiswüsten Grönlands, Spitzbergens usw., also die Nord- und Südpolargebiete (F 11), die Tundrenzone der Nordhalbkugel und die Hochwüsten wie das Hochland von Tibet und einige Teile der Andenländer (E 10). Da diese Gebiete aber auch meist aller anderen Vorzüge für industrielle Entwicklung entbehren, weder zahlreiche noch geschickte Arbeiter haben (im Gegenteil ganz dünn von tiefstehenden Menschen bevölkert sind), noch mechanische Kraftquellen aufweisen (?), noch verkehrsgeographische Vorteile bieten, noch gute Absatzmärkte sind, so scheiden sie als gänzlich ungeeignet für Fabrikindustrie aus.

Auch die Trockenwüsten der Erde (B 4) und viele wasserarme Steppen der Trockenzone (B 3) sind wegen Wassermangels, die Armut an organischen Rohstoffen und Bevölkerung bedingt, industriearm. Man denke an die Sahara oder Arabien, die Wüsten Zentralasiens oder Australiens. Ein die industrielle Entwicklung besonders

---

[1]) So z. B. werden tropische Hölzer zur Verarbeitung in Industriegebiete gemäßigten Klimas eingeführt.

[2]) Von dem Wahne, daß nur die weiße Rasse der bezeichneten Zivilisationsstufe fähig sei, hat ja wohl der industrielle Aufschwung Japans die Europäer und Amerikaner endgültig geheilt.

erschwerender, man kann sagen: verbietender Umstand ist hier wie in den Kältewüsten der *Nomadismus*. Seßhaftigkeit ist selbstverständlich eine Vorbedingung der Fabrikindustrie, die ja stehende Anlagen zur Voraussetzung hat. Nur in beschränktem Maße, etwa in Oasen und in fruchtbaren, dem Ackerbau oder der Tierzucht erschlossenen Steppen, also etwa in Ägypten oder in den turkestanischen Oasen oder in den Prärien und Pampas Amerikas usw., liegen bezüglich der Rohstoffe die Verhältnisse der Trockenzone günstiger. Da aber mechanische *Kraftquellen* (vor allem Wasserkräfte) fehlen oder spärlich sind[1], liegt die letzte Entscheidung über die industrielle Entwicklung in der Arbeiterschaft, dem Absatzmarkt, der Verkehrslage und den Verkehrseinrichtungen, dem allgemeinen Grad der Zivilisation (Wirtschaftsstufe). Sind diese nicht besonders günstig, so kommt die Industrie über Lokalindustrien (Müllerei, Fleischindustrie, Gerberei u. dgl.) zur Versorgung der einheimischen Bevölkerung aus den Rohstoffen des Landes schwer hinaus; selten nur entstehen Weltindustrien wie die nord- und südamerikanische Fleischindustrie in solchen Gebieten, häufiger Hüttenwerke, wenn mineralische Rohstoffe vorkommen (z. B. in Broken Hill, Australien).

Reich an organischen Rohstoffen sind nur Gebiete mit genügender oder reichlicher Wärme und Feuchtigkeit, nämlich in der Alten Welt

1. *Das atlantisch-europäische Aktionszentrum* mit den Nachbargebieten.

Die Landschaft von Schottland und Skandinavien im Norden bis zu den Mittelmeerländern (einschließlich des Atlaslandes) im Süden, von Irland im Westen bis nach Rußland und zur westsibirischen Tiefebene (im Osten spitz auslaufend) ist eines der rohstoffreichsten Gebiete der Erde. Hier sind zugleich reiche mechanische Kraftquellen in den Kohlenlagern (besonders West- und Mitteleuropas) und in den Wasserkräften (zumal der Gebirge und im besonderen der Glazialgebiete) vorhanden. Hier hat eine dichtgesessene intelligente, in der Zivilisation hochgestiegene, arbeitsame und geschickte Unternehmer- und Arbeiterbevölkerung ihre Stätte, in deren allmählicher Kapitalhäufung die Möglichkeit großindustrieller Unternehmungen aufwuchs; eine Bevölkerung, die zugleich ihre Verkehrseinrichtungen dauernd zu verbessern verstand, und die in einem (bis zum Weltkriege) gewissen Zustande des Wohllebens sich befand, der für die lebensnotwendigen Industrieerzeugnisse, ja auch Luxuswaren einen aufnahmefähigen Absatzmarkt gewährleistete.

Hier hat die Fabrikindustrie ihre Geburtsstätte, hier ist sie von kleinen Anfängen im Westen im ganzen ost- und südwärts zur heutigen Verbreitung den Weg fortgeschritten, den Wissenschaft und Technik in enger Wechselwirkung, Erfahrungen systematisch sammelnd, erzwingend und tauschend erleuchteten[2], quantitativ und qualitativ ihre Leistungen verbessernd. Von hier aus hat die Fabrikindustrie ihren Absatz in der ganzen Welt gesucht; im Austausch mit ihren Fabrikaten hat sie die Fähigkeit gewonnen, aus fernsten Gebieten Rohstoffe heranzuziehen, die sie nicht in genügenden Mengen oder

---

[1]) Auch Kohlen; auf Petroleum ist leichter zu rechnen (vgl. S. 152).

[2]) Besonders auch das fleißige und ingeniöse deutsche Volk hat in der Stützung der Industrie durch die wissenschaftlich-technische Forschung, wie die anderen europäischen Industrievölker neidvoll anerkennen mußten (s. Bd. II), große Fortschritte gemacht. Auch hier ist eine Quelle des Neidkrieges zu finden.

in gewünschten Qualitäten oder überhaupt nicht erzeugt. Von hier aus wird noch heute ein großer Teil der Erdbevölkerung mit Fabrikaten versorgt.[1]) Durch die Nachfrage dieses großen Aktions- und Fabrikationszentrums nach Rohstoffen (und Nahrungsmitteln) wurde jener großartige Welthandel ins Leben gerufen, der Industriegebiete und Rohstoff- und Nahrungsmittelgebiete in internationaler Arbeitsteilung zum Austausch für Zeiten zu prädestinieren schien.

Von diesem großen Aktionszentrum quollen zuerst (und auch heute noch zumeist) die mehr oder weniger mit der Zivilisation und der Aktionskraft der Heimischen ausgestatteten weißen Auswanderer in die Erdräume hinaus, die in den gemäßigten Strichen der anderen Erdteile klimatisch zusagende Siedelungsgebiete fanden. Sie erschlossen die geeigneten Ländereien dem Ackerbau und der Viehzucht und trieben Fischerei und Jagd, sich Nahrungsquellen sichernd, sie gewannen auch immer mehr Rohstoffe im Wald und im Boden usw. und fingen, anfangs Nahrungsmittel und Rohstoffe nach der Heimat exportierend, bald die Möglichkeit eigener Fabrikation an zu verwirklichen. Die großen und kleinen Aktionszentren der weißen Rasse außerhalb Europas (s. S. 11 u. 90—92) haben hier (im atlantischen Europa) ihr Mutterland (im weiteren Sinne). Bei diesem Prozeß hat das englische Volk, dem Zielstetigkeit und Geschick (bei oft höchst unmoralischen Methoden) nachzurühmen sind, von seiner sicheren Inselwohnung profitierend, die Führung übernommen und behalten.[2]) Von Nordamerika aus ist dann gewissermaßen zwangsweise das japanische Aktionszentrum ins Leben gerufen, so wie man jetzt eifrig dabei ist, ein chinesisches Aktionszentrum in den Ring der nordhemisphärischen Zentren einzufügen.

2. Das südostasiatische Aktionszentrum (und Wirtschaftsreich) der Monsune mit ihren reichen Sommerregen, von kühlgemäßigtem Land (D 8 und D 9), durch warmgemäßigte (C 5, C 7) und Savannenklimate (A 2) bis ins tropische Urwaldklima (A 1) reichend, von den Japanischen Inseln im Nordosten bis nach Vorderindien im Südwesten und vom Amurgebiet im Norden bis zum Australasiatischen Archipel im Süden, ist vielleicht das reichste Nahrungsmittel- und Rohstoffgebiet der Erde.

Es eignet ihm (zum größten Teil) vor allem eine riesige Bevölkerung, die oft dicht gedrängt sitzt, arbeitsam, geschickt, im Besitz alter Zivilisation, geringer Lebensansprüche ist und alle Voraussetzungen zur fabrikindustriellen Nutzbarmachung dieser Rohstoffe zu bieten scheint. Reiche Wasserkräfte, stellenweise riesige Kohlenlager, oft günstige Wasserverkehrsverhältnisse, neuerdings mit Hilfe der Weißen zunehmende Eisenbahn- und Straßenverbindungen, ein riesiger, wenn auch in der

---

[1]) Die (freilich ziemlich veraltete) Berufsstatistik der europäischen Länder weist für die Berufsabteilung Industrie und Bergbau folgende lehrreiche Ziffern um 1920 auf: Unter 100 Erwerbstätigen entfielen auf sie: in Großbritannien 51,5, Belgien 50,7, der Schweiz 44,7, Deutschland (1907) 40, in den Niederlanden 38, Frankreich 35,8, Norwegen 29,4, Italien 27,5, Schweden 25,7, Dänemark 24,9, Österreich 24,3, Irland 21,9, Rußland 17,9, Ungarn 16,3, Spanien 14,6, Finnland 11. In den Vereinigten Staaten war 1920 die Ziffer 34,4.

[2]) Von den Aktionsfeldern der Erde sind die meisten wesentlich germanisch, und zwar angelsächsisch: das atlantisch-nordamerikanische, das pazifisch-nordamerikanische, das südafrikanische, das australische und das neuseeländische. Den Romanen sind das kleine chilenische und das argentinisch-brasilische zugefallen.

Armut der Bevölkerungsmasse zunächst noch eingeengter Absatzmarkt — das alles sind Tatsachen, die ein wirtschaftliches, insonderheit industrielles, im Zusammenhang damit auch politisches (südostasiatisches) Aktionszentrum oder -feld ersten Ranges in unferner Zukunft in Aussicht stellen.[1])

Kleine wirtschaftliche und politische Aktionszentren haben sich in der Alten Welt im feuchten Südosten Australiens (3), im feuchten Neuseeland (4) und in der feuchten Osthälfte Südafrikas (5) auf Grund der zwar räumlich beschränkten, aber klimatisch unter der Zivilisationsstufe der eingewanderten Weißen günstigen Nahrungs- und Rohstoffproduktion herausgebildet.

Hier zeigen sich beachtenswerte, wenn auch vergleichweise noch recht bescheidene Ansätze zur Entwicklung der Fabrikindustrie, die immerhin schon stark genug sind, den britischen Plänen eines wirtschaftlichen Zusammenschlusses des Vereinigten Königreiches mit seinen Kolonien unter der Idee einer handelspolitischen gegenseitigen Bevorzugung erhebliche Schwierigkeiten zu bereiten.[2])

6. In der Neuen Welt ist das atlantisch-nordamerikanische Aktionszentrum jenes, das etwa von den Großen Seen und dem Lorenzstrom[3]) im Norden bis zum Golf von Mexiko im Süden, und aus den Prärien im Westen bis zum Atlantischen Ozean im Osten reicht und durch den Reichtum an Nahrungsmitteln und Rohstoffen infolge klimatischer und pedologischer Gunst, durch zivilisatorisch hochstehende weiße (und zum Teil schwarze) Bevölkerung, Kapitalanhäufung, mechanische Kraftquellen (Kohle, Petroleum, Erdgas, Wasserkräfte), Verkehrsverhältnisse und ausgedehnten Binnenmarkt zu industrieller Entwicklung berufen ist. Sie hat denn auch neuerdings aufs kraftvollste eingesetzt[4]) und strebt über den Bereich der Landesgrenzen hinaus in scharfer Konkurrenz mit europäischen Industriewaren die Länder der Erde in ihren Bann zu ziehen.

Besonders seitdem der schnöde Weltkrieg unrühmliche Kriegsgewinngelder den Amerikanern in den Schoß geworfen hat, ist die Industrie zum Schaden des europäischen Aktionszentrums hier außerordentlich erstarkt. Vor allem bedrohlich für das durch den Krieg vollends zersplitterte Europa ist die Tatsache, daß die Union ihre Fabrikindustrie mit einer über unbegrenzte Geldmittel verfügenden großzügigen, einheitlich-erdteilweiten Organisation von Wissenschaft und Technik stützen kann, während in dem verarmten Europa bei der völligen Zerfahrenheit der entsprechenden Bestrebungen, in denen jedes Land und jedes Ländchen mit unzureichenden Geldmitteln und Kräften „herummurkst“, unvermeidlich die wissenschaftlich-technische Stützung der Fabrikindustrie zunehmend im Rückstand bleiben muß. Nur ein über-

---

[1]) Kleine Aktionsfelder sind innerhalb dieses riesigen Gebietes bereits vorhanden: die Japanischen Inseln, Java, das Kolbenstück der Halbinsel Malakka, Bengalen und Assam, Bombay mit Umgebung, die Insel Ceylon können wohl als solche bezeichnet werden.

[2]) Vgl. Herm. Levy, a. a. O., S. 153 ff. Auch die betreffenden Abschnitte der speziellen Wirtschaftsgeographie, Bd. II.

[3]) Die geographische Zugehörigkeit Kanadas zu diesem Aktionszentrum stellt Großbritannien und das britische Weltreich vor eines der wirtschaftlich und politisch schwierigsten Probleme.

[4]) 1910 waren in den Vereinigten Staaten von Nordamerika 33,2% der Erwerbstätigen in Industrie und Bergbau beschäftigt (vgl. Bd. II).

nationaler (etwa in den Vereinigten Staaten von Europa[1]) zu verwirklichender) Zweckverband der europäischen Staaten für wissenschaftlich-technische Wirtschaftsstudien könnte vielleicht die bisherige überragende Stellung des europäischen Industriezentrums erhalten.

7. Ein kleines Aktionszentrum und aufblühendes Industriegebiet ist das pazifisch-nordamerikanische, ein schmaler Streifen Landes etwa von der Stadt Los Angeles an nordwärts bis in das südwestliche Britisch-Columbia hinein mit dem kalifornischen und oregonischen Längstal.

Es umfaßt reiche Rohstoffe und alle anderen Erfordernisse[2]) industrieller Entwicklung, die namentlich in den Häfen Los Angeles, San Francisco, Portland, Seattle, Vancouver schnelle Fortschritte gemacht hat (s. Bd. II).

8. In Südamerika ist das durch genügende Feuchtigkeit und zum Teil fruchtbarsten Boden nahrungs- und rohstoffreiche argentinisch-uruguayisch-südostbrasilische (atlantisch-südamerikanische) Aktionszentrum ein zukünftiges aussichtsvolles Industriegebiet, wenngleich Kohlenarmut wie im pazifisch-nordamerikanischen Aktionszentrum die Fabrikindustrie hier ungünstiger stellt als in den kohlenreicheren übrigen Aktionszentren.

Die in großen Gebieten, zumal Südbrasiliens, vorhandenen reichen Wasserkräfte vermögen wohl einen gewissen Ersatz für die Dampfkraft zu bieten. Die übrigen Vorbedingungen für die Entwicklung der Fabrikindustrie sind von Bahia Blanca bis zum brasilischen Staate Minas Geraes hinauf ziemlich günstig erfüllt (s. Bd. II).

9. Neben diesem östlichen Aktionszentrum tritt das westliche zukünftige Industriegebiet des mittel- und südchilenischen (pazifisch-südamerikanischen) Aktionszentrums, schmal, etwa von Valparaiso bis zur Insel Chiloë, wegen beschränkten Nahrungsraumes und geringer, einseitiger Rohstoffproduktion zurück (vgl. Bd. II).

Der Wettbewerb dieser kleineren, zum Teil im ersten Werden begriffenen Industriegebiete auf dem Weltmarkt der Industriewaren ist für das atlantisch-europäische, das atlantisch-nordamerikanische und das südostasiatische Aktionszentrum bisher noch kaum in Erscheinung getreten. Zunächst wirkt sich ihre steigende industrielle Leistungsfähigkeit fast nur in zunehmender, wenn auch noch sehr partieller Verdrängung der industriellen Einfuhrwaren innerhalb ihrer Grenzen aus.

## 6. Der Handel.[3])

Der Handel hat die Entwicklungstendenz aller Wirtschaft, nämlich (kurz abstrakt ausgedrückt) die Bedürfnisbefriedigung des Menschen immer mehr

---

[1]) Von ihnen müßte Großbritannien, das kein europäischer, sondern ein kosmopolitischer Staat ist, ausgeschlossen werden; dagegen würde mit Vorteil die irländische Republik aufzunehmen sein. Aber auch Frankreich ist infolge der Ausdehnung seiner Kolonien eher als ein kosmopolitisches denn als ein europäisches Staatswesen zu bezeichnen. Dieser letztere Umstand und das Übergreifen Rußlands auf weite asiatische Gebiete und seine Bolschewisierung erschweren die Bildung der Vereinigten Staaten von Europa sehr.

[2]) Reiche Wasserkräfte und einstweilen Petroleum können wohl Ersatz für die mangelhafte Ausstattung mit Kohlen bieten.

[3]) Vgl. zu diesem Abschnitt Andree, Geogr. d. Wh. Bd. IV, S. 594—672. Literaturangaben.

von dem „Naturzwang" in örtlicher, zeitlicher, quantitativer und qualitativer Hinsicht zu befreien, oder, konkret gesprochen, die, dafür zu sorgen, daß für die Bedürfnisbefriedigung der Menschen in immer größeren Gebieten, schließlich auf der ganzen Erde, zu immer ausgedehnteren Zeitabschnitten, schließlich das ganze Jahr hindurch und schnellstens große, immer größere, schließlich reichliche Mengen Nahrungs- und Genußmittel, Rohstoffe und Industriewaren jeder Art für die ungünstigsten Eventualitäten (Mißernten usw.), in guten, billigen, dementsprechend möglichst vorzüglichen Qualitäten zur Verfügung stehen. Der Welthandel entspricht den Bedürfnissen der Weltproduktion und des Weltkonsums. Er stellt die Verbindung zwischen Angebot und Nachfrage über die ganze Erde hin, verknüpft den Außenhandel aller Staaten oder Zollgebiete, innerhalb deren der Binnenhandel engeren Aufgaben zu dienen hat.

a) Der Binnenhandel innerhalb der Grenzen eines Staates oder eines Zollgebietes oder eines Aktionszentrums (Wirtschaftsbereiches) macht überall das Mehrfache des Außenhandels mit anderen Ländern aus; er läßt sich aber bisher weder nach Mengen noch nach Werten hinreichend erfassen.

b) Als Außenhandel eines Landes muß man den sogenannten „Spezialhandel" ansehen, der aus der Einfuhr zum Verbrauch und aus der Ausfuhr eigener Erzeugnisse besteht.[1]) Der „Welthandel", die internationale Handelsbewegung, der Außenhandel aller Zollgebiete und Staaten miteinander, ist von etwa 6 Milliarden um 1800 auf etwa 50 um 1870 und 170 (—180) im Jahre 1913 gewachsen.[2]) Durch die Ausdehnung der Kenntnis der Erdoberfläche und die Ausgestaltung der Verkehrsmittel und -linien ist der Handelsbereich fast stetig gewachsen. Durch die politische Aufteilung der Erde von seiten der weißen Rasse, die den bei weitem größten Teil derselben zu ihrer Wohn- oder Herrschafts- oder Interessensphäre gemacht hat, sind alle Länder der Erde in den Welthandel verflochten und werden es wohl immer mehr.[3])

Um die Aktivität und Leistung der Länder im Handel zu messen, ist es erwünscht, ihre Beteiligung an der Gesamtmenge oder dem Gesamtwert des Welthandels in Prozenten festzustellen. Ein Versuch begegnet indessen großen Schwierigkeiten. Die Vergleichbarkeit ist nur recht mangelhaft und die hier für 1913 und 1923 gegebenen Ziffern sind nur als ganz ungefähr richtig zu betrachten.[4])

Der gesamte Außenhandel der Erde wurde für 1923 auf rund 193 Millionen Mark geschätzt, gegenüber 175 Millionen Mark 1913, während man ihn für 1920 in gewogenen Mengen um etwa 17 % niedriger als 1913 berechnete; er ist dem Werte nach wohl wieder im Anstieg begriffen, aber die Vorkriegsmengen sind sicher noch nicht erreicht.

---

[1]) Die Wiederausfuhr eingeführter Güter, der Durchfuhrverkehr der Länder ist darum in den Summen des Welthandels nicht eingerechnet.

[2]) Neuere Ziffern sind durch den Krieg und das Valutaelend entwertet.

[3]) Darum ergreifen Krisen, wie sie der Weltkrieg gebracht hat, die ganze Erde.

[4]) Besonders unsichere Werte sind mit * versehen. Vgl. über die Schwierigkeiten: Wirtschaft und Statistik IV, 1924, Nr. 18, S. 563 ff. Für die meisten der berücksichtigten Länder ist nur der Gesamtaußenhandel bekannt, nicht der Spezialhandel. Das beeinträchtigt den Wert der Vergleiche sehr, da alle diese mit [1]) bezeichneten Länder bei der Vergleichung zu gut wegkommen. So mag wohl auch die Summe der Handelswerte der obigen Länder eher 80 als $88^1/_2$ % des Welthandels umfassen.

Von der Außenhandelssumme repräsentieren die nachstehend berücksichtigten Länder[1]) etwa $88^{1}/_{2}\%$ ( ? ) und sind 1923 (1913) mit folgenden Prozenten am Werte des Welthandels beteiligt: Großbritannien und Irland[1]) 19,72 (16,38), die Union[1]) 17,3 (10,26), Frankreich 8,32 (7,08), Deutschland 6* (11,92), China 4,7 (2,8), Kanada 4,16 (2,52), Britisch-Indien[1]) 3,9 (3,36), Japan[1]) 3,62 (1,62), Italien 2,82 (2,85), die Niederlande[1]) 2,81 (6,75), Argentinien[1]) 2,73 (2,3), Australien[1]) 2,45 (1,79), Belgien 2,43 (3,84), die Schweiz 1,57 (1,53), Niederländisch-Indien[1]) (1922) 1,53 (1,01), Tschechoslowakei 1,45, Schweden über 1,43 (1,7), Dänemark[1]) 1,43 (1,01), Britisch-Südafrika[1]) 1,28 (1,28), Österreich[1]) 1,27 (das alte Österreich 3), Brasilien[1]) 1,23 (1,55), Ägypten[1]) 1,09 (0,72), Polen[1]) 0,97, Finnland* 0,55 (0,41), Rußland[1]) 0,39 (das alte Rußland 3,57).

Wenn man die obige Tabelle, so wenig genau sie im ganzen sein mag, betrachtet, so ergeben sich doch wertvolle Erkenntnisse und deutliche Entwicklungstendenzen.

Der Welthandel konzentriert sich hauptsächlich in den **Aktionszentren** oder **-feldern.**[2]) Den bei weitem größten Anteil hat 1923 noch immer das atlantisch-europäische Aktionsfeld[3]), aus dem und in das sich mehr als die Hälfte des ganzen Welthandels bewegt. Danach folgen die nordamerikanischen Aktionsfelder, das atlantisch-nordamerikanische und pazifisch-nordamerikanische, deren Außenhandel nicht voneinander zu trennen ist, die zusammen aber gegen 22% des Welthandels ausmachen. Das zukunftsreiche südostasiatische Aktionszentrum[4]) ist wohl bereits sicher mit 15% am Welthandel beteiligt. Das argentinisch-uruguayisch-südbrasilische[5]) Aktionszentrum erreicht wohl 4, nähert sich allmählich den 5% Anteil, während das australische mit gegen $2^{1}/_{2}$, das südafrikanische mit $1^{1}/_{4}\%$ beteiligt sind.

Der Krieg hat deutliche Verschiebungen in der Beteiligung am Welthandel gebracht. Im atlantisch-europäischen Aktionszentrum hat sie im ganzen ziemlich stark abgenommen, bei den in der Liste erwähnten Ländern von ungefähr 56% 1913 auf $49^{1}/_{4}\%$ 1923. Großbritannien, Frankreich, Dänemark, Finnland allein haben ihre Anteile wesentlich vergrößert. Deutschland hat, in jeder Hinsicht beraubt und geknebelt, sehr stark eingebüßt, aber auch die Niederlande, Belgien, Schweden haben verloren, Italien, die Schweiz kaum gewonnen. Die Teilländer des alten Österreich dürften zusammen seit 1913 auch nur wenig ihre Anteile vergrößert haben. Polen ist ein Novum, Rußlands Handel ist entsetzlich gestürzt. Sehr stark verbessert haben seit 1913 die nordamerikanischen Aktionszentren ihre Stellung (12,8 zu 21,5%), fast ebensosehr die berücksichtigten Teile des südostasiatischen Aktionsfeldes (8,8 zu $13^{3}/_{4}\%$) und das australische Aktionszentrum (1,8 zu 2,45%); wenig gewachsen

---

[1]) Vgl. Fußnote 4 S. 193.

[2]) Von 100 Erwerbstätigen waren in Handel und Verkehr beschäftigt um 1920: in Großbritannien 22,2, in den Niederlanden 21,3, in Belgien 17,4, in der Schweiz 16,6, in Norwegen 19,7, in Dänemark (1911) 14,9, in Frankreich 9,8, in Deutschland (1907) 12,4, in Irland 10,8, in Schweden 10,5, in Österreich 8,8 in Italien 8,1, Rußland 7,1, in Ungarn 7,0, in Spanien 5,4, in Finnland 4,4, in den Vereinigten Staaten von Nordamerika 26,6.

[3]) Ohne Spanien, Portugal, Norwegen und Ungarn, die in der obigen Liste fehlen.

[4]) Die Philippinen und kleinere europäische Besitztümer sowie Hinterindien (außer Burma) fehlen in der obigen Liste.

[5]) Freilich ist der Handel Südostbrasiliens von dem Gesamthandel Brasiliens nicht abzutrennen.

ist die Beteiligung des südostamerikanischen, gar nicht die des südafrikanischen Aktionszentrums.

Die Vervollkommnung des Verkehrs schien für Binnen- wie Außenhandel die Märkte und **Messen**, die früher die Güter sammelten, um den Kauf zu erleichtern, überflüssig zu machen. Aber seit dem Kriege ist eine eigentümliche Bewegung in Gang gekommen, die Messen in den Aktionszentren wieder aufleben zu lassen, ja zahlreiche neue ins Leben zu rufen.

In Deutschland, dessen Leipziger Messe bisher einzig dastand, haben sich zahlreiche Konkurrenzmessen für Leipzig aufgetan: in Berlin, Breslau, Elberfeld, Frankfurt a. M., Köln a. Rh., Hamburg, Königsberg, Stuttgart, Danzig, Kiel.

Fast in allen Ländern Europas sind Messen entstanden: in Antwerpen und Brüssel, Birmingham und London, Bordeaux und Lyon, Utrecht und Kopenhagen, Basel und Genf, Prag und Reichenberg, Wien und Budapest, Helsingfors, Oslo, (Kristiania), Göteborg, Malmö usw.

Der Anbahnung des Warenaustausches dienen auch die „Weltausstellungen", die seit Mitte des vorigen Jahrhunderts in den Aktionsfeldern der Erde, z. B. zu London, Paris, Wien, Philadelphia, Chicago, Brüssel usw. stattgefunden haben.

Für eine erhebliche Anzahl von Waren bildet die Erde einen einzigen Markt und besteht ein Weltmarktpreis. Letzterer bedingt Weltkonkurrenz und ist der Hauptfaktor der internationalen Arbeitsteilung in der Produktion gewesen und noch heute.

Neuerdings zeigt sich bei Völkern, die über große und mannigfaltig geartete Produktionsgebiete (s. S. 23) verfügen, das Bestreben, große Zollgebiete zu bilden, die möglichst innerhalb ihrer Grenzen alle Rohmaterialien und alle Industrieprodukte, deren die Wirtschaft bedarf, erzeugen und sich gegen andere Handelsgebiete absperren können. Die Selbstgenügsamkeit (Autarkie) hat natürlich große Vorteile, ist aber wohl schwer zu verwirklichen. Die Vereinigten Staaten von Nordamerika, Großbritannien mit seinen Kolonien, China scheinen sich dem Ideal selbstgenügsamer Staaten am meisten zu nähern. Aber die Schwierigkeiten, auf die die Schaffung eines größeren britischen Reiches dieser Art stößt und die wirtschaftlichen und politischen Leiden, die sich Großbritannien wider Erwarten durch das Mephistostück der Balkanisierung des europäischen Kontinents zugezogen hat, zeigen doch die Grenzen solcher Bestrebungen und die Verflechtung aller Volkswirtschaften in den Welthandel.

Auch Frankreich möchte mit seinen Kolonien einen geschlossenen Handelsbereich bilden.

Ein mitteleuropäischer Zollbund von Skandinavien bis Jugoslawien und von Holland bis Rumänien und Polen hätte wohl Aussicht, den großen Zollbünden des britischen, französischen und vereinsstaatlichen Imperiums handelspolitisch gewachsen zu sein, während jeder einzelne der durch den Krieg geschaffenen Duodezstaaten hilflos den Vergewaltigungen gegenübersteht.

Die Größe und Art des Außenhandels der Länder[1]) steht im Zusammenhang mit ihrer geographischen Ausstattung und Lage wie mit der

[1]) Vgl. W. Hoffmann, Die Gruppierung der Handelsländer nach ihren Ausfuhrprodukten, Diss. Breslau 1914

Wirtschaftsstufe, die Produktion, Größe der Bevölkerung, ihren Wohlstand, ihre Lebensansprüche bedingen.

Der Wert der Außenhandelsgüter = der Hälfte des Welthandels beträgt etwa 85—90 Milliarden Mark (s. S. 193). Die Zahl der Welthandelsgüter ist sehr erheblich. Obenan stehen wohl Getreide, Rohstoffe der Textilindustrie, Eisenwaren und Maschinen, Fleisch und Fette, Kohlen, mindere Artikel sind Holz, Zucker, Ölsaaten, Metallerze und Metalle, Häute und Felle, Kaffee, Tee, Kakao, Kautschuk usw.

Fast die Hälfte des Außenhandels (s. S. 193) entfiel vor dem Kriege auf England, Deutschland[1]), die Union und Frankreich. Wenn man den Handel der Kolonien mitrechnete, waren es über 60%. Europa beherrschte bis zum Kriege etwa zwei Drittel des gesamten Außenhandels (Welthandels), während auf Nordamerika etwa 14, Asien über 8, Südamerika gegen 5, Afrika fast 3, Australien gegen $2^1/_4$% entfielen. Heute ist durch den Krieg das Verhältnis zu ungunsten Europas ein ganz anderes geworden.

Fabrikate führten aus Großbritannien, Deutschland, in zweiter Reihe Belgien, Frankreich, die Union, Italien usw. Heute ist besonders die Union in der Reihe aufwärts gerückt, und neue Länder wie Japan, Kanada usw. sind Mitbewerber der alten Industrieländer auf dem Weltmarkt geworden. Die Einfuhr der genannten Länder besteht zu einem großen Teil aus Nahrungsmitteln und Rohstoffen. Die Industrieländer haben gewöhnlich eine passive Handelsbilanz, d. h. der Wert der eingeführten Güter übertrifft den der ausgeführten. Sie machten aber den Unterschied von Ein- und Ausfuhr durch Zinsen auswärtiger Kapitalsanlagen, durch Frachtgewinne u. dgl. wieder gut.

Ackerbauländer, wie es die Länder Ost- und Südosteuropas, Kanada, Mexiko, Argentinien, Brasilien, Australien usw. waren, haben gewöhnlich eine aktive Handelsbilanz.

Man kann Intensitätsstufen des Außenhandels bzw. der Teilnahme am Welthandel aufstellen, indem man die Werte des jährlichen Außenhandels der Länder auf den Kopf ihrer Bevölkerung oder auf die Flächeneinheit verrechnet. Die verschiedensten geographischen Faktoren stecken in dem Resultat. So zeigten so differente Länder wie Alaska, die Niederlande und die Straits Settlements um 1913 Kopfziffern zwischen 1700 und 2200 Mark.

Alaska hat reiche Bergbauschätze und sehr geringe Volksdichte und produziert fast nur für den Außenmarkt.

Bei den Niederlanden sind die günstige Lage in dem dichtbesiedelten Nordwesteuropa und die reichen Kolonien für die hohe Ziffer verantwortlich zu machen.

Bei den Straits Settlements ist die hohe Ziffer der Effekt der günstigen geographischen Handelslage, die Singapore zum Handelsvermittler des Malaiischen Archipels und eines Teils von Hinterindien, ja Ostasiens macht und die ihm (mit Penang) die Nähe der Kautschukplantagen und Bergbauschätze (Zinn) der Halbinsel Malakka beschert.

---

[1]) Das schnelle Wachstum von Deutschlands Handel in den letzten Jahrzehnten gegenüber einem prozentualen Rückgang des englischen und französischen Handels brachte den Neid der Nachbarn zur Siedehitze.

Auf einer zweiten Stufe (500—1000 Mark je Kopf) stehen Belgien, die Schweiz, Australien und Neuseeland.

Die ersten zwei Länder sind durch geographische Lage und Industrialität, die letzteren durch starke Produktion von hochwertigen Exportartikeln (Wolle, Fleisch, Butter, Käse usw.) bei relativ geringer Bevölkerungsdichte und großem Wohlstand ausgezeichnet.

Auf einer dritten Stufe (300—500 Mark je Kopf) standen Großbritannien, Dänemark, Norwegen, Kanada, Argentinien.

Großbritannien, das Land intensivster industrieller Betätigung, dazu dichtbevölkert, wohlhabend, mit starkem Eigenverbrauch; die anderen dünnbevölkert mit blühender landwirtschaftlicher Ausfuhr bzw. Holzausfuhr und -verarbeitung.

Eine vierte Stufe (100—300 Mark je Kopf) umfing Deutschland, Frankreich, Italien, Union, Schweden usw.

Meist Länder blühender industrieller und landwirtschaftlicher Produktion, doch mit starkem Eigenverbrauch derselben.

50—100 Mark je Kopf wiesen das alte Österreich-Ungarn, Spanien, Brasilien auf, Länder mehr landwirtschaftlichen Charakters im Außenhandel.

Unter 50 Mark entfielen auf den Kopf der Bevölkerung in den dichtbevölkerten Gebieten Süd- und Ostasiens und in Rußland.

Es sind Länder von verhältnismäßig weitgehender Autarkie und geringen Ansprüchen der Bevölkerung, die, abgesehen vom neueren Japan, wenig für den Auslandsmarkt arbeitete.

Der Krieg hat sicher mancherlei Veränderungen gebracht. Die Union und Japan haben ihre Position unter den Handelsländern verbessert, Deutschland und Rußland infolge Vergewaltigung, Landverlust und eigene Schuld verschlechtert. Bei dem heutigen Valutaelend ist kaum ein vergleichbares Bild für die Gegenwart zu gewinnen.

Die Betrachtung der Einzelheiten des Außenhandels zeigt in den Prozentanteilen von Nahrungs- und Genußmitteln, Rohstoffen für die Industrie und Fabrikaten am Gesamtaußenhandel oder besser noch getrennt an Einfuhr und Ausfuhr den engen Zusammenhang von Handel und Produktion. Letzten Endes ist der Außenhandel wohl zum guten Teil aus denselben Faktoren zu erklären, die die Produktion bedingen.

Die Beteiligung der Handelsländer an der Ausfuhr bzw. Einfuhr eines Landes ist zum Teil von natürlichen Verhältnissen, vor allem Lage, Nähe, Zugänglichkeit usw., zum Teil von zivilisatorischen Umständen: Wirtschaftsstufe, kolonialer Zugehörigkeit, Verkehrsverhältnissen, Zollgesetzen usw. abhängig.

## 7. Der Verkehr.[1])

Allgemeines. Der Verkehr (Transport) zeigt die Entwicklungstendenz aller Wirtschaft, nämlich, kurz abstrakt gesprochen, die, den Abstand der menschlichen

---

[1]) Grundlegend und trefflich ist K. Hassert, Allgemeine Verkehrsgeographie. Berlin 1913. Vgl. ferner Andree, Geogr. d. Wh. Bd. IV, S. 419—503. — O. Blum, Der Weltverkehr und seine Technik im 20. Jahrhundert. 2 Bde. Stuttgart u. Berlin 1921.

Bedürfnisbefriedigung von dem „Naturzwang" in örtlicher, zeitlicher, quantitativer und qualitativer Hinsicht beständig weiter hinauszuschieben, oder, konkret gesprochen, die, dafür zu sorgen, daß der im Dienste des Handels wie der Produktion usw. stehende Verkehr (Transport) alle nur möglichen Substrate (Erdboden aller Art, auch Schnee und Eis, Wasser, Luft) umfaßt, sich über die ganze Erdoberfläche und möglichst tief in sie (Boden und Wasser) hinein und möglichst hoch in die Luft hinauf verbreitet; daß die genannten Transporte auf allen Substraten jederzeit, das Jahr hindurch und schnellstens vor sich gehen können; daß möglichst große Mengen (bei relativ billigen Frachten) auf einmal und im ganzen bewältigt werden können, und daß die Transportgegenstände (Güter, Menschen, Nachrichten) keinerlei qualitativen Verschlechterung unterliegen, und daß die Transporte mit zunehmender Sicherheit, Pünktlichkeit, Regelmäßigkeit usw. vor sich gehen. Der Verkehr ist der Diener des Handels, oder man kann auch sagen: Der Handel bedarf zu seiner Verwirklichung unbedingt des Verkehrs, der Welthandel des Weltverkehrs.

Es ist Aufgabe der Verkehrsgeographie, die räumliche Fortbewegung (Transport) von Menschen, Gütern, Nachrichten darzustellen und zu erklären.

Die Überwindung von räumlichen Entfernungen ist nur in Zeit möglich. Es gelingt dem Menschen, in immer kürzerer Zeit die Ausgangs- und Zielpunkte des Verkehrs aneinander zu rücken. Immer vollkommenere Verkehrsmittel und immer größere Transportgefäße stellt die Technik zur Verfügung. Die Wege des Verkehrs, besonders für den Landverkehr, werden immer passender für immer schnellere Fortbewegung hergerichtet. Immer stärkere Kräfte werden eingesetzt zur Bewegung der Transportgefäße. Außer dem Substrat des festen Bodens wird auch das des Wassers und das der Luft dem Verkehr erobert. Alle diese Fortschritte sind abhängig von der bzw. bedingen die Steigerung der Zivilisation, der Wirtschaftsstufe.

Nach den drei Substraten (Medien), auf denen sich der Verkehr abspielt, kann man drei **Verkehrsgattungen** unterscheiden: Landverkehr, Wasserverkehr, Luftverkehr. Neben ihnen spielt der Nachrichtenverkehr eine besondere Rolle.[1])

Hier soll nur von der **allgemeinen Verkehrsgeographie** die Rede sein. Sie fragt

1. nach den Faktoren oder Kräften, welche für die Verkehrsverhältnisse wirksam sind (dynamische Verkehrsgeographie);

2. nach dem Zustand der einzelnen Verkehrsgattungen, d. h. nach der geographischen Verbreitung des Landverkehrs, des Wasserverkehrs, des Luftverkehrs (statische Verkehrsgeographie).

## I. Die dynamische Verkehrsgeographie.

**1.** Unter den Faktoren, die den Verkehr beeinflussen, stehen die — menschlich gemessen — unveränderlichen **Naturverhältnisse** obenan.

**Die Verbreitung von Land und Wasser auf der Erde**[2]) bestimmt die Verteilung der Verkehrsgattungen des Land- und Wasserverkehrs (Binnenschiffahrt, Meerverkehr).

---

[1]) S. 222ff.

[2]) Vgl. S. 19ff. Wiederholungen aus früheren Abschnitten, die sich mit den Naturverhältnissen oder dem Wirken des Menschen beschäftigen, sind in diesen wirtschaftsgeographischen Kapiteln unentbehrlich.

Freilich haftet auch der Wasserverkehr schließlich am Lande. Es umschließt eng die Flüsse und Seen, und auch der Meerverkehr kann nur zeitweise das Land, das als Lebensboden des Menschen ja auch die Transporte: Güter, Menschen fast ausschließlich liefert, verlassen. Und die Luft spannt sich zwar über dem Lande, doch auf ihm liegen die Luftschiffhallen, Startplätze für die Flugzeuge usw., und alle Luftfahrer, auch die in Wasserflugzeugen, müssen immer in kurzem wieder zum Lande zurückkehren.

Die Verbreitung des Landes auf der Erde ist darum von entscheidender Bedeutung für die Verkehrsverhältnisse. Bevor es Meeresschiffahrt gab, zerfiel der Verkehr in Verkehrsinseln. Jedes Stück Land, jeder Erdteil bildete eine Verkehrsinsel. Als die Meerfahrt gewagt wurde, war sie anfangs ängstliche Küstenfahrt. Als der ozeanische Weltverkehr einsetzte, wurden alle Verkehrsinseln miteinander verbunden. In diesem Sinne kann man sagen: Die Meere verbinden. Tatsächlich sind es ja tote Flächen, öde und gefährliche Wasserwüsten. Der Meerverkehr ist nicht Selbstzweck, sondern Diener des Landverkehrs, freilich ein sehr wichtiger. Noch heute hat der Landverkehr in der Menge der beförderten Güter völlig das Übergewicht über den Meerverkehr wie der Binnenhandel eines Landes gegenüber dem Außenhandel.

Dem **Landverkehr** stehen von den 510 Mill. qkm der Erde 149 Mill. qkm (29,2%) zur Verfügung, dem Meerverkehr 361 qkm (70,8%); die geringen Wasserflächen der Binnenschiffahrt kommen wenig in Betracht.

Auf der Nordhalbkugel verhält sich das Land zum Wasser etwa wie $1:1^1/_2$; hier liegt also relativ viel Land, besonders zwischen dem 20. und 60.° nördlicher Breite. Große zusammenhängende Landmassen lassen hier, wie uns eine Erdkarte zeigt, eine Zone vorherrschenden Landverkehrs in Erscheinung treten.

Nördlich des Äquators wohnen wohl etwa $92^1/_2$% aller Menschen; hier hat sich das Austauschbedürfnis von allein rund 1500 Millionen Menschen zu verwirklichen. Die die Landmassen trennenden Meeresflächen sind meist relativ klein. Auf ihnen spielt sich ein mehr engräumiger, aber sehr intensiver Verbindungsverkehr ab.

Auf der Südhalbkugel verhält sich das Land zum Wasser etwa wie 1:6 und nur $7^1/_2$% aller Menschen etwa wohnen hier. Der Landverkehr muß darum relativ wenig umfangreich sein, der Wasserverkehr wird lange Wege zurückzulegen haben und verhältnismäßig wenig rege sein.

Nun finden natürlich auch zwischen den Landmassen der Nord- und denen der Südhalbkugel Land- wie Wasserverkehr, soweit die Naturverhältnisse es zulassen, statt, aber die Wurzeln des Verkehrs haften im wesentlichen in den Landmassen der Nordhalbkugel.

Man unterscheidet bekanntlich eine Land- von einer Wasserhalbkugel; auf der ersteren wird sich in noch ausschließlicherem Maße der größte Teil des Landverkehrs und des Wasserverkehrs abspielen als auf der Nordhalbkugel, und auf der Wasserhalbkugel werden Land- und Wasserverkehr noch beschränkter sein als auf der Südhalbkugel.

Das Land gruppiert sich, wie wir schon wissen (s. S. 24f.), zu zwei großen zusammenhängenden Landmassen:

1. Eurasien mit Afrika, die etwa 58% alles Landes umfassen und 84% aller Menschen tragen;

2. Amerika mit etwa 26% alles Landes und 12% aller Menschen.

Diese zwei großen Landmassen bilden zwei geschlossene Landverkehrsgebiete. Alle anderen Landflächen sind als Inseln des Landverkehrs — auch Australien — anzusehen, ohne die Möglichkeit, jemals miteinander oder mit den zwei großen Landmassen in Landverkehr zu kommen.[1]

Höchst wichtig ist die Annäherung jener zwei großen Landmassen aneinander bei der Beringstraße. Noch ist sie unwirksam! Aber wenn sich erst einmal die Eisenbahnen in Sibirien und in Nordamerika bis an diese Annäherungsstelle werden vorgeschoben haben, dann besteht wohl die Möglichkeit, mittels eines Tunnels unter der flachen, von Inseln unterbrochenen Meeresstraße die beiderseitigen Landverkehrslinien miteinander in Verbindung zu bringen, falls die wirtschaftlichen Vorteile die Kosten eines solchen Tunnelbaues rechtfertigen werden. Heute ist das natürlich „Zukunftsmusik".

Die beiden großen Landmassen umfassen je alle Klimate der Erde (d. h. auch die verschiedensten Produkte, die diese Klimate hervorzubringen fähig sind), sogar (in Amerika wie in Eurasien-Afrika) doppelt, im Norden und im Süden des Äquators.

Die Landverkehrslinien in beiden Landmassen können darum ohne Unterbrechung durch alle Klimate hindurch die Länder etwa am europäischen Nordrande (Skandinavien) und die Länder Südafrikas oder die Landschaften Nordsibiriens und Singapore oder Port Nelson (an der Hudsonbai) und Buenos Aires, vielleicht dereinst die Beringstraße mit der Magalhãesstraße in Verbindung bringen[2]) und den Austausch aller Zonen und ihrer Produkte zu Lande ermöglichen. Holz oder Holzmasse oder Papier können z. B. von Skandinavien nach Südafrika, südafrikanische Wolle nach Petersburg mit der Eisenbahn ohne Umladung[3]) transportiert werden. Natürlich ist auch das „Zukunftsmusik".

Die Verbindungen der früher erwähnten Aktionszentren oder -felder auf dem Landwege sind bisher noch recht mangelhaft, bei weitem am besten die zwischen dem atlantisch-nordamerikanischen und dem pazifisch-nordamerikanischen, zwischen denen die Abstände auch nicht entfernt so groß sind[4]) als die zwischen dem atlantisch-europäischen und dem südostasiatischen Aktionsfeld. Letztere, durch die hohen und zum Teil überaus breiten Faltengebirge Vorder- und besonders Zentralasiens geschieden, sind nur durch die eine sibirische Bahn und ihre Fortsetzungen miteinander verknüpft.

Besonders nahe aneinander liegen das atlantische Südamerikas und das chilenische Aktionszentrum; darum sind hier zu der bestehenden Eisenbahnverbindung mehrere weitere in Vorbereitung. Um so schwieriger ist die Landverbindung zwischen den nördlichen und den südlichen Aktionsfeldern Amerikas. In der Alten Welt wird die Notwendigkeit, das südostasiatische Aktionsfeld mit dem europäischen wirksamer

[1]) Ausgenommen sind Inseln, die den zwei Landmassen nahe liegen (s. S. 206).

[2]) Kleine Wasserunterbrechungen wie der Bosporus oder die Dardanellen zählen dabei nicht.

[3]) Sobald die Eisenbahnen gebaut, und ihre Spurweiten vereinheitlicht sein werden.

[4]) Zudem macht sich hier die politische Zusammenfassung der Aktionskräfte gegenüber der europäischen Zersplitterung vorteilhaft bemerkbar.

zu verknüpfen, die immer dringender werden wird, hoffentlich zu gemeinsamen Aktionen der zerklüfteten europäischen Staatenwelt führen, bevor erheblicher Schaden aus der Isolierung hervorbricht. Auch mit dem südafrikanischen Aktionsfeld ist das atlantisch-europäische noch nicht in Eisenbahnverbindung und das südostasiatische Aktionsfeld ist noch weniger Südafrika nahe gerückt.

Innerhalb der Aktionsfelder sind die Verkehrsnetze, mit starken Unterschieden im einzelnen, natürlich ziemlich entwickelt, die Teile in beste Verbindung miteinander zu bringen.

Am mangelhaftesten ist die Ausgestaltung des inneren Eisenbahnnetzes bisher im südostasiatischen Aktionsfeld, in dem noch nicht einmal eine durchgehende Eisenbahnlinie die festländische Nordostecke (Mandschurei, Korea, China) mit der Südwestecke (Indien) verbindet, indem sich das wirtschaftlich trägere Hinterindien zwischen die regeren Teilfelder legt. Auch die inneren Verbindungen des argentinisch-uruguayisch-brasilischen Aktionsfeldes lassen noch ziemlich zu wünschen übrig.

Die inselhaften Landverkehrsgebiete wie Australien oder Neuseeland oder die Japanischen Inseln (oder die Britischen Inseln[1]) oder Java haben nur beschränkte Möglichkeiten des Landverkehrs und Austausches über Land.

In sich hat jedes dieser Inselgebiete nur geringe Unterschiede der Produktion, und wohl nur etwa 3% aller Menschen wohnen in ihnen, nur Bruchteile eines Prozents in jedem von ihnen. Es liegen schwere Nachteile in der Inselhaftigkeit des Landverkehrs umschlossen; darum sind bei allen diesen inselhaften Landverkehrsgebieten Bestrebungen, den Verkehrsbereich durch Brücken oder Tunnel usw. zu erweitern oder die Isolierung ganz zu überwinden, sehr erklärlich (s. S. 206). Der Meerverkehr steht bei diesen Inseln erzwungenermaßen im Vordergrunde, nur durch ihn haben sie Anschluß an den Weltverkehr. Darum haben die Häfen in ihnen so überragende Bedeutung. Diese Beschränkung auf das eine der großen Verkehrsmedien wird sich vermutlich immer mehr als ein Nachteil im Weltverkehr erweisen, je mehr die Landverkehrslinien innerhalb der und zwischen den Aktionsfeldern der Erde ausgebaut und vervollkommnet werden.

Die so unproduktiven und dünnbevölkerten, fast unbewohnten Polarländer oder die Hochländer von Tundratypus, wie Tibet, und die Wüsten haben nur einen höchst primitiven und geringen Verkehr in sich und mit den begünstigteren Nachbarländern, denn nicht die Länder, sondern Menschen und Güter wollen miteinander in Verbindung bzw. Austausch treten.

[1]) Die Britischen Inseln gehören als Nachbarland des europäischen Kontinents, an den Großbritannien ohne unüberwindliche Schwierigkeiten (mittels Tunnels) seinen Landverkehr knüpfen könnte, strenggenommen nicht zu den absolut inselhaften Landverkehrsgebieten, ebensowenig wie die Dänischen Inseln, die ja zum Teil schon an das Festland geknüpft sind und wohl in kurzer Zeit gänzlich ihr Eisenbahnnetz nach Westen (Jütland, eine Brücke im Bau) und Osten (Schweden) mit dem der großen altweltlichen Landmasse verbinden werden. Tunnelprojekte spuken hier schon lange, ebenso wie zwischen Großbritannien und dem Festland und Großbritannien und Irland. Die schwimmenden Inseln (Eisenbahndampffähren) können nur ein zeitweiser Notbehelf sein. Auch die Insel Sachalin, Hainan, Ceylon, sogar Sumatra, Neufundland u. a. sind keine absolut inselhaften Landverkehrsgebiete. Dagegen sind — immer nach unseren heutigen technischen Begriffen gesprochen — die eigentlichen Japanischen Inseln, die Inseln des Malaiischen Archipels, Australien, Neuseeland absolut inselhafte Landverkehrsgebiete. In Japan und auf Neuseeland wird man jedoch immer mehr darauf sinnen, die Nachbar-Teilinseln zu einem Landverkehrsgebiet zu vereinigen.

Nur wo größere Mineralschätze in diesen öden Landschaften liegen, schießt wohl aus dem nächstgelegenen Aktionsfeld oder aus einem Hafen eine Eisenbahnlinie in sie hinein, heute noch selten genug (Salpeterbahnen in Chile, Goldfeldbahn Perth-Kalgoorlie in Westaustralien usw.), in Zukunft wohl häufiger.

Der **See-** oder **Meerverkehr** bewegt sich auf Meeren und Ozeanen. Er scheint drei Aufgaben zu haben:

1. Die, die zwei großen Landmassen (s. oben) miteinander in Verbindung zu setzen.[1])

Am zahlreichsten werden die Verkehrslinien zwischen ihnen schwingen und am häufigsten, schnellsten und mit den geräumigsten und besten Schiffen befahren werden dort, wo die meisten Menschen auf dem Lande anbieten und nachfragen, wo die höchste Natur- oder besser Produktionsgunst und die weitest fortgeschrittene Zivilisation (Wirtschaftsstufe) Landwirtschaft, Bergbau und Industrie, Handel und Wandel zu höchster Blüte entfaltet haben. Am meisten also zwischen den Aktionsfeldern.

2. Die, die einzelnen Teile jeder der zwei Landmassen zum Austausch zu verbinden.

In Vertretung der oft noch fehlenden Landverkehrsverbindungen moderner Art und in billiger Beförderung der Massenartikel, in der die Landverkehrsmittel mit den großen Transportgefäßen des Meerverkehrs nicht konkurrieren können.

3. Die, die Inseln (einschließlich Australien) mit den zwei großen Landmassen und untereinander zu verknüpfen.

---

Dem Meerverkehr erwachsen große Umwege, hervorgerufen durch die Lagerung des Landes und der ihm als Hindernis des Meerverkehrs gleich zu achtenden Eisschranken polarer Breiten.

Um zur See von Skandinavien nach Indien zu gelangen, mußte man früher den ungeheuren Umweg um Afrikas Südende herum machen; um zu Schiff Güter von Deutschland nach Peru zu schaffen, mußte man früher die Südspitze Südamerikas umfahren.

Äußerst günstig für den Meerverkehr ist die Verschmälerung des Landes, der zwei großen Landmassen dort, wo die Mittelmeere in die Kontinente eindringen. Dadurch wurde die Möglichkeit gegeben, den Suezkanal und den Panamákanal herzustellen und damit eine riesige Ersparnis an Weglängen zu erreichen. Seitdem besteht ein mittlerer Wasserweg durch alles Land hindurch von Osten nach Westen und umgekehrt, was für die Verbindung der Länder im Meerverkehr eine außerordentliche Verkürzung an Zeit und Weg, Kosten und Gefahren besagt.

Zum zweiten besteht im Süden der Kontinente eine zweite geschlossene große Meerverkehrszone von Natur, zwischen den bei 56° südl. Br. und zum Teil viel früher abbrechenden Süderdteilen und dem gegen sie gewendeten Rand des Südpolarkontinents.

---

[1]) Diese Aufgabe wird er auch noch haben, wenn die zwei Landmassen an der Beringstraße in eine Landverkehrsverbindung gekommen sein werden; denn eine so exzentrische Eisenbahn kann ganz und gar nicht dem Verkehrsbedürfnis genügen, zumal auch klimatische Unbilden die Stetigkeit des Verkehrs auf ihr bedrohen werden.

Im Norden der Norderdteile wäre es ähnlich, wenn nicht infolge des kontinentalen Klimas die weit polwärts geschobenen Nordränder Nordamerikas und Eurasiens von Eis starrten.[1]) Als ständig praktikable Durchgangsstraßen des Meerverkehrs können die nördlichen Randmeere und Meeresstraßen der zwei großen Landmassen wohl nie — es sei denn nach tiefgreifenden Klimaänderungen auf der Erde — in Betracht kommen, nur etappenweise und zuzeiten können sie vielleicht unter Gefahren beschifft werden; so neuerdings das nordeuropäische Eismeer auf der Strecke zur Ob- und Jenisseimündung und das nordasiatische Eismeer von der Beringstraße bis zur Kolymamündung oder das nordamerikanische Eismeer von der Beringstraße zur Mackenziemündung. Höchst unsicher sind diese Verbindungen und für den Weltverkehr von untergeordneter Bedeutung. Es gibt also nur eine mittlere und eine südliche Meerverkehrsmöglichkeit West—Ost um die Erde. Im Norden ist eine große kombinierte Weltverkehrsstraße zum Ersatz entstanden: zwei Überlandwege durch Eurasien und Nordamerika werden durch zwei Übermeerwege durch den Atlantischen und den Großen Ozean verknüpft.

Für den Meerverkehr von Norden nach Süden ist äußerst bedeutsam, daß der Atlantische Ozean auf der einen Seite der Erdkugel alle Zonen und Landschaften der angrenzenden zwei großen Landmassen (wenigstens je an einer ihrer zwei Flanken) verbindet, und der Große Ozean auf der anderen Seite der Erdkugel die anderen Flanken der Landmassen bespült.

So besteht die doppelte Möglichkeit eines Nordsüd-Meerverkehrs mit Berührung aller Klima- und Produktionszonen. Dadurch schließlich, daß der Indische Ozean durch das europäische Mittelmeer — den Suezkanal — das Rote Meer mit dem Atlantischen Ozean in Verbindung gebracht und durch das Australasiatische Mittelmeer mit dem Großen Ozean verbunden ist, entstehen günstige Transversalwege wie von Skandinavien nach Madagaskar oder Vorderindien oder wie von Vancouver nach Singapore. Ebenso schuf der Panamákanal die Möglichkeit von Transversalwegen, etwa von Montreal nach Valparaiso oder von San Francisco nach Pernambuco.

Nach der Verkehrslage sei die **Größe** der einzelnen Land- und Meeresflächen, soweit sie den Verkehr betrifft, kurz erörtert. Die Größe der Verkehrsflächen entscheidet über die Entfernungen, die Transporte zurückzulegen haben, und mit der Wirtschaftsstufe über die darauf zu verwendende Zeit. Ein großer Kontinent oder ein großer Erdteil stellt dem Landverkehr große Aufgaben, an den kleinen Aufgaben möchte der Mensch erst erstarken, um die großen lösen zu können.

In Europa sind leicht Überlandbahnen von einem Rande zum anderen zu bauen; die Hafenferne (Meerferne) der Orte im Innern ist gering — bis 600 km. Die politischen Gebiete (Staaten) sind klein, zum Teil lächerlich klein, dem Landverkehr leicht zu erschließen; die Grenzabstände meist gering, die Anschlüsse an den Nachbarstaat oft leicht zu verwirklichen.[2])

---

[1]) Das Projekt eines über das Nordpolarmeer gehenden Luftverkehrs zwischen dem atlantisch-europäischen und dem südostasiatischen (vielleicht auch dem pazifisch-nordamerikanischen) Aktionszentrum wird zurzeit erörtert und sollte mit Amundsens Nordpolflug (1925) vorbereitet werden.

[2]) Für den Kaufmann ist es oft weniger wichtig, die Entfernung eines Orts von seinem Wohnsitz in Kilometern zu wissen, als vielmehr die Zeit der Erreichbarkeit bei Benutzung des schnellsten

In Asien stellen die riesigen Entfernungen dem Landverkehr große Aufgaben, die sich nur durch Aufwendung von längerer Zeit, also allmählich und mit viel Kapital lösen lassen. Zum Teil erklärt sich hieraus die Rückständigkeit dieses Erdteils in Hinsicht auf Überlandbahnen. Die politischen Gebiete sind oft gewaltig groß (Sibirien, China) und bedingen große Grenzabstände. Der Anschluß an die Nachbarländer ist somit erschwert und die Erschließung durch den großen Raum behindert. Freilich — schließlich hängt es von der zivilisatorischen Kraft der Menschen, von der Wirtschaftsstufe, ab, ob sie der großen Entfernungen Herr werden oder nicht.

In Nordamerika und in Südamerika wie in Afrika und vollends in Australien sind die Größen- und Entfernungsverhältnisse wesentlich günstiger als in Asien.

Natürlich hängt das Tempo der Erschließung eines Erdteils noch von mancherlei anderen Umständen ab: vom Gang seiner Geschichte, von der Stärke der Austauschspannung zwischen seinen Teilen, zumal den etwaigen Aktionszentren, der hinderlichen Lage von Gebirgen, Wüsten, Urwäldern und anderem, am meisten aber doch von der zivilisatorischen Kraft seiner Bevölkerung.

Die Größe des Landes ist auch für den Seeverkehr nicht ohne Bedeutung.

Bei kleinen Landräumen (Inseln z. B., wie bei den Britischen Inseln, den Japanischen Inseln, Mauritius usw.) kann der (billigere) Seeverkehr (die Küstenschiffahrt) den Landverkehr zum Teil ersetzen und den Austausch zwischen den Landesteilen übernehmen. Je größer aber ein Land: eine Insel, ein Erdteil, ein Kontinent, ist, um so weniger kann die Küstenschiffahrt den Binnenverkehr ersetzen, um so mehr Bedeutung bekommen die Landverkehrsmittel. Asien braucht Eisenbahnen viel nötiger als Europa, Afrika nötiger als Australien.

Daß die Größe der Meeresflächen für die Meerfahrt[1]) von ausschlaggebender Wichtigkeit ist, daß kleine Meere in kurzer Fahrt leicht zu überwinden sind, auch unter geringeren Gefahren im ganzen, da die Wellen kleiner als in den schwer zu kreuzenden großen Ozeanen sind, ist selbstverständlich. Freilich lassen kleine Meere meist auch nur weit kleinere Transportgefäße zu als große.

---

Auch die sogenannte **Gliederung der Kontinente und Erdteile** betrifft den Verkehr an vielen Stellen. Glieder sind Halbinseln und Inseln. Bei einem mit Halbinseln und Inseln reich ausgestatteten Erdteil wird — bei sonst gleichen Verhältnissen — der Seeverkehr relativ mehr in den Vordergrund treten als bei einem ungegliederten. Inselbewohner sind Allerweltsnachbarn.

**Halbinseln** begünstigen infolge ihrer langen Küstenerstreckung oft die Entstehung oder Herausbildung einer seegewohnten Bevölkerung (Schleswig-Holstein, Griechenland, Italien, Pyrenäenhalbinsel, Hela), meist durch das Mittel der Fischerei. Ferner überwiegt der Meerverkehr eines Halbinselstaates nach dem Ausland meist völlig den Landverkehr wie der Überseehandel den Handel mit den Landnachbarn

---

Verkehrsmittels. Diesem Zwecke dienen die Isochronenkarten, die Orte gleicher Erreichbarkeit (von einem Zentrum, z. B. Leipzig, aus) durch Linien miteinander verbinden. Es gibt deren bereits nicht wenige. Vgl. Andree, Geogr. des Wh. Bd. IV, S. 419—454. — Übrigens werden auch Karten der Kundendichte und Karten der Absatzwerte u. dgl. dem Kaufmann nützlich sein können.

[1]) S. Luensee, Mittlere Entfernungen auf den Dampferwegen zwischen den Hauptstädten der Erde. Hamburg 1923 (Seemänn. Bücherei, Bd. 33).

(Vorderindien, Skandinavien, Finnland). Halbinseln zwingen den Fernverkehr zur See zu Umwegen (z. B. Jütland auf dem Wege Amsterdam—Lübeck, Morea: Triest—Saloniki, Pyrenäenhalbinsel: Bordeaux—Genua). Darauf reagiert der Mensch (der Aktionszentren) durch den Bau von Seekanälen (Nordostseekanal, Kanal von Korinth, Cape Cod-Kanal usw. Projekt: Canal des deux mers—Golf von Biscaya—Golf du Lion, vgl. Bd. II). Gewöhnlich liegen Häfen an der Spitze der Halbinseln, Ruhepunkte des Seeverkehrs (Singapore, Gibraltar, Messina usw.).[1])

Für den Landverkehr führen die Halbinseln weit ins Meer hinaus; die Meerfahrt nach gegenüberliegenden Gestaden wird dadurch abgekürzt, und der Landverkehr ist schneller, zum Teil angenehmer und gefahrloser als die Meerfahrt. Darum liegen an den vorschießenden Enden der Halbinseln oft Umschlagsplätze, in denen der Landtransport durch den Meertransport abgelöst wird (Brindisi, Piräus, Lissabon, Colombo, Fusan, Tsingtau, Key West). Der Landverkehr quert Halbinseln leicht. Die Zahl der Querbahnen ist naturgemäß bei ihnen der Zahl der Längsbahnen weit überlegen (Skandinavien, Italien). Namentlich sind die Querbahnen und -straßen an den Wurzeln der Halbinseln bedeutsam durch die Abkürzung des Weges gegenüber dem Seeweg (Genua—Venedig, Damaskus—Bagdad, Karachi—Calcutta, Hamburg—Lübeck). Der Anschluß des Landverkehrs aus einer Halbinsel nach dem Festlande wird leicht durch die Schmalheit oder Lage oder Natur der Landbrücke erschwert. Skandinavien ist ein gutes Beispiel.[2]) Italien wird mit großen Teilen der Balkanhalbinsel über die Meeresstraße von Otranto (Brindisi—Valona) viel leichter verkehren als auf dem langen und gebirgsreichen Landwege. Die Pyrenäenhalbinsel und die Apenninhalbinsel sind durch hohe Gebirge (Pyrenäen, Alpen) von den Landnachbarn getrennt; erst der Tunnelbau hat sie bis zu einem gewissen Grade ausgeschaltet. Vorderindien, vom Himalaya und anderen hohen Gebirgsrändern umwallt, hat noch heute einen sehr geringen Verkehr zu den Landnachbarn.

**Inseln** haben für den Verkehr mehrfach ähnliche, doch noch ausgesprochenere Bedeutung als die Halbinseln.

Für den Meerverkehr wachsen oft auf ihnen (meist wohl durch das Mittel der Fischerei) seegewohnte Seeleute heran (Britische Inseln, Friesische Inseln, Dalmatinische Inseln, Inseln des Ägäischen Meeres, Japanische Inseln, Malaiischer Archipel, Inseln Ozeaniens). Die Inseln sind zum Austausch, für den Außenverkehr ausschließlich auf Meerfahrt angewiesen, also in Zwangslage.

Inseln erleichtern die Überschreitung von größeren Wasserflächen (Inseln in dem europäischen Mittelmeer z. B., Dänische Inseln, Rügen). Als Proviant- und Kohlenstationen, auch strategische Plätze haben sie selbst heute ihre Bedeutung noch nicht verloren (Hongkong, Malta, Bermudas, Mauritius usw.). Als Kabelstationen verbilligen und beschleunigen sie den Kabelverkehr.[3])

---

[1]) Auch Kapstadt und Punta Arenas (an der Magalhäesstraße) kann man in gewisser Hinsicht hierher rechnen.

[2]) Man griff zur Einrichtung von Eisenbahndampffähren, um mit den Nachbarländern zu verkehren (Saßnitz—Trelleborg, Warnemünde—Gjedser, Linie über die Dänischen Inseln nach Jütland, Göteborg—Fredrikshavn), statt die finnländische Landbrücke zu benutzen.

[3]) Ein sehr langes Kabel muß relativ großen Durchmesser haben, ist darum teuer und leitet langsamer als ein kurzes. Die Hawaii-Inseln, Fanning, Fidschi-Inseln, Yap, Guam, Norfolk im Großen, Madeira, St. Helena im Atlantischen, Mauritius, Seychellen, Sansibar, Keeling-Inseln im Indischen Ozean seien genannt. Selbst die drahtlose Telegraphie entkleidet die Inseln dieser Rolle nicht, da die Kabel weniger Störungen ausgesetzt und zuverlässiger sind als die Funkstationen.

Inseln sind oft wichtige Handelsplätze (Hongkong, Singapore, Sansibar, Curaçao).

Freilich bietet die Insellage auch wesentliche Nachteile. Die Inseln haben keinen Anschluß an das immer mehr Wichtigkeit erlangende Landverkehrsnetz; sie bedürfen, selbst wenn sie den großen Erdteilen nahe liegen, mehrfachen Umladens der Handelsgüter und die Personen müssen mehrmals umsteigen. Erst der Bau von Brücken (Euboea) und die Einrichtung von Eisenbahndampffähren (Rügen, Dänische Inseln, Sizilien usw.) über die trennenden Meeresstraßen machten sie bis zu einem gewissen Grade von diesen Behinderungen ihres Verkehrs unabhängig. Bestrebungen sind darum auf vielen Inseln lebendig geworden, sie immer fester an die Kontinentalmassen zu knüpfen (s. Sylt).

Jeder Erdteil und jeder Staat, der mit Halbinseln und Inseln ausgestattet ist, genießt die Summe positiver Eigentümlichkeiten und hat sich mit den negativen abzufinden, die den genannten „Gliedern" des Landes eignen. Im allgemeinen sind die Norderdteile weit reicher an Gliedern als die Süderdteile.

---

**Die Gestaltung der Küsten** (vgl. S. 27 f.). An den Küsten durchdringen sich die zwei hauptsächlichen Substrate des Verkehrs. Jeder Meerverkehr muß an den Küsten ansetzen. Die Ausstattung mit guten Naturhäfen ist günstig, erspart der Wirtschaft Kosten, aber sie bedingt die Größe und Wichtigkeit des Meerverkehrs, der von den Küsten ausstrahlt, im allgemeinen nicht.[1]) Ausschlaggebend ist vielmehr die Produktivität des Hinterlandes. Wenn Produkte oder Menschen im Hinterlande fehlen (und nicht zu schaffen sind), nützt der günstigste Hafen nichts.

An der Westküste der Sahara braucht man kaum einen Hafenplatz.[2]) Die Küste Britisch-Columbias und des vereinsstaatlichen Alaska oder Westpatagoniens oder Neuseelands Westküste an der Südinsel besitzen herrliche Naturhäfen, aber die spärliche Besiedelung und Produktion bewirken, daß sie nicht zur Geltung kommen. Das trifft auch auf Norwegens Fjordküste zum Teil zu. Hat andererseits das Hinterland einer Küste eine große Produktion, dann werden auch an einer ungünstigen Küste künstlich Häfen geschaffen. An der Küste der Atacama in Nordchile sind die schlechten „Häfen" erst wichtig geworden und verbessert worden, seitdem der Chilesalpeter abgebaut wurde. Freilich ist es billiger, Naturhäfen auszubauen als künstliche Häfen anzulegen, und so wird man immer gerne nach den ersteren greifen, wenn sie den Erfordernissen eines guten Hafens und vor allem denen der Lage entsprechen.

Von einem Hafen verlangt man in erster Linie Schutz vor Wellen und Wind. Offene Reeden sind wenig wert. Durch Landungsbrücken (Lome) und Molen (Madras) werden sie brauchbarer gemacht. Offene Buchthäfen wie die an der Küste Algeriens oder Valparaiso bieten ohne Molenausbau gegen gewisse Himmelsrichtungen keinen Schutz. Wall- oder Dammhäfen sind solche, die im Inselschutz liegen (Callao, Victoria auf Hongkong, Bombay, Karachi, Korfu) oder von einer Nehrung (Nikolajew, Cherson, Venedig), von Watten (Wilhelmshaven), von Korallen-

---

[1]) Nur als Anlaufhäfen u. dgl. können sie den Verkehr an sich ziehen. Beispiel sei Aden.

[2]) Die verhältnismäßig seltenen Fälle, daß ein Hafen aus der Produktivität des Küstenmeeres Dasein und Blüte empfängt, können hier außer acht bleiben.

riffen (Tanga, Pernambuco) gedeckt werden. Flußmündungshäfen sind für die Meerfahrt brauchbar, wenn die Flut die Flußmündungen weit aufwärts auspflügt, der Ebbestrom sie ausräumt (Hamburg, Bremen, Calcutta usw.), doch sind für moderne Ansprüche stets Baggerungen zu Hilfe zu nehmen. Sie schaffen sich oft Vorhäfen. Bisweilen liegen Häfen, die dem Verkehr eines Flußgebietes dienen, seitwärts der Flußmündung, um Verschlammung zu vermeiden (Marseille, Alexandria, Karachi). Von den geschlossenen Buchthäfen, die offenbar den besten Schutz gewähren, treten verschiedene Formen auf: Kraterhäfen (Aden, Lyttelton) im Krater eines eingestürzten und geöffneten Vulkans; Atollhäfen (Jaluit), Riasbuchten (Ingressionsbuchten, ertrunkene Flußmündungen an hohen Küsten) wie Smyrna, La Coruña, Brest, Tunis, Rio de Janeiro, Sydney (Port Jackson), Föhrden, ertrunkene glaziale Flußtäler in Moränenboden (Kiel), Fjärde mit Schärenhäfen in niedrigen Felsplatten (glazialen Ursprungs, schwedische Ostküste), Fjorde mit hohen Felswänden; sie haben oft schlechten Ankergrund und wenig Baugrund, dazu unproduktives Hinterland (Trondhjem, Bergen, Kristiania [Oslo], Vancouver sind Ausnahmen) (vgl. Bd. II).

---

Auch die Naturverhältnisse des Landes selbst, das wir an den Küsten betreten, haben für den Verkehr mannigfache Bedeutung.

Vulkanische Erscheinungen s. S. 38, Erdbeben s. S. 38 f., Niveauveränderungen s. S. 39, Gangbarkeit des Bodens s. S. 41 f., Bodenformen und Verkehr s. S. 34—37, Pflanzen und Tiere und Verkehr s. S. 71 f.

---

2. Der wichtigste Faktor des Verkehrs ist schließlich der **Mensch**.

Er schafft die Güter des Transports und begehrt sie; er ist also Träger von Angebot und Nachfrage. Er ist selbst wichtiger Gegenstand des Verkehrs. Er ist Träger, Kutscher, Lokomotivführer, Chauffeur, Steuermann, Luftpilot usw. Er versendet und empfängt die Nachrichten. Und alle die Naturverhältnisse, deren Bedeutung für den Verkehr in Kürze besprochen wurde, benutzt er für seine Zwecke im Verkehr; er schwächt die Hemmnisse und Gefahren ab oder beseitigt sie, er zieht die Haustiere und die mechanischen Kräfte, die er in der Industrie arbeiten läßt, auch im Transportwesen heran. So gelingt es ihm, immer vollkommener seine Verkehrszwecke durchzusetzen. In welchem Maße vollkommen, das hängt von der Wirtschaftsstufe ab; das Bild des Schnellverkehrs in und in der Nähe einer Großstadt und der primitive Verkehr einer tropischen Urwaldgegend — beides sind Produkte des Menschengeistes — welcher Unterschied im Resultat!

---

## II. Die statische Verkehrsgeographie.

**A. Der Landverkehr** als erste und wichtigste Verkehrsgattung spielt sich auf **Wegen** ab, das sind Streifen Landes, die man dem Verkehr überläßt. Sie stehen in enger Beziehung zu den Siedelungen; beide bedingen sich gegenseitig, Siedelungen ziehen Wege an und Wege Siedelungen.

Die Kreuzungspunkte (Knotenpunkte) von Verkehrswegen sind immer durch größere oder große Siedelungen ausgezeichnet, und Berührungsstellen verschiedener Verkehrsgattungen wirken ähnlich. Wo der Umschlag von Landverkehrs- auf Seetransportmittel und umgekehrt stattfindet, oder wo Landverkehr und Binnenschiffahrt einander ablösen, pflegen Verkehrszentren und Handelsplätze zu liegen. Die Siedelungen, besonders die großen Städte, bedürfen der Verkehrswege. Wo große Siedelungen und dichte Bevölkerung sich finden, häufen sich die Wege, und wenn eine hohe Wirtschaftsstufe das Verkehrsbedürfnis steigert, erreicht diese Häufung ihr Maximum, und die besten Transportwege und die vollkommensten Verkehrsmittel werden hier verwendet (in den Aktionszentren der Erde). Wo eine dünne Bevölkerung sitzt, finden sich kleine und spärliche Siedelungen und wenig Wege. Wenn ungünstige Naturverhältnisse: Sandwüste, Sumpf, Urwald, Hochgebirge den Menschen abschrecken und ausschließen, da führt vielleicht nur ein vereinzelter Weg hindurch und große Flächen liegen wegelos da.

In einem Lande hoher Wirtschaftsstufe werden die Wege des Verkehrs auch am meisten differenziert. Es bilden sich in dem Wegenetz allmählich Hauptlinien heraus — im modernen Verkehrswesen Eisenbahnen mit Schnellzügen, große Durchgangslinien mit großen Siedelungen, den Nachbarländern zustrebend. Nebenbahnen und Kleinbahnen ergänzen ihre Leistung, Fahrstraßen dienen als Zubringer. Haupt-, Neben- und Gemeindestraßen scheiden sich nach ihrer Leistungsfähigkeit voneinander; Saumwege und Fußpfade vervollständigen das Wegenetz. In Ländern niedriger Wirtschaftsstufe müssen oft Saumwege oder Fußpfade die Funktionen der wichtigsten Verkehrswege übernehmen, wenn Fahrstraßen, die in vielen tropischen Gegenden erst die Kolonisation der Weißen gebracht hat, und Eisenbahnen fehlen.

Ursprünglich sind alle Wege Naturwege, unhergerichtete Streifen Landes.

1. Fußpfade. Sie folgen oft Wildpfaden, namentlich der wegbrechenden Elefanten. Fußpfade gibt es auf der ganzen Erde, auch in Mitteleuropa; zumal in den Gebirgen spielen sie auch bei uns eine Rolle. Hauptverkehrsmittel auf ihnen ist der Mensch, „der Träger“. In Ländern niedriger Wirtschaftsstufe, bei besonderen Naturverhältnissen, die Verwendung von Transporttieren erschweren oder unmöglich machen (Tsetsefliege!), nimmt der Trägerverkehr noch heute eine beherrschende Stellung ein, wenn er auch durch Eisenbahnbau und Autoverkehr schnell zusammenschwindet. Er ist teuer, langsam und wenig leistungsfähig.[1])

2. Sobald Last- und Reittiere vom Menschen herangezogen sind, werden Saumwege und Saumtiere verwendet, so noch heute in Gebirgen, bei uns und in großen Gebieten der Erde, ferner in Wüsten.

Unter den Haustieren sind verschiedene zum Last- und Reitertragen abgerichtet. Jedes Land hat nach seinen Naturverhältnissen seine bevorzugten Lasttiere (s. S. 149 bis 150). Im polaren Gebiet ist das Renntier, bei uns im kühlgemäßigten Klima das Pferd das Saumtier, das auch in Steppen und Wüstensteppen als schnelles Reittier geschätzt ist. Esel werden viel in den subtropischen (Mittelmeerländer, China) und in den tropischen Ländern (Sudan, Brasilien usw.), in den Steppen und Savannen, zum Reiten und Lasttragen benutzt. In den gebirgigeren Teilen der warmgemäßigten Länder

---

[1]) 1903 kamen in den 7 Häfen Deutsch-Ostafrikas aus dem Innern 1900 T. Waren an, zu deren Bewältigung 63000 Träger nötig waren. 190 Güterwagen zu 10 Tonnen hätten sie fortgeschafft. Vom Victoriasee zur Küste brauchte man zwei Monate. Die Fußpfade waren manchmal kaum kenntlich; die Träger gingen im Gänsemarsch hintereinander; kam man an einen Fluß, so mußte man ihn oft durchfurten, bei Hochwasser tagelang warten, oder man konnte bei schmalen Gewässern einen Baum fällen, der querüber eine primitive Brücke darbot. Fähren und Lianenbrücken waren nicht oft zu benutzen.

leistet das Maultier gute Dienste (im europäischen Mittelmeergebiet, in Vorderasien, in Transvaal, in den Andenstaaten Südamerikas). Rinder verwendet man z. B. in Südafrika als Reit- und Lasttier, in den Wüsten und Steppen der Trockenzone das Kamel, in den höchsten Andenländern Südamerikas das Lama, in der Hochwüste von Tibet den Yak und vereinzelter das Schaf, im tropischen Südasien (und auch schon Afrika) den Elefanten.

Der Karawanenverkehr[1]) hat sich besonders noch in Wüsten Afrikas und Asiens erhalten, schwindet aber schnell zusammen.

3. Leistungsfähiger als der Saumtier- und Karawanenverkehr ist der Verkehr mit Wagen. Die Erfindung des Rades aus der Rolle oder Walze liegt vor der Geschichte.

Noch heute dient der Schubkarren, das einfachste Radgefährt, im nördlichen China, vereinzelt auch bei uns dem Verkehr. Die Dschinrikscha, mit Kuli bespannt, in den 60er Jahren des 19. Jahrhunderts aufgekommen, ist in ganz Ost- und Südasien, doch auch in Teilen Südafrikas, für den Weißen im Tropenklima das geeignete Transportmittel, besonders im binnenstädtischen Verkehr.

Für Wagen sind breitere Straßen nötig und vor allem Zugtiere (s. S. 149 bis 150).

Wagen können die verschiedensten Formen annehmen. Vielfach (in Kleinasien, Ungarn, Argentinien usw.) werden zweirädrige Karren benutzt. Fahrwege sind ursprünglich, wie unsere „Feldwege" z. B., nicht hergerichtet und genügen in ebenen steinarmen Steppenländern der Trockenzone (Südrußland, Westsibirische Tiefebene. Prärien Australiens, außertropisches Südafrika, Prärien Nordamerikas, Grasfluren Argentiniens) allenfalls so dem Bedürfnis, für leichte Pferdewagen und auch Ochsengespanne (in Südafrika, Chile, Argentinien); zur Regenzeit freilich werden solche Wege unergründlich. Darum sind Kunststraßen (Steinstraßen, Chausseen[2]) nötig, die jederzeit benutzbar sind, und deren Verlauf viel beständiger ist. Nur in Ländern hoher Wirtschaftsstufe und in ihren Kolonien und Interessensphären finden sich Netze solcher Kunststraßen. Sie bilden sich zuerst in den Aktionsfeldern und greifen von hier aus in die Nachbargebiete über. In nassen, fruchtbaren, produktiven Alluviallländern, wie im Weichseldelta, sind sie notwendiger als in trockeneren, gangbaren Sandgebieten; im Weichseldelta ist wohl kaum noch ein Dorf ohne Steinstraße oder Kleinbahn, obwohl hier völliger Steinmangel den Wegebau aufs höchste erschwert und verteuert. Reiche Vorkommen von harten Gesteinen: Granit, Syenit, Basalt erleichtern den Straßenbau sehr; weiche Gesteine, wie Buntsandstein, sind schlecht zu verwenden. In allen Gebirgsländern bzw. in Landschaften anstehenden Gesteins (Schweden, Freist. Sachsen) ergibt sich die Anlage von Kunststraßen bequemer als in Ländern des Steinmangels wie in Norddeutschland, wo die erratischen Blöcke und Geröllе dem Bedarf nicht genügen können und Einfuhr von Steinen nötig wird, oder im Schwarzerde- und Steppengebiet Südrußlands oder in Ungarn oder in Holland.

[1]) Karawane = Handelsschutz; bedeutet den Zusammenschluß von Handelszügen, die Gefahren der Wüste (feindselige Naturverhältnisse und Menschen) gemeinschaftlich zu bestehen. Geleitmannschaften stellten gegen Entgelt die einheimischen Hirtenvölker der Sahara selbst. Hunderte von Kamelen bewegten sich auf ungebahnten, an Wasserstellen und Oasen gebundenen Wegen langsam den Zielen zu (vgl. Bd. II).

[2]) Das Wort „Chaussee" stammt von calciata Pflasterung (von calx, Kalk).

wo der Mangel an Steinen den Straßenbau behindert[1]). Im feuchten Westeuropa ist der Antrieb, Kunststraßen zu bauen, stärker als im trockenen Südrußland. Vor allem sind dort die Kunststraßen stark verbreitet, wo das Wirtschaftsleben kräftig pulsiert und die Wirtschaftsstufe eine hohe ist, d. h. eben in den Aktionszentren.

Jede Straße erfährt eine Unterbrechung durch die **Flüsse**.

Anfangs werden sie in **Furten**, seichten Stellen, Pässen gewissermaßen zwischen ungangbaren tieferen Stromstrecken, durchwatet, durchritten, durchfahren[2]), so noch bei uns im Mittelalter und heute in Ländern unentwickelter Wirtschaft, in abseitigen Landschaften Chiles, Brasiliens z. B. Schmale und seichte Flüsse sind leicht, breite und reißende sehr schwer zu durchfurten. Bessere Dienste leistet schon die **Fähre**, die an jedem Orte anzulegen und auch bei Hochwasser zu betreiben ist. Aber bei Eisgang stockt auch ihr Verkehr. Viele Städte bei uns sind ursprünglich Fährstädte. Wenn das Eis steht und fest ist, kann es selbst die Fahrbahn bieten, wie ich oft an der Nogat gesehen. Bei uns blieb die Fähre noch in abgelegenen Gegenden, oder wenn Brückenbau schwierig ist, im Dienst. In vielen tropischen Ländern ist sie unentbehrlich und ein Hauptverkehrsmittel. In Rußland war sie bis vor kurzem für die Wolga fast das ausschließliche Passagemittel. Besser sind **Brücken**. Bei den Naturvölkern werden primitive Hänge-, Seil- oder Lianenbrücken verwendet. Schiffbrücken werden von verankerten Booten getragen und sind an Eisgangflüssen als Sommerbrücken brauchbar. Feste Brücken über Flußniveau sind jederzeit benutzbar. Das moderne Wirtschaftsleben der Aktionszentren vor allem kann sie nicht entbehren.[3]) An immer größere Aufgaben geht die Technik heran. Weichsel, St. Lorenzstrom, Hwangho, Wolga, Ob, Jenissei, Mississippi sind z. B. überbrückt, aber Kongo und Amazonas noch nicht. Man legt die Brücken wegen Kostenersparnis und Sicherheit gern dort an, wo der Fluß schmal ist und Inseln als Stützpunkte dienen können. Viele Städte sind als Brückenorte entstanden.

Die Entwicklung des Straßenbaues und der Straßennetze auf der Erde hängt eng mit der **Entwicklung der Zivilisation** zusammen.

Die alten Perser, die Ägypter, Inder, Chinesen, Griechen, Römer waren geschickte Straßenbauer; das römische Weltreich konnte ein Netz von wohlgepflasterten Kunststraßen, dessen Mittelpunkt Rom war, nicht entbehren. Im Mittelalter verfielen sie meist. Im alten Inkareich (Peru, Bolivia bis nach Chile) durchzog eine lange Straße für Träger und Saumtiere mit Hängebrücken und Raststationen das Andenland; auch sie verfiel später. Ebenso hatte das Aztekenreich Mexikos Kunststraßen. In der Trockenzone und im mediterranen Klima Südeuropas wie im wintertrockenen China hatte der Steinstraßenbau (wie die höhere Zivilisation) seine Anfänge. Hier waren die Schwierigkeiten des Straßenbaues auch im allgemeinen geringer als z. B. in Mitteleuropa nördlich der Alpen, wo im Mittelalter äußerst traurige Straßenverhältnisse herrschten. Erst mit der steigenden Zivilisation der Neuzeit wächst das Bedürfnis nach regerem Straßenverkehr und macht die Technik des Straßenbaues Fortschritte. Die ersten Alpenstraßen sind gar erst der napoleonischen Zeit zu verdanken. Jetzt sind die Länder West- und Mitteleuropas, das große europäische

[1]) In Holland macht man von Backsteinziegeln und Klinkern Gebrauch.

[2]) Oft bildete sich an solchen **Furten** eine Siedelung, da der Verkehr bei Hochwasser tagelang stocken konnte. Die Endsilbe furt in Schweinfurt, Ochsenfurt, Erfurt, Querfurt bezeichnet solche Orte.

[3]) Auch aus politischen und strategischen Gründen sind sie unentbehrlich.

Aktionsfeld, mit Netzen vorzüglicher Kunststraßen ausgestattet, und die Erfindung von Fahrrad, Motorrad, Kraftwagen[1]) gab dem Straßenbau neue Impulse. Allmählich eifern die anderen Aktionsfelder dem europäischen nach, und selbst in den Tropenländern beginnen sich, durch Häufigkeit und Heftigkeit der Regengüsse und das Wuchern der Pflanzenwelt bedroht, hier und da Straßenfäden (s. S. 42) und vereinzelt -netze zu spannen.

---

Viel wichtiger noch als die Steinstraßen sind die **Eisenbahnen**[2]) geworden, deren Eigentümlichkeit in der Anwendung von Schienen besteht; auf ihnen rollen die Transportmittel.

Schon im alten Ägypten und Griechenland kannte man angeblich Spurwege mit in Fels vertieften Geleisen. Im 15. Jahrhundert wurden in deutschen und englischen Bergwerken hölzerne Geleise, auf denen die schweren Karren mit Erzen geschoben wurden, verwendet; ein eisernes Schutzblech über dem Holz erwies sich als zweckmäßig. 1767 benutzte ein englisches Eisenwerk, als die Preise für Eisen niedrig standen, konkave Schienenplatten an Stelle des Holzes. Dann kam die schmale gußeiserne Schiene, die bald einen vorstehenden Rand an den Rädern des Transportgefäßes zweckmäßig erscheinen ließ. Später stellte man schmiedeeiserne und stählerne Schienen her. Ein Pferdebahnbetrieb auf solchen Schienen kam auf; der von Linz nach Budweis (1827) führte über 131 km. Die mechanische Zugkraft ließ nicht lange auf sich warten. Die Dampfmaschine war schon nach Mitte des 18. Jahrhunderts erfunden. 1814 setzte Stephenson die erste brauchbare Lokomotive auf die Schienen. 1830 wurde die erste Eisenbahn Liverpool-Manchester eröffnet. Im europäischen und atlantisch-nordamerikanischen Aktionszentrum begann der Eisenbahnbau, erst in den Niederungen, allmählich drang er auch in die Gebirge ein. 1854 wurde die Semmeringbahn als erste Alpenbahn fertig. 1853 begann der Eisenbahnbau in Asien, 1854 in Australien, 1860 in Afrika.

Das Bahnnetz der Erde ist schnell gewachsen. 1840 gab es erst 77000, 1880: 372000, 1913: 1101780, 1922: 1179830 km.

1922 besaßen von allen vorhandenen Eisenbahnen Amerika über 50,2%, Europa $31^1/_3$%, Asien 10,24%, Afrika 4,2%, Australien 4,02%).

Im mittleren und westlichen Europa und im Osten Nordamerikas ist das Eisenbahnnetz am dichtesten. Belgien hat das engmaschigste Netz, dann folgen Großbritannien, Deutschland, die Schweiz, die Niederlande, Frankreich. Doch auch die übrigen Aktionszentren der Erde haben schon Eisenbahnnetze und verdichten sie beständig.

Die schnellsten Eisenbahnzüge fahren 90—100 km durchschnittlich in der Stunde, vereinzelte noch schneller, die gewöhnlichen Schnellzüge 67—70 km, in Rußland und Spanien 35—40 km. Die nördlichsten Bahnlinien der Erde sind die Ofotenbahn

---

[1]) Der Kraftwagenverkehr wächst andauernd und macht bereits der Eisenbahn empfindliche Konkurrenz. Es laufen schon über 20 Mill. Automobile auf der Erde, davon rund drei Viertel in den Vereinigten Staaten. Vgl. Bd. II.

[2]) Die meisten Eisenbahnen verdanken der Austauschspannung zwischen zwei Gebieten, dem Austauschbedürfnis ihr Dasein. Je stärker letzteres ist, desto früher wird im allgemeinen die Verbindung hergestellt werden; die natürlichen Verhältnisse spielen dabei eine bald hemmende (Gebirge usw.), bald fördernde Rolle (vgl. S. 34). Das Eisenbahnnetz gibt mit einen Maßstab dafür, wieweit ein Land in den Kreis der europäischen Kultur einbezogen ist.

von Kiruna (im schwedischen Lappland) nach dem norwegischen Hafen Narvik am Ofotenfjord und die Murmanküstenbahn Petersburg-Alexandrowsk; in Amerika sind die Alaskabahnen die nördlichsten. Die klimatische Bevorzugung des (warmgemäßigten und borealen) Westens der (nördlichen Teile der) zwei großen Landmassen gegenüber ihren kalten borealen Ostseiten gleicher Breitenlage wird in dieser Tatsache sichtbar. Die höchsten Eisenbahnen laufen in Bolivia und Perú auf das Andenhochland.

Die Überland- oder Transkontinentalbahnen, an deren Endpunkten sich die großen Schiffahrtslinien anknüpfen, sind die wichtigsten Stränge des Landverkehrs.

Von bedeutenden internationalen Expreßlinien seien erwähnt:

In Europa die Diagonalbahnen St. Petersburg[1]—Berlin—Paris—Madrid—Lissabon; Calais—Simplon (oder Mont Cenis)—Brindisi. Paris—Konstantinopel über München, Wien, Budapest; Ostende—Wien—Budapest—Constanza; die südlichere Linie durch Italien (unter Vermeidung Deutschlands; s. Bd. II); die Nordsüdlinien Berlin—Brenner—Neapel; Hamburg (Bremen) bzw. Hock van Holland—Köln—Basel—St. Gotthard—Genua.

In Asien die 1903 vollendete Sibirische Eisenbahn, die durch die Amurbahn Strjetensk—Chabarow ergänzt wurde und durch die mandschurische Bahn nach Wladiwostok weitergeführt wird. An sie schließt sich in Charbin eine Nordsüdlinie Ostasiens an nach Mukden, Peking, Hankou, Kanton.

In Vorderasien sind besonders die Bahn Orenburg—Taschkent, die Anatolische und Bagdadbahn und die Mekkabahn erwähnenswert.

In Afrika ist die Kap—Kairobahn reichlich zur Hälfte fertig.

In Australien wurde die erste Überlandbahn 1917 fertig; sie führt von Perth ostwärts bis nach Sydney und Brisbane.

In Nordamerika wurden seit 1869 mehr als ein halbes Dutzend sogenannter Pazifikbahnen (Überlandbahnen vom Atlantischen zum Großen Ozean) geschaffen.

In Südamerika führt eine Überlandbahn von Buenos Aires nach Valparaiso über die Anden.

Man kann zwölf hauptsächliche isolierte Eisenbahngebiete unterscheiden, die meist mit Aktionsfeldern identisch sind.

In der Alten Welt: 1. Europa[2]), 2. Die westsibirische Tiefebene (erst Anfänge), 3. Japan, 4. China (Anfänge), 5. Java, 6. Britisch-Indien, 7. Atlasländer, 8. Südafrika, 9. Südost-Australien, 10. Neuseeland, 11. Nordamerika[3]), 12. Südliches Südamerika.

Die Eisenbahnlängen geben keinen richtigen Maßstab ab für die Vergleichung der Länder bezüglich des Verkehrs; man muß die Eisenbahnlängen auf die Fläche beziehen. In den in der Wirtschaft höchststehenden Ländern ist die Eisenbahndichte am höchsten.

---

[1]) Sie setzt sich in Nordasien bis Wladiwostok am Großen Ozean fort (s. unten).

[2]) In Westeuropa sind die Länder schon eisenbahnreif und -gesättigt; die Zunahme ist darum gering. Andere Länder, wie China, sind eisenbahnhungrig und -jung.

[3]) Die Kosten des Eisenbahnbaues sind hier niedriger als in der Alten Welt, weil die Bodenpreise viel niedriger sind, die Bahnen auch meist schwächer, leichter gebaut werden als in Europa; das trifft auch auf andere Erdteile zu.

In Europa kommen 3,71 km auf 100 qkm, in der Union 4,28; in Belgien beträgt die Dichte 30,8 auf 100 qkm, in Deutschland 12,2, in Großbritannien (mit Irland) 12,6, im Europäischen Rußland 1,08 km.

Innerhalb der Länder zeigt die Eisenbahndichte natürlich große Unterschiede. In Deutschland haben die Industriegebiete eine weit größere Dichte als Ostpreußen.

Ferner ist 1 km Eisenbahn in West- und Mitteleuropa etwas anderes als etwa in Syrien oder in Bolivia. In England ist die Hälfte der Strecken zweigleisig, in Frankreich etwas unter der Hälfte, in Deutschland zwei Fünftel, in den anderen Ländern etwa ein Zehntel oder etwas mehr oder weniger.

Die Nutzlast eines Güterzuges beträgt in England 130, in Japan 140, in Frankreich 150, in Österreich 200, in Deutschland 225, in der Union 650 T. Das durchschnittliche Ladegewicht der englischen Güterwagen betrug (1921): 10,24, der deutschen 15, der amerikanischen 42 T. Der täglich zurückgelegte Weg eines Güterwagens und seine Durchschnittsgeschwindigkeit zeigt auch recht verschiedene Werte. Auf eine Streckenmeile (1,609 km) entfallen in der Union 1650000 T. Güter, in Deutschland und Rußland 1 Mill., in England 900000, in Japan 800000, in Österreich wie Kanada 750000, in Frankreich 670000 T. Personenzugmeilen kommen auf 1 Streckenmeile in England 11000, in Deutschland 8000, in Frankreich 5500, in der Union 2600.

Die Menge der Betriebsmittel[1]) (Lokomotiven, Personen-, Güterwagen) auf 100 km Eisenbahnstrecke ist sehr verschieden. Die Zughäufigkeit ebenfalls. Die Hauptbahnen befahren wohl 200 und mehr Züge in 24 Stunden, in Indien fährt meist nur ein durchgehender Zug täglich. Es gibt Strecken, auf denen nur ein Zug wöchentlich verkehrt, auf der Strecke Adelaide—Oodnadatta (Australien) gar alle 14 Tage. Die Spurweite der Bahnen ist der Abstand der Innenkanten der Schienenköpfe eines Gleises voneinander. Die in Europa und Nordamerika angewendete Normalspur ist 1,435 m. Rußland (1,524 m), die Pyrenäenhalbinsel (1,676 m), auch Irland (1,6 m) haben eine Breitspur. Schmalspur (1 m oder weniger) wird in Afrika und in unentwickelteren Landschaften verwendet. In Australien hat jeder Staat eine andere Spurweite. Bei Durchgangswagen stört das empfindlich.[2])

In waldreichen Ländern, wie in Nordrußland, in Nordschweden bis Mittelschweden (Krieg), in Südchile, Siam usw. wird (bei Kohlenmangel besonders) Holzheizung verwendet, in Ländern reicher Kohlenschätze, wie in England, Deutschland Dampfkraft, in Gebirgsländern oder (allgemeiner gesagt) in Ländern reicher Wasserkräfte, wie in Italien, Skandinavien, in den Alpen (Schweiz usw.), in der nordöstlichen Union kommt immer mehr elektrische Zugkraft in Anwendung.

In schneereichen Ländern müssen Schneezäune die Gleise schützen. An der Sibirischen Bahn beliefen sie sich bei der Anlage auf 910 km Länge; sie finden sich auch in Norddeutschland wie in unseren Mittelgebirgen, an der Grusinischen Heerstraße, an der Splügenstraße usw. Schneepflüge arbeiten bei uns wie an der White

[1]) Die Güterwagen sind in fortgeschrittenen Ländern spezialisiert (offene, bedeckte Wagen, Viehwagen, Tankwagen, Kühlwagen), die Personenwagen haben verschiedene Ausstattung (Klassen, entsprechend den verschiedenen Ansprüchen); Speise-, Schlafwagen usw.

[2]) Nachteile aus verschiedener Spurweite stellen sich z. B. heraus bei dem Wettbewerb Spaniens in Erstlingsfrüchten und Frühgemüse gegenüber Italien beim Transport durch Frankreich zum „Canal" und nach England.

Horse Pass-Bahn. Am meisten Schneeschutz ist erforderlich in Gebirgsländern der kühlgemäßigten Klimazone, besonders auch gegen Lawinen, an der Bergenbahn, an der Arlberg- und Gotthardbahn, an den Pazifikbahnen und an der argentinisch-chilenischen Andenbahn. Holzgalerien werden vielfach benutzt. Am Vierwaldstätter See schlug man Galerien in den Felsen. Die Lage der Schneegrenze in den Gebirgen wird wichtig. In den Anden liegt sie infolge der Trockenheit für die peruanischen Hochbahnen oberhalb (4800—5200 m) der Endstationen.

Für Gebirge sind charakteristisch Bergbahnen; sie führen auf Aussichtspunkte, sind Saisonbahnen und dienen (fast) lediglich dem Personenverkehr. Technisch unterscheidet man Zahnrad-, Drahtseil-, Schwebebahnen. Die Schweiz, auch Österreich, überhaupt die Alpen sind reich an solchen Bauten.

In kalten nordischen Ländern erfordert die Kälte Heizvorrichtungen; bei uns werden winters die Personenwagen geheizt. In der Tropenzone ist die Hitze zu bekämpfen; so haben die Wagen in Indien ein doppeltes Dach, Kühleinrichtungen wie nasse Tücher und die Punka (Windfächer) werden benutzt, und es wird nachts gefahren. In Wüsten ist der Wandersand und das grelle Licht zu bekämpfen, im heißfeuchten Urwaldklima der Rost, das Faulen hölzerner Eisenbahnschwellen (6—7 Jahre) durch Imprägnation, und das Andringen der wuchernden Pflanzenwelt.

Die Eisenbahnen werden möglichst geradlinig und ohne Steigungen geführt, um Zeit und Kraft zu ersparen.

In der Ebene ist dieses Prinzip leicht durchzuführen, wenn man Dämme (in Mooren), Brücken[1]) usw. zu Hilfe nimmt, in Gebirgen sind Umwege und Steigungen unvermeidlich. Man benutzt die Flußtäler; viele Brücken, Tunnel, Kehrtunnel usw. machen Gebirgseisenbahnen immer kostspielig. Die längsten Tunnel liegen in den Alpen. Der Mont Cenis-T. ist fast 13 km lang, der St. Gotthard-T. 15, der Lötschberg-T. 14$^1/_2$, der Simplon-T. fast 20 km.[2]) Verwendung von so langen Tunneln empfiehlt sich besonders, wenn eine Gebirgskette sich dem Verkehr in den Weg stellt; man legt die Tunnel möglichst tief, um klimatischen Störungen aus dem Wege zu gehen. Der alte Mont Cenis-T. (1290 m) litt gelegentlich an Vereisung; der St. Gotthard-T. liegt in 1150, der Simplon-T. in 705 m Meereshöhe. In sehr hohen und breiten Hochländern, wie im Andenhochland oder in Tibet, ist Durchtunnelung nicht möglich, und die Bahnen müssen in große Höhen aufsteigen. Die Lima-Oroyabahn (Südamerika) erreicht 4780 m Meereshöhe.[3])

Die Ursachen von Eisenbahnbauten sind hauptsächlich wirtschaftliche.

Der Zweck der Zeitersparnis steht im Vordergrunde. So kürzt die Eisenbahn (Singapore—) Penang—Bangkok den Verkehr von Europa nach Siam um etwa 4 Tage ab. Die Sibirische Bahn ersetzt den billigen, aber langsamen Seeverkehr nach Ostasien um Südeuropa und Asien herum; besonders Personen und ebenso Güter, die schnellem Verderben oder Qualitätsverschlechterung durch langwährenden Transport ausgesetzt sind, werden den Eisenbahnweg wählen. In jungen Ländern, wie in Kanada

[1]) Sie können bisweilen den Eisenbahnbau stark verteuern.

[2]) Noch länger ist die Gesamtstrecke der Tunnel auf der Linie Mentone—Cuneo.

[3]) Anderseits steigt in Südkalifornien die Südpazifikbahn in eine Depression (— 80 m unter M.) hinab.

oder überhaupt in Kolonialländern, oder im Türkischen Reich, wecken Erschließungsbahnen die Wirtschaft. Eisenbahnen, wie z. B. die Alaskabahnen, bedienen oft neuentdeckte Mineralfundstätten. Sie sollen Exportgebiete mit einem Hafen verbinden, wie die Kaffeezone São Paulos mit dem Hafen Santos[1]), oder Produktionsgebiete mit Konsumgebieten; die großen Städte sind ohne Eisenbahnen undenkbar.

Eisenbahnen können auch politischen Zwecken, z. B. der Kräftigung der Staatsgewalt, ihr Dasein (mit) verdanken (wie die Bagdad- und die Mekkabahn oder die südwestafrikanische Bahn Prieska—Upington—Warmbad) oder strategischen Zwecken (in den Grenzgebieten von Staaten) oder religiösen Zwecken (wie die Mekkabahn, für den Pilgerverkehr). Oft werden mehrere Ursachen zusammenwirken, den Bahnbau hervorzurufen.

Die Folgen der Eisenbahnen sind sehr mannigfaltige.

Der Transport wird billig, schnell, regelmäßig, pünktlich. Kamen früher nur Wertgüter in den Verkehr, so jetzt auch Schwer- und Massengüter: Kohlen, Weizen, Mais, Kali, Salpeter, Steine usw. Leicht verderbliche Güter wie Obst, Gemüse, Blumen, Fische lassen sich nun (durch Eilgüterzüge) auf den Markt bringen. Eine riesige Vergrößerung der Transporte, des Güterumlaufs setzt ein. Die Industriestätten, die früher an die Orte der Rohstoffe gebunden waren oder an Linien des Wasserverkehrs: Flüsse, Kanäle, Meeresküste, werden vom Rohstoff bzw. von der Kohle örtlich viel unabhängiger. Der Personenverkehr, der Arbeiteraustausch nimmt gewaltig zu. Der Landverkehr tritt gegenüber dem Meerverkehr wieder in den Vordergrund. Große Weltverkehrs-Eisenbahnen ziehen infolge ihrer Schnelligkeit viele Transporte, die früher der billigere, aber langsame Wasserverkehr bewältigte, an sich. Die Produktion großer meer- und flußferner Gebiete wird durch den Anschluß an den Weltverkehr (wie durch die Ugandabahn) geweckt bzw. gesteigert, nicht in Linien, sondern in ganzen Zonen, die beiderseits der Eisenbahn liegen.[2]) Die Abstände der Bahnstationen voneinander sind am kleinsten in dichtbevölkerten Gebieten mit vielen mittelgroßen Städten. Die Siedelungen werden durch den Eisenbahnbau, der sie miteinander in Verbindung setzt, aufs tiefste beeinflußt. An der Eisenbahn gelegene wachsen im allgemeinen, in Knotenpunkten gelegene entwickeln sich am meisten, in bevorzugter Lage zu Großstädten; abseits gelegene bleiben zurück. In jungen Kolonialländern schafft die Eisenbahn oft neue Ansiedelungen an den Bahnstationen.

In Fremdenverkehrsländern, wie in Italien und der Schweiz, überwiegt im Eisenbahnverkehr vielleicht der Transport von Personen, in Ländern, die mehr auf Produktion von Gütern eingestellt sind, der Güterverkehr. Nur dem Personenverkehr dienen die Stadteisenbahnen und die elektrischen Straßenbahnen. Die ersteren spezialisieren sich in Großstädten bis zu Untergrundbahnen[3]) und Hochbahnen.

---

[1]) 20000 Maultiere waren hier früher im Kaffeetransport beschäftigt.
[2]) Die Eisenbahnferne ist der Abstand von den Bahnstationen einer Eisenbahnlinie. Eisenbahnnah sind alle Orte bis zu 5 km Abstand. Die mittlere Eisenbahnferne eines Gebietes gibt einen Maßstab für seine Erschließung.
[3]) Es gibt in Großstädten, z. B. in Chicago, auch schon Untergrundgüterbahnen.

**Der Meerverkehr.**[1])

Das Meer bietet dem Schiff[2]), dessen Gestaltung, Größe, Antriebskraft, Schnelligkeit beständig verbessert wird, einen Naturweg ohne Kosten. Aber Gefahren umlauern ihn.

Anfangs getrauten sich die anwohnenden Völker [wie — um nur vom europäischen Kulturkreis (Aktionszentrum) zu sprechen — Phönizier, Karthager, Griechen, Normannen usw.], die das Meer mittels der Fischerei zu Seeleuten „erzieht"[3]), nur längs der Küsten zu schiffen, aber die Phönizier und die Normannen wagten bereits die Hochseeschiffahrt und die Europäer gelangten dann zur Ozeanfahrt.

Der Kompaß brachte die Möglichkeit der Orientierung in der Wasserwüste. 1819 kreuzte der erste Dampfer den Atlantischen Ozean, das Jahr 1840 brachte die erste regelmäßige Postdampferfahrt zwischen Europa und Nordamerika. Die Zahl der Segelschiffe (mit Wind als Antriebskraft[4]) verminderte sich beständig, obwohl für gewisse Zwecke auch heute noch Riesensegelschiffe in den Dienst gestellt werden. Die Dampfkraft, durch Heizung der Schiffsdampfkessel mit Kohle erzeugt, muß heute in weitem Umfang der Dampfkesselfeuerung mit Erdöl weichen. 1914 benutzten 2,05, 1921: 20,65, 1925: 27,54% der gesamten Weltflotte Heizöl als Antriebskraft.[5])

Die Hauptvorzüge der Verwendung von Heizöl statt Kohle als Brennstoff liegen nach G. Sinner in der schnelleren, bequemeren und reinlicheren Öleinnahme (mittels Rohrleitung aus den Hafentanks); darin, daß die Öltanks sich im Schiff an beliebigen für sonstige Ladung ungeeigneten Stellen, z. B. am Bug und Heck, unterbringen lassen; daß bei dem höheren Heizwert des Öls (etwa 10500 gegen 7000 Kalorien der Kohle) mit weit geringeren Lagerräumen und Gewichtsmengen für die Betriebsstoffe auszukommen ist; daß der Kesselbetrieb bei flüssigem Brennstoff, der durch eine Düse in den Feuerraum eingespritzt wird, einfacher[6]) und die Regelung der Dampferzeugung und die Betriebssicherheit des Schiffes günstiger ist (vgl. S. 171).

Mitte 1914 hatte die Welthandelsflotte[7]) eine Tonnage von 49,09 (7% Segler) Br.-R.-T., Mitte 1923 bestand sie aus rund 33500 Schiffen von 65,166, Mitte 1925: 32900 Schiffe (64,6 Mill. Br.-R.-T., 3,50% Segler).

Davon waren 1923 Dampf- und Motorschiffe 23420 (53491150), Öltankschiffe 920 (5160920), Segelschiffe 4260 (2830870), große Binnenseedampfer 675 (2526620), Trawlers und andere Fischerfahrzeuge 3630 (808450), hölzerne oder Mischfahrzeuge 660 (348030). 1923 wurden auf den **Werften** der Erde 701 Schiffe mit 1643180 Br.-R.-T. zu Wasser gelassen (1913: 1750, 3332880; 1919: 2480, 7144550,

---

[1]) Vgl. O. Blum, Der Weltverkehr. Stuttgart u. Berlin 1921, Bd. II, 1. Abschnitt.

[2]) Vgl. H. Herner, Schiffbau. 3. Aufl. Leipzig 1922 (Bibl. d. ges. Technik).

[3]) An der stürmischen Nordsee stählten sich Briten, Holländer, Norweger, Friesen in der Meerfahrt und wurden „Seeratten" (vgl. S. 28).

[4]) Daß diese Entwicklung durch das A. Flettnersche Rotorschiff (Windkraftschiff) aufgehalten werde, ist kaum anzunehmen.

[5]) Tankdampfer von mehr als 1000 Br.-R.-T. gab es 1923: 917 mit 5160920 Br.-R.-T. (399 mit 2497625 Br.-R.-T. vereinsstaatliche, 312 mit 1691260 Br.-R.-T. britische).

[6]) An Zahl und Verbrauch des Kesselbedienungspersonals, das namentlich im Tropendienst unter sehr ungünstigen hygienischen Verhältnissen arbeiten muß, kann bei der Ölfeuerung sehr gespart werden.

[7]) Schiffe über 100 T. gerechnet.

1920: 1760, 5861670). Großbritannien, Deutschland und Vereinigte Staaten standen im Schiffbau voran.

An den stählernen oder eisernen Dampfern und Motorschiffen der Welthandelsflotte, die allein für die Schiffahrtsbedeutung der Länder entscheidend sind (1914: 42,51, 1925: 58,79 Mill. Br.-R.-T.), hatten Anteil 1925 (1914): Großbritannien und Irland 32,8 (43,2), Union 19,74 (4,32), Japan 6,36 (3,86), Frankreich 5,55 (4,51), Deutschland 5,1 (fast 12), Italien 4,92 (3,36), Niederlande 4,4 (3,46), Norwegen 4,35 (4,52), Britische Besitzungen 3,8 (3,3), Schweden 2,07 (2,33), Spanien 1,91 (2,08), Dänemark 1,71 (1,8), Griechenland 1,51 (1,93), Belgien 0,91 (0,8), Österreich-Ungarn 0 (2,48), übrige Länder 4,9 (4,84) %. Es kamen auf das atlantisch-europäische Aktionsfeld 1925 also etwa 65 oder 66% gegen 80—81% 1913, auf das atlantisch-nordamerikanische (Union) etwa 20 oder mehr % gegen $4^1/_2$% vor dem Kriege; die Flotten der anderen Aktionszentren, besonders die des südostasiatischen, vergrößerten sich von 1914—1925.

Die Meere bedecken 70,8% der Erdoberfläche. Überall, wo das Meer sich ausbreitet, können die Schiffe Waren holen, Güter und Einwanderer hinschaffen. Dieses weltweit sich spannende Meer ist durch die Völker europäischer Zivilisation zur Hochstraße des Weltverkehrs gemacht worden (s. S. 51f.). Bei weitem der größte Teil des Welthandels, des Außenhandels der Länder, geht über See. Am dichtesten und häufigsten werden die Meere befahren, die zwischen den Aktionszentren liegen, durch die der Meerweg von einem Aktionsfeld zum andern führt.

Die natürlichen Gefahren der Meerfahrt: Wind, Wetter, Wellen, selbst Zyklone, werden meist von unseren modernen Schiffen überstanden. Immerhin sind die jährlichen Verluste der Welthandelsflotte (durch Abwracken, Seeunfälle usw.) recht erheblich[1]) (vgl. S. 52f.).

Die Größe der befahrenen Meere spiegelt sich zum Teil in der Größe der Fahrzeuge wieder. Auf den Ozeanen, wo die Wellen 10 m und mehr Höhe erreichen können, und in der Nordsee (6 m) verkehren die Riesendampfer, auf den Nebenmeeren fahren vielfach Dampfer von 400 und 500 Br.-R.-T. Die Größe der Meere bedingt auch die Entfernungen der Fahrten und die aufzuwendende Zeit (vgl. S. 59, 63, 64).

Für die letztere ist auch die Gestalt der Meere entscheidend. Der kanalartig schmale langgestreckte Atlantische Ozean ist viel schneller zu queren als der breite große Ozean. Jedes Nebenmeer (s. S. 52) und jede Einbuchtung der Küste erweitert den Bereich des Meeres und des Seeverkehrs.

Verkehrsgeographisch besonders wichtig sind die Meeresstraßen, die der Bedeutung der Isthmen für den Landverkehr entsprechen.

Sie geben Durchlaß von einem Meeresraum zum anderen, darum drängt sich hier der Meerverkehr aus allen Richtungen zusammen, besonders wenn die Meeresstraße hervorragende Aktionszentren verbindet, und je größer und befahrener die verbundenen

[1]) Mitte 1923 bis Mitte 1924 sind 968 Schiffe mit 1716770 (1920: 518600) Br.-R.-T. ausgeschieden, zwei Drittel durch Abwracken, ein Drittel durch Seeunfälle. Italien verlor durch letztere 1,82, Deutschland 1,66, Japan 1,62, Norwegen 1,57% seiner Flotte. Großbritannien 0,73, die Union 0,68, Frankreich 0,48, die Niederlande 0,41%.

Meere sind, desto wichtiger und frequentierter ist die Meeresstraße. Größte relative Bedeutung haben die Meeresstraßen, die zwei Ozeane miteinander vereinigen, wie die Magalhãesstraße[1]), die Malakkastraße; hierhin gehören auch die künstlichen interozeanischen Meeresstraßen, der Suez- und der Panamákanal. An zweiter Rangstellung stehen die Ozean und Nebenmeer verbindenden Meeresstraßen[2]), wie die von Gibraltar, der „Canal", die Floridastraße.

Von Belang können danach die Teile eines Ozeans oder zwei Nebenmeere verbindenden Meeresstraßen sein, wie der Bosporus oder der Sund. Die Teile eines Nebenmeeres verbindenden Meeresstraßen, wie der Strelasund oder die Straße von Messina oder die von Yukatan können ebenfalls sehr stark befahren sein, aber sie sind in den genannten Beispielen schließlich durch andere Passagen zu ersetzen.

An solchen Meeresstraßen entwickeln sich Anlaufhäfen, in denen Briefe und Telegramme, Wasser, Proviant, Kohlen, Petroleum usw. eingenommen werden. Oft liegen sie an beiden Seiten, wie Konstantinopel und Skutari, Dover und Calais.

Die engen Meeresstraßen haben auch eine strategische Bedeutung insofern, als ihre Beherrschung die feindliche Schiffahrt zu unterbinden ermöglicht; darum liegen hier Seefestungen und Flottenstützpunkte (Gibraltar, Singapore usw.).

Über die Rolle der Meeresstraßen für den Landverkehr s. S. 206.

---

Um Umwege der Seeschiffahrt abzukürzen (s. S. 205), werden Seekanäle angelegt.

In Deutschland wurde der Nordostseekanal (s. Bd. II) gebaut, um der Meerfahrt den langen und gefährlichen Umweg um die Halbinsel Jütland zu ersparen. Der Suezkanal und der Panamákanal lassen sich schließlich als Umwege um die Halbinseln Afrika und Südamerika ersparende interozeanische Seekanäle auffassen. Der Nordostseekanal ist ein intermariner Seekanal wie der Kanal von Korinth (s. Bd. II) oder der von Perekop (s. Bd. II) oder der Cape Codkanal (s. Bd. II).

Stich-Seekanäle entstehen, wenn man die Meeresstraße künstlich ins Innere des Landes vorschiebt.

In Deutschland gehört der Königsberger Seekanal hierher, in den Niederlanden der Noordzeekanal von Jjmuiden nach Amsterdam und der Nieuwe Waterweg von Hoek van Holland nach Rotterdam, in Belgien der Seekanal Zeebrügge—Brügge und der von Terneuzen nach Gent, in England der Manchester-Schiffskanal von Liverpool nach Manchester.

---

Nicht die ganzen Wasserflächen der Ozeane können vom Weltverkehr benutzt werden. Die Polarkappen liegen zum großen Teil dauernd unter

---

[1]) Die Magalhãesstraße verknüpfte früher alle Aktionszentren am Atlantischen Ozean mit denen am Großen Ozean; durch den Panamákanal hat sie viel von ihrer Bedeutung eingebüßt.

[2]) Die Straße von Ormuz ist wenig befahren. Die Produktivität und Größe des Hinterlandes, das eine Meeresstraße zugänglich macht, ist natürlich der Hauptfaktor für die Frequenz. Die zwei Ozeane verbindende Beringstraße z. B. ist durch die den Verkehr beeinträchtigende polare Lage und die Unproduktivität der Hinterländer am Nördlichen Eismeer sehr stark entwertet; ebenso die Hudsonstraße, die einen Ozean mit einem Nebenmeer verbindet.

Eis; die Packeisgrenze schließt jede Schiffahrt aus. Schon die Treibeisgrenze wird nach Möglichkeit gemieden.

Es bleibt der Meerschiffahrt nur ein breiter, unregelmäßig geformter Schiffahrtsgürtel zwischen den Polarkappen übrig, in die nur sommers hier und da ein immerhin gefährdeter Vorstoß (nach Spitzbergen, nach Westsibirien, zur Hudson- und Beringstraße und zum eismeerischen Ostsibirien oder Nordwestamerika) gemacht werden kann (vgl. S. 60 u. Bd. II).

Unter den Ozeanen ist der **Atlantische Ozean** (s. S. 58—62) in der Seefahrt der wichtigste geworden und bisher geblieben, weil an ihm die größten und stärksten Aktionsfelder (das europäische und das atlantisch-nordamerikanische) gelegen sind und neue (das südostamerikanische [argentinisch-uruguayisch-südbrasilische] und das südafrikanische) aufblühen.

Große natürliche Vorteile des Ozeans wurden früher (S. 59ff.) hervorgehoben. Große, verhältnismäßig anspruchsvolle und wohlhabende Bevölkerungsmassen erheischen hier Austausch; wohl 94% der Welthandelsflotte sind hier stationiert, und die meisten großen verkehrsreichsten Meerhäfen (z. B. New York, London, Liverpool, Antwerpen, Hamburg, Rotterdam, Cherbourg, Southampton, Montevideo, Buenos Aires, Marseille, Genua, Lissabon usw.) liegen an seinen Ufern. Das erste Dampfschiff, das erste transozeanische Kabel, die erste drahtlose Depesche, das erste Flugzeug, das erste Luftschiff kreuzten den nordatlantischen Ozean zwischen den zwei großen nordhemisphärischen Aktionszentren. Die Lage der Aktionszentren bestimmt auch die wichtigsten Dampferrouten. Die nordatlantische steht an der Spitze. Die südatlantische zwischen dem argentinisch-uruguayisch-südostbrasilischen Aktionsfeld und dem südafrikanischen ist noch wenig befahren. Die westatlantische Nordsüdroute hat mit der Zunahme der Beziehungen Ostkanadas und der Ostunion nach Westindien, Zentral- und Südamerika sehr gewonnen; sie trägt zudem seit Fertigstellung des Panamákanals in ihrem nördlichen Teil den Meerverkehr von dem atlantisch-nordamerikanischen und dem europäischen Aktionsfeld nach dem pazifisch-nordamerikanischen und dem chilenischen. Die ostatlantische Route ist im südlichen Teil (westafrikanische R.) erst verhältnismäßig wenig befahren; im nördlichen dagegen sehr stark, da hier bis zum Mittelmeereingang zugleich die wichtige „indisch-ostasiatisch-australische Route" von dem europäischen (und dem atlantisch-nordamerikanischen) Aktionszentrum nach dem südostasiatischen, dem australischen und zum Teil sogar dem südafrikanischen Aktionszentrum und ebenso die wichtigste Diagonallinie des Atlantischen Ozeans (die „südatlantische Route") von dem europäischen Aktionszentrum zum argentinisch-uruguayisch-südostbrasilischen (bis zu den Kapverdischen Inseln) in gleicher Richtung verlaufen. Die andere Diagonallinie von dem atlantisch-nordamerikanischen nach dem südafrikanischen Kraftfeld wird erst verhältnismäßig wenig befahren.

Auch im **Großen Ozean** (s. S. 62—64) bedingt die Lage und Stärke der Aktionsfelder die Bedeutung der Häfen und den Verlauf und die Frequenz der wichtigen Dampferrouten.

Unter den Häfen stehen die des werdenden südostasiatischen Aktionsfeldes voran: Jokohama, Osaka, Dairen, Tientsin, Tsingtau, Schanghai, Hongkong, Kanton, Saigon, Bangkok, Singapore, Batavia, Surabaja, Manila seien genannt; in Australien

Brisbane, Sydney, Melbourne, auf Neuseeland Auckland, Wellington, Lyttelton (für Christchurch), Port Chalmers (für Dunedin); im übrigen Ozeanien Honolulu; an der amerikanischen Front Vancouver, Seattle, Portland, San Francisco, Los Angeles und Valparaiso. Die wichtigste Dampferroute ist entschieden die westpazifische, die sowohl die einzelnen Teilfelder des großen und zukunftsreichen südostasiatischen Aktionsfeldes miteinander verbindet, als auch die ostasiatischen Gebiete mit dem europäischen Aktionszentrum und mit Australien und Neuseeland. Danach ist die nordpazifische Route wichtig von Ostasien zum pazifisch-nordamerikanischen Aktionszentrum, von der sich zum Panamákanal nach dem atlantisch-nordamerikanischen Aktionsfeld ein wichtiger Weg abzweigt. Die südpazifische Route zwischen Australien und Chile ist wohl noch sehr schwach befahren, während die ostpazifische Route vom pazifischen Nordamerika längs der Westküste Zentralamerikas und Südamerikas, vom Panamákanal aus (s. oben!) starke Zuströme erhaltend, beständig lebhafter wird. Von den Diagonallinien sind sicher die vom pazifisch-nordamerikanischen Gebiet nach dem Malaiischen Archipel und die nach Australien gehenden Routen die wichtigsten, während die von Südostasien zum chilenischen Aktionszentrum gerichtete Route erst schwach befahren wird.

Im **Indischen Ozean** (s. S. 64) entscheidet die Lage der drei angrenzenden Aktionsfelder über Lage der Häfen und Verlauf der Dampferrouten.

Penang, Rangoon, Calcutta, Madras, Colombo, Bombay, Karachi im südostasiatischen, Perth, Adelaide, Melbourne im australischen, Port Elizabeth, Durban, Lourenço Marquez im südafrikanischen Aktionsfeld sind die wichtigsten Häfen. Unter den Dampferrouten ist die schon erwähnte „indisch-ostasiatische Route“ im Norden die wichtigste, die von dem europäischen Aktionszentrum durch Mittelmeer, Suezkanal und Rotes Meer Südostasien zustrebt und bei Colombo einen Diagonalzweig nach Westaustralien und dem südostaustralischen Kraftzentrum entsendet. Demnächst hat die ostafrikanische Route über Aden, Sansibar einigen Verkehr, während die Südafrika mit Südostaustralien verbindende Route noch von geringem Belang ist.

Die großen Aktionszentren, im Besitz des größten Teiles der Welthandelsflotte, haben die bedeutsamen Schiffahrtsgesellschaften[1]), deren Schiffe die genannten Dampferrouten oder einige von ihnen befahren.

England, Frankreich, Deutschland, Italien, Holland, Norwegen, Belgien usw. auf der europäischen Seite, die Union auf der atlantisch-amerikanischen, auch schon Kanada (mit Staatsflotte), im Großen Ozean Japan entsenden rivalisierend ihre Dampfer, deren Baumaterial fast immer Eisen und Stahl ist. Die ebenfalls eisernen

---

[1]) 1922/23 waren die größten G. nach Namen und Tonnage in Br.-R.-T.: Britisch India S. N. Co. (brit.) 907360, Furness Lines (brit.) 765030, A. Holt & Co. (brit.) 590940, Ellerman Lines Ltd. (brit.) 568620, Nippon Yusen Kaisha (jap.) 567025, Comp. Gen. Transatlantique (franz.) 527600, Peninsular a. Oriental Co. (brit.) 518120, White Star Line (brit.) 458520, Standard Oil Co., N. J. (vereinsst.) 455370, Osaka Shosen Kaisha (jap.) 427475, Cunard S. S. Co. (brit.) 423510, Anglo-Saxon Petrol. Co. (brit.) 406520, Canadian Pacific S. S. Ltd. (brit.) 403660, Holland Amerika Lijn (holl.) 376370. Vgl. weiter Wirtschaftsdienst 1923, Nr. 13, S. 331. Die am Kriegsschluß von den Feindbundvölkern „beschlagnahmten“ Schiffe der Hamburg-Amerika-Linie konnten noch nicht ersetzt werden. Anfang 1925 besaß diese größte deutsche Gesellschaft erst 449340 Br.-R.-T., also noch nicht ein Drittel des Friedensbestandes. Doch kommen unsere Schiffahrtsgesellschaften (Norddeutscher Lloyd, Bremen, usw.) allmählich wieder hoch.

und stählernen Segler, die nur noch bei Transport von Massengütern mit den Dampfern konkurrieren können, wenn es auf Billigkeit, nicht auf Schnelligkeit ankommt (wie bei Erzen, Salpeter, Kohlen, Zement, Holz, Getreide) fahren auf bestimmten Meereswegen, die mit Berücksichtigung der regelmäßigen Winde und Meeresströmungen gewählt sind und oft von der Geraden zwischen Ausgangs- und Zielhafen stark abweichen.

### Die Binnenschiffahrt.

Sie vollzieht sich auf Binnengewässern, innerhalb des Landes, auf Strömen, Flüssen und Seen, auf schmalen, gebundenen Fahrstraßen, die hochgradig von den Unebenheiten des Bodens, den Bodenformen abhängen.

Der Weg ist zwar von Natur wie die Meeresstraße fertig, sodaß der Transport billig und unter Umständen Massentransport sein kann, aber der Weg ist auch zwangsweise vorgeschrieben und nur unter Aufwendung von Kosten zu verbessern und zu ändern. Solange Eisenbahnen fehlen, bieten die Binnenschiffahrtsstraßen Hauptverkehrsgelegenheit, in Eisenbahnländern ergänzen sie die Eisenbahn.

Über die natürlichen Verhältnisse der Flüsse wurde schon S. 66ff. das Nötigste gesagt. Den modernen Anforderungen entspricht kein Naturfluß mehr. Besonders die wachsenden Schiffsgrößen und die Ein- und Ausladebedürfnisse stellen immer höhere Anforderungen an sie. Nur Völker hoher Wirtschaftsstufe können die nötigen Korrekturen an der Natur vornehmen und durch Anlage von Kanälen sogar die natürlichen Stromgebiete erweitern und verbinden.

Mittels der im späten Mittelalter erfundenen Kasten- oder Kammerschleuse und elektrisch betriebener Hebewerke können sogar erhebliche Bodenschwellen von Kanälen überwunden werden. Auch durchtunnelt man Berge für sie oder führt sie auf Viadukten über Flüsse hinweg.

Von primitiven Fahrzeugen der Binnenschiffahrt (Holz- oder Schlauchflößen) ist man zu Booten und (stets wachsenden) Flußschiffen fortgeschritten. Selbst auf Kanälen fahren Schiffe von 1000 und mehr T. Ladefähigkeit.

Talab kann die bloße Strömung der Flüsse die Fahrzeuge in Bewegung setzen, aber stromauf und in Kanälen ist unbedingt eine künstlich gewonnene Triebkraft nötig.

Von Ruder, Schiebstangen, Segeln, Treideln (mit Menschen oder tierischer Kraft, neuerdings mit elektrischen Lokomotiven) gelangte man zur Verwendung der Dampf- und Motorkraft (Petroleum, Elektrizität). Auch Schleppdampfer, die ganze Schiffszüge schleppen, werden verwendet oder man bedient sich auch der Kettenschiffahrt (mittels eines Drahtseiles oder einer Kette).

Die Seen, stehende Gewässer des Festlandes, haben meist eine beschränkte Bedeutung für die Binnenschiffahrt (s. S. 66).

### Das Luftschiffahrtswesen.

Die Luftschiffahrt ist der jüngste Zweig des Verkehrswesens und hat, besonders auch während des Krieges Erfahrungen sammelnd, sich lebhaft entwickelt. Die Luftbahn hat mit der Wasserbahn des Meeres gemein, daß sie ohne weitere Umstände zu benutzen ist. Aber das Medium der Luft erzeugt eine viel geringere Reibung als das Wasser, und es lassen sich darum in ihr die größten Schnelligkeiten erzielen.

Unter den Luftverkehrsmitteln ist der vor dem Winde treibende Luftballon wenig für moderne Verkehrszwecke zu brauchen. Unter den Motorluftschiffen hat der starre Typ nach Art der Zeppeline sich am meisten bewährt. Für Dauerfahrten und größere Transporte[1]) kommen sie allein in Betracht und sind an Bequemlichkeit, Billigkeit, Sicherheit (wenn man Heliumgas zur Füllung nimmt) wohl den Flugzeugen überlegen. Freilich sind Häfen (Luftschiffhallen oder hohe eiserne Masten) an den Abfahrts- und Landestellen nötig. 1924 hat ein deutsches Zeppelin-Luftschiff, das für vereinsstaatliche Rechnung gebaut wurde, den Atlantischen Ozean zwischen Deutschland und der Union (New York) queren können (in etwa $2^1/_2$ Tagen). Man hofft, Australien von England aus zukünftig in 7 Tagen zu erreichen. Besonders für die Überfliegung von Gebirgen, Wüsten, Urwaldgebieten, Meeresstraßen und Meeren scheinen sich den Luftschiffen gute Aussichten zu eröffnen. Deutschland führte durchaus im Luftschiffwesen, bis die Ententeländer unseren schon regelmäßigen Verkehrsdienst unterbanden — welch ein Armutszeugnis — und unsere Zeppeline nachzubauen unternahmen. Die Zeppeline erreichen 80, 100 und mehr Kilometer durchschnittliche Fahrtgeschwindigkeit.

Das Flugzeugwesen scheint sich besonders für eiligen Kleinverkehr von Personen, Post- und Wertsachen zu eignen und hat auf diesem Gebiete bereits eine gewisse wirtschaftliche Wichtigkeit erlangt.

In Europa ist bereits der größte Teil des Erdteils von einem weitmaschigen Flugnetz überzogen.[2]) Von Manchester konnte man 1925 den Flug bis Konstantinopel oder Tiflis oder Odessa über Moskau, nach Lemberg, Helsingfors oder Kopenhagen machen; von Toulouse führt eine Flugzeuglinie über die Pyrenäenhalbinsel bis nach Casablanca (Marokko) und von hier nach Dakar, Algier und Biskra. In Deutschland wird am stärksten auf der Linie von Berlin nach London geflogen. Die Sahara ist überflogen (s. Bd. II). Ein Luftdienst besteht zwischen Kairo und Indien (Karachi). Auf der Linie Kairo—Kapstadt ist schon eine Reihe von Landungsplätzen angelegt. Probefahrten zwischen Indien und Australien sind günstig ausgefallen. In der Union sind zahlreiche Postdienstlinien im Betrieb, und der Flug New York—San Francisco bedeutet gegenüber dem Transkontinental-Expreß eine Zeitersparnis von vielen Stunden.

## Der Nachrichtenverkehr.

Schon viele primitiven Völker haben Methoden der Fern-Nachrichtenübermittlung (Trommeln, Feuer-, Staubzeichen usw.), und dieselbe hat sich dann in den großen Aktionszentren der Erde im 19. und 20. Jahrhundert zu ungeahnter Vollkommenheit entwickelt.

---

[1]) 100 und mehr Passagiere.

[2]) Vgl. die Karte in Wirtschaft und Statistik IV, 1924, Nr. 16, S. 505. Ann. de Géogr. Januar 1925. Das Flugnetz verändert sein Bild jahreszeitlich erheblich. Neue Linien kommen ständig hinzu, sind von Dauer oder werden wieder aufgegeben. Der Luftverkehr zeigt unter allen Verkehrsarten die größte Fähigkeit, sich an die Verkehrsbedürfnisse schnell anzupassen. 1925 wurde das europäische Streckennetz mit 30255, das asiatische 5880, das australische 5670, das afrikanische 7230, das amerikanische 8510 km angegeben (?).

Das **Postwesen** ist in den Aktionszentren am stärksten entfaltet. Mit der Verschiedenheit der Bildung (Zahl der Analphabeten!), der Dichte und Beschäftigung, Wohlhabenheit und Regsamkeit usw. der Bevölkerungen hängt es zusammen, daß in fortgeschrittenen Ländern Briefsendungen, Pakete, Geld usw. viel lebhafter kursieren als in zurückgebliebenen Ländern, wo die Postvermittlung kaum Bedürfnis und bekannt ist.

Auf den Kopf der Bevölkerung kamen von der Gesamtzahl der **Briefsendungen** im Inlandsverkehr und nach dem Auslande 1921 (1913) in **Europa**: Niederlande 115,5 (92,4), Großbritannien 111,7 (127,5), Belgien 103,9, Schweiz 103,6 (112), Luxemburg 101,5, Saargebiet 83,2, Deutschland 80,4 (112,6), Frankreich (91,2), Dänemark 61,6 (64,4), Italien 52 (43,7), Tschechoslowakei 51,6, Schweden 51,3 (41,7), Österreich (60,4), Norwegen 44,7 (41,2), Ungarn 25 (32,9), Spanien 23,5 (19,6), Portugal 18,7, Polen 17,5, Lettland 16,9, Finnland 16,2, Griechenland (1920) 15,6, Jugoslawien 12,9, Bulgarien (1920) 12,7, Rumänien (1920) 7,3; in **Asien**: Japan (1920) 64, Britisch-Indien (1920) 4,2, Niederl.-Indien 1,4, China 1, Persien 0,4; in **Afrika**: Tunis 35,1, Ägypten 7,4 (5,9), Südafrik. Union 2,1 (36,2); in **Australien**: 128,9 (139,1); in Neuseeland (1920) 137,7 (142,1); in **Nordamerika**: Union, s. Bd. II, Mexiko 9,2; in **Südamerika**: Argentinien 135,6 (151,9), Chile (20,4), Brasilien 7,1, Peru 4,9. Einflüsse des Krieges und der Inflation sind in den Unterschieden von 1913 und 1921 ersichtlich. Interessant ist, daß einige der kleinen Aktionszentren bzw. der Kolonialländer die „alten“ Staaten Europas überflügelt haben.[1]) Der „**Weltpostverein**“ (Sitz Bern) umfaßt bald alle Länder der Erde.

### Telegraph und Telephon.[2])

**Telegraphenleitungen** durchziehen heute alle bewohnten Länder; am dichtesten[3]) spannen sie sich in den Aktionsfeldern.

Hier ist die Zahl der aufgegebenen Telegramme am höchsten. Am wichtigsten sind die großen Überlandlinien, die meistens den Eisenbahnen folgen, wie der Sibirischen Bahn oder den nordamerikanischen Pazifikbahnen. Eine australische Überlandlinie von Adelaide nach Port Darwin eilte aber der Eisenbahn voraus.

Die Stationen für **drahtlose Telegraphie** sind am zahlreichsten in den Aktionsfeldern und in den Gebieten ihrer Kolonisation und bedecken schon alle Küsten, die stark befahren werden, weil es eine ihrer Hauptaufgaben ist, den Verkehr zwischen Schiff und Küste aufrecht zu erhalten; auch sind alle modernen Schiffe, Luftschiffe, Flugzeuge mit Funkstationen ausgerüstet,

---

[1]) Ausführlich s. Wirtschaftsdienst 1923, Nr. 44, S. 1017 ff., auch Wirtschaft und Statistik 1923, Nr. 19, S. 594 f. Auslands-Briefverkehr ebenda 1924, Nr. 23. **Postscheckverkehr** s. Wirtschaft und Statistik, 1922 S. 313. Vgl. K. **Hassert**, A. Verkehrsg., S. 436—442.

[2]) Vgl. K. **Hassert**, a. a. O., S. 442—453; P. **Lertes**, Die drahtlose Telegraphie und Telephonie. Dresden u. Leipzig 1922. Statist. Jb. f. d. Deutsche Reich 1925, 58* u. 59*.

[3]) Einige Vergleichszahlen seien beigebracht. In Deutschland kamen 1921: 536 km **Telegraphenleitungen** auf 100 qkm, in Großbritannien gegen 203, in Frankreich noch nicht 140 km, in Australien wenig über 3, in Belgisch-Kongo 0,18 km und **auf 100 Einw.** in Deutschland über 4, Großbritannien gegen 1, Frankreich gegen 2, Australien 4,2, Belgisch-Kongo gegen 0,06 km. Dabei sind in Frankreichs Leitungen die Algiers eingeschlossen! **Telegramme** in Deutschland auf 100 Einw. über 135, in Großbritannien gegen 176, in Frankreich über 164, in Australien 334, in Belgisch-Kongo wenig über 2.

um in Seenot usw. Hilfe herbeirufen oder irgendwelche Meldungen geben zu können. Des weiteren dienen die Großstationen für drahtlose Telegraphie dazu, die einzelnen Teile der Kolonialreiche miteinander und mit allen Teilen der Erde in Verbindung zu bringen.

Das allbritische Netz ist im Ausbau begriffen, ein allfranzösisches geplant, ebenso ein allvereinsstaatliches. Holland steht mit Java, Peking mehrfach mit Kaschgar, Nauen (Deutschland) mit Buenos Aires und New York usw. in Verbindung. Ja, Nauen könnte mit Australien und den Südsee-Inseln funkentelegraphische Nachrichten austauschen, wenn dort entsprechend starke Funkstellen die gleiche Reichweite hätten. Die Überseekabel werden durch den Funkverkehr nicht überflüssig gemacht, denn ihrem Dienst eignet eine größere Betriebssicherheit, während der Funkdienst gewissen Störungen unterliegen kann.[1])

Die **Seekabel**[2]) laufen hauptsächlich zwischen den großen und kleinen Aktionsfeldern der Erde und innerhalb derselben; die meisten zwischen Europa und Nordamerika. Aber auch mit Südafrika, Südamerikas Ostseite und Westseite, Australien, Neuseeland, Südostasien ist Europa verknüpft und mittels der Landtelegraphen, die sich an die Seekabel ansetzen, auch mit dem pazifisch-nordamerikanischen Aktionsfeld. Ebenso ist das atlantisch-nordamerikanische Aktionsfeld mit allen anderen Aktionszentren direkt oder indirekt (in Friedenszeiten) in Seekabelverbindung.

Das Kabelnetz, das 1860 erst 2400 km lang war, umfaßte 1880: 78000, 1900: 320000, 1913: 519300, 1922: 590200 km. 1922 (1913) besaßen die Britischen Inseln (mit Kanada) fast 46,2 (50,4) % aller Kabellängen[3]), die Vereinigten Staaten fast 24 (gegen 20) %, Frankreich (mit Indochina) über 11 (8,4)%, Dänemark (mit Färöer und Island) 2,8 (gegen 3,40) %, Japan gegen 2,5 (gegen 1,7) %, es folgen die Niederlande, Spanien, Italien, Britisch-Indien, Norwegen, dann erst das ausgeräuberte Deutschland mit noch nicht 0,6 (gegen mehr als 8,3 im Jahre 1913) %. Über die Kabellegung usw. und ihre geographischen Beziehungen vgl. S. 53 und S. 55f. und K. Hassert, a. a. O., S. 463—466.

---

Der **Fernsprecher (Telephon)** leistete anfangs seine hauptsächlichsten Dienste im Ortsfernsprechwesen. Er ist heute in allen größeren Orten der Aktionsfelder und in vielen kleineren eingebürgert. Durch die Erfindung des Fernsprechverstärkers im Kriege wurde die Möglichkeit geboten, mit Hilfe unterirdischer Fernsprechleitungen innerstaatliche, ja auch zwischenstaatliche Ferngespräche zu führen. Stockholm mit Rom, London mit Budapest, Krakau und Danzig sind durch Überland-Fernsprechkabel verbunden. Deutschland nimmt infolge seiner zentralen Lage im zwischenstaatlichen Fernsprechverkehr eine besondere Stellung ein.

---

[1]) Vgl. näher und über andere Verwendungsarten des Funkdienstes H. Günther, Radiotechnik. Stuttgart (Kosmos) 1921. Karte des Weltfunkverkehrs und Text s. in Wirtschaft und Statistik II, 1922, S. 401 f.

[2]) Karte und Text s. in Wirtschaft und Statistik III, 1923, S. 238 ff.

[3]) Dazu kommen fast 3 (2,8) % des Pacific Cable-Board (gemeins. Eigentum der Britischen Inseln, Australiens, Neuseelands und Kanadas).

Die Anzahl der inneren Telephongespräche auf den Kopf der Bevölkerung ist am höchsten (in Europa) in Norwegen (174), Dänemark (100) und Schweden (97). Große Entfernungen, zum Teil noch mangelhafte Transportverhältnisse[1]), durch Schnee in langen Wintern verschlechtert, vielfach Einzelhöfe erklären wohl diese Tatsache. Es folgen die Niederlande (45), Deutschland (40), Ungarn (29), Schweiz (22), Großbritannien und Irland (18), Finnland (14), Belgien (10), Frankreich mit Algerien (10), Italien (7), Luxemburg ($6^1/_2$), Jugoslawien ($2^2/_3$), Rumänien ($1^1/_4$). In Asien sei Japan mit 28 auf den Kopf genannt. In Australien entfallen 39, in dem kleinen Neuseeland $5^2/_3$, in der südafrikanischen Union 14, in Tunis 1, in der weiträumigen nordamerikanischen Union 156 Telephongespräche (im Innern) auf den Kopf der Bevölkerung.

Nach außerhalb ist die Zahl der Telephongespräche am größten in Dänemark (1930 auf 100 Einw.) und Deutschland (1160). Dann folgen in Europa Schweiz (990), Norwegen (670), Schweden (640), Luxemburg (440), Niederlande (160), Frankreich (mit Algerien, 130), Großbritannien (120), Finnland (110), Jugoslawien (51), Ungarn (43), Belgien (33), Italien (22), Rumänien ($2^1/_2$). In Asien hat Japan 86 Außengespräche auf 100 Einw., Australien hat deren 230, in Afrika Tunis 43, die südafrikanische Union 6, die Vereinigten Staaten in Nordamerika 470.

In den Aktionszentren ist das Telephonwesen am besten entwickelt. Neue Möglichkeiten verspricht die drahtlose Telephonie, die sich sogar schon auf weite Entfernungen als möglich erweist; Ersatz zum Teil für das gesprochene Wort vermag wohl in Zukunft das drahtlos übermittelte Bild, das auf dem Marsche zu sein scheint, zu liefern.

Das wichtigste und älteste Instrument der Nachrichtenübermittlung ist entschieden die **Sprache**[2]) von Mund zu Mund. Trotz Telephon, Brief usw. hat sie, sobald Nahverkehr in Betracht kommt und für eingehenderen Gedankenaustausch, die vornehmste Bedeutung.

Es herrscht aber eine solche Sprachenwirrnis und innerhalb jeder Sprache wiederum Dialektverschiedenheit[3]), daß heute eine Verständigung schon innerhalb Europas sehr erschwert ist. Der Welthandel verlangt aber immer gebieterischer ein allgemeines Verständigungsmittel gegenüber der heutigen Zersplitterung der Sprachen. Selbst die englische Sprache, die nicht nur in allen Aktionszentren britischer Herkunft oder in allen britischen Kolonien, sondern auch außerhalb derselben wegen der großen räumlichen Ausdehnung des britischen und vereinsstaatlichen Handels weithin verstanden wird, kann nicht als eine Weltsprache zur allgemeinen Verständigung bezeichnet werden. Auch die spanische und die portugiesische

---

[1]) Bei Dänemark ist es vielleicht besonders die Zersplitterung des Landes in Inseln, die das Telephon so unentbehrlich macht. Die Statistik für Schweden ist nicht vollständig, da Angaben der Privatgesellschaften fehlen.

[2]) Vgl. H. Hassert, Allgem. Verkehrsg., S. 424 ff. Die Verkehrssprachen.

[3]) Zumal in (verkehrsärmeren) Gebirgen und in Archipelen finden sich oft Verschiedenheiten auf kleinstem Raum, in großen Ebenen und überhaupt in Gebieten mit welttragendem Verkehr gleichen sich die Unterschiede der Sprachen wie die rassenhaften Verschiedenheiten leicht aus. Auch spielt die Wirtschafts- bzw. Kulturstufe dabei eine Rolle. Eine hohe Kulturstufe drängt auf Nivellierung der Sprachverhältnisse in ihrem Gebiet. Natürlich werden die Schwierigkeiten der Sprachverschiedenheiten durch die Verschiedenheiten der Schriftarten noch gesteigert, soweit überhaupt eine schriftliche Nachrichtenvermittlung (s. oben S. 81, Anm. 3) in Frage kommt.

Sprache (von Mexiko durch Mittel- und Südamerika verbreitet) die russische (auf den riesigen Flächen Rußlands und Sibiriens), die arabische (von Vorderindien durch Vorderasien und Nordafrika), die chinesische (in Ost- und Zentralasien), die französische (weithin verstanden), die niederländische (in Südafrika), die deutsche (in Mitteleuropa, weithin auch in Ost- und Südosteuropa, ja im Orient Verständigungsmittel) werden nur immer in beschränkten Gebieten verstanden. Auch steht der allgemeinen Annahme einer dieser Sprachen als Weltsprache die begründete Furcht der anderssprechenden Völker entgegen, daß die Konkurrenzverhältnisse im Welthandel dadurch eine äußerliche Beeinflussung erfahren könnten. Doch auch die Versuche, eine künstliche Weltsprache (Volapük, neuerdings Esperanto) zu schaffen, scheinen zurzeit noch keine Erfolge zu haben.

# Bemerkungen zu den Karten.

## 1. Karte der Wirtschaftsstufen.

Als ich aus meinem Material zu der Aufstellung der vier Wirtschaftsstufen gelangt war und mir daran lag, sie weiterhin zu prüfen, war ich nicht wenig erstaunt, in Vierkandts „Naturvölker und Kulturvölker" die psychologischen Parallelen zu meinen Wirtschaftsstudien zu erkennen. Mit Unrecht war ich erstaunt, denn der Parallelismus des Psychischen und Physischen und der Psyche und ihrer Aktion in der Außenwelt ist anerkannt. So erschien mir die Wirtschaftsstufe als eine Projektion des inneren Zustandes der Menschengruppen in die Außenwelt. Selbstverständlich geht sie im allgemeinen auch parallel der umfassenderen Kulturstufe.

Scharfe Grenzen trennen weder die Kulturstufen noch die einzelnen Wirtschaftsstufen, und so entschloß ich mich, meine Karte der Wirtschaftsstufen im großen und ganzen der ähnlichen Vierkandts[1]) gleich zu gestalten, bis auf die Stellen, wo dringender Grund zur Abweichung vorzuliegen schien. Solange nicht auf Grund spezieller Untersuchungen die Grenzen, sagen wir richtiger: Grenzsäume, Durchdringungszonen, mit größerer Wahrscheinlichkeit gezogen werden können als heute, verzichte ich auf den billigen Ruhm, eine Originalkarte zu veröffentlichen, die vorläufig nur ebenso problematisch im einzelnen ausfallen mußte wie die Vierkandts. Es kommt zunächst auf die Darstellung des einzelnen auch nicht an; erst mußte das Problem gestellt sein, und dann muß das gewählte Kriterium in der Einzelforschung durchgehends Anwendung und Bestätigung gefunden haben, ehe meines Erachtens an eine genauere Fixierung der geographischen Lagerung geschritten werden soll und kann.

## 2. Karte der Wirtschaftsformen.

Diese Karte entwarf ich selbständig, da eine für meine Auffassung brauchbare Vorarbeit fehlt.

Die technische Schwierigkeit der Darstellung war nicht gering, zumal bei den Schranken der gegebenen Farben und der aus meinen Anschauungen sich ergebenden Notwendigkeit, die sich deckenden Wirtschaftsformen zur Darstellung zu bringen. Dabei erschien es mir richtig, die zahlreichen koinzidierenden Wirtschaftsformen in

---

[1]) Geographische Zeitschrift 1897, Tafel 3, nach den Karten Gerlands, Ed. Hahns, Ratzels gezeichnet.

der Darstellung in ein Verhältnis zu bringen, ihre gegenseitigen Stärkebeziehungen darzustellen, damit, im großen und ganzen wenigstens, sowohl die lokale relative Wichtigkeit der einzelnen im Zusammenspiel der koinzidierenden Wirtschaftsformen als auch ein Bild der relativen Wichtigkeit jeder Wirtschaftsform im Erdganzen erhelle. Dabei ist selbstverständlich, daß die Darstellung nicht darauf ausgehen konnte, jede einzelne Wirtschaftsform in ihrer ganzen Verbreitung zu fixieren; bei der Koinzidenz von Verhältnissen ist es immer notwendig, das Unwichtige auszuscheiden, das Wichtige festzuhalten, das Wichtigste herauszuheben.

Das Kärtchen kann natürlich nur als ein erster Versuch betrachtet werden. Ich habe sie wie das der Wirtschaftsstufen auch in dieser Auflage unverändert gelassen und nur einige notwendige Korrekturen und Ergänzungen vorgenommen.

## 3. Karte der Wirtschaftszonen und Wirtschaftsgebiete.

Das Klima ist so hervorstechend in vorderster Stelle an der Gestaltung der wirtschaftlichen Verhältnisse beteiligt[1]), daß W. Köppens vorzügliche Karte der Klimagebiete der Erde uns als Karte der Wirtschaftszonen und Wirtschaftsgebiete dienen kann (s. Karte 3).

---

[1]) Vgl. S. 95ff. und Vierkandt in der Geographischen Zeitschrift 1897, S. 315ff.

# Register.

Die Zahlen geben die „Seite" an. Beim Gebrauch wird man sich einer „Allgemeinen Wirtschaftsgeographie" entsprechend nicht nur auf einen Seitenverweis beschränken, sondern möglichst alle die Sache betreffenden Seitenverweise verwenden. (Bsp. Bevölkerung, dazu Wirtschaft, Kultur, Verkehr.)

## A

## B

## G

## L



## M

## N

## O

## P

## Q



## R



## S

DRUCK VON METZGER & WITTIG
IN LEIPZIG

# Inhalt.

## U



## V

DRUCK VON METZGER & WITTIG
IN LEIPZIG

# Inhalt.

## W

## Y



## Z

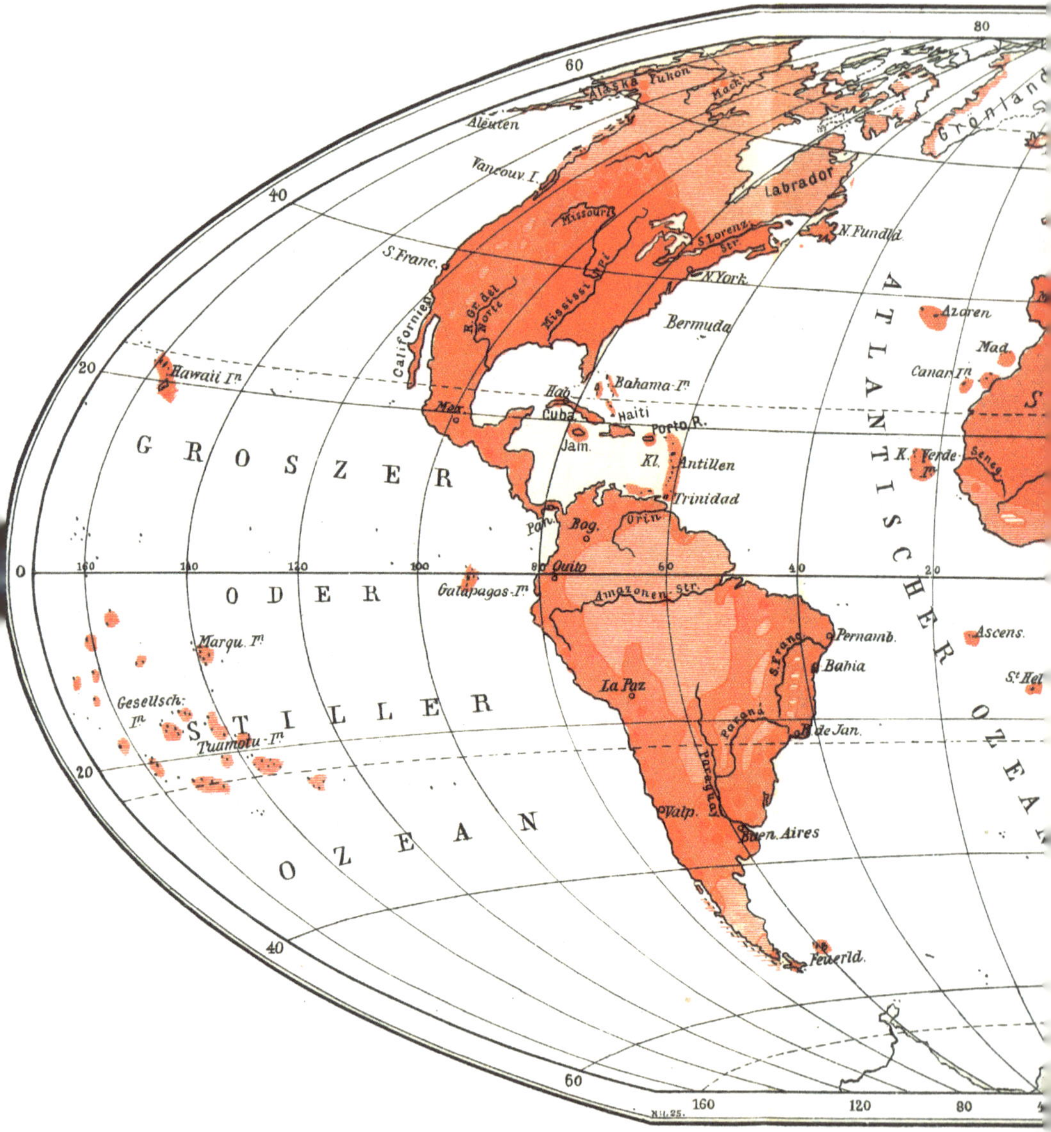


Wirtsch.-Stufe der tierischen Wirtschaft (Sammelwirtschaft);
" " " instinktiven Wirtschaft;
" " " traditionellen " ;

WIRTSC
(nach dem Abstand
von

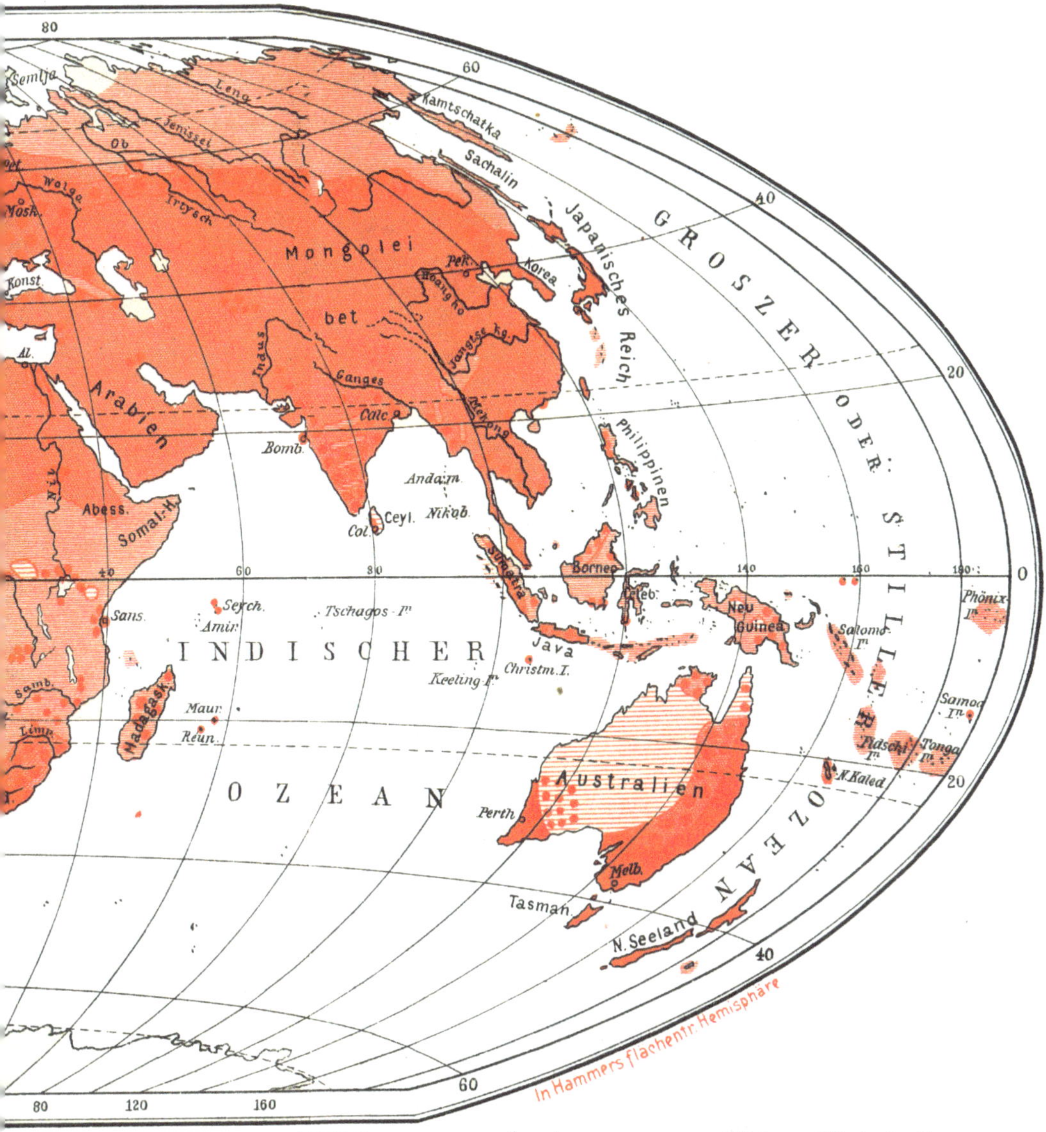


TUFEN

vom Naturzwang)

rich

Wirtsch. Stufe der wissenschaftlichen Wirtschaft.

Menggebiete von Wirtschaftsstufen.

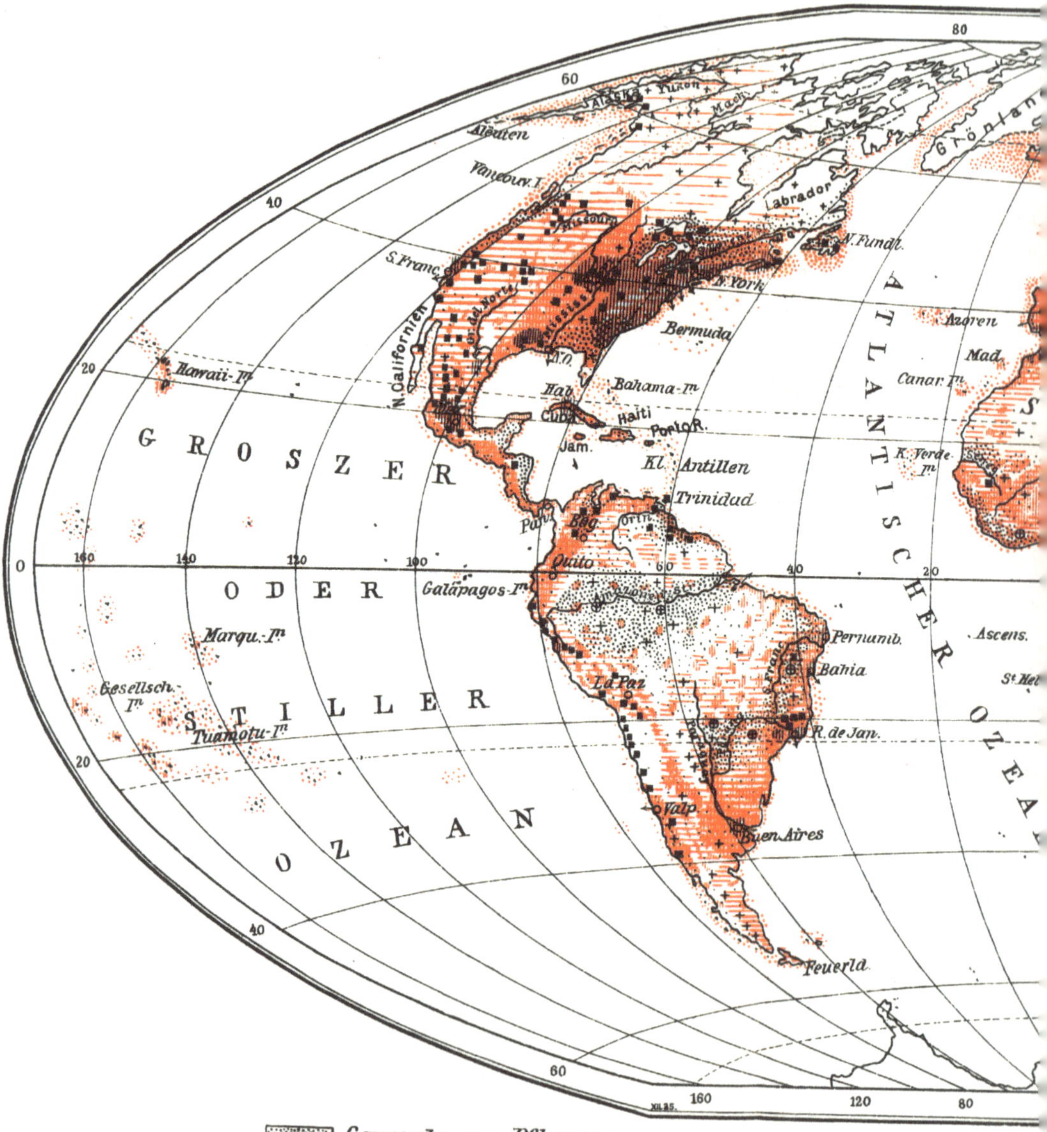




**WIRTSC**

von Dr.

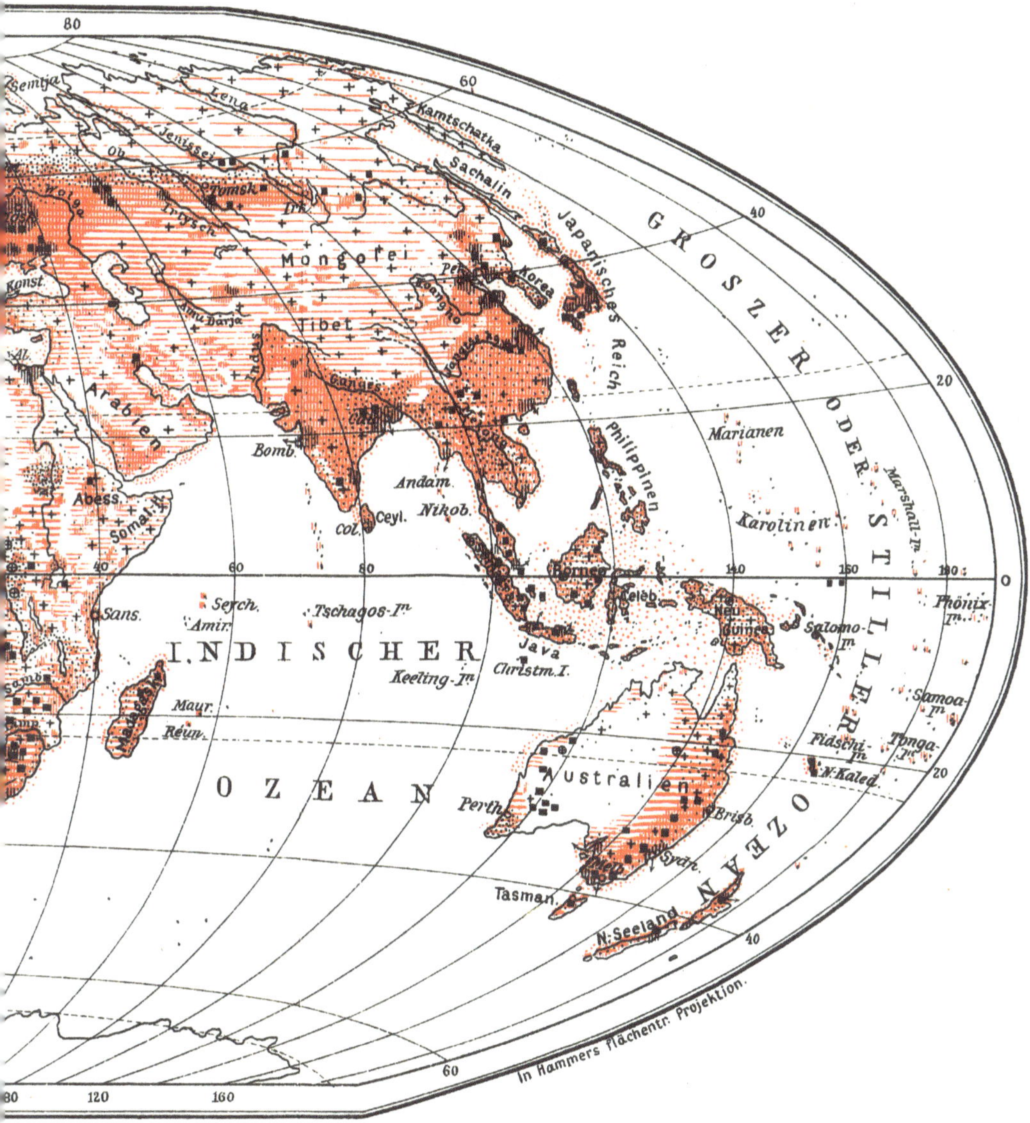


MEN

h.

Tierzucht.

Bergbau.

Industrie, Transport, Kapital.

Handel.

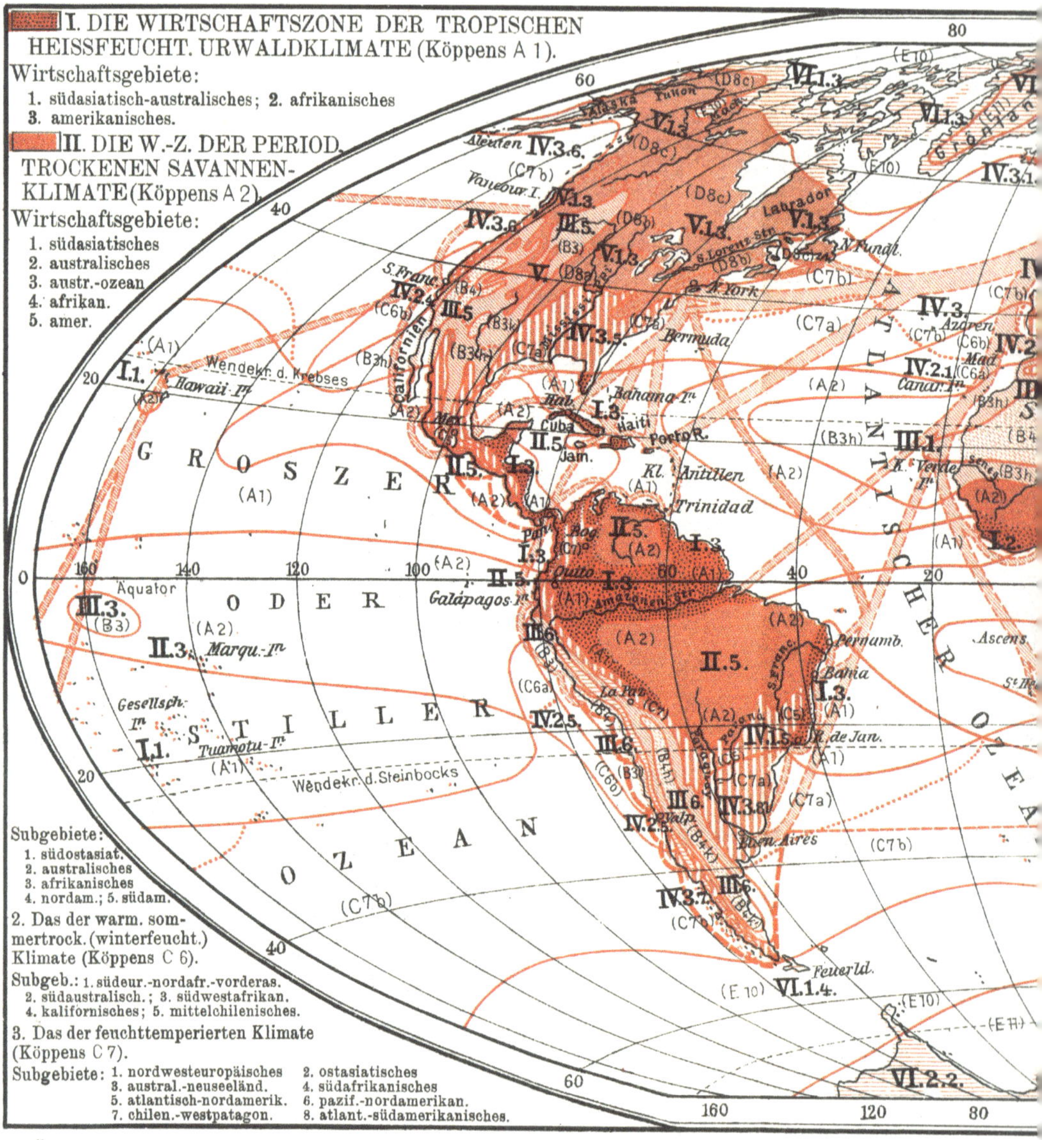


KÖPPENS Klimate der Erde sind neben der Bezeichnung der Wirtschaftszonen, Wirtschaftsgebiete und ihrer Subgebiete in Klammern und zart als A 1, A 2, B 3, B 4, C 5, C 6, C 7, D 8, D 9, E 10, E 11 in die Karte aufgenommen worden; ihre **Zusätze,** z. B. (D 8a) bezeichnen die Klimate näher:

Der Zusatz: **a** bedeutet (z. B. bei D 8a): Temperatur des wärmsten Monats (Sommer) mehr als 22° C; **b** (z. B. bei D 8b): Sommer mäßig lang (mehr als 4 Monate über 10° C; Temperatur des wärmsten Monats jedoch weniger als 22° C).

# WIRTSCHAFTSZON

(im Anschluß an W. K

von

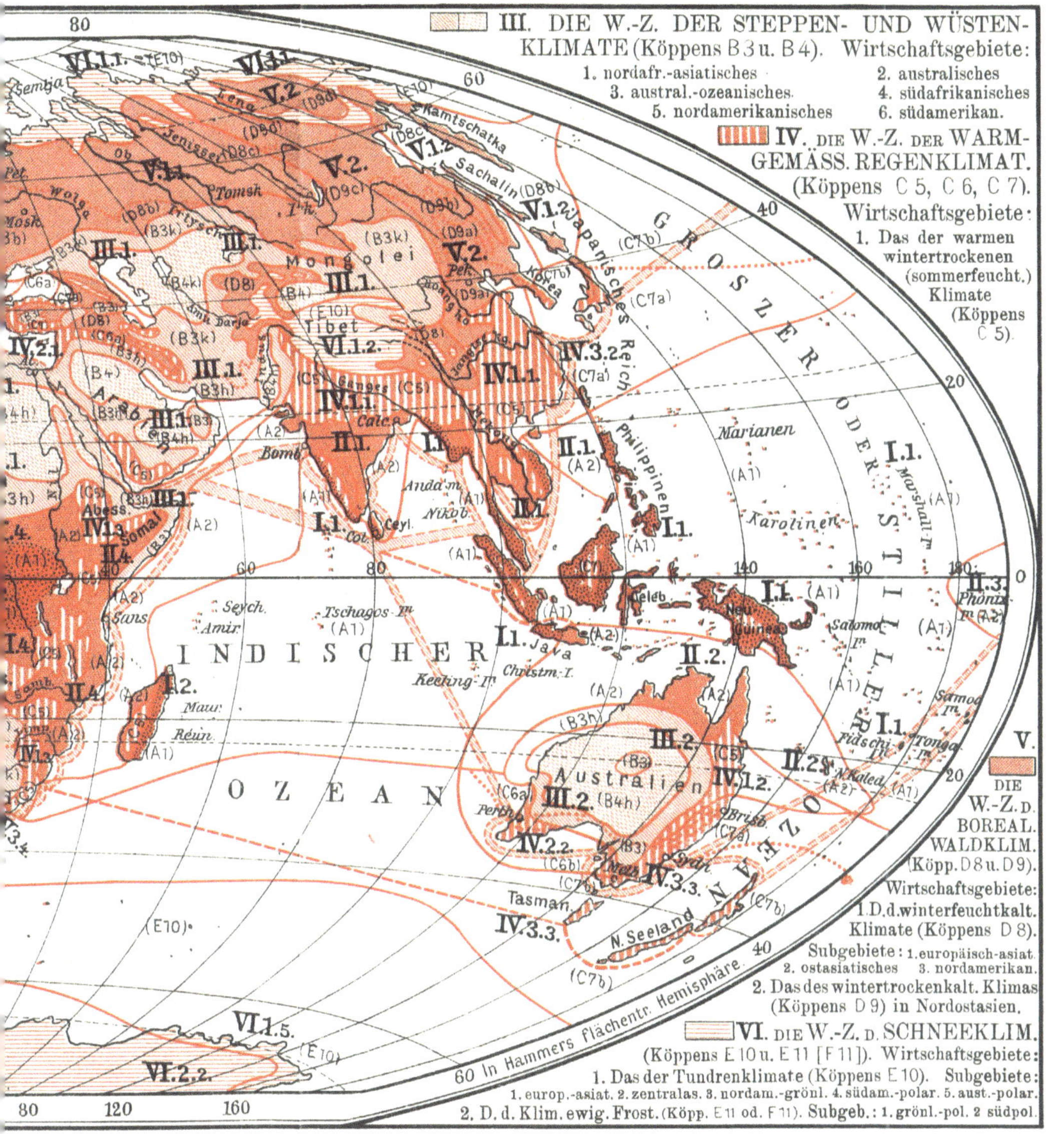


# ...SCHAFTSGEBIETE

...arte: Klimate der Erde)

...ich.

**c** (z. B. in D 8 c): Sommer kurz (nur 1—4 Monate über 10° C: kältester Monat wärmer als —36° C);
**d** (z. B. in D 9 d): Sommer kurz (nur 1—4 Monate über 10° C; Winter sehr kalt; kältester Monat kälter noch als —36° C);
**h** (z. B. in B 4 h): heiß! Jahrestemperatur mehr als 18° C;
**k** (z. B. in B 3 k): kalt! Jahrestemperatur weniger als 18° C, aber wärmster Monat mehr als 18° C;
**k'** (z. B. in B 4 k'): kalt! Jahrestemperatur weniger als 18° C, aber auch wärmster Monat weniger als 18° C.

Grenzen von Unterabteilungen.

Verkehrsbänder, deren Breite der Intensität des Verkehrs entspricht.

Kolibri 360 GmbH
Ferdinand-Jühlke-Straße 7
99095 Erfurt, Deutschland
produktsicherheit@kolibri360.de